Raymond Dumay

Guide du
vin

Préface de Peter Townsend

Nouvelle édition

Stock

Guide du vin

Mon ami et voisin, Raymond Dumay, est un fils du sol bourguignon. Il jouit en cela d'un privilège sur moi, mais ce fut mon amour de ce sol qui nous rapprocha. Tandis que je cultivais mon jardin — anglais, bien entendu — dans un joli coin de l'Ile-de-France, Raymond me conseilla, me renseigna, me fournit des plants sélectionnés. Mon seul regret fut que des ceps de vigne ne se trouvassent point parmi eux. Ces vins de Seine-et-Oise, qui furent jadis estimés, ou peut-être consommés faute de mieux, par la cour de France, auraient offensé nos palais sophistiqués, corrodé la fragile muqueuse de nos estomacs du XXe siècle.

Je me rendis vite compte que Raymond était un homme beaucoup plus doué que sa charmante modestie ne le suggérait, qu'il était homme de lettres et ami, très fidèle d'ailleurs, du vin. En ce dernier nous trouvâmes encore un intérêt commun, bien que ses connaissances sur ce fertile sujet, révélées avec tant d'autorité et d'esprit dans son livre, soient infiniment plus profondes que les miennes.

Mes premières expériences des bons vins de France commencèrent en Angleterre, et je me permets, sans outrecuidance d'ailleurs, de signaler qu'étant donné que Bordeaux fut pendant trois siècles une ville anglaise, ces méchants impérialistes du Moyen Age sont pourtant de vieux routiers dans le domaine du vin. Ils appellent toujours *claret* (clairet) les vins rouges de la Gironde, ils écrivent *connaisseur*, comme dans le bon vieux temps — notons qu'ils ont tendance à prolonger à travers la bousculade des temps modernes les habitudes du passé. La quantité de Champagne sablé en Angleterre dépasse largement celle de n'importe quel autre pays du monde. Il se pourrait que la raison s'en trouve dans le fait que les Anglais prennent plutôt tristement leurs plaisirs et éprouvent un besoin particulier de ce plus gai des vins. Mais il est plus vraisemblable que c'est parce qu'il se trouve en Angleterre plus d'hommes qu'ailleurs qui sont assez civilisés pour apprécier cet unique et précieux produit de la France.

Si mes premières dégustations des crus français se passèrent en Angleterre, un heureux coup de chance voulut que le vin devînt mon métier peu après que je m'installai en France, il y a quelques années. Pour cette circonstance je serai à jamais reconnaissant, car c'est par le truchement du vin que je suis parvenu à connaître la France et à aimer ce pays béni plus que tant d'autres par la fécondité et la variété de son sol et son climat.

Les Anglais sont une race de voyageurs, et je ne fais pas exception à ce phénomène ; c'est sûrement l'espace réduit de notre île qui nous a poussés à naviguer aux quatre coins du monde. Les Français, en revanche, ont la réputation de se méfier des distractions et des plaisirs inexpérimentés des pays étrangers. Il n'y a rien de plus normal. On peut voyager jusqu'à la fin de ses jours en France sans avoir tout vu. D'ailleurs tout déplacement vaut largement les périls des routes nationales par les trésors gastronomiques qu'il propose au voyageur. Celui-ci peut se régaler partout des vins du pays, des plats « à ma façon » ou régionaux, des terrines du chef, d'un choix d'entre je ne sais combien de centaines de différents fromages. Pourquoi aller bourgeoisement aux États-Unis ou en Scandinavie quand toute cette richesse se trouve à votre portée en France ?

Pour un homme comme moi avec le goût du voyage, la passion de découvrir les choses du passé, avec un amour du sol et de la nature, qui se réjouit de la conversation des hommes, que stimule si agréablement le bon vin — quel métier plus merveilleux pouvait exister ?

Mon chemin a longé les vallées des grandes rivières de France sur les côtes desquelles les meilleurs crus se cultivent — la Dordogne où elle disparaît dans la Gironde, la placide Saône qui se donne au mâle et puissant Rhône à Lyon ; le mince et tranquille Serein du vignoble chablaisien, la Marne qui serpente sans hâte sous les côtes luxuriantes de la Champagne ; la Loire, gardienne du passé et patronne de maint vin succulent ; le Rhin dont les vins sont cousins des vins d'Allemagne. Mais les rivières que j'aime le plus sont celles, anciennes et caillouteuses, de Provence, la Durance, l'Arc et l'Argens. C'est le sol de Provence qui a reçu les premières vignes, qui fut le premier à donner du vin en France.

Je me suis promené dans des villages, des lieux-dits et des climats de noms charmants et séculaires. J'ai connu la chaleur de l'accueil qui fait la tradition des régions vinicoles, qu'il s'agisse de propriétés prestigieuses, de négociants, de coopératives ou de l'hospitalité rustique et généreuse de vignerons.

Sur les douces pentes de la Côte-d'Or j'ai découvert, à mi-coteau, la richesse de la Bourgogne. Je me suis émerveillé que le Cabernet et le Merlot, luttant dans le sol maigre et caillouteux du Médoc, puissent en tirer des vins si nobles et charnus. M. Ravenau m'a conduit en haut de la montée de Tonnerre pour me montrer comment il combattait, par des nuages de fumée, les gelées de mai qui font le souci éternel des vignerons de Chablis. Avec trois générations de la famille de M. Corsin, j'ai dégusté une longue sélection de Pouilly-Fuissés. Le 1937 nous a déçus. Cette année-là la fille de M. Corsin naquit. La voilà parmi nous, à vingt-cinq ans, encore aussi belle que n'importe quelle rose de Bourgogne. Mais son vin jumeau ne tint plus, son parfum et sa puissance s'étant éteints.

Nombreuses furent les fois où je montais avec M. Quiot au plateau qui surplombe son château de Maucoil, le « mauvais coin » où les résistants gaulois subirent des supplices aux mains de Romains. Quel courage faut-il pour cultiver cette épaisse couche de galets, quelques-uns gros comme la tête d'un homme, tout brûlants de la chaleur du soleil méridional, et dotant ce vin de Châteauneuf-du-Pape d'une formidable puissance !

J'ai regardé le jus blanc du Pinot noir, cueilli du sol crayeux de la Champagne, s'écouler des pressoirs pour faire ce vin blanc sans pareil. Puis un matin clair et frisquet, au début de l'année, je me trouvai sur le petit chemin qui longe le champ de Bertin, Chambertin. Des milliers de Pinots noirs, source également d'un des plus grands rouges du monde, s'étalaient en rangs serrés. C'était l'époque de la taille et nous en discutions le système réglementaire. C'est alors que j'entendis une de ces phrases d'or qui explique tout l'art et l'amour du vigneron : « Il faut respecter les règlements, bien sûr ; mais encore ne faut-il jamais oublier que chaque cep est un être bien particulier. »

Que de sagesse profonde, que de souvenirs humains ai-je trouvés dans les vignobles de France, qui ne purent que provoquer un réel amour pour ce pays, amour ressenti par tant de mes compatriotes ! Il n'est pas étonnant, donc, que de nombreux ouvrages anglais se trouvent parmi les meilleurs classiques sur le vin. Je crois que le livre de Raymond Dumay mérite une place en cette auguste compagnie.

PETER TOWNSEND

ANTHOLOGIE

*La France ne serait pas tout à fait la France
Sans ce petit café, sans ce petit rentier,
Sans le vieux mendiant qui chante une romance,
Sans tout ce que l'on vend chez le gros charcutier.*

LÉO LARGUIER.

*Celui qui participe à un festin sans rien connaître de
l'art culinaire ne peut apprécier comme il convient la préparation des mets qu'on lui sert.*

PLATON.

*J'ai toujours remarqué que les gens faux sont sobres et
la grande réserve de la table annonce assez souvent des
mœurs feintes et des âmes doubles.*

J.-J. ROUSSEAU.

Bonne cuisine et bons vins, c'est le paradis sur terre.

HENRI IV.

*Il n'y a pas d'amour plus sincère
Que l'amour de la bonne chère.*

BERNARD SHAW.

*La gastronomie bien comprise forme sûrement une
branche de l'esthétique et enseigne l'art de vivre en
société.*

ANDRÉ THÉRIVE.

*Certains moralistes méprisent la bonne cuisine. Autant
mépriser l'art, la tenue et tout ce qui nous éloigne de la
brute.*

LUCIEN ROMIER.

Le vrai matérialisme est d'avoir honte de ce que nous sommes. Ce n'est pas un moindre trait de la perfection humaine de découvrir la saveur d'une olive...

                                                    R. L. STEVENSON.

Il n'y a que les imbéciles qui ne soient pas gourmands. On est gourmand comme on est artiste, comme on est poète. Le goût, c'est un organe délicat, perfectible et respectable comme l'œil et l'oreille.

                                                    MAUPASSANT.

La philosophie d'un peuple s'explique d'abord par sa cuisine : à preuve l'esprit français et la gastronomie française, pareillement incomparables.

                                                    FRÉDÉRIC LE GRAND.

Lorsqu'il n'y a plus de cuisine dans le monde, il n'y a plus de lettres, d'intelligence élevée et rapide, d'inspiration, de relations reliantes, il n'y a plus d'unité sociale.

                                                    CARÊME.

Les beaux-arts sont au nombre de cinq : la peinture, la poésie, la musique, la sculpture, l'architecture, laquelle a pour branche principale la pâtisserie.

                                                    CARÊME.

Présider une chambre politique ou remplir une ambassade, c'est faire un cours de gastronomie.

                                                    CARÊME.

J'ai plus besoin de casseroles que d'instructions écrites.

                                                    TALLEYRAND.

On ne sait comme va mon pot dont j'ai besoin.

                                                    MOLIÈRE.

Grandes maisons se font par petites cuisines.

                                                    REGNARD.

Il faut toujours savoir où l'on dîne : c'est pourquoi l'homme d'esprit qui bâtit a soin de commencer par la cuisine.

Anonyme du XVIIIe siècle.

Un homme de bien se plaît toujours à la cuisine.

LUCIEN TENDRET.

Il n'est personne en France qui n'ait un jour vibré à l'audition d'une recette de cuisine.

TANCRÈDE DE VISAN.

La cuisine d'un peuple est le seul témoin exact de sa civilisation.

MARCEL ROUFF.

Dis-moi comment tu te nourris, je te dirai ce que tu veux et ce que tu penses.

CHARLES BRUN.

Appliquez-vous à bien manger ; c'est un plaisir qui ne trompe pas ; mangez des choses simples, c'est le moyen de vous bien porter, mais que ces choses simples soient parfaites. Et buvez du meilleur.

LAURENT TAILHADE.

On devrait convenir diplomatiquement que la langue française serait la langue de la cuisine.

BALZAC.

La gastronomie est l'art de bien manger, au lieu de manger mal, sans manger plus que les autres.

MARCEL HÉRAUD.

La gastronomie glorifie ce qu'il y a de plus simple, elle magnifie ce qu'il y a de plus somptueux.

GASTON GÉRARD.

La cuisine couche plus d'hommes que le vent.

LOUIS VEUILLOT.

Heureux les gourmands, ils ont des plaisirs que nous ignorons.

MONTESQUIEU.

Les Français seuls savent dîner avec méthode, comme eux seuls savent composer un livre.

CHATEAUBRIAND.

Rien n'est plus touchant que l'illusion où sont tant de personnes que chez elles on ne mange pas mal. Elles y ont le goût fait.

JACQUES BAINVILLE.

La culture, c'est ce qui rend la vie digne d'être vécue : or la cuisine est une des formes de la culture française. Les Français ont l'amour des choses simples et bien faites. La cuisine française doit sa réputation universelle non seulement à sa haute cuisine, mais à la perfection simple et rustique qu'on trouve dans les familles ou dans les modestes auberges de villages.

T. S. ELIOT.

Les sages d'Égypte avaient étudié le régime qui fait les esprits solides et les corps robustes.

BOSSUET.

Il faut soigner le corps pour que l'âme s'y plaise.

SAINT FRANÇOIS DE SALES.

L'approche du vin

DU DEVOIR DE GASTRONOMIE

Au cours de ce demi-siècle, il est un produit de la cuisine et du vin qui s'est amélioré : c'est le gastronome.

Pendant longtemps on l'a représenté comme un joyeux obèse attablé seul entre une montagne de victuailles et une forêt de bouteilles. Son rêve : rivaliser avec Gargantua. Cette vieille lune a rejoint son paradis.

Le gastronome d'aujourd'hui ne s'estime plus au poids et lui-même ne juge plus de la valeur d'un repas au nombre de plats et de vins qui lui ont été servis. Maigre, élégant, l'allure jeune bien qu'ayant souvent dépassé la quarantaine, rien ne le distingue dans un restaurant des autres consommateurs, sinon qu'il se montre en général plus sobre, qu'il évite les plats aux noms ronflants et les vins trop chers. Autour de lui déferlent les langoustes à l'américaine et les poulardes Demidov, on entend résonner les noms des Grands-Échezeaux et de Haut-Brion. Il se contente d'un entrecôte (il dit « un ») et d'une bouteille de Volnay ou d'un cru bourgeois du Médoc. Son addition sera douce et pourtant, si le restaurant est digne de sa grande réputation, un frisson aura secoué les cuisines et la cave. Il y en a *un*. Et ce sera à lui qu'iront les plus grands égards.

Cette attitude est un exemple de justice spontanée. Si les clients ordinaires assurent le ravitaillement en argent frais, le gastronome est le mousquetaire qui veille sur l'intégrité du territoire. Comme tout militaire, il a pu choisir sa voie par hasard, par tradition, par vocation. Plus souvent, aujourd'hui, il s'est engagé par raison, par respect pour son corps, comme il va sur le stade ou au sauna. Pour un homme bien né, manger mal et boire mauvais est une humiliation comparable à un duel perdu.

A la fois sport, école de civilité, humanisme, la gastronomie doit être permanente. Un homme qui mange bien, c'est comme un homme qui parle bien, qui s'habille bien. Il reste toujours sur le qui-vive, d'autant qu'il soutient au moins un assaut par jour.

Les victimes de la gastronomie sont celles qui se refusent à la reconnaître : les consommateurs distraits du poulet froid et du rosé de toutes provenances. De tels hommes vont à la pharmacie et y conduisent les autres. Eux seuls sont responsables du poulet sans grain, de la truite sans eau, du vin sans âme. Nous leur devons la disparition à peu près complète des bonnes variétés de pommes de terre au profit de la dernière, celle que dans mon pays on appelle « pomme de terre à cochons ». Elle est conservée pour faire « leurs » frites. Grâce à eux, nous aurons bientôt tous droit aux aliments synthétiques et aux grands crus « normalisés ».

Au contraire, l'aliment sain est le premier souci du gastronome moderne. L'un d'eux, Robert J. Courtine, a exprimé en un titre saisissant un danger plus sûr que la bombe atomique : *L'assassin est à votre table*. Les fraudes diverses constitueraient, en effet, autant de crimes parfaits, sans la vigilance de quelques inspecteurs « qui font attention à ce qu'ils mangent et à ce qu'ils boivent ».

On doit aux gastronomes, alliés aux médecins, « l'arrestation » du poulet aux hormones, des vaches laitières traitées à la pénicilline, des farines de poisson, etc.

Quel rôle joue dans ce combat l'homme qui se refuse à cultiver son odorat et son palais ? Celui de complice du fraudeur, ou plutôt de fraudeur à l'état pur, puisqu'il n'a même pas l'excuse du profit.

On ne peut écarter la gastronomie de sa vie, car elle est la vie même. Brillat-Savarin, disant qu'inviter des amis était un engagement à se charger de leur bonheur pendant quelques heures, rangeait la gastronomie au

nombre des plaisirs. A l'époque de la radioactivité, elle
est devenue un devoir.

Quand il a déclaré avec modestie : « Je ne suis pas
difficile, je me contente de ce qu'il y a de meilleur »,
Winston Churchill a tracé le programme de ce livre :
définir et nommer le meilleur, révéler les moyens de se
le procurer et d'en faire le meilleur usage.

Comme toutes les disciplines, la gastronomie exige un
certain nombre de connaissances de base, qui risquent
de perdre leur valeur si elles ne sont pas entretenues.

Non seulement d'anciens produits disparaissent et sont
remplacés par des nouveaux, mais il y a un mouvement
parmi « les bons vieux produits de chez nous ». Une
année les écrevisses viennent de Hongrie, l'année suivante de Turquie.

La lecture des livres et des revues spécialisées, la visite
des salons et foires, l'examen attentif des marchés peuvent suffire à donner cette formation. La manière la
plus agréable de l'acquérir reste cependant la conversation.

Longtemps, la conversation gastronomique n'a pas eu meilleure presse que le gastronome lui-même. Elle ne mérite pas mieux quand elle se limite à échanger des adresses de restaurants et à réciter des litanies : « Nous avons mangé là... » Remarquons qu'elle se tient déjà au-dessus de la conversation à bâtons rompus, consacrée aux mauvaises mœurs des voisins, à la circulation et aux impôts.

On ne peut traiter de thème plus vaste que la gastronomie : il couvre l'histoire, puisque l'on a toujours mangé, et la planète, puisque l'on mange partout. Des forêts de chênes du Périgord noir qui produisent la truffe aux jardins d'alpages savoyards qui donnent des pommes de terre d'une succulence presque égale, des silencieuses caves de Château-Chalon où le vin attend six ans dans le même tonneau aux pressoirs mâconnais d'où jaillit le « vin bourru » à boire avec les premières gelées, des musées du vin de Beaune ou de Bordeaux au musée de la Chasse à Gien, du marché de village grec où l'on trouve trois tomates et une langouste aux boutiques de Soho à Londres où sont rassemblés tous les produits de la planète, on ne peut certes reprocher au sujet de manquer d'horizon.

Il ne manque pas non plus de profondeur. L'examen des plats et des vins, leur prix de revient, leur évolution, leur présentation, leur service, autant de thèmes pour les poètes, les voyageurs, les peintres, les économistes. N'a-t-on pas remarqué que l'avenir du vin, qui nous est si cher, dépendait en grande partie des architectes ? Selon qu'ils songeront ou non aux caves...

Remarquable par sa variété, la conversation gastronomique ne paraît jamais plus nécessaire que lorsqu'elle brille par son absence. Je n'ai jamais fait un repas sans tache à une table où l'on ne savait pas parler de nourriture. Les plats pouvaient venir du meilleur traiteur, les étiquettes porter les plus grands noms et millésimes, toujours réapparaissait, au moment où tout paraissait parfait, un indice minime, mais probant, un vin mal placé, ou trop chaud, ou trop froid, qui suffisait à replonger les convives dans l'atmosphère de l'endroit, celle de la maison du crime.

N'oubliez pas pour autant que la politesse a le pas sur la gastronomie. Si le sujet n'intéresse pas vos convives, évitez-le. L'un de mes amis boit mon Corton comme du gros rouge tout en parlant de Platon. J'en profite pour me faire une philosophie. Ne soyez pas de ces maîtresses de maison qui, recevant Einstein, n'ont qu'un souci : recueillir son avis sur « le petit vin du pays ». Le gastronome se doit de comprendre les autres, surtout si les autres se refusent à le comprendre.

L'art de se nourrir conduit à l'art d'aimer. Un verre de vin n'aura pour vous toute sa saveur que si les générations de vignerons qui l'ont affiné sont derrière votre dos à en humer le bouquet, les huîtres vous seront meilleures si dans leur nacre vous découvrez le reflet de l'homme au ciré mouillé penché sur son bateau plat. Dans quelque province de l'Afrique noire, on raconte qu'un jeune garçon arriva un jour à l'école avec un superbe bébé dans les bras. « C'est ton petit frère ? lui demanda le maître. — Non, c'est mon quatre-heures. »

Au début de ce chapitre, j'ai avancé que le plus récent produit de la gastronomie était le gastronome ; cette histoire nègre nous rappelle que le plus ancien et le meilleur, c'était l'homme tout court, et complet, le producteur. Il est à la fois but et moyen. Il reste la « substantifique moelle » qui donne leur moelleux à toutes les sauces du monde.

Faut-il trouver là l'explication de défaillances singulières, des « vacances du goût », communes à beaucoup de gastronomes ? Il m'arrive, de préférence en été, de me précipiter sur la choucroute dont j'ai horreur, d'exiger une paella à Montmartre et de manger un hareng fumé avec du gros rouge. C'est suivre ma pente... en la remontant, comme le voulait Gide. Longtemps j'ai tenu secrets ces retours à la barbarie jusqu'au jour où j'ai découvert une explication qui doit être la bonne, encore qu'elle soit honorable. J'usais de la seule manière dont je disposais pour faire savoir que j'étais de cœur avec le paysan alsacien qui avait ramassé les choux, le pêcheur hollandais qui avait affronté la tempête et même avec le vigneron anonyme qui avait donné son visage à son vin. Si nous ne sommes pas de la même famille, nous habitons le même village.

DE L'OBJET PRINCIPAL DE CE LIVRE

Ce livre se propose seulement d'aborder un des éléments de la gastronomie, le vin, et de le faire connaître d'une façon pratique. Nous offrons à nos lecteurs une sorte de « manuel du consommateur ». Comment découvrir son vin, l'acheter, en tirer le meilleur parti ? Ce programme paraîtra trop modeste aux uns, trop ambitieux à d'autres. Il nous a paru que l'entreprise méritait d'être tentée.

Dans l'art de la table, le vin a pris aujourd'hui la première place. Il ne s'agit pas d'une préférence, mais d'un fait. Fait matériel : s'il est presque toujours facile de trouver les produits nécessaires à la préparation d'un plat, il est impossible de fabriquer sur l'heure une grande bouteille. Toute l'ordonnance du repas sera établie en fonction du vin dont on dispose.

Fait financier : encore que les grands vins n'aient peut-être jamais été à si bon marché que de nos jours, ils restent assez coûteux. Au restaurant, il arrive que la bouteille coûte le prix de deux repas. On ne saurait donc lui montrer trop de considération.

Fait culinaire ensuite : le vin donne le ton d'un repas. Cette nouveauté est d'ailleurs toute relative. Voilà près d'un demi-siècle, elle était déjà proclamée par Léon Daudet, gastronome de haut rang : « Le vin informe et commande l'art concomitant du fourneau. »

Si la priorité du vin n'est pas reconnue par tous, c'est, dans beaucoup de cas, par modestie. Combien de maîtresses de maison déclarent-elles à longueur de vie : « Chez nous, c'est mon mari qui s'occupe des vins. Moi, j'avoue n'y rien connaître. » Aveu d'autant plus scandaleux qu'il tombe parfois de la bouche de femmes pour lesquelles l'art abstrait ou la philosophie hindoue n'ont plus de secrets. Qui dira les raisons pour lesquelles les secrets de la cave passent pour impénétrables ? S'il est difficile de faire le vin et de l'amener au point exact où il doit être consommé, le rôle de consommateur appliqué est à la portée du premier venu.

Que faut-il pour être assuré de boire bon toute sa vie ?

De l'atavisme, du palais, du nez, du vocabulaire, du temps à perdre, de l'argent à gaspiller ?

Non !

Il suffit d'être passé par l'école primaire. Barbey d'Aurevilly prétendait qu'à part deux ou trois exceptions les hommes n'étaient plus capables que de lire les étiquettes des pots de moutarde. En matière de vins, il n'en faut pas davantage : la vérité est d'abord dans l'étiquette. Dès que vous saurez la lire, ce qui vous arrivera dans quelques minutes, vous passerez pour un connaisseur en attendant de le devenir, ce qui ne saurait manquer.

Secouez énergiquement vos idées anciennes et faites confiance au vin. Il n'est pas seulement le roi de la table, il en est aussi le serviteur le plus loyal et le plus sûr. Une pincée de sel, le flirt d'une cuisinière, un four trop chaud, le retard d'un invité, cent hasards peuvent compromettre un plat. Rien de tel n'arrivera jamais à votre vin : il sera toujours irréprochable.

LES PARTIS GASTRONOMIQUES : SE CONNAÎTRE SOI-MÊME POUR CONNAÎTRE LES VINS ET LES PLATS

On ne se lance pas dans une carrière de guide si l'on est sensible au vertige, on ne fait pas des études d'ingénieur si l'on a horreur des chiffres... Pourtant, dès qu'il s'agit de manger et de boire, presque tous les hommes s'en remettent au hasard pour former leur goût. Rares sont ceux qu'effleure la pensée que, dans cet art aussi, le « connais-toi toi-même » est à l'origine de tout progrès.

Un chapitre spécial sera consacré à l'aspect physiologique et médical de la question. Les vins d'un hépatique peuvent n'être pas ceux d'un hypernerveux. Pour l'instant, nous envisagerons l'aspect que nous oserons qualifier de spirituel.

Fidèle à elle-même, en cette fin du XXᵉ siècle, la France s'honore de posséder autant de grandes familles gastronomiques que de groupes politiques. Six en tout. Nous allons tenter de les définir, ce qui vous permettra peut-être de ne pas vous tromper d'adhésion.

L'extrême droite

Et pourtant, elle vit ! Il semble qu'elle progresse, lentement mais sûrement. Elle vit de mieux en mieux, sinon de plus en plus chez elle. Ses membres sont extrêmement sensibles au décor : vaste salle à manger, nappe blanche et fleurs, porcelaines, cristaux et vermeils. On connaît non seulement l'existence du « service à la française » et du « service à la russe », mais les nuances qui

les distinguent. La cuisine y est irréprochable, faite par
un grand chef avec des produits de choix. Elle se distingue plus par son raffinement et, quelquefois, sa complication que par son originalité. L'abondance est exclue.
Les vins sont toujours des premiers grands crus classiques : Montrachet, Échézeaux, Romanée-Conti, Yquem,
Latour, Margaux, Cheval-Blanc. Pétrus est admis. Château-Figeac fait un peu figure de nouveau venu. De toute
façon, il n'est de vérité que de Bourgogne ou de Bordeaux.

La lecture n'est pas le fort de cette classe, surtout
depuis que l'on voit des cuisiniers écrire des livres à la
télévision. Le grand-père a lu Carême autrefois et la tradition orale suffit. Quant à l'argent, on n'en parle jamais,
sauf parfois dans certains palaces où l'on règle des addi-
tions toujours énormes qu'on s'étonne toujours de trouver si élevées. Assez bien représenté autrefois dans nos
palais et châteaux, devenus propriétés des comités d'entreprise, ce parti s'est peu à peu déraciné pour gagner les
palaces internationaux, les îles privées, les yachts. Les
experts désignent trois « points forts » : les ducs anglais,
les armateurs grecs et, demain, les Japonais.

La droite

Tout comme le parti précédent, la droite n'est plus ce
qu'elle était, mais elle s'en porterait plutôt mieux encore.
C'est que, si elle a moins d'argent, elle a plus d'esprit.
Leur fortune permet à ses membres d'éviter la seule
qu'ils aient en horreur, celle du pot. Leur culture fait le
reste. Paru au xviiie siècle, le *Cuisinier gascon* est pour
eux le premier grand livre de recettes de la cuisine française, mais ils n'ignorent rien de ses successeurs plus
récents, le *Cuisinier Durand*, Montagné, Escoffier. Brillat-
Savarin et Dodin-Bouffant sont les maîtres à penser.
Alexandre Dumas et Monselet font sourire.

Comme pour Michelet, le xviiie siècle est le plus grand,
celui qui a établi la tradition. Jamais plus de huit à table,

comme dans les petits soupers du Régent. Il y a peu
encore on ne servait que les produits issus de « la résidence secondaire », en général un manoir mais
aujourd'hui on ne lui demande plus que de fournir les
fleurs, les lapins de choux étant moins chers chez Fauchon. La cuisine est faite par la nounou qui a élevé tout
le monde, célibataire sans enfant, dernier membre d'une
lignée de domestiques installée dans la famille depuis
Louis-Philippe. Après elle, ce sera l'aventure...

Si la droite n'est plus ce qu'elle était, elle n'est pas
pour autant décidée à passer l'arme à gauche. Elle a pris
le vent et l'avion. L'horizon hexagonal ne lui suffit plus.
Elle a découvert les bistrots de New York, les vins de
Californie, le bœuf de Kobé et les notes de frais, l'une des
rares créations gastronomiques dont puisse s'enorgueillir
la IIIe République. Les escapades planétaires font trouver
un goût nouveau au plaisir de se serrer les coudes. Avant
d'entrer dans une société demander d'abord qu'elle soit
fermée : Club des Cent, Automobile Club...

Quelques membres se rendent à Lyon pour dîner chez
leur ami Bocuse, ils ne manquent jamais de faire une
escale à Meursault pour goûter les dernières mises en
vente de leur amie Bize-Leroy. Dans le Bordelais, ils ont
un accès direct aux châteaux. Après s'être longtemps
demandé si le vin de Champagne pouvait être considéré
comme un vin, la droite a daigné hésiter lorsqu'on lui a
proposé les cuvées de prestige. On n'arrête pas le progrès.

Le centre

A les voir, on pourrait croire que tous les tenants de
cette gastronomie arrivent du... centre de la France, mais
c'est pure illusion d'optique. Il en est qui sont du Nord et
d'autres du Midi. Ce sont les tenants de la cuisine régio-
naliste et bourgeoise. Pour eux, gastronomie et tourisme
sont de solides alliés. Ils ont leur épouse pour cuisinière
et ne dédaignent pas de mettre la main à la pâte.

Si la droite est cultivée, le centre est érudit. Sa boulimie commence à la bibliothèque, gagne les librairies, voire les marchands de journaux. Il veut tout savoir, de Taillevent au dernier numéro de la *Revue du Vin de France*. Il annote *Ali-Baba* et possède la rarissime collection de brochures de Rouff et Curnonsky.

L'homme du centre est voué à l'environnement. Il n'aime pas se sentir seul à table. Il fréquente les banquets et les sociétés bacchiques de province, à commencer par la plus grande de toutes, la Confrérie des Chevaliers du Tastevin où il va régulièrement retrouver une foi qu'il ne perd jamais. A Paris, pour s'encanailler et se plaindre, il a sa table chez Lipp.

Un lecteur à l'esprit téméraire peut confondre le centre gastronomique et la gauche politique. Qu'il marche sur des œufs. Pour qu'une telle assimilation soit exacte, il faudrait que chaque gastronome soit capable de s'auto-décentraliser.

La gauche

La gauche est composée d'amateurs qui se contentent de tout à condition que ce soit bon. Au restaurant, ils aiment la cuisine faite par la patronne au milieu de la salle à manger. La nappe en papier, la grosse faïence, les verres épais et les couverts en ruolz les impressionnent favorablement.

En revanche, toute annonce de changement, surtout s'il fait l'objet d'une campagne verbale, leur hérisse le poil. Aucune viande ne leur paraît plus creuse que l'idéologie. La « Nouvelle Cuisine » leur a paru une provocation et ils sont descendus dans la rue. Ils sont rentrés chez eux dans la foulée, s'étant aperçus qu'ils connaissaient depuis longtemps.

Ce serait une erreur que de croire les membres de ce parti accommodants et faciles à contenter. Rien n'est plus difficile à suivre que le bon de tous les jours, comme le réussit la mère Allard. Un jour c'est la culotte qui manque, le lendemain le panais. Parce qu'ils recherchent une inhumaine stabilité, les gastronomes de gauche sont condamnés à l'indécision. Ils votent tantôt d'un côté et tantôt de l'autre. Mais que se lève un vent propice, alors, tout d'un coup, ils se mobilisent et, paradoxalement, ils font la décision. Ainsi ont-ils dressé sur nous comme une irrésistible vague violette la vogue du beaujolais nouveau.

L'extrême gauche

Ce parti rassemble les adversaires des idées toutes faites et des cuisines bien de chez nous. La cuisine française ne lui paraît qu'une branche de la famille bourgeoise et la cuisine chinoise une justification de mandarins qu'on ne reverra plus. D'ailleurs, ils savent très bien que le haut lieu de la cuisine mondiale ne se situe pas dans ces deux pays, mais au Liban, réceptacle et conservatoire des traditions multimillénaires jadis implantées à Sumer, Assur, en Égypte, en Palestine, en Grèce, voire au Paradis Terrestre.

La destruction des grands tabous permet de mieux voir le monde. A travers les pans écroulés des murailles de Chine, les briseurs de marmites ont aperçu des champs inexplorés. De leurs propres mains, ils se sont mis à cuire le bœuf comme en Argentine, la bouillabaisse comme en Terre Adélie. Ils recherchent leurs recettes dans les *Mémoires du Capitaine Cook* et les communications du club des Explorateurs. Ils ont épluché mot à mot les témoignages de Lévi-Strauss sur les techniques des Indiens en forêt amazonienne et ceux de Jean Malaurie sur la meilleure manière d'accommoder le phoque quand on se trouve seul sur la banquise. Tous ressentent comme une mortification la rareté des arrivages de fromages de renne chez Hédiard et Fauchon. D'autres, plus hardis, pensent que, rien qu'en Suisse, il reste encore beaucoup à découvrir.

Ces outlaws ont pour adversaires tous les membres des autres partis qui accumulent contre eux les griefs les plus hétéroclites : d'avoir acclimaté le barbecue (ce qui est exact), d'avoir tourné le robinet du Coca-Cola (ce qui est faux) et de méditer un coup du côté du poisson cru (ce qui est vraisemblable), etc. Surtout s'ils sont si mal vus, c'est qu'ils échappent au système. La gastronomie n'est pas leur seul souci, ou plutôt elle se confond avec un rêve philosophique. Aussi près de Platon que de Lucullus, ils veulent posséder et comprendre le monde en le dégustant.

Le gauchisme

Toujours plus à gauche, mais pas plus loin, disait ce fin tacticien. Il est bien rare que les hommes profitent des bons conseils et le gauchisme a fait son entrée dans la gastronomie. Elle est récente. Curnonsky, qui fut l'un des premiers à tenter de dénouer le sac de nœuds, n'y fait aucune allusion et moi-même, dans la première édition de mon *Guide du Vin* (en 1967), je n'ai pas cru devoir seulement risquer le mot, dont on commençait pourtant à faire grand usage.

Moins de vingt ans plus tard, changement de décor. Les grands bouleversements sont rares en gastronomie plus encore que dans n'importe quel autre domaine. Peut-être sont-ils aussi les plus importants. Faisant craquer les trop étroites définitions de la gastronomie, un très puissant courant de pensée s'est proposé de « changer la vie ». Comme tous les autres, le problème de l'alimentation est ramené à son aspect spirituel.

Sans doute, n'est-ce pas la première fois. Il n'est que de lire l'*Iliade*, la *Bible* ou le *Coran* pour retrouver les liens étroits qui ont toujours uni l'alimentation et le sacré, le sacré n'étant souvent que la forme supérieure de la politique. Mais, en Occident du moins, l'influence de la religion s'est surtout manifestée sous une forme négative, par des interdits : jeûnes et privations.

La nouveauté est apparue au cours de la deuxième partie du XXᵉ siècle. Alors que le contrôle de l'Église dans ce domaine se relâchait jusqu'à l'abandon et que tout l'horizon prenait la mollesse des granits usés, des foyers d'intolérance s'allumaient çà et là sur la plaine : végéta-

risme, diététique, écologie... A la lueur de ces feux un
peu obscurs, les initiés pouvaient distinguer les ombres
dansantes du yoga, du bouddhisme, du zen... Les plus
ambitieux se proposaient de refaire en même temps un
nouveau ciel et une nouvelle terre.

D'autres acceptaient de se contenter de moins, par
exemple d'une cuisine réellement nouvelle. Le blé et les
pousses de soja, certainement... surtout si c'est votre
goût. Mais il y avait un combat plus urgent à mener du
côté des engrais chimiques, des pesticides, des fruits sans
défaut et des légumes toutes saisons. Il y avait un énorme
travail à faire pour éliminer ce qui était nocif et qu'on
mangeait tous les jours, pour retrouver ce qui était bon
et qu'on ne trouvait plus jamais.

Irritante, cahotante, maladroite — trop récente, en
somme — la campagne électorale pour les produits naturels est beaucoup plus qu'un épisode. Elle est ce que sont
toutes les nouveautés, un retour aux sources. Le recru-
tement sera lent, et le chemin bien long.

CHOISIR UN RESTAURANT

On peut s'en réjouir ou le regretter, mais le fait ne paraît guère contestable : le restaurant est devenu l'école la plus fréquentée de la gastronomie. Encore faut-il savoir le choisir.

Le hasard

Le premier procédé consiste à se fier au hasard tempéré par son flair personnel. Certaines maisons possèdent un je-ne-sais-quoi qui inspire la confiance, laquelle se trouve parfois justifiée. Le risque est grand, mais en cas de réussite la joie est absolue.

Usez de cette méthode en tenant compte des réserves suivantes :

— Vous ne la pratiquerez que seul ou avec des amis intimes et non pas avec des invités que vous tenez à bien traiter ;

— Vous prendrez la précaution de lire le menu qui est affiché à l'extérieur (voir plus loin les conseils pour lire un menu) ;

— Vous vous efforcerez de faire abstraction de l'aspect matériel du restaurant. En France, il ne signifie rien. On mange mal et coûteusement dans de benoîtes auberges de campagne et parfois très bien dans de peu sympathiques « hostelleries ».

L'information locale

Des organismes officiels du genre des syndicats d'initiative, n'attendez pas de révélations, sauf si vous êtes très habile et capable de comprendre au dixième de mot. Dans ces services, la règle est de n'offenser personne. La même prudence se retrouve chez tous les commerçants, qui ne se « mangent » pas entre eux.

Restent le maçon ou l'agent d'assurances que vous rencontrerez devant le zinc du café-tabac à l'heure de l'apéritif. Ils vous donneront des avis sincères et qui méritent considération sous les réserves suivantes :

— Ils vous enverront là où les plats seront très copieux et pas chers (« là, vous serez bien servi ») et les vins « petits » mais honnêtes ; ce repas ne laissera pas plus de souvenir à votre palais qu'à votre portefeuille ;

— Ils vous enverront à l'endroit chic, où le notaire a marié sa fille ; ainsi, au sommet de l'Auvergne, vous serez convié à déguster une sole normande alors que vous rêvez d'un tripoux.

Le succès

Le succès d'un restaurant peut être considéré comme un commencement de garantie. N'oubliez pas cependant qu'une maison à la fois excellente et très fréquentée illustre plutôt une coïncidence qu'une règle. Pour réussir, une publicité astucieuse fait au moins autant qu'une bonne cuisine. Quoi qu'il en soit, un fort rassemblement de voitures est un signe qui mérite d'être interprété.

Le cas le plus typique est le « routier » signalé par une file de camions — dont un seul prend d'ailleurs la place de dix autos normales. La gentillesse de la serveuse, l'absence de concurrent proche et surtout la modicité des prix risquent de jouer un rôle plus important que la qualité de la cuisine.

Les chroniqueurs gastronomiques

Inconnue avant la guerre de 1914, la rubrique gastronomique est devenue très fréquente. Généralement hebdomadaire, elle contraint son titulaire à conseiller cinquante restaurants par an, de préférence inconnus. Dans de telles conditions, l'indulgence est de règle. On cesserait très vite de lire le journaliste qui, neuf fois sur dix, terminerait son article par ces mots : « Surtout ne mettez pas les pieds dans cette gargote ! »

Pourtant, pour qui veut progresser, la fréquentation d'un chroniqueur gastronomique est presque indispensable. Il faut en choisir un et s'y tenir. Vous découvrirez ses qualités et ses manques et, surtout, vous comprendrez son langage. A l'avance, je crois pouvoir vous en donner la clef : tous les restaurants sont égaux, mais il en est qui sont plus égaux que d'autres. Nous sommes dans le pays de la litote. Si vous lisez : « J'ai fait un dîner exquis, un vrai repas d'amoureux », restez dans vos pantoufles. Mais si l'article se termine par ces mots : « C'était bon ! » retenez votre table.

Comptez pour balivernes au beurre toutes les considérations sur l'ambiance, le décor, la gentillesse du canari, la jambe de la servante. Quand la cuisine et les vins le méritent, le chroniqueur s'en tient à ces seuls sujets.

Si vous interprétez bien votre conseiller, vous essaierez

cinq ou six restaurants par an. Si vous en retenez un seul, envoyez-lui une bonne bouteille.

Les guides gastronomiques

Comme les journalistes, les guides ont un premier avantage qui semble d'abord exclusivement négatif : ils évitent des catastrophes plus grandes que celles dont ils sont responsables. Comme ils ont presque tous l'excellente habitude d'indiquer les prix, si vous mangez mal, vous saurez pour combien.

En outre, les guides souffrent d'obligations presque inconciliables. Chacun d'eux s'efforce de ne pas laisser sur la carte un blanc qui risquerait d'être bientôt occupé par un rival. A défaut du meilleur, on signale le moins mauvais, et voilà pourquoi tout finit par être recommandé.

D'autres raisons, nobles sans doute, mais qui n'ont rien

à voir avec la gastronomie, peuvent intervenir. Certaines maisons ont force d'institution et sont devenues à peu près intouchables. C'est que les guides les plus impartiaux et qui n'acceptent aucune forme de publicité dépendent autant des restaurants que les restaurants dépendent d'eux.

Notons aussi que les guides paraissent attirés vers le bas. Ainsi le Michelin ne signale que les vins à bon marché. En général, le vin n'a pas encore la place qu'il mérite.

Les amis

C'est la source la plus agréable, et l'une des plus sûres. Il est bien entendu que vos amis ne sont pas seulement compétents (c'est-à-dire qu'ils ont les mêmes goûts que vous), mais que leurs expériences sont récentes. Faites-vous toujours préciser la date et assurez-vous que le patron n'a pas changé depuis.

SAVOIR TIRER PARTI
D'UN RESTAURANT

Un restaurant n'est pas un organisme, impersonnel et indéréglable, chargé de distribuer de la nourriture. On ne peut en profiter que si l'on en respecte les règles, toutes humaines.

Sachez sortir

« Avant d'entrer dans une affaire, demande-toi comment tu pourras en sortir », dit un proverbe. Il est applicable au restaurant. Si vous n'êtes pas content de la manière dont les choses se présentent, levez-vous sans faire d'éclat et partez.

Le garçon vous parle

Sauf si vous êtes par trop influençable, prenez l'avis du garçon. Cette pratique était déconseillée autrefois où l'on se souciait d'abord de faire filer « les plats qui ne pouvaient plus attendre ». Les réfrigérateurs, congélateurs, etc., ont réduit ce danger sans le faire disparaître tout à fait.

Même s'il tente de vous aiguiller sur une voie dangereuse, ce dont vous n'aurez aucune peine à vous apercevoir, la conversation avec le garçon sera instructive. Vous aurez un préjugé favorable s'il vous oriente vers un plat à meilleur marché que celui que vous avez vous-même proposé. Pour compléter votre examen, vous pouvez aller jusqu'à commettre une erreur volontaire, placer le vin de Cassis à Dijon...

Devenez un habitué

Si vos goûts ou votre profession vous conduisent fréquemment au restaurant, rassemblez une dizaine de bonnes adresses.

Pour mettre une maison à l'épreuve, ne vous fiez pas à
sa spécialité, surtout si elle est compliquée et peu courante, ni sur un vin de grand cru forcément authentique.
Tenez-vous-en à ce que vous connaissez bien : un œuf à
la coque, une côte de mouton, un bœuf mode, plats simples qui exigent la perfection.

En matière de vins, restez aussi dans vos habitudes
mais assurez-vous de la qualité et de la constance des
goûts du patron. Par exemple, si vous trouvez sur la carte
le Pouilly-Fuissé de Pierre Berger qui vous est familier,
contentez-vous de lui faire un signe amical et prenez un
autre Pouilly-Fuissé. S'il est bon aussi, il ne vous reste
plus qu'à choisir votre table et, si possible, à la garder.
Les petites manies font les bons déjeuners.

Naturellement, vous aurez pour ce restaurant les
égards que vous avez pour votre propre cuisinière. Vous
arriverez à l'heure et vous ne demanderez pas qu'on vous
serve en un quart d'heure un plat dont la préparation
prend une heure et demie. Si vous avez des invités, vous
essaierez de les guider vers le même plat principal : il
risque d'être meilleur et plus copieux.

Ayez dans la tête, ou sur un petit carnet, la liste des
spécialités culinaires et des grands vins de la maison.
Vous pourrez ainsi commander votre menu la veille.
Vingt-quatre heures sont souvent nécessaires pour con-
duire une bouteille au moment exact où elle devient
vraiment grande.

Client de passage

La conduite du client de passage sera très différente de
celle du futur habitué. Le devoir du voyageur est de prendre des risques. Précipitez-vous sur le plat singulier, sur
le vin dont vous ignoriez alors jusqu'au nom. Mieux vaut

GOVRMANDISE 5

OCTOBRE 10

Le pampre est l'vnique ornement
Qui pare la teste veluë
De cette grosse Mamelüe
Et Bacchus est son seul Amant

Le bon vin, et la Gourmandise
Sont de si charmants appas
Qui ni peut nommer vn bon repas
Le sçaura bien quelle prise

Elle se plaist auec raison
Al'exercice de la chasse
Affin de nestre plus si grasse
Cent ans apres la Venaison

une déception qu'un regret. Quoi qu'il arrive, partez content. Les mauvais repas font quelquefois les bons souvenirs. Dans les cas tragiques, tâchez d'avoir assez d'estomac pour suivre le conseil de Raoul Ponchon : « Il vaut mieux ne pas payer que d'avoir des histoires. »

Faites de la publicité, pour ou contre

Tout ce qui est bon est rare et constamment menacé. Si vous avez découvert un restaurant honnête, votre devoir est de le faire connaître. Le succès corrompt moins que l'échec injustifié. Un gastronome égoïste (il y en a...) est un infirme. Évitez cependant les éloges excessifs, vos amis risquent de tomber sur un mauvais jour.

En revanche, si un guide ou un chroniqueur gastronomique vous a attiré dans un guet-apens, faites-le-lui savoir. L'indulgence et la bonne humeur n'excluent pas la fermeté.

SAVOIR LIRE UN MENU

Si, au cours de vos recherches pour obtenir l'adresse d'un bon restaurant, vous n'avez obtenu aucune indication sûre, ne vous désolez pas. Vous avez à portée de la main les deux pièces principales du dossier : le menu et la carte des vins.

Dans tous les cas, même si les échos recueillis sont tous favorables, vous devez vous livrer à un examen complet de ces deux documents, qui vous permettra de lire à travers les murs de la cuisine et de la cave comme avec un appareil de radiographie.

Lire le menu à la cuisine

A regret, nous commencerons par le menu puisqu'il est présenté dans la rue. Souhaitons que les bons hôteliers prennent d'eux-mêmes l'habitude d'afficher leur carte des vins, beaucoup plus significative.

L'endroit idéal pour lire le menu serait la cuisine du restaurant. J'y verrais beaucoup d'avantages, et d'abord pour le cuisinier. Il tiendrait une sorte de salon où il prendrait plaisir à recevoir son futur client. Ce beau métier me paraît gâché par l'anonymat et je connais peu d'ordres plus désagréables que celui-ci : « Envoyez la poularde du neuf ! » Remplir un estomac dont on ne verra jamais le visage ! c'est à décourager M. Prud-homme lui-même.

On peut souhaiter l'apparition de la « libre-cuisine », où même un client pourrait faire valoir son tour de main. Pour le moment, la cuisine est encore trop souvent un antre où officie on ne sait quelle pythie entourée de ses fumées.

La visite à la cuisine devrait constituer le meilleur des apéritifs : la confiance. Lorsqu'il aura constaté de ses propres yeux la fraîcheur et la qualité des produits, lorsqu'il aura assisté à la préparation de « son » plat, le client gagnera la salle à manger qui ne lui paraîtra plus une terre hostile cernée par les canons de fusil.

Le menu à la loupe

Notre loupe sera celle de Sherlock Holmes. Si habile que soit le rédacteur du menu, il a laissé une foule d'indices qui nous permettront d'annoncer si le repas sera une fête ou un meurtre.

1° LA PRÉSENTATION MATÉRIELLE. — On ne peut guère en tirer plus de conclusions que de l'aspect général de la maison. Pour ma part, j'ai tendance à accorder ma confiance à des menus proprement présentés plutôt qu'aux graffiti sur ardoise ou sur glace, l'expérience m'ayant appris que ces exercices calligraphiques étaient payés au-dessus de leur valeur.

2° CARTE RICHE OU CARTE PAUVRE ? — Il m'est arrivé une fois de me mettre à table dans un restaurant de province dont la carte était comme un résumé des succulences de la planète : du civet de biche à la langouste à l'américaine, rien n'y manquait. Je fus émerveillé jusqu'au moment où, ayant demandé une soupe au pistou (nous étions dans le Midi et en plein août, donc dans la meilleure saison pour ce plat), la patronne me répondit qu'elle n'allait pas ouvrir une boîte pour une seule personne. Ce fameux restaurant n'était qu'un magasin de conserves.

Accordez donc plutôt votre confiance aux cartes « raisonnables » et même pauvres. Si, arrivant à une heure considérée comme tardive (en province après 12 h 30 et 20 heures), vous trouvez un certain nombre de plats déjà rayés de la carte, réjouissez-vous : la maison ne travaille pas dans le réchauffé.

3° LES NOMS DES PLATS. — Les « Demoiselles du cap sous la cascade étoilée » ou les « Délices du chef à la croqui-gnole » n'annoncent pas une maison de premier ordre, mais l'esprit humain est si bizarrement construit qu'un poète délirant peut se révéler un cuisinier acceptable. Le jargon lyrique est de tous les indices le plus difficile à interpréter.

Les noms prétentieux, surtout lorsqu'ils ne correspon-dent pas à la classe de l'établissement (une « Sole à l'amiral » dans un « routier » de Lorraine...) ont de tout temps inspiré une saine méfiance aux voyageurs pru-dents. Mais il est un autre danger, plus insidieux, qui se profile à l'horizon et qu'on ne me paraît pas encore avoir signalé. « Tant crie-t-on Noël qu'il vient. » La publicité entreprise pour la « restauration des plats régionaux » n'a pas rencontré que des oreilles rétives. Devant les feux de cheminée et les poutres apparentes on commence à servir des « mourtayrols » et des « boudins d'cheux nous » qui suffiraient à justifier la désertion des cam-pagnes.

4° LES PRIX. — Sur ce point, ce sont plutôt les clients qui se montrent extravagants, qui s'attendent à tous les miracles dès qu'ils ont franchi la banlieue de Paris. Or un vrai poulet de Bresse coûte aussi cher dans son pays que place de la Madeleine et le poisson est plus rare dans un port de pêche qu'aux Halles de Paris.

Des prix élevés laissent la porte ouverte au meilleur et au pire. Avec des prix trop bas, le pire est presque sûr et le devient tout à fait s'ils concernent des plats de luxe. D'une « poularde demi-deuil » à cinq francs, vous porte-rez le deuil entier toute votre vie.

Certains « menus gastronomiques » qui alignent, dans la même foulée les charcutailles du pays, de la langouste, du poulet, etc., pour dix-huit francs, ne doivent pas sou-lever votre enthousiasme. La maison peut être bonne, mais elle pratique cette « cavalerie » pour des clients de passage et faciles à satisfaire. D'ailleurs, vous êtes assez grand pour faire votre menu vous-même.

5° LE GARÇON. — Nous avons déjà vu comment on pouvait discerner s'il appartenait à un bon restaurant ou à une vulgaire boîte à manger.

6° LE PLAT RÉGIONAL. — Naturellement, vous êtes partisan de la « spécialité régionale » et je ne puis que vous féliciter. Mais êtes-vous bien sûr de vous ? Le choix de ce seul plat met en cause toute votre culture gastronomique et même votre culture tout court, car il exige des connaissances géographiques, scientifiques, administratives, et j'en passe. Vous qui mangez toujours du gibier quand vous traversez la Sologne, connaissez-vous les dates d'ouverture de la chasse ? Et celles de la pêche, vous qui réclamez toujours de la friture de rivière ?

Vous, si fier de manger une truite près d'un torrent de montagne, soupçonnez-vous qu'elle a sans doute fait plus de chemin que la sole de votre voisin. Savez-vous qu'il est interdit sur tout notre territoire et en toutes saisons de servir des truites de rivière ? Qu'il n'y a pas un cuisinier sur mille qui ait vu un escargot vivant ?

Voici une liste provisoire des régions d'origine des grandes spécialités gastronomiques françaises : les truites viennent du Danemark, les écrevisses de Roumanie, les grenouilles de Hongrie, les escargots et les morilles de Tchécoslovaquie, les lièvres d'Argentine, les langoustes de Mauritanie, les saumons du Canada. Et j'en oublie, et j'en ignore...

Faut-il en conclure que ces produits sont inférieurs à ceux que consommaient nos aïeux ? Il n'y a pas de raison évidente pour que les écrevisses qui arrivent vivantes de Bucarest après trois heures d'avion soient inférieures à celles qui ont commencé par passer la journée dans le panier surchauffé d'un pêcheur des Pyrénées. En bonne logique, les meilleurs restaurants régionalistes devraient être ceux des aéroports.

Il existe cependant encore assez de spécialités régionales pour nourrir la poésie des voyages et la foi des fidèles. L'agneau de Pauillac, le mouton des Causses, les dindes des Landes, les brochets de la Loire... Continuez la liste.

Cet exercice est plus propre à éveiller l'appétit qu'à le satisfaire.

7° LE PLAT DU JOUR. — Un joli nom, pour peu qu'on y pense... « Le jour n'est pas plus pur... » A Paris surtout vous lui donnerez la préférence, à condition qu'il mérite son titre, c'est-à-dire que tous les produits qui le composent soient vraiment dans leur meilleur jour et, *a fortiori*, dans leur meilleure saison.

Vous connaissez, n'est-ce pas ? les bonnes périodes pour les légumes, quand ils ne sont plus « forcés » et pas encore « retardés », mais vous savez aussi que le meilleur agneau se mange en février, le meilleur veau deux mois plus tard, que le bœuf de Normandie à la viande « fleurie » est pendant tout l'été supérieur au Charolais, que la meilleure bouillabaisse se déguste en juillet-août et les meilleures huîtres en septembre et octobre. Vous pourriez même donner les raisons de vos préférences.

Bref, vous êtes capable de comprendre si le plat du jour proposé correspond à une véritable pensée gastronomique ou s'il est seulement la conséquence d'une « occasion » rencontrée aux Halles.

8° LE GENDARME. — Si vous avez trouvé l'adresse du restaurant dans un guide, faites-le savoir. Vous vous affirmez ainsi faire partie d'une communauté qui dépasse votre modeste personne et peut-être aurez-vous à vous en féliciter.

SAVOIR LIRE LA CARTE DES VINS

Ce livre étant presque tout entier consacré à vous préparer à cet exercice, les remarques suivantes doivent être considérées comme une introduction.

Où la lire ?

Dans la cave, évidemment. En cet endroit seulement peut commencer le fertile dialogue avec les bouteilles. Hélas, ce n'est pas demain la veille. Dans beaucoup de restaurants, le vin, pourtant la source la plus sûre des bénéfices, est traité comme un paria. La carte n'est jamais affichée. Souvent même, elle n'est montrée, il faudrait écrire « révélée », que sur demande, quand le client, coincé entre sa chaise et sa table, n'a plus guère la possibilité de prendre la poudre d'escampette.

Dans les restaurants qui possèdent un bar, on la consultera avant de se mettre à table en buvant un vin blanc-cassis, ce qui constituera un double sondage. On ne se séparera pas du menu pour autant, le couple menu-carte des vins étant uni par un mariage indissoluble.

A quelle vitesse ?

Un bon vin vous attend depuis dix ou quinze ans dans sa bouteille. Il patientera bien encore quelques secondes. Ne vous pressez pas, même si quelque sommelier en tablier de cuir et aux mains rouges comme celles du bourreau vous répète : « Frère, il est l'heure ! »

La carte des vins n'existe parfois qu'en un seul exemplaire, que l'on vous passe si vite sous les yeux que vous y perdez votre latin, si vous n'êtes pas un habitué du bonneteau. Où se trouve le Beaune ? Où, le Saint-Émilion ? Cramponnez-vous à votre carte : le restaurateur qui paie sa publicité très cher le long des routes fera peut-être un jour les frais de quelques copies supplémentaires.

La clarté

Les différents chapitres : Bordeaux, Bourgogne, etc. sont prévus par la loi. Toute fantaisie est donc une erreur, au mieux un lapsus ou une distraction. Mais les vins d'un restaurateur distrait ont une forte tendance à verser dans la piquette.

Si vous rencontrez un Château-Chalon parmi les châteaux de Bordeaux, ou un Château-Cheval-Blanc parmi les vins blancs, alerte !

La précision

Plus l'origine du vin est clairement indiquée, plus il a chance d'être bon. Un vrai vin décline son état civil. L'origine, le millésime, le nom du propriétaire ou du négociant figurent sur toutes les bonnes cartes. La mise en bouteilles par le producteur constitue une garantie supplémentaire.

Les leurres

Certaines désignations devraient déshonorer une carte des vins si elles ne prouvaient pas chez les commerçants une connaissance désabusée de la clientèle : encore une fois, le vrai coupable est le client ignorant.

Doivent être éloignés de votre verre, dans tous les cas, les pelures d'oignon, les blancs de blancs qui ne sont pas originaires de la Champagne et... nous continuerons la liste au chapitre suivant.

Payez cher les vins jeunes

Le prix des vins dans un restaurant est fonction de tant d'éléments parfois contradictoires qu'on peut boire sur la même table de très grands crus à bon marché et payer très cher de mauvais vins de pays.

En matière de vins jeunes, les prix sont cependant assez réguliers. Votre principal souci sera de payer assez cher. Un Beaujolais nouveau ne doit pas être meilleur marché au restaurant qu'à la propriété.

Les vins vieux vous paient
votre déjeuner

Dans des restaurants à grande carte des vins, il est fréquent de trouver des bouteilles cotées très au-dessous de leur valeur réelle, du prix annoncé par les rares négociants qui en font le commerce.

Les raisons de cette anomalie sont diverses : fiscales (difficultés dans la réévaluation des stocks), financières (il faut faire rentrer de l'argent), vineuses (la vie du vin n'est pas éternelle et mieux vaut le solder que de le retrouver en dentelles), publicitaires (dans le meilleur sens du mot), parfois aussi amicales. Entre véritables amateurs de vins on se fait des cadeaux.

Voici quelques années, à l'*hôtel Charvillat*, à Tours, j'ai bu une bouteille de Château-Cheval-Blanc 1918 pour vingt-cinq francs. Elle en valait cent ou cent cinquante, beaucoup plus que les deux repas qui l'accompagnaient.

Les bons vins sont toujours
les moins chers

Les raisons du commerce ne sont pas toujours celles de l'honnêteté théorique. Ainsi, dans le même restaurant languedocien de Paris, je me suis vu offrir, à dix francs la bouteille, un vin de la région de Lunel, qui valait bien quatre-vingts centimes le litre à la propriété, et pour douze francs un remarquable Tavel qui valait six francs, pris dans la cave.

En moyenne les restaurateurs multiplient par trois les prix des « petits » vins, par deux ceux des « grands ordinaires », du type Beaujolais, alors qu'ils se contentent de trente à cinquante pour cent pour les vins de crus et vingt pour cent, et souvent moins, pour les très grands vins.

Moralité (peu nouvelle) : les petits paient pour les gros, mais il ne dépend que de vous de devenir un « gros ». Lisez attentivement ce livre.

Le vin du patron

Certains restaurants proposent « le vin du patron », d'autres vont jusqu'à l'appellation contrôlée : « l'Anjou du patron », ou même parfois de grands vins dont il est ainsi impossible de connaître la véritable origine.

En plus de nombreuses raisons psychologiques (fierté, souci de se distinguer, etc.), on peut donner à cette coutume deux explications matérielles absolument opposées :

— Le vin est bon et le patron ne tient nullement à ce que ses clients ou ses concurrents aillent faire de la surenchère auprès de ses fournisseurs ;

— Le vin est médiocre et son origine gagne à être tenue secrète.

En définitive, le vin du patron reflète assez exactement la qualité du restaurant. Il peut surtout être très bon dans les bons. Je connais un patron qui offre couramment des vins qui sont d'un cran ou deux au-dessus de leur étiquette. Surpris un jour par un Beaujolais du patron plein de grain et de sève, je menai une petite enquête. Le Beaujolais en question était en réalité du Chiroubles, l'un des neuf crus du Beaujolais.

Si recommandable que soit cette pratique, elle doit se limiter aux « ordinaires », petits ou grands. Dès que l'on approche d'une grande bouteille, on veut connaître sa vraie famille. Le Chambertin du patron, non !

Manière de consulter la carte des vins

La consultation de la carte des vins est pour l'amateur un droit imprescriptible et sacré. Ne vous laissez pas prendre aux berceuses de ces sommeliers qui prétendent choisir pour vous. Précieux conseillers, ils peuvent se révéler parfois très mauvais décideurs. Lorsque, après de

sévères éliminations, votre choix se précisera, le sommelier pourra vous préciser si le vin élu est à point, ou s'il
est encore fermé, ou tombé dans ses bottes. Mais, jusqu'à
cet instant, vous restez seul maître à bord et il vous
appartient d'orienter vos recherches. Elles iront dans
trois directions.

L'origine des vins

Ils peuvent provenir soit de propriétaires, soit de
négociants, soit encore de propriétaires-négociants. Ces
mentions doivent figurer sur la carte. Aucune n'est en
elle-même supérieure à une autre. Il est d'excellents négociants et de très mauvais propriétaires. A vous de les
connaître peu à peu et à les noter sur votre carnet
secret.

Les millésimes

Certains vins sont millésimés, d'autres pas. Sur ce
point, je laisse la parole à Pierre Poupon, expert en la
matière :

« Le millésime étant parfois un leurre auquel se laisse
prendre trop souvent le consommateur, le négociant
bourguignon, suivant en cela une habitude commerciale
champenoise, offre à sa clientèle, non seulement des vins
millésimés, mais aussi des vins *non* millésimés.

« Les vins non millésimés résultent, en principe, d'une
sélection judicieuse faite parmi les réussites des années
sans réputation. Ces vins peuvent être également
l'alliance de crus d'une même origine, mais d'années différentes et qui se complètent harmonieusement pour
présenter des vins parfaitement équilibrés et d'une qualité régulière et suivie.

« Le Comité professionnel du Bourgogne a créé le sigle
V.S.R. (vin spécialement recommandé) sous lequel les
négociants-éleveurs de notre région offrent ces vins à
leur clientèle.

« De très nombreux négociants, et même viticulteurs,

de la France entière (et de Bordeaux surtout) ont
demandé l'autorisation d'utiliser ce sigle. Cette autorisation leur est volontiers accordée sous réserve que la qualité des vins en soit digne. »

Sur ce point, on ne saurait mieux dire et en moins de
mots. N'oubliez pas que le patron peut vous renseigner
sur l'âge de ces vins.

Les crus

Tous les vins ont un nom, mais plus sérieux que les
hommes, un nom qui est aussi une généalogie et un blason. Une garantie aussi. Seuls peuvent y prétendre des
vins récoltés sur des terroirs délimités au centimètre
près. La désignation de ces lieux privilégiés varie selon
les régions : climats en Bourgogne, châteaux en Bordelais. Dans tous les cas, pour s'y reconnaître, il n'est guère
d'autre moyen que... de les apprendre par cœur et par
bouche et de garder sous la main un livre où ils figurent.

Les difficultés ne sont pas les mêmes dans toutes les
régions. La Bourgogne est très diversifiée, le Bordelais à
peine moins, la Champagne, autrefois fief de quelques
grandes marques, tend à le devenir avec la multiplication
des récoltants manipulants. Ailleurs, le choix est souvent
question de bonnes adresses.

Le contre-pied. Ce conseil est d'ordre économique. Il
peut vous livrer de grandes bouteilles à des prix sans
concurrence. Les ventes régulières des grands vins se
font surtout dans leurs pays d'origine : on boit du Bourgogne à Beaune et du Bordeaux à Langon. Si quelque
restaurateur de Bourgogne, soucieux de diversité, charge
sa cave en Bordeaux, il risque de les garder très longtemps. Dans bien des cas, il les laissera vieillir sans songer à rectifier les prix sur la carte. Vous pourrez en profiter. Ayez donc toujours le regard fixé sur ces bouteilles
qui viennent de loin.

SAVOIR LIRE UNE ÉTIQUETTE

L'étiquette ne devrait rien apprendre de plus au consommateur que la carte des vins, si cette dernière était bien faite. Il en est rarement ainsi et les indications sommaires, du type « Pommard », sont plutôt la règle que l'exception.

Aussi l'amateur connaît-il au cours d'un repas au moins deux petits moments d'angoisse. Le premier se situe entre l'instant où il a passé sa commande et celui où il lit l'étiquette, la cave de beaucoup d'hôteliers ressemblant fort à la boîte de Pandore ; le second, entre l'instant où il a versé son vin dans son verre et celui où il hésite à tendre la main pour le prendre et l'approcher de ses narines.

Qu'il ne peut y avoir de vin sans étiquette

« L'étiquette ne fait pas le vin. » « Moi, je me moque de l'habillage pourvu que le vin soit bon... » Tels sont quelques-uns des propos tenus par des gens qui se croient raisonnables et qui ne sont que chimériques. Car, à moins d'être capable de humer le vin à travers le verre, il faut bien se résigner à l'étiquette, qui se trouve être le meilleur moyen de détection connu, et pour plusieurs raisons, dont la première est qu'il est le seul.

Que l'étiquette est le premier miracle du vin

Par une sorte de coup de chance, il se trouve que l'étiquette est le premier, le plus brillant et le plus constant « miracle du vin ».

Si le vin résume toute une civilisation, l'étiquette concentre sur sa faible surface toute l'intelligence et la probité de centaines de générations de vignerons, car elle est leur œuvre et non pas celle de l'Administration, qui s'est contentée de la normaliser (partiellement) et de la rendre obligatoire. Regardez l'étiquette avec toute la tendresse dont vous êtes capable. Dans beaucoup de combats elle sera votre seule alliée ; et, s'il vous arrive de boire de mauvais vins sous une bonne étiquette, n'espérez *jamais* avoir un bon vin sous une mauvaise étiquette.

L'étiquette est « globale »

La mise au point d'une étiquette et l'exégèse qu'elle permet peuvent la faire comparer à un poème de Mallarmé. Presque tous les mots qui ne sont pas interdits sont obligatoires (ne sous-estimez pas l'importance de ce « presque »...), leur place et la dimension des lettres qui les composent fixées par l'usage et la loi. Elle est conçue de telle façon que même un débutant peut saisir d'un seul coup la douzaine de mots qui la composent et dire aussitôt s'il se trouve en face d'un vin indécrottable ou s'il a des chances d'engager la conversation.

Ce bref chapitre ne pouvant être encore qu'une introduction, nous nous limiterons à quelques indications sommaires, mais importantes, et l'une décisive.

L'aspect de l'étiquette
n'a aucune importance

Si vous avez commencé la lecture de ce livre, vous n'avez plus besoin de personne pour savoir que les couleurs, les arabesques et les noms tirés des romans-feuilletons, comme « le Clos-d'Artagnan » ne sont pas de bon augure. Certaine littérature aggrave le cas : « Ce nectar mirifique et gouleyant élevé dans nos caves centenaires par nos maîtres de chais, eux-mêmes mûris au soleil... »

Oui, s'il y avait une justice sur la terre, de tels vins devraient être imbuvables... et le sont généralement. Hélas, il y a des exceptions.

1° UN EXCELLENT VIGNERON PEUT AVOIR TRÈS MAUVAIS GOÛT POUR TOUT CE QUI N'EST PAS SON VIN. — L'envie me démange de donner à ma remarque une portée plus générale : chassé des sauces et du vin, le mauvais goût se retrouve ailleurs. On boit surtout bien devant les buffets Henri II et les vilains chromos.

A l'appui de cette remarque je pourrais citer un certain nombre d'excellents vins de Provence dont les trop nombreuses étiquettes portent une prose bien inutile et propre à décourager quelques véritables connaisseurs.

2° VOUS-MÊME, AVEZ-VOUS BON GOÛT ? — Le mauvais goût, c'est ce qu'on n'aime pas. Il n'est pas un absolu. La modestie sur ce point est signe de grande sagesse. (Et puisque nous effleurons l'examen de conscience, interrogez-vous aussi sur votre caractère : il est entendu que tous les gastronomes l'ont excellent. Mais, là aussi, il y a des exceptions.)

3° LA VÉRITÉ DÉPASSE LA FICTION. — Il ne manque pas de vrais vins dont les noms paraissent plus inventés que les faux. Montre-Cul est un cru de la côte dijonnaise, Chante-Alouette un cru des Côtes-du-Rhône, le Pissotte un gentil vin de Vendée.

4° VOTRE ENNEMI LE PLUS REDOUTABLE : LE BON GOÛT. — Si la sottise était accordée comme une sorte de prime supplémentaire aux gens malhonnêtes, la vie serait plus facile. Malheureusement, il se trouve un certain nombre de négociants intelligents qui, se demandant comment vendre très cher un vin très ordinaire, ont pensé à tout autre chose qu'au « Clos-d'Artagnan » : un vieux nom paysan comme Pineau gris, des couleurs sobres, une mise en page classique et le maximum de renseignements précis, qui n'engagent à rien, jusqu'au nom du propriétaire, du domaine, etc. Il vous faudra une bien grande force de caractère pour résister à ces tentations.

En conclusion, retenez qu'en vous en tenant à la seule

présentation du flacon il vous sera impossible de prévoir l'ivresse qu'il pourra vous dispenser : la rose béatitude ou la colère bleue.

5° LA VÉRITÉ SORT DU CHIFFRE. — Le problème paraîtrait donc insoluble et où serait alors le miracle de l'étiquette ? Le moyen infaillible existe, si simple qu'on le retient en une seconde, si évident qu'il me paraît avoir échappé jusqu'à présent à tous les auteurs qui ont traité la question :

Tous les vins de consommation courante portent un chiffre

Ce chiffre, qui peut figurer sur l'étiquette, ou, à défaut, sur la collerette ou le bouchon est l'indication du degré alcoolique. Il n'est jamais inférieur à 8,5° et il monte rarement au-dessus de 13°.

Cette simple indication est comme l'épée de Tristan, qui sépare le monde du vin en deux :

— Les vins dits ordinaires, de consommation courante, de coupage, de pays, qui peuvent avoir une « provenance » mais jamais une origine et qui porte donc toujours cette indication de degré ainsi que le mot

VIN

— Les vins dits « d'origine » qui forment deux groupes distincts :

+ Les vins délimités de qualité supérieure qui portent toujours au moins le label V.D.Q.S. ;

+ Les vins d'appellation d'origine contrôlée, ou A.O.C., ou A.C.

Les vins d'origine ne portent pas d'indication de degré, à quelques exceptions près. Tous les grands vins se recrutent parmi eux. Le mot vin ne figure pas obligatoirement sur l'étiquette.

Les étiquettes de garantie

J'emploie cette désignation qui me paraît commode à défaut d'une désignation légale qui n'existe pas encore. Ces « sur-étiquettes » viennent s'ajouter à l'étiquette normale et parfois la remplacer. Elles sont délivrées par certains organismes qui se sont chargés de la protection de la qualité du vin. La formule a été mise au point en 1950 par la confrérie des Chevaliers du Tastevin en Bourgogne. A la suite d'une dégustation faite avec toutes les garanties de l'impartialité, la confrérie accorde son label à un certain nombre de vins qui lui sont proposés. On dit alors que ces vins sont tastevinés et ils portent une *étiquette originale numérotée* fournie par la confrérie qui en surveille l'emploi.

Cet exemple a été suivi, à notre connaissance, dans au moins deux régions :

— La jurade de Saint-Émilion, qui accorde un « sceau » ;

— La confrérie Saint-Étienne, en Alsace, qui accorde ses « sigilles » aux vins qui lui en paraissent dignes.

Les vins ainsi présentés ont une chance supplémentaire non négligeable d'authenticité et, en cas d'hésitation, on leur donnera la préférence, bien que le prix soit en général sensiblement plus élevé.

Quelques précisions me paraissent nécessaires :

1° *Un vin tasteviné n'est pas forcément supérieur à un autre de même désignation.* Le label Tastevin accordé par exemple à un Meursault 1964 signifie simplement que le vin en question correspond bien aux caractéristiques du vin de Meursault 1964, mais il ne prétend nullement établir une hiérarchie : le label pourra aussi bien être accordé à un vin un peu moins bon, mais rentrant tout de même dans les normes. De même, vous pourrez trouver un Meursault 1964 de plus belle qualité sans le label du Tastevin.

2° *Ces garanties secondaires ne sont jamais obligatoires.* Un certain nombre de producteurs et de négociants ne

recherchent pas ces labels, soit par esprit d'indépen-
dance, soit parce qu'ils estiment qu'ils représentent eux-
mêmes une garantie suffisante, soit parce qu'ils ne veulent pas augmenter le prix de leurs vins, soit encore pour
des raisons personnelles. S'il vous arrive donc de trouver
sur la même carte des vins tastevinés et des vins sigillés,
n'en concluez pas que les autres soient inférieurs.

CLASSIFICATION GÉNÉRALE DES VINS

Avant de nous livrer au principal travail pratique de l'amateur, l'analyse de l'étiquette, il nous paraît indispensable de donner les principes généraux de la classification des vins français ainsi que ceux de leur déclassement, les seconds étant la conséquence des premiers.

Historique de l'appellation d'origine

Peu de réglementations peuvent se réclamer d'une pareille ancienneté. Le pharaon Pepi II qui régnait à Memphis trente ou trente-cinq siècles avant notre ère trouvait déjà sur sa table une véritable carte des vins : vin blanc, vin rouge, et trois « appellations contrôlées » : vin du Delta, vin du Péluse (Abaris), vin de Létopolis (Sokmit).

La Bible n'est pas moins précise qui mentionne des vins d'Angaddi, de Baal-Hammon..., noms qui sont repris par les viticulteurs israéliens. En Grèce on célébrait les vins de Samos, de Crète, de Thasos... Dans l'Empire romain, on buvait du Falerne, du Chianti, du vin du Vésuve, et le commandant Cousteau a retrouvé au fond des mers des amphores portant l'estampille d'un vigneron de Pompéi.

En France, il fallut attendre la Renaissance, pour que commence à s'établir la réputation de nos grands crus, dont beaucoup dataient pourtant de l'époque gallo-romaine et furent mis en valeur par les ordres monastiques. Ainsi le Clos-de-Vougeot fut l'œuvre des moines de Cîteaux.

Au Moyen Age, la réputation des vins de Loire, d'Alsace, de Saint-Pourçain, de Châteauneuf-du-Pape, égalait,

voire surpassait, celle des vins de Bourgogne et de Champagne dont la suprématie ne fut reconnue qu'au xviie siècle, alors que le vin de Bordeaux, longtemps tourné vers l'Angleterre, ne devint vraiment français qu'au xviiie siècle.

La question de l'authenticité du vin n'a jamais cessé d'être à l'ordre du jour des gastronomes, comme le rappellent ces vers de Boileau :

Un laquais effronté m'apporte un rouge bord
D'un auvernat fumeux, qui mêlé de lignage
Se vendait chez Crenet pour vin de l'Ermitage...

Mr Mélange

Hum! faut-il ?........... vas toujours.....

Aussi toutes les protections furent-elles non pas imposées, mais sollicitées par les producteurs de bons vins. La plus ancienne classification d'allure officielle (mais non point légale) est celle qui fut établie dans le Bordelais en 1855. Elle est d'ailleurs fort limitée. Au xxe siècle seu-

lement on se préoccupa de légaliser les méthodes
employées depuis toujours par les meilleurs vignerons.
Le paladin de l'appellation contrôlée fut le baron Le Roy
de Boiseaumarié, propriétaire de l'un des meilleurs
vignobles de Châteauneuf-du-Pape, qui comprit dès 1924
que le salut du vin français était dans la qualité, mais que
la qualité exigeait à la fois contrôle et protection. Principales étapes : 1905, 1919, 1927, 1935, 1949. Toute la
réglementation concernant la vigne et ses produits est
groupée dans un Code du vin qui forme un très gros
volume.

Classification en vigueur

Il n'est pas d'ordre plus parfait que celui du vin. Du
plus petit au plus grand, chacun a sa place dans la grande
armée et chacun peut espérer y faire carrière. Le cep du
plus modeste vin de table se révélera un jour bâton du
cru du maréchal.

Si nous écartons de notre étude les vins de consommation courante, ce n'est donc pas par mépris, sachant
bien qu'ils ont l'avenir pour eux, mais pour consacrer
plus d'attention aux deux grandes catégories qui retien-
nent plus spécialement l'attention du dégustateur, les
V.D.Q.S. et les A.O.C.

Les vins dits délimités de qualité supérieure qui obtiennent
le label V.D.Q.S. d'une commission professionnelle après
analyse et dégustation, sous certaines conditions relatives
au terroir d'origine et à la technique de culture et de
vinification. Pour chacun d'eux, l'appellation V.D.Q.S.
fait l'objet d'un arrêté du ministère de l'Agriculture. On
le voit, le contrôle commence à devenir sérieux.

Quelques précisions :

— Les V.D.Q.S. ne sont pas de *sous-appellation contrôlée*, comme l'imaginent un certain nombre de consommateurs. Il n'existe pas, en bordure des grands vignobles,
une « frange » où l'on récolterait les V.D.Q.S. En fait, les
régions où l'on produit à la fois des V.D.Q.S. et des appellations contrôlées sont assez rares, sans doute pour limi-

ter des erreurs d'interprétation. En Côte-d'Or, le vin qui n'a plus droit à l'appellation « Bourgogne » s'appelle simplement vin rouge.

— Les V.D.Q.S. sont, en fait, sinon légalement, les *véritables vins de pays et même au degré supérieur*, puisqu'ils ont fait l'objet d'une sélection.

— *La qualité d'un V.D.Q.S. n'est pas obligatoirement inférieure à celle d'une appellation contrôlée*, bien que la hiérarchie des vins puisse laisser croire le contraire. Œuvre humaine, cette hiérarchie n'est pas indiscutable et reste sujette à revision. Vous avez le droit de la faire pour votre compte.

On rencontre des V.D.Q.S. en de nombreux points de notre territoire : une soixantaine pour toute la France, dont une quinzaine dans le Midi. Ils vous donneront l'occasion de nombreuses découvertes qui vous enchanteront. Prenez garde cependant : beaucoup de ces vins sont fragiles et supportent mal les voyages. Vous ne retrouverez pas toujours à les boire à Paris le plaisir qu'ils vous ont donné dans la petite auberge de Lorraine ou des Pyrénées.

LES VINS D'APPELLATION D'ORIGINE CONTRÔLÉE qui sont produits dans des conditions précisées pour chacun d'eux par un décret ministériel : aire de culture, cépages autorisés, rendement maximal à l'hectare toléré (les quantités produites en sus sont déclassées), degré alcoolique minimal, procédés de culture ou de vinification.

Les appellations contrôlées constituent ce que l'on pourrait appeler « la glorieuse armée du vin », d'ailleurs fort nombreuse : on compte en France deux cent cinquante et une appellations contrôlées qui produisent en moyenne sept millions d'hectolitres par an. Si cette armée n'est pas formée que de grandes bouteilles, on peut dire que toutes les grandes bouteilles sortent de ses rangs.

Exemples d'appellations d'origine contrôlée : Arbois, Châteauneuf-du-Pape.

Puisque le but de ce livre est essentiellement pratique,

je crois nécessaire d'indiquer l'existence de ce que l'on pourrait appeler les *appellations contrôlées vendues sous une marque commerciale*.

Ces A.C. répondent naturellement à toutes les conditions exigées par la loi. Les négociants qui les utilisent dans différentes régions se sont inspirés des exemples venus de Champagne ou de Cognac où la marque joue un rôle décisif. (On peut considérer aussi que, dans le Bordelais, le nom du domaine ou du château joue le rôle d'une marque commerciale.)

Ces vins sont constitués par une sélection et un assemblage :

— Soit de grands crus déclassés ;

— Soit de crus d'une bonne qualité, mais d'une appellation peu connue des consommateurs ;

— Soit, enfin, d'un mélange de ces deux types de crus.

Ils valent naturellement ce que vaut le négociant qui les propose. Si ce dernier est digne du beau nom d'éleveur, il aura l'avantage de procurer à sa clientèle un vin régulier, équilibré et d'un prix abordable. Autant de sécurités qui ne sont pas négligeables.

LES VINS DE CHATEAUX ET LES VINS DE DOMAINES qui portent aussi la mention « appellation contrôlée », mais ils n'ont jamais à sortir du rang. Ils constituent l'état-major permanent et irrévocable de la grande armée. Aucun régime n'a jamais eu l'audace de leur imposer un statut administratif. Leur célébrité mondiale les met à l'abri de tous les coups du sort. Toutefois, les appellations « Grand cru » « Premier cru » et « Cru classé » sont définies par des décrets. Exemples : Château-Margaux, Chambertin.

Ce sont ces bouteilles qui constituent le côté « de derrière les fagots ».

LE DÉCLASSEMENT DES VINS

Il s'agit d'une question à laquelle seuls les professionnels accordent de l'importance alors qu'elle peut être pour l'amateur la source d'excellentes affaires. (Prévenons-le tout de suite qu'elles seront rares.)

Déclasser un vin, c'est lui retirer l'appellation d'origine à laquelle il a droit normalement. Les cas de déclassement sont au nombre de deux :

Déclassement pour manque de qualité

Il y a de bonnes et de mauvaises années, de bons et de mauvais vignerons, donc de bons et de mauvais vins. Il peut donc arriver qu'un vin d'A.O.C. ou un V.D.Q.S. soit inférieur à sa réputation. Il sera donc déclassé, souvent par le producteur lui-même qui ne veut pas décevoir ses clients habituels, mais aussi, et de plus en plus, par des « commissions de dégustation » (obligatoires pour les V.D.Q.S. et un certain nombre d'A.O.C.) qui ont pouvoir de décision.

Déclassement pour excès de production

Pour toutes les Appellations d'Origine Contrôlée, la loi prévoit un rendement maximum à l'hectare. Certaines années, la production est largement excédentaire sans que la qualité en souffre. Va-t-on jeté l'excédent au ruisseau ? Avec plus de bon sens on se contente de le déclasser. Le résultat peut être assez extravagant : on peut ainsi retrouver le même vin sous cinq noms différents, allant du plus prestigieux au plus humble, de cinquante francs la bouteille à un franc cinquante le litre. En voici un exemple.

Musigny est un des premiers climats de Bourgogne, donc un de ceux où le rendement à l'hectare est fixé au plus bas, soit trente hectolitres à l'hectare. Qui peut le plus peut le moins : Musigny est évidemment apte à produire des vins d'appellation issus d'un territoire plus vaste, soit le « Chambolle-Musigny » dont le rendement autorisé est de trente-cinq hectolitres à l'hectare, soit « Bourgogne » dont le rendement autorisé est de quarante-cinq hectolitres à l'hectare (il doit aussi atteindre un minimum de degré alcoolique de dix degrés), soit « Bourgogne Grand Ordinaire » dont le rendement est également fixé à quarante-cinq hectolitres à l'hectare mais dont le minimum de degré alcoolique n'est plus que de 9,5°, soit « Vin rouge », dont le rendement à l'hectare n'est pas limité.

Admettons qu'au cours d'une année exceptionnelle (le cas s'est présenté) le vigneron d'un des meilleurs climats de Musigny ait atteint le rendement de soixante hectolitres à l'hectare. Il se trouvera légalement obligé de répartir son vin de la façon suivante :

MUSIGNY, grand cru à 40 francs le litre	30 hectolitres
CHAMBOLLE-MUSIGNY, premier cru à 15 francs	5 hectolitres
BOURGOGNE OU BOURGOGNE GRAND ORDINAIRE à 4 francs	10 hectolitres
VIN ROUGE à 1,50 franc	15 hectolitres
Total :	60 hectolitres

Le grand style pour un amateur est évidemment d'acheter son Musigny au prix du vin rouge. Pour ma part, je n'y suis jamais parvenu. Les grandes bouteilles déclassées ont un don d'évaporation qu'aucun physicien n'est encore parvenu à expliquer.

ANALYSE DE QUELQUES ÉTIQUETTES D'APPELLATION D'ORIGINE CONTRÔLÉE

ÉTIQUETTE MUSCADET. — Elle brille au moins par sa simplicité. Le mot « Muscadet » suivi d'« appellation contrôlée » signifie que ce vin respecte le minimum de conditions légales.

Les initiales *U.D.C.* sont celles du négociant qui ne compte pas sur ce vin pour assurer la réputation de son nom entier. Alfortville est une commune de la banlieue de Paris où réside le négociant (qui ne mentionne ni sa qualité ni son adresse) et où le vin a été mis en bouteilles. Là encore, il faut goûter.

Deux étiquettes : « Muscadet de Sèvre-et-Maine » et « Muscadet des Coteaux de la Loire » seraient plus prometteuses, surtout si elles étaient complétées par le nom d'un bon cru, Vallet, Saint-Géréon...

ÉTIQUETTE ARBOIS-PUPILLIN. — Elle concerne l'un des vins les plus réputés du Jura, cependant la mention « Arbois-

Pupillin » est moins fortement marquée que le nom de Henri Maire. Cette attitude est celle d'un négociant sûr de ce qu'il vend et qui en prend la totale responsabilité. Pour accentuer encore cette impression de confiance, il indique son adresse complète et le lieu de la mise en bouteilles. Enfin le millésime figure sur l'étiquette et non, comme c'est souvent le cas, sur la collerette. La sécurité du consommateur avant les petites économies.

ÉTIQUETTE LIRAC. — Cette étiquette, qui concerne une appellation contrôlée assez peu connue (Lirac est une commune proche de Tavel et productrice aussi de vins rosés), présente toutes les garanties qu'il est raisonnable de demander.

« Lirac, appellation contrôlée », est la désignation légale.

Le nom du domaine, l'indication de la mise en bouteilles à la production, le nom du propriétaire y figurent.

L'indication « Grand vin des Côtes-du-Rhône » est probablement facultative, mais elle est utile à l'amateur qui chercherait à situer Lirac (d'autant plus qu'il y a un Listrac en Bordelais).

ÉTIQUETTE LÉON BEYER. — Il s'agit d'un vin d'appellation générique comme l'indiquent les mots « Appellation Alsace contrôlée », mais aussi d'un vin de marque, comme l'indiquent les mentions : « Léon Beyer, marque déposée. » Remarquons d'abord qu'un vin de marque peut être soit de coupage, comme le Champlure étudié en tête de ce chapitre, soit d'appellation comme dans le cas de ce vin d'Alsace.

La marque Léon Beyer donne au consommateur qui la connaît la garantie d'une certaine continuité. Le Pinot

blanc de cette maison présente des ressemblances d'une année à l'autre.

L'adresse du négociant, à Eguisheim, une des bonnes communes d'Alsace, ne prouve cependant pas que le vin provient de cette commune, pas plus par exemple qu'un « Bordeaux » vendu par un négociant de Saint-Émilion ne sera forcément originaire de cette commune, ou qu'un « Bourgogne » vendu à Nuits-Saint-Georges ne proviendra de ce terroir.

ÉTIQUETTES CHAMBOLLE-MUSIGNY-AMOUREUSES — CHÂTEAUNEUF-DU-PAPE CHÂTEAU-MAUCOIL. — Ce sont deux étiquettes sur lesquelles figurent, en plus de l'appellation communale, des indications de cru. Les caractères employés pour « Amoureuses » étant de la même dimension que ceux de « Chambolle-Musigny », on peut en conclure qu'il s'agit d'un premier cru. (Sinon, ils seraient inférieurs au moins de moitié.)

Dans l'étiquette Châteauneuf-du-Pape, la dimension des caractères employés pour le nom du « climat », Château-

Maucoil, l'emporte nettement, ce qui ne serait pas admis en Bourgogne, à moins de considérer le nom de Château-Maucoil comme une marque.

ÉTIQUETTE DE LA CONFRÉRIE DES CHEVALIERS DU TASTEVIN — NUITS-SAINT-GEORGES 1961 — LES PORÊTS SAINT-GEORGES. — L'égalité des caractères indique que les Porêts Saint-Georges sont un des premiers crus de Nuits-Saint-Georges. Invités à goûter ce vin, les Jurés-Gourmets de la Confrérie ont estimé que ce vin présentait bien les caractères du cru indiqué et ils ont délivré à la maison J. Faiveley le nombre d'étiquettes correspondant à la quantité de vin ayant subi l'épreuve de la dégustation. (Celle qui figure sur cette page est particulièrement chère au cœur de l'auteur : elle faisait partie des cent bouteilles qu'il reçut lors de l'attribution du Prix litté-

raire de la Confrérie en décembre 1965.) Notons
l'absence du mot « Bourgogne ».

La jurade de Saint-Émilion, la confrérie Saint-Étienne
d'Alsace et d'autres confréries vineuses accordent des étiquettes semblables.

ÉTIQUETTES CHÂTEAU-MARGAUX — CHÂTEAU D'YQUEM. — Cette
étiquette présente toutes les garanties souhaitables :

mise en bouteilles au château, millésime figurant sur
l'étiquette (et non pas sur l'épaule de la bouteille où il
serait plus « mobile »). L'indication « Premier grand cru

classé » éclaire le novice qui ignorerait la place de Château-Margaux par rapport aux autres crus. A noter que le mot « Bordeaux » ne figure nulle part.

L'étiquette Château d'Yquem est encore plus laconique. Les grands seigneurs du vin ne font pas d'effet de manchettes. Le Château d'Yquem ne daigne même pas faire mention de son titre (pourtant unique dans les Sauternes) de Premier Grand Cru.

Si laconiques qu'elles soient (on remarquera que rien n'indique que le Château d'Yquem soit un vin de Bordeaux), ces deux étiquettes sont pourtant correctes.

Étiquette Hospices de Beaune — Corton — Cuvée Charlotte-Dumay. — Les Hospices de Beaune (et quelques autres institutions analogues) jouissent d'une situation tout à fait spéciale : ils ne sont ni un « climat » puisqu'ils en possèdent un grand nombre, ni une « marque » puisque leurs vins sont vinifiés et vendus par des « éleveurs » très différents.

L'étiquette présentée offre le maximum de garantie que l'on puisse demander : le nom de l'appellation, Corton ; le nom du « climat », Charlotte-Dumay (il prend le nom de « cuvée », car pour faciliter la vente, on divise souvent la production en plusieurs lots) ; le millésime inscrit sur la bouteille et non pas sur l'épaule de la bouteille.

A noter le nom et l'adresse du négociant responsable (Patriarche Père et Fils). (La mention « Mise en bouteilles à la propriété » ne peut figurer sur aucune bouteille, la récolte étant vendue en fûts l'année même de la production.)

ÉTIQUETTE ROMANÉE-CONTI. — Terminons par le plus grand vin de Bourgogne qui pourrait bien être aussi le vin le plus cher du monde au départ de la cave. Son étiquette est digne de lui. Non seulement elle est authentifiée par la signature des deux gérants : Mme Leroy Bize et M. A. de Villaine, mais elle indique le nombre de bouteilles récoltées : 3 344 en 1979. Chaque bouteille est numérotée, comme dans l'édition d'art. Les mots « vin » et « Bourgogne » brillent par leur absence. Toute grande culture est faite d'omissions concertées.

ANTHOLOGIE

Je vais parler de la vigne avec la gravité qui sied à un Romain lorsqu'il traite des arts et des sciences utiles ; j'en parlerai, non comme le ferait un médecin, mais comme le ferait un juge chargé de prononcer sur la santé physique et morale de l'humanité.

PLINE.

Les jardiniers de la vigne disent : Viens, notre maître, vois ces vignes dans lesquelles ton cœur se complaît. Bois, enivre-toi, ne cesse de faire ce que tu aimes et que le vin t'advienne comme tu le souhaites... O Ptésosiris, l'Enfant de Bouto te fait riche en vin, selon ton désir, tandis que tu donnes le bon temps...

INSCRIPTION ÉGYPTIENNE
RAPPELANT UNE VIEILLE LÉGENDE PHARAONIQUE.

Verse-moi dix-huit coupes de vin. Vois, je suis habituellement portée vers l'ivresse, mon gosier est sec comme la paille.

INSCRIPTION ÉGYPTIENNE
RELEVÉE DANS LE TOMBEAU DE PHAERI AU SUD
DE LOUXOR.

Le vin a la vertu de faire parler librement et franchement et de faire dire la vérité.

PLUTARQUE.

Les vins qui sont beaux dans les verres
Font envie à toute la terre.

ÉCOLE DE SALERNE.

J'espère noyer ma tristesse dans le vin mais il l'alourdit davantage.

LI T'AI PO.
(Poète chinois, vers 701-702.)

Les Persans boivent du vin par excès, quoique la Loi le leur défende, et ils disent pour leur excuse que c'est pour passer le temps et adoucir les fâcheries qui leur surviennent.

TAVERNIER.

Combien longue est l'infinie poursuite du Ceci et du Cela qui engendre l'effort et la dispute. Mieux vaut être joyeux par la grappe que triste par un fruit plus amer...

OMAR KHAYAM.

Veux-tu que ta vie repose sur une voie solide ?
Veux-tu vivre affranchi de tout chagrin ?
Ne demeure pas un instant sans boire du vin.

OMAR KHAYAM.

Quiconque a bu du vin pardonne facilement l'ivresse.

SAADI.

Pourquoi boire ?
Pour garder le sens.

Les Trois Dames de Paris.
(Roman français du XIVe siècle.)

Bois du vin, car tu dormiras longtemps sous la terre.

PROVERBE PERSAN.

A mesure que le vin entre chez nous, le secret en sort.

PROVERBE HÉBREU.

Comme un qui prend une coupe,
Seul honneur de son trésor,
Et de rang verse à sa troupe
Du vin qui rit dedans l'or.

RONSARD.

Je préfère aux baisers des plus belles du monde
Les humides baisers d'une tasse profonde.

DU RYER.

Cinq motifs pour boire :
1° L'arrivée d'un hôte ;
2° La soif présente ;
3° La soif future ;
4° La bonté du vin ;
5° Toute autre cause...

WIKRAM, *greffier du magistrat de Colmar.*
Art de boire, 1537.

Mieux vaut le vin que la vue,
Le vin qui trop cher m'est vendu,
M'a la force des yeux ravie,
Pour autant qu'il m'est défendu,
Dont tous les jours m'en croit l'envie.
Mais, puisque lui seul est ma vie,
Malgré les fortunes senestres,
Les yeux ne seront point les maîtres
Sur tout le corps, car, par raison,
J'aime mieux perdre les fenestres
Que perdre toute la maison.

CLÉMENT MAROT.

Donnez-nous grand foison de vin.

CLÉMENT MAROT.

Boire à la française, à deux repas et modérément, c'est
trop restreindre les faveurs de ce jeu. Il faut y avoir plus
de temps et de constance...

J'ai vu un grand seigneur de mon temps, personnage de hautes entreprises et fameux succès qui, sans effort et entrain de ses repas communs, ne buvait guère moins de cinq lots de vin, environ dix bouteilles ; et ne se montrait au partir de là que trop sage et avisé aux dépens de nos affaires.

MONTAIGNE.

L'invisible esprit du vin.

SHAKESPEARE.

Le vin, pris avec tempérance, est une seconde vie.

TRISTAN L'HERMITE.

Ci-gît Jean qui baissait les yeux
A la rencontre des gens sobres
Et qui priait tout bas les dieux
Que l'année ait plusieurs octobres.

CORNEILLE.

Si vous vous portez bien, nous nous portons bien aussi, moyennant les huîtres en écaille, le Volnay et le Saint-Laurent. Le prince a voulu avoir un portrait et m'a régalé ici avec une caisse de Bordeaux... Je prie la Sainte Vierge de vous obtenir de bon vin de la nouvelle alliance qui n'est autre chose que l'esprit dont les Apôtres furent enivrés à la Pentecôte et le sang de Jésus-Christ a été exprimé de la vraie vigne. L'étude des Écritures convient parfaitement avec ce bon vin et c'est dans le divin cellier qu'on le boit.

BOSSUET.

Bacchus, le vrai, le seul, c'est Bacchus conservant toujours les mêmes grâces qui touchèrent Ariane. Aussi tendre que brillant c'est un dieu à suivre et non à craindre ; toujours agréable à Vénus, il ne connut d'ivresse que l'ivresse de l'amour.

MONTESQUIEU.

Jamais peuple n'a péri par l'excès du vin ; tous périssent par le désordre des femmes. La raison de cette différence est claire : le premier de ces deux vices détourne des autres ; le second les engendre tous.

ROUSSEAU.

Pas de vin, pas de soldats.

NAPOLÉON.

Mais jusqu'à sa dernière aurore,
En buvant frais s'épanouir,
Même en tremblant chanter encore,
Mes amis, ce n'est pas vieillir.

BÉRANGER.

Avez-vous le vin tendre ? — C'est selon avec qui j'ai trinqué.

COMTESSE DIANE.

Un homme sobre boit du vin ce qu'un homme sage prend de l'amour : de quoi connaître l'extase et non l'ivresse.

A. DE MUSSET.

J'aime tous les vins francs parce qu'ils font aimer.

A. DE MUSSET.

Le bon vin rend l'âme si bonne.

BÉRANGER.

L'homme ajouta le vin, fils sacré du soleil.

BAUDELAIRE.

Partons à cheval sur le vin.

BAUDELAIRE.

Profondes joies du vin, qui ne vous a connues ? Quiconque a un remords à apaiser, un souvenir à évoquer,

une douleur à noyer, un château en Espagne à bâtir, tous,
enfin, vous ont invoqué, dieu mystérieux caché dans les
fibres de la vigne. Qu'ils sont grands les spectacles du vin
illuminés par le soleil intérieur, qu'elle est vraie et brû-
lante, cette seconde jeunesse que l'homme puise en lui !
Mais conbien sont redoutables aussi ses voluptés fou-
droyantes et ses enchantements énervants. Et, cependant,
dites, en votre âme et conscience, juges, législateurs, hom-
mes du monde, vous tous que le bonheur rend doux, à qui
la fortune rend la vertu et la santé faciles, dites, qui de
vous aura le courage impitoyable de condamner l'homme
qui boit du génie.

BAUDELAIRE.

N'est-il pas raisonnable de penser que les gens qui ne
boivent jamais de vin sont des imbéciles ou des hypocrites,
des imbéciles, c'est-à-dire ne connaissant ni la nature, ni
l'homme, etc., des hypocrites, c'est-à-dire des gourmands
honteux, des fanfarons de sobriété, buvant en cachette ou
ayant quelque vie occulte... Un homme qui ne boit que de
l'eau a un secret à cacher à ses semblables.

BAUDELAIRE.

Si le vin disparaissait de la production humaine, je crois
qu'il se ferait, dans la santé et dans l'intellect, un vide,
une absence, une défection, beaucoup plus affreux que
tous les excès dont on rend le vin responsable.

BAUDELAIRE.

J'ai connu un individu dont la vue affaiblie retrouvait
dans l'ivresse toute sa force perçante primitive. Le vin
changeait la taupe en aigle.

BAUDELAIRE.

Il s'agit du vin, c'est-à-dire de la partie intellectuelle
d'un repas. Les viandes n'en sont que la partie maté-
rielle.

ALEXANDRE DUMAS.

C'est Dieu qui créa l'eau, mais l'homme fit le vin.

VICTOR HUGO.

Manger est un besoin de l'estomac, boire est un besoin de l'âme.

CLAUDE TILLIER.

Il y a plus de philosophie dans une bouteille de vin que dans tous les livres.

PASTEUR.

C'est la Sagesse, aimer le vin,
La Beauté, le printemps divin,
Cela suffit. Le reste est vain.

THÉODORE DE BANVILLE.

Que faut-il pour être heureux en ce monde ?
Avoir à sa droite un pot de vin vieux,
En poche un écu, du soleil aux yeux,
Et sur les genoux sa petite blonde.

G. VICAIRE.

Il vivait quand même, il faut croire,
Bien que ce soit mourir un peu
A mon avis de ne pas boire
De ce joli vin du Bon Dieu.

R. PONCHON.

Et tu jures avoir au gosier les étoiles.

MALLARMÉ.

Le vin est un puissant rectificateur de l'hérédité.

L. DAUDET.

Miracle du vin qui refait de l'homme ce qu'il n'aurait jamais dû cesser d'être : l'ami de l'homme.

R. ENGEL.

Le vin est l'emblème de la civilisation. J'entends que, durant le repas, on ne parle que des vins et des breuvages.

G. DUHAMEL.

Vendanges, joies précipitées, urgence de mener au pressoir, en un seul jour, raisins mûrs et verjus ensemble. Rythme qui laisse loin la large cadence des moissons. Plaisir plus rouge que les autres plaisirs. Chants, criailleries enivrées, puis silence, retraite du vin, sommeil du vin neuf, cloîtré, devenu intangible, retiré des mains tachées qui miséricordieusement le violentèrent.

COLETTE.

Le vin étant fait pour unir, il n'y a plus de sexe opposé, l'un fort et l'autre faible, car, ensemble, hommes et femmes peuvent faire des choses merveilleuses.

PETER USTINOV.

Le Français demande au vin une rapidité plus grande de conversation, une hardiesse plus grande de la pensée.

F. SIEBURG.

Le vin a le pouvoir d'emplir l'âme de toute vérité, de tout savoir et philosophie.

BOSSUET.

Classification des vins français d'après leurs régions d'origine

C'en est fait, vos plaisirs ne dureront plus gueres
Vous allés retrouver vos Femmes et vos Meres.
De la Bachique joye écrite dans vos yeux
Nait le Chagrin dans leurs Cœurs envieux.

Retour

a Paris chez Naudé Maitre Peintre et M.de d'Estampes rue S. Ja

Vendanges

Pour n'aprehender rien de ces humeurs étranges
Les mener avec vous eut été beaucoup mieux
A la Femme un Mari n'est jamais ennuyeux
Lorsqu'avec lui sa Femme a fait vendanges

Coq, au dessus et du même côté de la fontaine S. Severin . Avec Privilege du Roy

L. C.

Remerciements

Tout à fait capitale pour le consommateur, la classification légale des vins de France est nuancée jusqu'à la complexité. Notre premier souci a été l'exactitude, le second de présenter d'une manière simple des questions qui ne le sont pas toujours.

Pour mener à bien (ou à moins mal) cette tâche difficile, nous avons eu trois classes d'alliés également précieux : 1º les « amis de bouteilles » dont le nombre est trop grand et la modestie trop sourcilleuse pour que j'entreprenne de les citer, et que je ne cesse de remercier le verre en main ; 2º les Comités Interprofessionnels des vins de toutes les régions de France qui ont répondu avec patience à toutes nos questions et qui ont approuvé notre rédaction définitive sur le plan de l'exactitude ; 3º enfin et tout particulièrement M. Charles Quittanson, fonctionnaire et spécialiste de la réglementation des appellations d'origine des vins et eaux-de-vie, qui a bien voulu accepter la lourde épreuve de revoir notre classement région par région.

Et maintenant, lecteur, voici la Loi et quelques-uns de ses prophètes.

Ordre du classement

Les terrains susceptibles de produire de bons vins sont connus depuis longtemps et déterminés avec une extrême précision qu'un œil averti doit retrouver sur l'étiquette. Dans l'étude qui suit, nous nous sommes appliqué à fournir tous les éléments qui permettent l'identification de chaque vin.

Nous n'avons pas cherché à éviter une certaine aridité inhérente au sujet. Le seul devoir du consommateur est de savoir ce qu'il boit, mais il est impérieux. S'il est bien rempli, le fournisseur accomplira le sien et l'avenir du vin sera assuré.

Comme il est impossible d'établir une hiérarchie des vins, laquelle dépend du goût de chacun, nous avons adopté une présentation géographique qui se trouve être à peu près celle du *Tour de France par deux enfants*, cher à notre jeunesse. Il prend son départ en Alsace, descend vers le sud, gagne l'Océan et se termine en Champagne.

Notre Tour de France ne tient compte que des appellations contrôlées, mais nous le faisons suivre d'une liste complète des V.D.Q.S.

LE VIN D'ALSACE

Le vignoble alsacien est l'un des plus anciens de France. D'après ses historiens, la vigne n'y fut pas apportée d'Asie Mineure par les Romains mais serait issue d'une plante indigène connue dès l'ère secondaire : une cistinée qui se serait transformée en *vitis vinifera* (notre vigne actuelle) au cours de l'ère tertiaire.

En revanche, les Romains apportèrent les outils et les principes de la viticulture moderne, à l'exception des tonneaux, inventés par les Gaulois, qui commencèrent à remplacer les amphores sous le règne de Marc Aurèle (160-181).

Grégoire de Tours vante le vignoble de Marlenheim en 589. On compte cent huit villages viticoles en 800, cent soixante en 900, quatre cent trente en 1400. A cette époque, le vin d'Alsace, en blanc et en rouge, était l'un des plus réputés d'Europe et l'un des plus chers.

De nombreuses guerres, des circonstances économiques défavorables, le maintien d'une législation caduque conduisirent au cours des siècles suivants le vin d'Alsace au bord de sa perte. La situation a été redressée après la Première Guerre mondiale.

Originalité du vin d'Alsace

Le vin d'Alsace occupe une place à part de tous les vins français. S'il est parfait, il réussit à conserver ce qu'on pourrait appeler le « naturel de la jeunesse »... pendant un siècle et demi et probablement davantage.

Aussi loin qu'on remonte dans le temps, le naturel est la plus grande vertu de ce vin qui ne doit « se faire que sous la main de Dieu ». Pour respecter ce principe, la

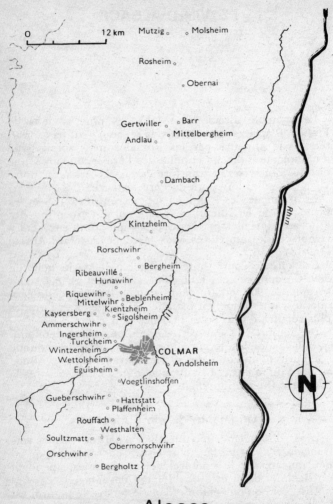

Mutzig○ ○Molsheim

Rosheim○

○Obernai

Gertwiller○ ○Barr
Andlau○ ○Mittelbergheim

○Dambach

Rhin

Kintzheim○

Rorschwihr○
○Bergheim
Ribeauvillé○
Hunawihr○
Riquewihr○ ○Beblenheim
Mittelwihr○
Kaysersberg○ ○Kientzheim
Ammerschwihr○ ○Sigolsheim
Ingersheim○
○Turckheim
Wintzenheim○ **COLMAR**
Wettolsheim○
Eguisheim○ ○Andolsheim

○Voegtlinshoffen

Gueberschwihr○ ○Hattstatt
○Plaffenheim
Rouffach○
○Westhalten
Soultzmatt○ ○Obermorschwihr
Orschwihr○
○Bergholtz

0 ——— 12 km

N

Alsace

vinification est des plus simples. Après quelques mois de tonneau, le vin est filtré et mis en bouteilles dès le premier soutirage.

On trouve parfois des vins d'Alsace « sur lie ». Le filtrage a été supprimé : un certain nombre de particules solides sont tombées au fond du tonneau, d'autres sont passées dans la bouteille. Ces vins sont légèrement pétillants, ont souvent un fruité accentué mais passager. Cette pratique concerne au premier chef des vins courants qui ne se conservent pas.

Pour un dégustateur habitué aux vins des autres régions, le vin d'Alsace pose un tel nombre de problèmes que j'ai été amené à en demander une véritable explication à M. J. Dreyer, receveur de la confrérie Saint-Étienne.

« Voici comment il faut comprendre notre vin, m'a-t-il répondu. Le vin d'Alsace réalise un équilibre ternaire entre l'alcool, l'acidité et le fruité, ce dernier mot étant pris dans le sens strict de sa définition, la saveur du raisin. Ce fruité constitue l'originalité de nos vins. Dans d'autres régions on parle également de fruité, mais ce fruité est une qualité issue d'un léger vieillissement et se forme à partir du corps et des différentes essences se trouvant dans le vin. Notre fruité est un élément inné, de naissance, de jeunesse, de délicate maturation. Vous buvez un Muscat, vous avez l'impression de croquer le raisin, le grain du Gewurztraminer se retrouve dans le vin fait.

« Ce fruité peut également se transformer par vieillissement et alors vous obtenez, si le vin est assez corsé et faiblement acide, un vin type Meursault et aboutit parfois à une madérisation s'il y a eu défaut de traitement. S'il est léger, l'âge fait disparaître le fruité juvénile et lui donne un caractère analogue aux vins blancs secs des autres régions. Chimiquement parlant, nos vins doivent se trouver en milieu réducteur, alors que pour les autres vins blancs on recherche plutôt le milieu oxydant.

« Vous remarquerez dans toutes nos notes de dégustation l'importance que nous donnons au fruité que nous appelons le bouquet. Je tiens en outre à vous signaler que le mot parfum est chez nous un terme péjoratif, car le parfum est dû à une évolution du corps au détriment du fruité. »

Conduite à tenir envers le vin d'Alsace

Les remarques précédentes ne sont pas pure théorie et elles conduisent l'amateur désormais éclairé à adopter une politique qui convient à ces vins singuliers.

Tout d'abord, il est déconseillé de mettre soi-même son vin en bouteilles, les dangers d'oxydation étant trop

Vignoble à Katzenthal (Alsace).

grands. Pour la même raison, et à la différence de tous les autres, les vins d'Alsace se conservent mieux dans les petites bouteilles que dans les grandes. Dans le pays, on trouve des vins au litre. Ils doivent être bus dans l'année ou l'année suivante. En revanche, les flûtes ne doivent être vidées qu'après un délai de six mois à un an. Elles passent par un maximum de qualité au bout de trois à huit ans pour une année moyenne.

Autre singularité : ce vin évoque le souvenir de Bossuet, qui avait prononcé un sermon à quinze ans et à minuit, et dont Voiture disait qu'il n'avait jamais entendu prêcher ni si tôt ni si tard. Il peut être bu dans l'année même, quelques semaines après sa mise en bouteilles, mais la confrérie Saint-Étienne possède dans son cellier un lot de bouteilles dont elle vérifie régulièrement le bon état. Voici une note de dégustation datant de 1963 : « Riesling 1834. Beau nez, vin de grande classe qui n'a pas perdu de sa qualité. » « Gentil 1865. Est resté jeune et frais. Très harmonieux. »

Il semble que ces diables de vins, capables du pire, soient les plus sensibles aux variations de température. On leur réservera donc le meilleur coin de la cave. On les cachettera à la cire et on les enveloppera de papier journal.

Classification des vins d'Alsace

Les vins d'Alsace portent les noms, non de leur terroir d'origine, mais des plants de vigne ou cépages dont ils sont issus. En voici la liste :

Cépages courants : Chasselas ;
Cépages fins : Sylvaner, Pinot blanc (Clevner) ;
Cépages nobles : Riesling, Gewurztraminer ou Traminer, Muscat, Tokay d'Alsace (Pinot gris).

Le Zwicker est un coupage de vins issus des cépages à vin courant avec au moins un cépage noble.

L'Edelzwicker ou Gentil est un coupage de vins issus de cépages nobles.

Pour développer toutes ses qualités, chaque cépage

demande un terrain et une culture particuliers ; aussi l'amateur ne se contentera-t-il pas d'une vague appellation : il tiendra compte du lieu d'origine et de l'habileté du vinificateur, propriétaire, négociant ou coopérative.

Les trois meilleures régions viticoles sont celles de :
  Guebwiller à Westhalten ;
  Éguisheim à Bergheim ;
  Barr.

Poussant plus loin la division, nous indiquerons les meilleurs crus.

Sylvaner : région de Barr (dans le Bas-Rhin), région de Rouffach (dans le Haut-Rhin) ;

Muscat : Voegtlinshofen, Riquewihr, Ribeauvillé ;

Riesling : Riquewihr, Zellenberg, Ribeauvillé, Dambach.

Hansi, le fameux dessinateur, qui fut aussi un fin dégustateur, en avait dénombré cent trente-neuf.

Du bon usage du vin d'Alsace

Vins à boire jeunes, Sylvaner, Muscat, Gewurztraminer, ou vins de garde, Pinot, Riesling, les vins d'Alsace seront dégustés très frais, mais non glacés, à la température optimale de sept à neuf degrés.

Caractéristiques des différents vins

1º Le Chasselas est un vin de carafe frais, léger et pétillant ;

2º Le Sylvaner, un vin sec, au bouquet léger, excellent avec les crustacés et fruits de mer ;

3º Le Pinot blanc (ou Clevner) et l'Auxerrois, deux vins très voisins, donnant une sensation de grande fraîcheur, secs et fruités, sans bouquet prononcé, peuvent se substituer à tous les vins blancs secs ;

4º Le Riesling, le plus apprécié en Alsace, fruité, bouqueté, sec et corsé, d'une grande richesse, est parfait pour hors-d'œuvre et poissons ;

5° Le Muscat, léger, fruité, sec, musqué, qui plaît souvent aux dames, accompagne les entremets et les fromages ;

6° Le Traminer et le Gewurztraminer, issus du même cépage, ne se différencient que par un bouquet plus ou moins prononcé ; riches en alcool, à la fois secs et moelleux, très blancs, ces vins sont remarquables au dessert, voire sur un munster ou un roquefort ;

7° Le Pinot gris ou Tokay d'Alsace, très fin, corsé, épicé, charnu, sec avec une nuance de moelleux, sera servi avec le foie gras, le rôti et le gibier.

Succès oblige. La gamme des appellations d'origine s'est étendue. La voici dans son dernier état : Alsace ou vin d'Alsace ; Alsace ou vin d'Alsace suivie de : Gewurztraminer, Riesling, Pinot gris ou Tokay d'Alsace, Muscat, Pinot ou Klevner, Chasselas ou Gutedel, Pinot noir ; vin d'Alsace Edelzwicker ; Alsace Grand Cru ; Alsace Grand Cru suivi d'un nom de lieu-dit ; Crémant d'Alsace.

Route du vin

Le vignoble alsacien couvre environ douze mille hectares, répartis en dix mille exploitations, groupés dans cent dix villages et produit en moyenne un million d'hectolitres de vins d'appellation Alsace contrôlée.

La route du vin serpente sur le versant oriental des Vosges, entre deux cent cinquante et quatre cents mètres d'altitude, sur cent dix kilomètres. Elle est d'un grand intérêt touristique. (Un dépliant digne d'elle est distribué par les Syndicats d'Initiative et le Comité interprofessionnel du vin d'Alsace, place de la Gare, à Colmar.)

Musée du vin. — Au musée Unterlinden (Sous-les-Tilleuls), à Colmar, une vieille cave a été reconstituée avec non seulement les tonneaux et les pressoirs, mais tous les instruments utiles à la vigne et au vin.

Confrérie Saint-Étienne (Caveau des vins d'Alsace, 1, place de la Gare, Colmar.) — L'Alsace peut s'honorer d'avoir donné le jour à deux des plus anciennes sociétés vineuses de France (personnellement, je n'en connais pas de plus ancienne) et dont la vie fut la plus longue.

Au XIIe siècle, dans le défilé de Saverne, fut bâtie une forteresse sur la roche du Hoh-Barr. Devenue résidence des évêques de Strasbourg, l'un d'eux, Jean de Mander-schedt-Blanckenheim, voulut y attirer ses amis et fonda la confrérie de la Corne le 27 mai 1586. On n'y était admis qu'après avoir vidé la corne qui contenait deux pots de vin, soit cinq litres. Cette corne joua de mauvais tours à toute l'aristocratie européenne. En 1608, le maré-chal de Bassompierre relate qu'il fut l'hôte de la confré-rie « où les chanoines nous festinèrent, et où nous nous enivrasmes tous estrangement ». Le registre est clos au 19 septembre 1635, mais la corne transférée au château de Saverne (où elle se trouvait encore en 1850) ne perdit pas son prestige, témoin cette inscription :

« Arrivée à Saverne par un hasard personnel, j'ai vu la corne et n'y ai point bu. »

Ce 18 juillet 1729,
Signé : LA MARÉCHALE DE NOAILLES.

« Nous, évêque, duc de Langres, pair de France, certi-fions que l'aveu ci-dessus n'est que trop vrai, mais qu'on y a beaucoup bu pour féliciter madame la Maréchale. »

Ce 18 juillet 1729,
Signé : L'ÉVÊQUE DE LANGRES.

Si ancienne qu'elle soit, la confrérie de la Corne n'est qu'une enfant par rapport à la confrérie Saint-Étienne d'Ammerschwihr qui existait bien avant 1440, date où elle est mentionnée par écrit. De nouveaux statuts furent déposés en 1561. On possède la liste complète des mem-bres de 1665 à 1825, cent soixante-dix au total, ce qui suppose un effectif habituel d'une vingtaine de mem-bres.

La confrérie Saint-Étienne était plus sérieuse que pit-toresque et ses rénovateurs ne se sont pas écartés de cette tradition. En conservant dans son œnothèque des flûtes des meilleurs vins de leur pays, en se montrant sévère pour la délivrance de son sigille (trois au maximum pour chaque solliciteur), la confrérie Saint-Étienne assure la plus noble des missions.

CAVES. — Caves voûtées d'Ammerschwihr, cave Faller, Kientzheim, Klipfel Barr. Cave coopérative Éguisheim.

MANIFESTATIONS. — La Foire régionale du vin d'Alsace se tient pendant quinze jours, au début d'août, à Colmar. Les foires au vin, à Ammerschwihr, Barr, Colmar, Guebwiller, Molsheim, Ribeauvillé, ont lieu selon des conventions mutuelles. Et de nombreuses communes organisent leur fête des vendanges.

BOURGOGNE

Il n'est pas besoin d'aimer le vin pour s'apercevoir que le vignoble bourguignon, le plus surprenant de France, est une œuvre d'art au même titre que l'Acropole ou la cathédrale de Chartres. Plus encore : il fait penser à une mosaïque byzantine. Il n'est sans doute pas une région au monde où le paysan connaisse aussi complètement sa terre, car la production des grands vins n'est pas seulement conditionnée par le sol, mais, si nous pouvons ainsi nous exprimer, par le dessus : la pente, l'exposition, l'altitude, le régime des vents. On a remarqué que tous les grands crus se trouvent à une altitude moyenne de deux cent soixante-dix mètres et sont exposés à l'est.

La délimitation des « climats » est faite avec une telle précision et depuis si longtemps que l'on en vient à supposer que les vignerons gallo-romains et les moines du Moyen Age ont goûté la terre, comme nous le faisons pour les vins. Sur ces terres en friche, couvertes de forêts, sans connaissances géologiques, sans possibilité d'analyses, ils ont installé leurs crus au centimètre près. Le vignoble bourguignon a été construit avec la même exactitude infaillible que les cathédrales. La Romanée-Conti, fleuron des vins rouges de Bourgogne, est produite sur un terroir de dix-huit mille cinquante mètres carrés (beaucoup moins que la place de la Concorde). Elle n'a pas gagné un décimètre carré depuis que Mme de Pompadour la disputait au prince de Conti. Jusqu'à présent, tous les progrès de toutes les sciences se sont révélés impuissants à modifier même une seule ligne de ce puzzle magique.

Quelques chiffres peuvent donner une idée de sa complication : 32 500 ha produisent environ 1 900 000 hl dont environ 1 million en Beaujolais. Le département de la Côte-d'Or est celui des grands crus. La vigne pourtant n'y couvre qu'une surface infime : une bande de quarante kilomètres de long (souvent interrompue) et de quatre kilomètres de large (souvent moins), soit mille deux cents hectares pour la côte de Nuits et deux mille huit cents hectares pour la côte de Beaune. Sur cette superficie, soixante-cinq appellations contrôlées (cent treize pour toute la Bourgogne), dont chacune comporte de vingt à cinquante climats différents, morcelés eux-mêmes entre plusieurs propriétaires. On peut donc, sans exagération, affirmer que la Côte-d'Or produit chaque année plusieurs milliers de vins différents.

Classicisme bourguignon

Des esprits sceptiques prétendront peut-être que les vignerons ont compliqué leur terroir à plaisir. Ce serait méconnaître une des lois essentielles du progrès qui est une marche vers la simplification. Et, tout de même, en deux mille ans... D'ailleurs, il n'y a pas à chercher loin la réponse à cette question. Avec combien de cépages sont produits ces milliers de vins ? Deux. Un pour les vins rouges, le Pinot noir. Un pour les vins blancs, le Chardonnay. Ajoutez l'Aligoté pour les vins blancs plus faciles, le Gamay pour les vins rouges du Beaujolais. Jamais un si grand nombre de bons vins n'ont dû leur qualité à un si petit nombre de cépages.

Subtilité de l'étiquette bourguignonne

L'étiquette... la seule qui nous reste, celle de la bouteille.

Jetez un coup d'œil sur les trois inscriptions suivantes* :

---

* Il en existe même une quatrième où Nuits-Saint-Georges est remplacé par Nuits. Elle n'est pas ou peu utilisée.

NUITS-SAINT-GEORGES
LES PORÊTS
Appellation contrôlée

NUITS-SAINT-GEORGES
LES PORÊTS
Premier cru
Appellation contrôlée

NUITS-SAINT-GEORGES
Premier cru
Appellation contrôlée.

Elles désignent ou peuvent désigner le même vin et peuvent provenir soit du même propriétaire soit du même négociant, soit de propriétaires ou de négociants différents, ce qui sera plutôt le cas. Une subtilité typographique vous permet de reconnaître dans le premier exemple qu'il s'agit d'un premier cru, car les lettres composant Les Porêts sont, en largeur et en hauteur, de la même ou de moindre dimension que celles qui composent Nuits-Saint-Georges.

Si vous lisiez sur l'étiquette :

NUITS-SAINT-GEORGES
LES BRULÉES
APPELLATION NUITS-SAINT-GEORGES CONTRÔLÉE,

vous sauriez qu'il s'agit d'un climat moins réputé, car les caractères employés pour Les Brûlées sont inférieurs au moins de moitié à ceux qui sont employés pour Nuits-Saint-Georges. Notez aussi l'emploi de l'expression « appellation Nuits-Saint-Georges contrôlée » au lieu d'« appellation contrôlée » dans le cas d'un premier cru.

Les plus grands vins de Bourgogne

Sachez enfin qu'en Bourgogne les appellations les plus simples sont aussi les plus grandes. Les très grands vins (Chambertin, etc.) s'en tiennent à leur nom de famille et ne s'embarrassent d'aucune mention. Il faut les connaître. Nous en donnons la liste page 110.

Le Mᵈ de Vins

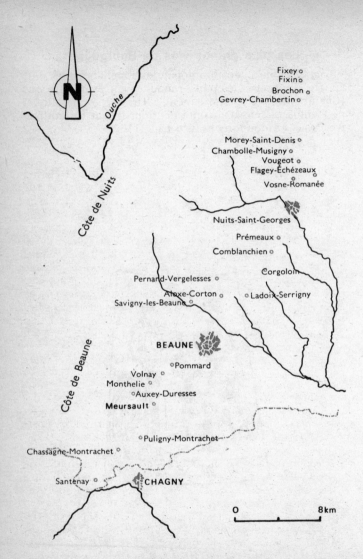

Fixey ○
Fixin ○
Brochon ○
Gevrey-Chambertin ○

Morey-Saint-Denis ○
Chambolle-Musigny ○
Vougeot ○
Flagey-Échézeaux ○
Vosne-Romanée ○

Nuits-Saint-Georges ○

Prémeaux ○

Comblanchien ○

Corgoloin

Pernand-Vergelesses ○
Aloxe-Corton ○   ○ Ladoix-Serrigny
Savigny-les-Beaune ○

BEAUNE

○ Pommard

Volnay ○
Monthelie ○
○ Auxey-Duresses
Meursault ○

○ Puligny-Montrachet

Chassagne-Montrachet ○

Santenay ○   **CHAGNY**

0 _____ 8km

Côte d'or

CLASSIFICATION ET CARACTÈRES
DES VINS DE BOURGOGNE

Un seul chiffre permet de donner une idée de l'extraordinaire diversité du vignoble bourguignon : la liste officielle des appellations d'origine contrôlée compte près de cent vingt titres. Plus de deux fois plus que le Bordelais pour une production inférieure de moitié, dans les plus belles années. Nous ne sommes pas au bout, car il ne se passe guère d'années sans qu'un terroir ne réclame son droit à l'identité. Il apparaît, en général, si évident qu'il ne tarde pas à être reconnu en dépit des complications commerciales et administratives qui sont les conséquences d'une telle décision. Les gourmets se réjouissent alors que certains marchands rêvent d'une appellation unique qui simplifierait les factures.

Les appellations génériques

Comme il était juste, la voix de ces partisans du commerce rationnel a été entendue et l'appellation « Bourgogne » a été l'une des plus choyées depuis dix ans. Alors qu'à l'origine, il n'existait que quatre appellations : Bourgogne, Bourgogne-Passe-Tout-Grain, Bourgogne-Aligoté, Bourgogne ordinaire ou Bourgogne grand ordinaire, on peut y ajouter aujourd'hui le Bourgogne qualifié de : Clairet Hautes-Côtes-de-Beaune, Clairet Hautes-Côtes-de-Nuits, Clairet-Marsannay, Grand Ordinaire Clairet, Grand Ordinaire Rosé, Hautes-Côtes-de-Beaune, Hautes-Côtes-de-Nuits, Irancy, Clairet-Irancy, Rosé-Irancy, Marsannay ou Marsannay-la-Côte, Mousseux, Ordinaire Clairet, Ordinaire Rosé, Rosé, Rosé Hautes-Côtes-de-Beaune, Rosé-

Hautes-Côtes-de-Nuits, Rosé Marsannay. De cette heureuse et généreuse famille nous ne séparerons pas le Crémant de Bourgogne.

Les appellations de villages

Elles concernent les vins récoltés sur les parties délimitées d'une commune et, assez souvent, sur une ou plusieurs communes voisines. En Bourgogne, elles s'appliquent à cinq régions assez différentes : Basse Bourgogne, Côte-d'Or, Chalonnais, Mâconnais, Beaujolais.

Les plus grands vins de Bourgogne

Avant d'entreprendre une classification par villages, nous donnerons la liste des « climats » de grande réputation, dont le nom constitue à lui seul une appellation contrôlée. Les amateurs qui s'en tiendront là connaîtront peu de déceptions.

Vins blancs : Musigny, Corton, Charlemagne, Corton-Charlemagne, Montrachet, Chevalier-Montrachet, Bâtard-Montrachet, Criots-Bâtard-Montrachet.

Vins rouges : Chambertin, Chambertin-Clos-de-Bèze, Clos-de-la-Roche, Clos-de-Tart, Clos-des-Lambrays, Clos-Saint-Denis, Bonnes-Mares, Musigny, Clos-de-Vougeot, La Romanée, La Romanée-Conti, Romanée-Saint-Vivant, Richebourg, La Tâche, Les Échezeaux, Les Grands-Échezeaux, Corton.

A. BASSE BOURGOGNE
(Yonne). La région de Chablis.

Les vins d'appellation d'origine de cette région sont uniquement des vins blancs.

CHABLIS GRAND CRU. — (Vins produits sur le Kimméridgien.) L'étiquette peut porter soit la mention « Grand cru », soit la mention d'un des climats suivants, soit les deux : Vaudésir, Preuses, les Clos, Grenouilles, Bougros, Valmur, Blanchots.

CHABLIS ET CHABLIS 1ᵉʳ CRU. — (Vins produits sur le Kimméridgien.) L'étiquette peut porter la mention « Premier cru » ou le nom du climat d'origine si les vins proviennent de certaines parcelles dont voici les principales : Mont-de-Milieu, Montée-de-Tonnerre, Fourchaume, Forêts, Vaillons, Melinots, Côte-de-Léchet, Beauroy, Vaucopins, Vogros et Vaugiraut.

Les climats qui n'ont pas droit à l'appellation « Premier cru » figurent en caractères au moins deux fois plus petits que ceux employés pour le mot Chablis.

(Le Chablis Moutonne, très réputé, provient du climat en voie de délimitation : la Moutonne, ex-propriété des moines de Pontigny avant la Révolution.)

PETIT-CHABLIS. — (Produits sur le Portlandien.) Plus courts que les Chablis et se buvant plus jeunes.

Curiosité : le vin de Chablis est connu comme de premier ordre pour accompagner les coquillages. Or la meilleure partie du vignoble, celle qui a droit à l'étiquette « Chablis Grand Cru » et « Chablis », est plantée dans un terrain formé par des huîtres fossiles.

Appréciation : « *Les vins de Chablis ont du corps, de la finesse et un parfum charmant : leur blancheur et leur limpidité sont remarquables.* » (DOCTEUR GUYOT.)

B. CÔTE-D'OR.

Divisions générales.

La Côte-d'Or est la région des grands vins de Bourgogne. On la divise en quatre parties : 1° la côte dijonnaise de Dijon à Fixin où les ducs avaient leurs propriétés ; 2° la côte de Nuits, de Fixin à Corgoloin, qui produit presque exclusivement de très grands vins rouges ; 3° la côte de Beaune, de Ladoix-Serrigny à Santenay, où l'on trouve presque tous les grands vins blancs à côté de grands vins rouges ; 4° l'arrière-côte, elle-même divisée en arrière-côte de Beaune et arrière-côte de Nuits. Cette dernière région produit surtout les vins d'appellations génériques : Aligoté, Passe-Tout-Grain, Bourgogne, etc.

LA CÔTE DE NUITS. — Nous énumérons les vins commune par commune, en indiquant un très petit nombre de climats parmi les plus réputés.

Fixin. — Appellations contrôlées Fixin, Côtes-de-Nuits-Villages. Vins rouges spiritueux, se conservent bien.
Premiers crus : Aux Cheusots, La Perrière, Le Clos-du-Chapitre, Les Arvelets, Les Hervelets, Les Meix-Bas.

Gevrey-Chambertin. — (Rouge.) Grands crus qui sont à eux seuls des appellations contrôlées : Chambertin, Chambertin-Clos-de-Bèze, Latricières-Chambertin, Mazoyères-Chambertin, Charmes-Chambertin, Mazis-Chambertin, Griottes-Chambertin, Ruchottes-Chambertin, Chapelle-Chambertin.
Premiers crus de l'appellation contrôlée Gevrey-Chambertin : Au Closeau, Aux Combottes, Bel-Air, Cazetiers, Champeaux, Champitonnois dite « Petite Chapelle », Champonnets, Cherbaudes, Clos-Prieur, Clos-du-Chapitre, Combe-aux-Moines, Craipillot, Ergots, Estournelles, Issarts, La Perrière, Lavaut, Le Fonteny, Le Clos-Saint-Jacques, Les Corbeaux, Les Gouiots, Les Gemeaux, Les Varoilles, Poissenot.
D'après Roupnel, le Chambertin est à lui seul « tout le grand Bourgogne possible ». Pour les autres : bouquet, couleur, finesse et solidité.

Morey-Saint-Denis. — (Rouge et blanc.) Grands crus qui sont à eux seuls des appellations contrôlées : Clos-de-Tart, Clos-des-Lambrets, Clos-de-la-Roche, Bonnes-Mares (une partie).
Premiers crus de l'appellation contrôlée Morey-Saint-Denis : Aux Charmes, Calouères, Chabiots, Clos-Bussière, Côte-Rôtie, La Riotte, Le Clos-Baulet, Le Clos-Sorbès, Les Bouchots, Le Clos-des-Ormes, Les Chaffots, Les Charrières, Les Chénevery, Les Façonnières, Les Fremières, Les Froichots, Les Genevrières, Les Gruenchers, Les Larrets

ou Clos-des-Lambrays, Les Mauchamps, Les Millandes, Les Ruchots, Les Sorbès, Maison-Brûlée, Meix-Rentiers, Monts-Luisants.

CHAMBOLLE-MUSIGNY. — (Rouge.) Grands crus qui sont à eux seuls des appellations contrôlées : Musigny, les Bonnes-Mares.

Premiers crus de l'appellation contrôlée Chambolle-Musigny : Aux Beaux-Bruns, Aux Combottes, Derrière-la-Grange, Les Amoureuses, Les Baudes, Les Borniques, Les Chatelots, Les Charmes, Les Combettes, Les Fuées, Les Fousselottes, Les Gras, Les Groseilles, Les Gruenchers, Les Hauts-Doix, Les Lavrottes, Les Noirots, Les Plantes, Les Sentiers.

Vins nerveux, délicats, bouquetés.

VOUGEOT. — (Rouge et blanc.) Grand cru, appellation contrôlée : Clos-de-Vougeot.

Premiers crus de l'appellation contrôlée Vougeot : Clos-de-la-Perrière, Le Clos-Blanc, Les Gras, Les Petits-Vougeot.

Les vins de Vougeot sont les plus fins de la côte de Nuits : corsés, mais souples et tendres. Toniques. Odeur de truffe.

VOSNE-ROMANÉE. — (Rouge.) Grands crus, appellations contrôlées : Romanée-Conti, Richebourg, Romanée, La Tâche, La Romanée-Saint-Vivant, Grands-Échezeaux, Échezeaux.

Premiers crus de l'appellation contrôlée Vosne-Romanée : Aux Brûlées, Aux Malconsorts, La Grand-Rue, Le Clos-la-Perrière, Le Clos-des-Réas, Les Beaux-Monts, Les Chaumes, Les Gaudichots, Les Petits-Monts, Les Suchots, Les Reignots.

Vins rouges corsés, moelleux, bouquetés, d'une grande distinction. De la Romanée-Saint-Vivant, Louis XIV dit un jour : « Une maladie qui vous fait découvrir un tel soutien est un présent céleste. » Quant à la Romanée-Conti (production moyenne : aux environs de cinquante hectolitres), elle est devenue un symbole plus encore qu'un vin.

Nᴜɪᴛs-Sᴀɪɴᴛ-Gᴇᴏʀɢᴇs. — (Rouge et blanc.) Premiers crus de l'appellation contrôlée Nuits-Saint-Georges :

a. Situés sur la commune de Nuits-Saint-Georges : Aux Argillats, Aux Boudots, Aux Bousselots, Aux Chaignots, Aux Champs-Perdrix, Aux Cras, Aux Crots, Aux Damodes, Aux Murgets, Aux Thorey, Aux Vignes-Rondes, En La Chaîne-Carteau, La Perrière, La Richemone, La Roncière, Les Argillats, Les Cailles, Les Chabœufs, Les Hauts-Pruliers, Les Poulettes, Les Procès, Les Pruliers, Les Saint-Georges, Les Vallerots, Les Vaucrains, Rue-de-Chaux, Perrière-Noblet.

b. Situés sur la commune de Prémeaux : Aux Perdrix, Clos-Arlots, Clos-de-la-Maréchale, Clos-des-Argillières, Clos-des-Corvées, Clos-des-Forêts, Le Clos-Saint-Marc, Les Corvées-Paget, Les Didiers.

Vins rouges puissants, enveloppés, corsés et pourtant fins. Ils se conservent bien et peuvent se boire assez jeunes. Les vins blancs sont rarissimes.

Cᴏᴍʙʟᴀɴᴄʜɪᴇɴ, Bʀᴏᴄʜᴏɴ, Cᴏʀɢᴏʟɪɴ, Pʀɪssᴇʏ. — (Rouge.) Appellation contrôlée : Côte-de-Nuits-Village.

LA CÔTE DE BEAUNE

Lᴀᴅᴏɪx-Sᴇʀʀɪɢɴʏ. — Appellation Ladoix.
Bons vins rouges rappelant le Corton récolté en partie sur le territoire de la commune.

Aʟᴏxᴇ-Cᴏʀᴛᴏɴ. — (Rouge, blanc.) Grands crus appellations contrôlées : Corton et Corton-Charlemagne.
Premiers crus de l'appellation Aloxe-Corton : Basses-Mourettes, En Pauland, La Coutière, La Maréchaude, La Toppe-au-Vert, Les Chaillots, Les Grandes Lolières, Les Guérets, Les Fournières, Les Maréchaudes, Les Meix, Les Petites Lolières, Les Valozières, Les Vercots.

Ces vins corsés et fermes, un peu durs dans leur jeunesse, deviennent moelleux et délicats, de bonne garde ; ils rappellent le Chambertin.

Cʜᴏʀᴇʏ-ʟᴇ̀s-Bᴇᴀᴜɴᴇ. — (Rouge, blanc.) Appellation : Chorey ou Chorey-Côte-de-Beaune. Vins se rapprochant de ceux de Savigny, moins chers parce que moins connus.

SAVIGNY-LÈS-BEAUNE. — (Rouge, blanc.) Appellations : Savigny-lès-Beaune, Savigny-Côte-de-Beaune.

Premiers crus : Aux Clous, Aux Fourneaux, Aux Gravains, Aux Grands-Liards, Aux Guettes, Aux Petits-Liards, Aux Serpentières, Aux Vergelesses, Aux Vergelesses dit Bataillère, Basses-Vergelesses, La Dominode, Les Charnières, Les Jarrons, Les Hauts-Jarrons, Les Hauts-Marconnets, Les Lavières, Les Marconnets, les Narbantons, Les Peuillets, Les Rouvrettes, Les Talmettes, Petits-Godeaux, Redrescuts.

Vins rouges bouquetés, fins, parfumés, moelleux, peuvent se boire jeunes.

BEAUNE. — Appellation : Beaune. (Rouge, blanc.) A l'Écu, Aux Coucherias, Aux Cras, Champs-Pimont, Clos-du-Roi, En Genêt, En l'Orme, La Mignotte, Le Bas-des-Theurons, Le Clos-de-la-Mousse, Le Clos-des-Mouches, Les Aigrots, Les Avaux, Les Blanches-Fleurs, Les Boucherottes, Les Bressandes, Les Cent-Vignes, Les Chouacheux, Les Épenottes, Les Fèves, Les Grèves, Les Marconnets, Les Montrevenots, Les Perrières, Les Reversées, Les Sisies, Les Teirons, Les Toussaints, Les Vignes-Franches, Montée-Rouge, Per-Tuisots, Sur-les-Grèves, Tiélandry ou Clos-Landry.

Vins au bouquet très délicat, ne montant pas à la tête. Rares vins blancs secs assez fruités.

PERNAND-VERGELESSES. — (Rouge, blanc.) Appellation : Pernand-Vergelesses.

Premiers crus : En Caradeux, Creux-de-la-Net, Ile-de-Vergelesse, Les Fichots.

Ces vins fermes, pleins de feu et de force, de bonne garde, se comparent aux Cortons.

HOSPICES-DE-BEAUNE. — (Il ne s'agit pas d'un cru mais d'une marque.) Ont droit à la désignation Hospices-de-Beaune tous les vins récoltés sur les propriétés appartenant aux Hospices. Ces domaines sont dispersés tout le long de la côte : à Beaune, Corton, Pommard, Meursault, etc. L'étiquette doit porter toutes les mentions nécessaires à une identification précise. Exemple :

1982
HOSPICES DE BEAUNE
BEAUNE
Appellation Beaune Contrôlée
Cuvée Nicolas Rolin
DUPONT, négociant à Dijon.

Ces vins, étant vendus l'année même de leur récolte et devant être « élevés » comme tous les autres vins de Bourgogne, ne sont donc jamais mis en bouteilles à la propriété, mais toujours par l'acheteur.

CÔTE-DE-BEAUNE PRÉCÉDÉE DU NOM DE LA COMMUNE D'ORIGINE. — Auxey-Duresses, Blagny, Chassagne-Montrachet, Cheilly-les-Maranges, Chorey-les-Beaune, Dezize-les-Maranges, Ladoix, Meursault, Monthélie, Pernand-Vergelesses, Puligny-Montrachet, Saint-Aubin, Saint-Romain, Sampigny-lès-Maranges, Santenay, Savigny-lès-Beaune.

POMMARD. — (Rouge.) Appellation contrôlée : Pommard.

Premiers crus : Clos-Blanc, Clos-de-la-Commaraine, Clos-du-Verger, Es-Charmots, Derrière-Saint-Jean, La Chanière, La Platière, La Refène, Le Clos, Micot, Les Argillières, Les Argelets, Les Bertins, Les Boucherottes, Les Chaponnières, Les Chanlins-Bas, Les Combes-Dessus, Les Croix-Noires, Les Épenots, Les Fremiers, Les Garollières, Les Petits-Épenots, Les Pézerolles, Les Poutures, Les Rugiens-Bas, Les Rugiens-Hauts, Les Sausilles.

Vins rouges bouquetés, d'une robe rubis, fermes, bien charpentés, néanmoins fins et élégants. Se conservent bien.

VOLNAY. — (Rouge.) Appellation contrôlée : Volnay.
Premiers crus : Brousse-d'Or, Caillerets-Dessus, Carel-les-Dessous, Carelles-sous-la-Chapelle, Chanlin, En Caillerets, En Champans, En Chevret, En l'Ormeau, En Verseuil, Fremiets, La Barre ou Clos-de-la-Barre, Le Clos-des-

Chênes, Le Clos-des-Mucs, Les Angles, Les Aussy, Les Brouillards, Les Lurets, Les Milans, Les Petures, Les Pitures-Dessus, Les Santenots, Pointe-d'Angles, Ronceret, Taille-Pieds, Robardelle, Village-de-Volnay.

« *Les vins de Volnay, moins colorés que les Beaunes et les Pommards, sont surtout remarquables par leur élégance, leur goût suave, leur parfait équilibre et leur bouquet si délicat. Après les Musignys, ils sont les plus fins de toute la Bourgogne.* » (CAMILLE RODIER.)

MONTHÉLIE. — (Rouge.) Appellation : Monthélie.
Premiers crus : Duresses, La Taupine, Le Cas-Rougeot, Le Château-Gaillard, Le Clos-Gauthey, Le Meix-Bataille, Les Champs-Fulliot, Les Riottes, Les Vignes-Rondes, Sur Lavelle.
Vins rouges d'une belle robe, corsés, fermes, de bonne garde. Prix avantageux. Ont souvent le caractère du Volnay.

AUXEY-DURESSES. — (Rouge, blanc.) Appellation : Auxey-Duresses.
Premiers crus : Climat-du-Val dit Clos-du-Val, Les Bas-des-Duresses, Les Bretterins, Les Bretterins dits La Chapelle, Les Duresses, Les Écusseaux, Les Grands-Champs, Reugne, Reugne dit La Chapelle.
Vins rouge un peu moins corsés que les Pommards, un peu moins fins que les Volnays, mais que l'on peut facilement confondre avec les deux. Vins blancs secs et élégants.

SAINT-ROMAIN. — (Rouge, blanc.) Appellation : Saint-Romain.

SAINT-AUBIN. — (Rouge, blanc.) Appellation : Saint-Aubin.
Premiers crus Saint-Romain et Saint-Aubin : Champlot, En Remilly, La Chatenière, Les Castets, Les Combes, Les Créots, Les Frionnes, Les Murgers-des-Dents-de-Chein, Sur Gamay, Sur-le-Sentier-du-Clou.
Les vins rouges sont fruités, bien charpentés, frais. Les

vins blancs sont riches, bouquetés. Ils ont un air de Meursault.

MEURSAULT. — Appellations contrôlées : Meursault (rouge, rares vins blancs) ; Blagny (rouge).

Premiers crus : Aux Perrières, La Goutte-d'Or, Le Poruzot, Les Poruzot-Dessus, Les Bouchères, Les Caillerets, Les Charmes-Dessous, Les Charmes-Dessus, Les Cras-Dessus, Les Genevrières-Dessous, Les Genevrières-Dessus, Les Perrières-Dessous, Les Perrières-Dessus, Les Petures, Les Santenots-Blancs, Les Santenots-du-Milieu.

« Les Meursaults blancs ont ceci de très caractéristique : ils sont à la fois secs et moelleux, ce qui est assez singulier. Riches en alcool, d'une belle teinte d'or vert, limpides et brillants, de bonne garde, très francs de goût avec un arôme de grappe mûre et une saveur de noisette, ils se classent parmi les plus célèbres vins blancs de France. »

Les vins de Blagny sont exquis, mais peu connus en raison de la très faible production.

PULIGNY-MONTRACHET. — Grands crus, appellations contrôlées : Chevalier-Montrachet, Bâtard-Montrachet, Bienvenues-Bâtard-Montrachet, Montrachet.

Appellations : (Rouge, un peu de blanc.) Puligny-Montrachet, Côte-de-Beaune.

Premiers crus : Clavoillons, Hameau-de-Blagny, La Garenne, Le Cailleret, Le Champ-Canet, Les Chalumeaux, Les Combettes, Les Folatières, Les Pucelles, Les Referts, Sous-le-Puits.

« Les vins blancs fruités, distingués, d'un joli parfum, s'apparentent aux meilleurs Meursaults. » (CAMILLE RODIER.)

CHASSAGNE-MONTRACHET. — Grands crus, appellations contrôlées : Montrachet, Bâtard-Montrachet, Criots-Bâtard-Montrachet.

Appellations : (Blanc, rouge.) Chassagne-Montrachet, Côte-de-Beaune.

Premiers crus : Clos-Saint-Jean, Chassagne ou Caille-ret, En Caillerets, Grandes-Ruchottes, La Boudriotte, La Maltroie, La Romanée, Les Brussolles, Les Champs-Gain, Les Chevenottes, Les Macherelles, Les Vergers, Morgeot, Morgeot dit Abbaye-de-Morgeot.

Les vins rouges corsés et bouquetés rappellent ceux de la côte de Nuits. Les vins blancs ont du corps et du fruit.

SANTENAY. — Appellation : Santenay, Santenay Côte-de-Beaune.

Premiers crus : Beauregard, Beaurepaire, Clos-de-Tavannes, La Comme, La Maladière, Le Passe-Temps, Les Gravières.

« *Ce sont des vins fermes, moelleux, d'une conservation assurée. Ils acquièrent avec l'âge un bouquet très fin.* »
(DOCTEUR LAVALLE.)

CHEILLY-LÈS-MARANGES. — (Rouge, blanc.) Appellation : Cheilly-lès-Maranges.

Premiers crus : La Boutière, Le Clos-des-Rois, Les Maranges, Les Plantes-de-Maranges.

SAMPIGNY-LÈS-MARANGES. — (Rouge, blanc.) Appellation : Sampigny-lès-Maranges.

DELIZE-LÈS-MARANGES. — (Rouge.) Appellation : Dezize-lès-Maranges.

C. LA CÔTE CHALONNAISE.

MERCUREY. — Appellation contrôlée : Mercurey. Ces rares vins blancs, ou excellents vins rouges corsés, bou-quetés, fins, se rapprochent des vins de la côte de Beaune.

GIVRY. — Appellation contrôlée Givry. Vins rouges bien charpentés et francs, proches du Mercurey.

RULLY. — Quelques vins rouges, mais surtout des vins blancs fins qui se vendent mousseux remarquablement. Rully est le centre du commerce des « Bourgogne mousseux » et il s'y fait aussi des vins mousseux de deuxième fermentation en bouteilles sans appellation.

Montagny. — Cette appellation s'applique uniquement aux vins blancs. Deux désignations : Montagny et Montagny premier cru. Fruité, vif, souple, chaleureux sans excès, ce vin fait bien la transition avec les vins du Mâconnais. Les premiers crus sont plus généreux.

Du bon usage des vins de Bourgogne

En ce qui concerne les accords, les possibilités sont si vastes que, pour éviter de nous répéter, nous renvoyons le lecteur au chapitre d'ensemble « Les plats et leurs vins ».

Age optimal de dégustation. — On rencontre encore d'excellentes bouteilles datant d'un demi-siècle. Les procédés de vinification actuels permettent de boire les vins blancs entre deux et six ans, les rouges entre quatre et huit. Dépasser ces limites, c'est courir un petit risque, d'ailleurs largement compensé par la qualité des bouteilles survivantes.

Température de dégustation. — Les vins rouges doivent être servis à la température de la pièce, sauf par les journées trop chaudes où il est bon de leur conserver un peu de fraîcheur. Les vins blancs doivent être servis à la température d'une cave modérément fraîche, entre huit et douze degrés.

ROUTES DU VIN

Très centrée sur sa capitale, la région de Chablis offre de jolis points de vue sur le vignoble. Qui veut découvrir la côte de Nuits, doit parcourir la départementale 123, de Chenove à Vougeot et visiter le fameux château Renaissance du Clos-de-Vougeot, le plus beau du vignoble et siège de la Confrérie des Chevaliers du Tastevin.

La côte de Beaune compte deux routes du vin, celle

des grands crus, Pommard, Volnay... et celle des Hautes-Côtes-de-Beaune par Nolay, La Rochepot, Saint-Romain, extrêmement pittoresque.

HAUTS LIEUX DU VIN

Cellier de Clairvaux, boulevard de la Trémoille, à Dijon.

Celliers du château de Clos-de-Vougeot, musée du vin de Beaune (très riche dans un très bel édifice), Hôtel-Dieu et caves de l'Hôtel-Dieu de Beaune.

MANIFESTATIONS, FOIRES, EXPOSITIONS, FÊTES DU VIN

Fêtes de la vigne et du vin organisées en septembre par l'ordre des Grands Ducs d'Occident ;

Foire nationale de la gastronomie et des vins à Dijon et États généraux de la gastronomie française à la fin d'octobre et début novembre ;

Les Trois Glorieuses, à Nuits-Saint-Georges, Beaune et Meursault, les samedi, dimanche et lundi qui suivent le 11 novembre. (Le dimanche, vente des vins des Hospices de Beaune.) Pendant ces trois jours, exposition à Beaune des vins issus des quatre départements de la Bourgogne viticole.

A la fin de l'année : exposition des vins du Chablisien à Chablis.

Au printemps, à Nuits-Saint-Georges, exposition des vins de la Bourgogne et vente de vins des Hospices de Nuits-Saint-Georges.

Nombreuses réunions des sociétés bachiques.

PRIX LITTÉRAIRES

Prix de la Paulée-de-Meursault. Cent bouteilles de grand vin de Meursault.

Prix de la confrérie des Chevaliers du Tastevin. Cent bouteilles de grand vin de Bourgogne.

Prix « Bourgogne ».

SOCIÉTÉS VINEUSES

Confrérie des Chevaliers du Tastevin, à Vougeot.
Commanderie des cordons-bleus de France, Dijon.
États généraux de la gastronomie française, Dijon.
Piliers chablisiens, à Chablis.
Cercle des Chevaliers du Cep, Dijon.

MÂCONNAIS

Le vignoble de Mâcon s'étend sur un nombre important de communes de l'arrondissement de Mâcon, dont quelques-unes constituent « la Vallée des caves ». La production moyenne dépasse les trois cent mille hectolitres, trente-sept pour cent en rouge et rosé, le reste en blanc.

CÉPAGES. — Les vins rouges et rosés proviennent du Gamay noir à jus blanc pour l'appellation « Mâcon » et du Pinot noir pour l'appellation « Bourgogne ».

Le vin blanc est essentiellement produit par le Chardonnay.

Classification et caractères
des vins du Mâconnais

MÂCON. — Vins rouges titrant au minimum 9°. Les vins blancs de la même région peuvent s'attribuer l'appellation « Mâcon » « Pinot-Chardonnay-Mâcon » et titrent au moins 10°.

MÂCON SUPÉRIEUR OU MÂCON SUIVI DU NOM DE LA COMMUNE D'ORIGINE. — Azé, Berzé-la-Ville, Berzé-le-Chatel, Bissy-la-Mâconnaise, Burgy, Bussières, Chaintré, Chânes, La Chapelle-de-Guinchay, Chardonnay, Charnay-lès-Mâcon, Chasselas, Chevigny-lès-Chevrières, Clessé, Crèches-sur-Saône, Cruzilles, Davayé, Fuissé, Grevilly, Hurigny, Igé, Leynes, Loché, Lugny, Milly-Lamartine, Montbellet, Péronne, Pierreclos, Prissé, Pruzilly, La Roche Vineuse, Romanèche-Thorins, Saint-Amour-Bellevue, Saint-Gengoux-de-Scissé, Saint-Symphorien d'Ancelles, Saint-Vérand, Sologny, Solutré-Pouilly, Vergisson, Verzé, Vinzelles, Viré, Uchizy.

MÂCON-VILLAGES. — Vins analogues aux précédents, mais en blanc, et titrant au minimum 11°. (Mâcon-Villages n'existe pas en vins rouge et rosé.)

CRUS DU MÂCONNAIS

POUILLY-FUISSÉ. — Communes d'origine : Pouilly (hameau de la commune de Solutré), Fuissé, Vergisson et Saintré. Ces crus sont souvent vendus sous la seule dénomination de Pouilly-Fuissé, mais ils peuvent être complétés par le nom du climat d'origine. Degré minimal : 11°. Lorsque est indiqué le nom du climat d'origine, le degré doit être au moins de 12°.

Cave à Pouilly-Fuissé.

POUILLY-VINZELLES ET POUILLY-LOCHÉ (le Pouilly-Loché peut s'appeler aussi Pouilly-Vinzelles).
Communes de production : Loché et Vinzelles.
Production : Pouilly-Fuissé : vingt mille hectolitres ;

Pouilly-Vinzelles : mille cinq cents hectolitres ; Pouilly-Loché : cinq cents hectolitres.

« *Le Pouilly-Fuissé charme l'œil avant d'enchanter le palais. De couleur d'or, irradié d'émeraudes, aussi vigoureux que les plus grands crus de Bourgogne, mais sans cesser d'être caressant, sa franchise de race se parfume en outre d'un bouquet spécialement séduisant.* »

(PIERRE POUPON.)

SAINT-VÉRAN. — L'appellation Saint-Véran est la plus jeune des appellations bourguignonnes. Elle concerne les vins produits dans la région autour de Saint-Vérand, l'orthographe ayant été modifiée pour éviter toute confusion avec la commune de Saint-Vérand située en Beaujolais.

Ce vin fait très bien la liaison entre les vins de Mâcon, légers et fruités, et les grands crus de Pouilly, aussi riches qu'épanouis.

Le Saint-Véran est souple, succulent, rapide. Il est un peu le Beaujolais des vins blancs, sans qu'il soit pourtant possible de le confondre avec son voisin le Beaujolais blanc.

Du bon usage des vins
du Mâconnais

Les vins rouges sont des vins « tous usages » qui gagnent à être bus en primeur. Les vins blancs, secs et fruités, gagnent à être mis jeunes en bouteilles.

Ils gardent ainsi toute leur fraîcheur durant quatre ou cinq ans. Un trop long séjour en fût de bois risque de provoquer leur madérisation. D'où, comme pour les vins de primeur, l'usage de plus en plus généralisé de la conservation en cuves verrées.

ROUTE DU VIN

Crèches, Leynes, Solutré, Davayé, La Roche-Vineuse, Verzé, Igé, Azé, Saint-Gengoux-de-Scissé, Lugny, Chardonnay, Tournus.

Caveaux et maisons de dégustation. — Maison mâconnaise des vins, à Mâcon. Le Grenier à sel, à Chagny. Caveau de la Tour-Rouge, à Buxy. Caveau de Saint-Gengoux-de-Scissé. Refuge de Burgy. Caveau de La Roche-Vineuse. Caveau du Pouilly-Fuissé, à Solutré.

SOCIÉTÉ VINEUSE

Confrérie Saint-Vincent, Mâcon.

FOIRES, EXPOSITIONS, MANIFESTATIONS, FÊTES DU VIN

Noël des vins dans l'église de Brancion. Fête de la Saint-Vincent. Concours des vins le samedi le plus proche du 22 janvier. Foire nationale des vins le 20 mai à Mâcon. (Un édit de Philippe le Bel permet de fixer à 1340 la date de la première foire des vins de Mâcon.)

BEAUJOLAIS

Sans le Beaujolais, la France ne serait pas tout à fait la France. Voués à la centralisation, nous subissons deux tyrannies, Paris pour l'Administration, Beaujeu pour le vin. La seconde nous paraît la plus éclairée, la moins discutée aussi.

Il n'en a pas toujours été ainsi. Si certains vignobles sont fort anciens, la plus grande partie de celui-ci a été conquise sur la forêt au cours du XVIIIe siècle. Comme il se boit surtout « en primeur », on peut dire que le Beaujolais est le plus jeune vin de France, dans les deux sens du mot.

Le vignoble du Beaujolais commence à une dizaine de kilomètres au sud de Mâcon et s'étend sur soixante kilomètres de long et douze de large. Il couvre une superficie de quinze mille hectares. La production dépasse le million d'hectolitres.

CÉPAGES. — Vin rouge : Gamay noir à jus blanc, vin blanc : Chardonnay.

Classification et caractères des vins du Beaujolais

On dit toujours « le » Beaujolais, mais, comme les Apôtres, le Beaujolais est... douze. Douze classes de vins typiques qui comptent autant de nuances que de producteurs.

BEAUJOLAIS. — C'est le plus modeste et le plus abondant : environ six cent mille hectolitres. Il est produit sur un grand nombre de communes. Degré minimal : rouges, 9° ; blancs, 9,5°.

Saône-et-Loire

Mâconnais

Verzé
Berzé-la-Villa
Hurigny
Milly   Saint-Sorlin   Sancé
Bussières
Pierreclos   Chevagny
Prissé
Vergisson   Charnay-
lès-Mâcon   MÂCON
Solutré   Pouilly
Fuissé   Loché
Leynes   Vinzelles
Chaintré
Saint-Amour

Jullié
Juliénas

Rhône   Chenas   La Chapelle-de-Guinchay
Saint-Symphorien-d'Ancelles
Fleurie   Romanèche-Thorins
Chiroubles   Lancié

Beaujeu   Villé-Morgon
Lantigné   Morgon
Durette   Régnié
Quincié   Cercié
Brouilly   Saint-Lager
Ain
Odenas   Charentay
Saint-Étienne-la-Varenne
Le Perréon   Saint-Étienne-des-Oullières
Vaux

Saône

Beaujolais

Villefranche

0   6 km   Lachassagne

Mâconnais – Beaujolais

BEAUJOLAIS SUPÉRIEUR. — Production moyenne : dix mille hectolitres. Degré minimal : rouges, 10° ; blancs, 10,5°.

BEAUJOLAIS SUIVI DU NOM DE LA COMMUNE D'ORIGINE. — Juliénas, Jullié, Émeringes, Chenas, Fleurie, Chiroubles, Lancié, Villié-Morgon, Lantignié, Beaujeu, Régnié, Durette, Cercié, Quincié, Saint-Lager, Odenas, Charentay, Saint-Étienne-la-Varenne, Vaux, Le Pérreon, Saint-Étienne-des-Ouillères, Blacé, Arbuissonnas, Salles, Saint-Julien, Mont-melas, Rivolet, Denicé, Les Ardillats, Marchampt, Vaux-renard, Leynes, Saint-Amour-Bellevue, La Chapelle-de-Guinchay, Romanèche, Pruzilly, Chânes, Saint-Vérand, Saint-Symphorien d'Ancelles.

BEAUJOLAIS-VILLAGES (ou Beaujolais suivi du nom du vil-lage d'origine, exemple : Beaujolais-Quincié). — Produits dans vingt-sept communes du centre du Beaujolais. De qualité supérieure aux deux précédents, la différence est due en particulier à la nature du sol, à la différence des procédés de taille employée : taille longue ou « hau-taine » pour le Beaujolais supérieur et le Beaujolais, taille courte pour le Beaujolais-Villages et les crus cités ci-après. (Pour tous : densité de plantation : de neuf à douze mille pieds à l'hectare.)

Production moyenne : près de quatre cent mille hecto-litres. Degré minimal : rouges, 10° ; blancs, 10,5°. Exis-tent aussi en rosés.

Ces trois vins sont le type du vin de carafe, à boire aussi bien pour la soif que pour le repas. Ils sont nets, frais, souples, tendres et fruités, avec ce « grain » à la fois paysan et distingué qui fait leur charme. Ce sont les « Beaujolais nouveaux » que l'on peut boire dès la fin novembre, moins de deux mois après leur récolte.

Nous entrons maintenant dans le domaine des *crus du Beaujolais.* Pour éviter les répétitions, indiquons qu'il s'agit de vins rouges seulement, dont le degré minimal est 10°, sauf pour Côte-de-Brouilly 10,5°. Ces crus sont au nombre de neuf. L'indication d'origine peut être complétée par celle du « clos » où ils ont été récoltés.

Brouilly. — Huit cents hectares ; soixante-dix mille hectolitres.

Très coloré. Corsé, vineux, nerveux. Goût de raisin frais. De la mâche.

Chenas. — Cent quatre-vingt-cinq hectares ; quinze mille hectolitres.

Robe transparente. Fruité, fin, distingué, bouquet particulier. Se conserve cinq à six ans.

Chiroubles. — Deux cent cinquante hectares ; vingt mille hectolitres.

Gai, solide, corsé, bien charpenté. Parfum de violette.

Côte-de-Brouilly. — Deux cents hectares ; quinze mille hectolitres.

Mêmes caractères que le Brouilly, mais plus capiteux.

Fleurie. — Sept cents hectares ; quarante mille hectolitres.

Léger, délicat, soyeux, flatteur, joli grain, odeur de pivoine.

Juliénas. — Cinq cent trente hectares ; trente mille hectolitres.

Belle robe rubis, beaucoup de corps. Nerveux et étoffés. Parfois un peu durs dans leur jeunesse. Veillissent bien.

Morgon. — Cinq cent cinquante hectares ; soixante mille hectolitres.

Vignoble installé sur un terrain particulier, dit « terre pourrie », qui lui donne son aptitude à « morgonner ». (Il faut l'avoir bu pour comprendre.)

Robe assez légère. Charnu, généreux, robuste. Gagne à être conservé quelques années.

Moulin-à-vent. — Sept cents hectares ; trente-cinq mille hectolitres.

Robe rubis. Corsé, vineux, bien charpenté. Odeur de jujube. De tous les Beaujolais, celui qui se rapproche le plus des Bourgognes de la Côte-d'Or. Excellentes bouteilles de dix à quinze ans.

SAINT-AMOUR. — Deux cent quinze hectares ; quinze mille hectolitres.

Robe colorée. Fruité, étoffé, vineux. Savoureux dans sa jeunesse, ne perd rien en vieillissant.

Il existe des Beaujolais blancs et rosés qui restent encore des curiosités. La loi ne reconnaît aucun cru en blanc.

Du bon usage du Beaujolais

Le Beaujolais possède la rare caractéristique pour un vin rouge de se boire frais, à la température de la cave, dix à douze degrés et même au-dessous.

Le Mont-Brouilly.

Il peut donc être consommé toute la journée, comme boisson désaltérante, et d'un bout à l'autre d'un repas, car il s'agit d'un vin complet.

Loin d'être un « vin unique », le Beaujolais est une gamme dont il faut savoir jouer. Groupons-les autour de trois notes principales.

1° Vins fins, précoces, robe légère, tendres, pouvant être consommés un mois ou deux à partir de la récolte : Chenas, Fleurie, Saint-Étienne-la-Varenne (on produit des Brouilly sur les deux communes précédentes), Saint-Lager, Lancié, etc. A consommer « à l'aise » et au commencement des repas.

2° Vins fins, corsés, colorés, à consommer à partir de mars et pouvant vieillir quelques années : Chiroubles, Morgon, Juliénas, Brouilly, Régnié, etc. Excellents avec les volailles et les viandes légères. Le Moulin-à-Vent convient aux rôtis et au gibier.

3° Vins demi-fins produits par les vignobles élevés : Beaujeu, Quincié, Lantignié, etc. Excellent terrain pour permettre à l'amateur de montrer son flair.

ROUTES DU VIN

Le Beaujolais ne compte pas moins de quatre routes du vin dont les itinéraires sont distribués par tous les organismes officiels.

HAUTS LIEUX DU VIN

En comptant ceux qui sont installés dans les caves coopératives, le nombre des caveaux beaujolais dépasse la trentaine. Tous sont intéressants et l'on a scrupule à détacher la maison du Beaujolais à Saint-Jean-d'Ardières, le Temple de Bacchus à Beaujeu, le Caveau du Cru-Chénas aux Deschamps.

MUSÉES DU VIN

Maison Benoît-Raclet à Romanèche-Thoreins. Ouverte pour la fête Raclet, le dernier dimanche d'octobre. Musée Claude-Bernard « premier vigneron du Beaujolais » à Saint-Julien. Musée Audin à Beaujeu.

SOCIÉTÉS VINEUSES

Confrérie des Compagnons du Beaujolais, 24, boulevard Vermorel, à Villefranche. (Il se tient en principe quatre chapitres par an.)

Confrérie des Gosiers secs. Vaux-en-Beaujolais, dit Clochemerle.

FOIRES, EXPOSITIONS,
MANIFESTATIONS, FÊTES DU VIN

Dernier dimanche d'octobre : fête Raclet à Romanèche-Thorins.

Premier dimanche de novembre : exposition des vins de Fleurie.

Deuxième dimanche de novembre : exposition des vins de Juliénas. (Remise du prix Victor-Peyret : cent bouteilles de Juliénas à un dessinateur ou à un journaliste.)

Troisième dimanche de novembre : concours des Brouilly et des Côtes-de-Brouilly à Cercié.

Quatrième dimanche de novembre : concours des vins du Beaujolais au Bois-d'Oingt.

Premier dimanche de décembre : concours-exposition des deux bouteilles à Villefranche. Réunit toute la production du Beaujolais, près d'un millier d'échantillons. Sélectionne :
— le « Meilleur Beaujolais »
— le « Meilleur Beaujolais-Villages »
— le « Meilleur Cru ».

Deuxième dimanche de décembre : vente des Hospices de Beaujeu.

Juillet : comice agricole et viticole du Beaujolais, chaque année dans un canton différent.

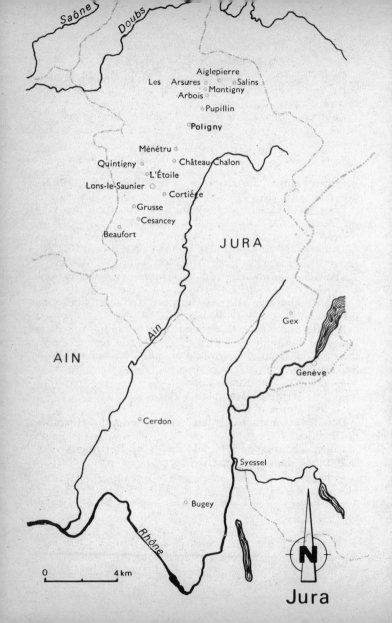

Saône
Doubs

Aiglepierre
Les   Arsures   Salins
Montigny
Arbois
Pupillin
Poligny

Ménétru
Quintigny   Château-Chalon
L'Étoile
Lons-le-Saunier
Cortiège
Grusse
Cesancey
Beaufort

JURA

Ain

Gex

AIN

Genève

Cerdon

Syessel

Bugey

Rhône

0   4 km

N

Jura

LES VINS DU JURA

Les vins du Jura comptent au nombre des plus anciens de France. En l'an 80, Pline parle de « ce raisin qui sans apprêt fournit une saveur de poix ». Cette saveur, à travers vingt siècles, se transmettra miraculeusement jusqu'à nous ; mais, presque dès sa création, des négociants d'Ostie et de Naples s'efforcèrent de l'imiter en faisant macérer de la résine dans des outres en peau de chèvre. Non loin de Pupilin, l'abbé Guichard mit au jour, en 1890, un cellier gallo-romain encore rempli de débris d'amphores.

Quelques siècles plus tard, il n'y avait plus seulement de la vigne, mais des vignerons, comme le constata Sidoine Apollinaire, évêque vertueux, poète délicat, mais qui aimait les festins de bon ton. « Comment faire des vers au milieu des Burgondes ?... soupirait-il. Heureux ceux qui ne sont pas contraints d'entendre leur rude langage et de louer à contrecœur leurs chansons de table quand ils crient à gorge déployée, l'estomac chargé d'ail et de vin ?... »

Une telle exubérance n'allait pas gêner Rabelais. Dans le « Cinquième et dernier livre des faicts et dicts héroïques du bon Pantagruel », écrit vers la fin de sa vie en 1552 et dédié aux « beuveurs infatigables », Panurge, Pantagruel et leur joyeuse bande traversent un grand vignoble pour atteindre le « Temple de la Dive bouteille » et Arbois figure parmi les quinze vignes de l'endroit. Au XVIe siècle encore, l'historien Gollut parle d'Arbois comme de « la meilleure cave de Bourgogne ».

Le pacte, à peu près constant en France, entre la monarchie et le vin a été particulièrement bien tenu dans le Jura. Les comtes, puis ducs, de Bourgogne y possédèrent toujours des vignes en propre, dont Charles Quint allait hériter. François Iᵉʳ était un amateur si convaincu qu'il voulut faire son Arbois chez lui et qu'en 1534 il fit venir d'un coup cent soixante mille marcottes.

Mais l'un des « supporters » les plus fervents du vin d'Arbois (appellation qui couvrait alors la plupart des vins du Jura) fut ce diable d'Henri IV qui décidément buvait à tous les râteliers. L'histoire de leurs relations commence par un trait peu courant, un compliment royal trouvé amer par les vignerons.

En guerre avec l'Espagne, Henri IV assiégea Arbois le 4 août 1595 et l'enleva en trois jours. Aussitôt, il fait saisir les vins dont il tire quatorze mille écus, livre la ville au pillage et s'invite à déjeuner le lendemain à l'hôtel du Prieuré. Comme il félicitait les autorités de la ville sur la qualité de leur vin, il s'attire cette repartie assez sèche : « Nous en avons encore du meilleur. »

On raconte une anecdote semblable à Beaune, mais le roi y était reçu en ami et non pas en récent vainqueur. Au « Nous en avons encore de meilleur », il aurait répliqué : « Vous le gardez sans doute pour une meilleure occasion. » Ainsi se forme, d'une province à l'autre, la guirlande du vin.

Ce fut encore le vin d'Arbois qui scella la réconciliation d'Henri IV et du duc de Mayenne. « J'ai du vin d'Arbois en mes offices, dont je vous enverrai deux bouteilles, car je sçai bien que vous ne le haïssez pas. »

Deux bouteilles... le roi ne pouvait être accusé d'abus en matière de pots-de-vin.

Le très sage Sully suivit un si bon exemple et mit certain soir de fort bonne humeur les filles italiennes de la reine à force de leur faire « chinquer du vin d'Arbois ».

Il faut finir*... Rappelons encore que Boileau, Furetière, Chapelle et Racine « chinquèrent » force verres du même vin au *Mouton Blanc* et qu'au XVIIIᵉ siècle les sergents recruteurs promettaient « pour l'extraordinaire,

---

* Ou mieux : lire la suite dans l'excellente notice du commandant Grand offerte par Henri Maire.

le pâté et le vin d'Arbois ». Et Voltaire qui le cite, et Rousseau qui le vola, ont manqué une bonne occasion de se réconcilier.

Après les rois, les savants. Personne n'ignore qu'Arbois fut la ville de Pasteur où sa maison existe toujours, transformée en musée, mais sait-on qu'il existe à Montigny-les-Arsures un Clos-Pasteur acheté par le savant lui-même en 1874 où il fit en 1878 ses fameuses expériences sur la fermentation qui permirent aux vignerons de comprendre ce qu'ils faisaient depuis Noé ? On sait sans doute moins qu'Alexis Millardet, de Montmirey-la-Ville (Jura), réussit un étonnant coup double en inventant à la fois la bouillie bordelaise à base de sulfate de cuivre qui sauva la vigne du champignon mildiou et le greffage sur plant américain qui mit fin aux ravages de l'insecte phylloxéra. Actuellement 800 ha fournissent environ 80 000 hl.

Cette veine scientifique n'est pas tarie, comme en témoigne l'installation du principal propriétaire et négociant du Jura, qui a créé la mise en bouteilles stérile, technique qui, à notre connaissance, n'a pas d'équivalent dans d'autres régions.

Classification et caractères des vins du Jura

Les appellations contrôlées sont au nombre de quatre :

Côtes-du-Jura.

Arbois.

Arbois Pupillin.

Arbois Mousseux.

Étoile.

Château-Chalon.

Tous ces vins proviennent exclusivement des cépages suivants :

En rouge : Ploussard ou Poulsard (qui est aussi un raisin de table d'une qualité exceptionnelle), Trousseau, Gros Noirin (ou Pinot noir ou Pinot gris).

En blanc : Savagnin (ou Naturé), Chardonnay (ou Melon-d'Arbois, ou Gamay blanc), Pinot blanc vrai.

CÔTES-DU-JURA. — L'appellation concerne des vins blancs, gris, rouges, rosés, jaunes, de paille, mousseux. Elle s'applique aux vins produits dans les cantons suivants : Villers-Farlay, Salins, Arbois, Poligny, Seillères, Voiteur, Bletterans, Conliège, Lons-le-Saunier, Beaufort, Saint-Amour, Saint-Julien. Il s'agit d'une bande de terre sur le rebord du Jura, d'environ quatre-vingts kilomètres de long et large au maximum de douze, l'altitude moyenne oscillant de deux cent cinquante à quatre cents mètres. On l'appelle « le Bon Pays ».

Les vins rouges sont corsés, capiteux, parfois un peu acides. Ils s'adoucissent en vieillissant et sont de bonne garde. Ils sont rares, car le Poulsard est peut-être bien le seul cépage français qui donne en vinification un vin rouge fin et un rosé. Les vins rosés sont vineux, corsés quoique parfois légers au palais, avec un goût de terroir très caractéristique. Les vins blancs sont secs, vifs, fruités, nerveux. Certains sont un peu acides et durs dans leur jeunesse et ne développent tout leur arôme qu'après quelques années de bouteille.

La production moyenne est de dix mille hectolitres.

ARBOIS. — L'appellation concerne des vins blancs, gris, rouges, rosés, de paille, jaunes, mousseux. Elle s'applique aux vins produits sur les communes suivantes : Arbois, Pupillin, Montigny, Mesnay, Villette, Vadans, Les Arsures, Molamboz, Montmalin-Saint-Cyr, Le Grand-Abergement, Mathenay, Les Planches.

Quelle que soit leur couleur, les vins de l'appellation Arbois sont plus fins, plus fruités, plus généreux que les précédents. Ils sont aussi de plus longue garde. Les meilleurs vins blancs, corsés et pleins de mordant, cumulent parfois un goût de pierre à fusil et un parfum de ronce en fleur, avec toujours un arrière-goût de noix et de noisette.

La production moyenne est de vingt à vingt-deux mille hectolitres.

ARBOIS PUPILLIN. — L'appellation concerne les vins produits autour de la petite commune de Pupillin, située au
sud d'Arbois, à la lisière de la forêt, le voisinage des
arbres étant toujours propice à la vigne.

Ces vins ont un caractère très appuyé, beaucoup de
fruit et de chaleur et s'épanouissent après quelques
années de bouteille.

*Appréciation : « Je conviens que le vin d'Arbois est
bien le seul avec lequel on puisse se sentir porté à l'éloquence. »* (EDGAR FAURE.)

L'ÉTOILE. — L'appellation concerne des vins blancs,
jaunes, de paille, mousseux. (Il n'y a pas de vins rouges.)
Elle s'applique aux vins produits sur les communes de
l'Étoile, de Plainoiseau, de Saint-Didier.

Les vins blancs de l'Étoile sont secs, délicats, fins, bouquetés, parfois naturellement pétillants et souvent traî-
tres. Les vins mousseux y sont les plus réputés du
Jura.

CHÂTEAU-CHALON. — L'appellation concerne exclusivement le vin jaune. Elle s'applique aux vins produits par
les communes de Château-Chalon, Menétru-le-Vignoble,
Nevy-sur-Seille, Domblans, Voiteur.

Le Château-Chalon est le plus grand de ces vins jaunes
qui sont en France une spécialité du vignoble jurassien.
Beaucoup de connaisseurs le mettent au nombre des
cinq grands vins blancs de France. Il est produit par le
cépage Savagnin, dont l'origine est si controversée
qu'elle a donné lieu à toute une mythologie. Pour les
esprits religieux, les initiatrices furent les abbesses de
Château-Chalon qui, au xe siècle, firent venir d'un couvent hongrois des plants de « Tokay ». Les hommes au
tempérament batailleur prétendent que le Savagnin fut
apporté de Jerez par les Espagnols au temps où ils ré-
gnaient sur la Franche-Comté. Les partisans de la nature
font remarquer que « Savagnin » est très proche de « Sau-
vanon » ou « Sauvagnum » qui voudrait dire « sauvage ».
Ce plant viendrait alors des Lambrusques, vigne sauvage

existant avant le phylloxéra. Un très sérieux argument
vient renforcer cette dernière thèse : la feuille de « Savagnin » ressemble beaucoup à celle de la vigne sauvage.
D'autre part, il semble bien qu'il s'agisse du plant connu
en Alsace sous le nom de Traminer.

Les collines sur lesquelles mûrit le Savagnin, récolté
seulement entre le 1er et le 15 novembre, sont très escarpées et souvent cultivées au treuil. Le rendement est
limité à vingt hectolitres à l'hectare (le plus bas de
France) et il est rarement atteint.

La vinification du Château-Chalon constitue un scandale aux yeux des savants, qui ne sont pas encore parvenus à l'expliquer. Après une première étape de vinification normale, au printemps de la deuxième année, on le
met dans un tonneau dont le goût est « au jaune ». (Sur
ces précieux tonneaux, il existe tout un folklore local. On
raconte que, dès qu'un bon vigneron meurt, tous ses
amis se précipitent chez sa veuve pour lui acheter, fort
cher, ses tonneaux. En revanche, si un vigneron se contente de mettre un vin médiocre dans un tonneau « au
jaune », on dit du produit qui doit tout son arôme au bois
qu'il est « vin de menuisier ».)

Une fois placé dans le tonneau, le vin est considéré
comme fini. On ne comble jamais le vide produit par
l'évaporation, on ne froisse jamais la mince et mysté-
rieuse pellicule qui le recouvre. La loi fixe à six ans au
moins la durée de séjour en tonneau, mais il ne manque
pas de propriétaires qui vont jusqu'à dix ans, au grand
dépit de leurs pères qui allaient jusqu'à vingt-cinq... Si
l'on ne sait pas comment se fait le vin jaune, on ne sait
pas davantage comment il se défait et plus d'un tonneau
est vidé directement dans le ruisseau. Certaines récoltes
ne prennent jamais le fameux « goût de jaune » : il ne se
fait pas du Château-Chalon tous les ans.

Le Château-Chalon est un vin sec, titrant jusqu'à seize
degrés d'alcool, à la saveur de noix et de prune, ambré,
et « faisant la queue de paon » dans la bouche. (Des
experts ont chronométré sa durée : une minute.) Une
fois enfermé dans sa bouteille spéciale nommée « clave-

lin », qui était jusqu'à ces dernières années fabriquée par
la verrerie de La Vieille-Loye, près de Dole, créée en
1506, le Château-Chalon se révèle pratiquement indes-
tructible. Que parlons-nous de bouchon ? La bouteille
peut rester ouverte pendant des mois sans que le vin en
pâtisse.

Il est bien évident, comme diraient les sportifs, que
nous tenons là une « bête à records ». Voici les
« temps » : on trouve encore dans le Jura d'assez nombreuses bouteilles de 1811, l'année de la Comète, et quelques-unes de 1774.

La production moyenne s'élève à environ trois cents
hectolitres.

VIN DE PAILLE. — On produisait autrefois des vins de
paille dans plusieurs régions, en Alsace, à Tain-l'Ermitage... Le Jura est peut-être la dernière à maintenir cette
tradition. Ce sont des *vins de gelée*, fabriqués en février
avec des raisins récoltés en novembre et gardés sur des
claies de paille ou suspendus à des fils de fer. On les
passe dans des pressoirs comparables à des jouets d'enfant et on les conserve pendant dix ou vingt ans dans de
petits fûts en cœur de chêne. On les met ensuite dans des
« demi-clavelins » ou dans des demi-bouteilles champe-
noises.

Ce sont des vins suaves, couleur de topaze brûlée, au
bouquet onctueux (ils titrent jusqu'à quinze ou seize
degrés d'alcool) et que certains dégustateurs rapprochent
des vins de Ténériffe ou de Tokay.

MAC-VIN. — C'est le « vin galant » d'autrefois, obtenu
par le coupage du moût de raisins par de l'eau-de-vie de
marc.

La production totale des vins du Jura est de l'ordre de
trente à trente-cinq mille hectolitres.

Du bon usage des vins du Jura

Le Mac-Vin se boit frais, comme apéritif. C'est la mis-
telle du vin car il n'y a Mac-Vin qu'avec vin du Jura.

Les vins blancs se servent frais (à une température de douze degrés), mais non glacés, avec entrées, hors-d'œuvre, fruits de mer, poissons.

Les vins rosés se servent frais ou à peine chambrés avec les volailles, les rôtis, les viandes blanches.

Les vins rouges se servent chambrés avec rôtis et gibier. Ils gagnent à être bus après cinq ans de bouteille.

Le vin jaune est sans doute le seul vin blanc de France qui doive être servi légèrement chambré et non pas frais. Il peut accompagner tout un repas, possédant encore une propriété singulière, celle non seulement de se prêter à tous les plats, mais de s'en imprégner, de s'en enrichir. Il est aussi le vin des très grandes sauces, un petit verre suffit pour le coq au vin jaune, triomphe de la gastronomie franc-comtoise. Mais on n'oubliera pas pour autant les poissons, la langouste, l'escalope de veau, les morilles à la crème, la sauce infernale du canard sauvage et du civet de lapin, ni les tartes aux amandes, ni les crêpes aux noix.

ROUTE DU VIN

Il n'existe pas dans le Jura de route du vin proprement dite. Cependant M. Henri Maire, président du syndicat des vins du Jura, propriétaire et négociant, a établi un circuit qui permet la visite de ses vignobles à Montfort-Grange-Grillard, Sorbief, Alix de Nesles, Diouzard. Un guide et des véhicules se tiennent à la disposition des visiteurs, au Caveau des Deux Tonneaux.

MANIFESTATIONS, FOIRES, EXPOSITIONS, FÊTES

Fête du Biou à Arbois, le premier dimanche de septembre.

SOCIÉTÉS VINEUSES

Pairie des Grands Vins d'Arbois. Cellier de Grange Grillard. (Sous la protection de saint Vernier, patron des vignerons.)

HAUTS LIEUX, MUSÉES DU VIN

Maison de Pasteur, à Arbois (la réserve de vins de sa vigne y est conservée par le vigneron qui entretient ce clos renommé).

Vigne de Pasteur, à Montigny-lès-Arsures.

Maison natale d'Alexis Millardet, à Montmirey-la-Ville.

Fruitières vinicoles d'Arbois et de Voiteur.

LES VINS DE SAVOIE

La Savoie est fière de l'ancienneté de son vignoble. Pline l'Ancien et Columelle ont célébré les vins de l'Allobrogie, qui avaient l'honneur d'être servis sur les tables d'Antoine et de Lucullus.

Au xᵉ siècle, le vignoble de Monterminod (alors « Mons Ermenaldi ») fut donné à l'abbaye de Cluny « afin de réconforter et mettre en liesse les bons moines de cette abbaye », qui venaient de fonder une colonie sur les bords du lac du Bourget.

Ayze, l'un des vignobles les plus réputés de la région, fut signalé par saint François de Sales comme la paroisse de « la mère l'Église sur les vignes ».

Enfin, il est admis que l'un des meilleurs cépages actuels, la Roussette, fut importé de Chypre sous le nom d'Altesse par un croisé, le comte de Mareste, pour Anne de Lusignan. Nous nous garderons certes de critiquer un si bon usage des croisades. En 1774, le marquis Costa fait encore écho à la légende et conclut : « Ce n'est plus du vin de Chypre, mais c'est un vin fin, de beaucoup de qualités et qui conserve une distinction très grande au-dessus des meilleurs vins blancs du pays. »

Bien que la grande majorité des vins de Savoie soient classés V.D.Q.S., leur nombre et leur qualité (le docteur Ramain, Savoyard d'origine, affirmait qu'autrefois on ne comptait pas moins de soixante-cinq crus) nous ont conduit à en faire une présentation spéciale.

La production des vins de Savoie est d'environ deux cent mille hectolitres, dont soixante mille en appellation d'origine.

Classification et caractéristiques
des vins de Savoie

Les vins de Savoie ont fait une entrée en force dans le domaine des appellations d'origine contrôlée. On n'en compte pas moins d'une dizaine : Crépy, Roussette de Savoie ou Vin de Savoie Roussette, Roussette de Savoie suivie d'un nom de cru, Vin de Savoie, Vin de Savoie suivie d'un nom de cru, Vin de Savoie Mousseux ou Mousseux de Savoie, Mousseux de Savoie Ayze, Seyssel, Seyssel Mousseux. Cette abondance ne doit pas cependant faire illusion. D'un certain nombre de ces vins, on peut dire qu'ils sont pratiquement introuvables. Ils maintiennent des traditions ou portent des espérances. Nous limiterons donc notre présentation aux appellations qui, en quelques années, ont conquis le palais des skieurs et de quelques autres.

CRÉPY. — Ce vin blanc, issu des cépages Chasselas fendant vert et Chasselas fendant doux (les mêmes qu'à Pouilly-sur-Loire et dans le pays de Vaud, sur la rive opposée du lac Léman) et produit sur les communes de Ballaison, Douvaine, Loisin (Haute-Savoie), est un vin clair, à teinte légèrement verte, au parfum d'amande et assez capiteux. Ils se consomme avec les coquillages et les poissons de la région. Environ 6 000 hl.

ROUSSETTE DE SAVOIE. — Ce vin blanc, sec, nerveux, qui semble avoir la détente du chamois, est élaboré à partir du cépage Altesse. Jaune pâle dans sa jeunesse, il prend en vieillissant une belle teinte dorée. Fleur et fruit.

ROUSSETTE DE SAVOIE SUIVIE D'UN NOM DE CRU : Frangy, Marestel, Marestel Altesse, Monterminod, Monthoux.

VINS DE SAVOIE. — Les vins blancs de Savoie sont issus du cépage Jacquère. Vinifiés à basse température, ils sont mis en bouteilles sur lie. On leur reconnaît le fameux goût de « pierre à fusil », encore que personne n'ait jamais dégusté une pierre ni un fusil. Ils gagnent à être bus dans l'année.

Les vins rouges peuvent être issus soit de Gamay, soit de Mondeuse. Les premiers sont produits à Chautagne et tout autour du lac du Bourget. Ils sont corsés, solides, nerveux. La production des seconds se situe surtout entre Chignin et Freterive. Rare qualité dans cette région : ils savent vieillir. Solides, un peu froids dans leur jeune âge, ils dégagent au bout de deux ou trois ans une odeur de violette et une saveur de fraise.

VIN DE SAVOIE SUIVI D'UN NOM DE CRU. — Abymes, Apremont, Arbin, Ayze, Charpignat, Chautagne, Chignin, Chignin Bergeron ou Bergeron, Cruet, Marignan, Montmélian, Ripaille, Saint-Jean-de-la-Porte, Saint-Jeoire-Prieuré, Sainte-Marie-d'Alloix. La production totale des vins de Savoie avoisine les 100 000 hl, dont un tiers en vin rouge.

MOUSSEUX DE SAVOIE AYZE. — Pétillant ou mousseux, selon qu'il a été produit par la méthode rurale ou champenoise, il est le vin de charme de la Savoie. Il passe même pour faire chanter la fondue ! Issu du Gringet et de la Roussette d'Ayze, il échappe à la banalité des vins mousseux. Il évoque les pâturages de printemps couverts de fleurs. Production réduite.

SEYSSEL. — Ce vin est à coup sûr l'un des plus anciens vins de France. Produit de part et d'autre du Rhône, il fut à l'origine un vin de gué et de bergers. La Roussette de Seyssel est un vin blanc sec, vif et léger, au parfum de truffe. Environ 3 000 hl.

SEYSSEL MOUSSEUX. — Lui aussi peut faire valoir des titres d'ancienneté. Il est vif comme la course du Rhône, câlin comme le chat des mariniers et si facile à boire ! Il est rare qu'on ait à le regretter. Environ 15 000 hl.

ROUTES DU VIN

Premier circuit : des Abymes, du Granier et de Mont-mélian ; deuxième circuit : Marestel, Chautagne et tour du lac du Bourget. (Tous deux sont très pittoresques.)

SOCIÉTÉ VINEUSE

Compagnie du Sarto savoyard, 11, rue Métropole, Chambéry (Savoie).

CAVES COOPÉRATIVES DE SAVOIE

De vinification, à Cruet, Ruffieux, Barberaz ; de vente, à Montmélian.

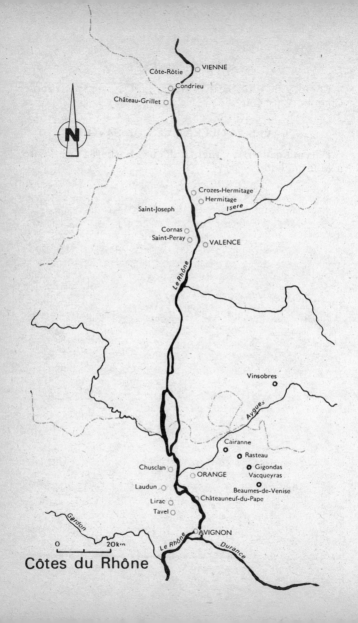

Côtes du Rhône

CÔTES-DU-RHÔNE

Tout est contraste dans les vins des Côtes-du-Rhône, comme s'il y avait toujours une rive droite et une rive gauche. Ce vignoble, dont la production est l'une des plus abondantes de France (cent trente-huit communes produisent des vins ayant droit à l'appellation Côtes-du-Rhône), a pour premier cru le Château-Grillet : tantôt une, tantôt deux rangées de souches plantées sur deux hectares et demi et produisant une dizaine de tonneaux. De plus, le plant unique qui le produit, le Viognier, attend parfois huit ans avant de livrer sa première grappe.

L'unité, ici, naît de la diversité. Tous les vins, et surtout les plus grands, sont obtenus par de savants dosages de cépages, tout à fait analogues à ceux que pratiquent les mêmes vignerons dans leurs grillades aux herbes, ou leurs voisins pêcheurs pour préparer la bouillabaisse. Grenache, Clairette, Cinsault, Bourboulenc, Mourvèdre, Picpoul, Counoise, Syrah et Carignan (pas moins de neuf) entrent parfois dans la composition d'un cru, en apparence sans mystère.

Si nous tenons compte de leur qualité, ces vins sont sans doute parmi les moins chers de France ; or ils figurent au nombre de ceux qui exigent le plus de travail : certaines terrasses escarpées ne comptent que quatre ou cinq pieds de vigne, certains sont si caillouteux (ce sont les meilleurs, les pierres emmagasinant et renvoyant la chaleur du soleil) que le fer de la charrue doit être changé toutes les trois heures ; enfin, pour le Château-neuf-du-Pape, le raisin n'est pressé qu'après un tri qui élimine obligatoirement cinq pour cent de la récolte, et parfois jusqu'à quinze pour cent.

Ce vignoble, enfin, se prétend non sans vraisemblance le plus ancien de France. En l'an 600 avant notre ère, des Grecs auraient apporté à Ampuis les deux cépages qui font encore l'originalité de la région : le Viognier et la Syrah. (On prétend aussi que la Syrah aurait été importée par les Croisés.) Les vignerons ne se sont pas pour autant figés dans leur tradition ; développant le Saint-Péray mousseux à partir de 1929 et, à partir de 1945, introduisant de nouvelles subtilités dans la vinification de leurs grands crus, ils ont réussi à transformer leurs vins un peu durs et épais au point de leur donner la souplesse et le moelleux des vins de Bourgogne sans perdre rien de leur feu original.

Enfin, c'est à cette région et à son animateur, le baron Le Roy de Boiseaumarié, ainsi qu'à celle de la Gironde et au sénateur Capus que l'on doit, en 1924, la première tentative pour mettre au point les appellations d'origine contrôlée.

Descendant le cours du Rhône, nous relèverons du nord au sud les principales appellations. La production actuelle approche les trois millions d'hectolitres.

Classification et caractères
des vins des Côtes-du-Rhône

CÔTES-DU-RHÔNE. — Cette appellation s'applique à des vins produits par cent trente-huit communes des départements du Rhône, de l'Ardèche, de la Loire, de la Drôme et du Vaucluse. Si elle n'est suivie d'aucune autre indication, elle concerne un vin d'un degré minimum de 11°. (Le rendement maximum est de cinquante hectolitres à l'hectare.)

CÔTES-DU-RHÔNE SUIVI DU NOM DE LA COMMUNE D'ORIGINE. — Rochegude, Saint-Maurice-sur-Eygues, Vinsobres, Cairanne, Rasteau, Roaix, Rousset-les-Vignes, Saint-Pantaléon-les-Vignes, Séguret, Vacqueyras, Valréas, Visan, Laudun, Chusclan, Sablet, Saint-Gervais, Beaumes-de-Venise.

Ces communes produisent des vins rouges, rosés et blancs, fins, bouquetés, complets.

CÔTES-DU-RHÔNE-VILLAGES. — Appellation réservée à une douzaine de communes. (Rendement maximum : 35 hectolitres à l'hectare.)

CÔTE-RÔTIE. — Côte-Blonde, Côte-Brune. La Turque, La Grande-Vigne, La Grosse-Roche, La Grande-Plantée, La Claypeyrane, La Poyette — et quelques seconds crus, presque tous situés sur la commune d'Ampuis.

Le vignoble est à peu près exclusivement cultivé à bras d'hommes.

Les vins rouges, de bonne garde, souvent obtenus par un mélange de Côte-Blonde et de Côte-Brune sont capiteux, fins, au bouquet de violette, très longs en bouche, élégants.

CONDRIEU ET CHÂTEAU-GRILLET. — On produit à peu près deux cents hectolitres de Condrieu et vingt hectolitres de Château-Grillet.

Ces deux rares vins blancs, autrefois produits par les mariniers du Rhône, peuvent être secs ou moelleux. Généreux, corsés, pleins de feu, gras, devenant secs et capiteux en vieillissant, classés parmi les plus grands vins blancs de France, ils sont particulièrement exquis après seulement quelques mois de bouteille et recommandés avec le gratin de queues d'écrevisses.

ERMITAGE, CROZES-ERMITAGE. — La commune de Tain-l'Ermitage fournit les meilleurs vins de l'Ermitage (ou Hermitage).

Premiers crus de l'Ermitage ; en rouge : Les Bessards, Le Méal, Greffeux ; en blanc : Chante-Alouette.

Les vins de Crozes-Ermitage sont plus légers et plus frais que les précédents, avec un bouquet de framboise. En rouge, les meilleurs sont produits à Croze, Larnage, Mercurol. En blanc, à Mercurol (Clos des Hirondelles), Livron-sur-Drôme, Die, Château-Curson.

Tous ces vins sont délicats et possèdent un bouquet spécial où le goût du terroir est assez fort. Les dégustateurs y retrouvent un parfum de mûre et d'aubépine.

Puissants et un peu amers dans leur jeune âge, ils vieillissent bien et se conservent longtemps.

SAINT-JOSEPH. — Ce terroir situé sur la rive opposée du Rhône produit des vins se rapprochant des précédents, mais plus fruités.

CHÂTILLON-EN-DIOIS. — (Rouges, blancs et rosés.) L'aire de production est limitée à Châtillon-en-Diois, aussi la production, en hausse, reste-t-elle très réduite, de l'ordre de 2 000 hl.

Vins fruités, brillants, élégants.

CLAIRETTE DE DIE. — Elle donne un vin mousseux réputé pour sa finesse et sa fraîcheur, rappelant davantage l'Asti Spumante que le Champagne, car ce vin est à base de Muscat et de Clairette. Il faut éviter de confondre la « Clairette de Die » avec d'autres vins mousseux moins originaux et qui sont appelés « Clairette » ou « Muscat ».

CORNAS. — Vin rouge, déjà apprécié par Charlemagne, à la belle couleur rubis, au goût de terroir, corsé, de bonne garde, il rappelle l'Ermitage.

SAINT-PÉRAY. — Vin blanc mentionné par Plutarque et apprécié par Wagner, traité en mousseux ; il a de l'esprit, de la sève.

COTEAUX DU TRICASTIN. — (Rouges, blancs et rosés.) L'aire de production s'étend autour de Suze-la-Rousse sur les départements de la Drôme et du Vaucluse. La production, en hausse, avoisine 30 000 hl.

Vins assez légers, fruités, bouquetés.

CÔTES DU VENTOUX. — (Rouges, blancs et rosés.) L'aire de production s'étend au pied du Ventoux sur le département de la Drôme et surtout celui du Vaucluse. Production abondante, dépassant les 100 000 hl.

Les vins rouges ont du bouquet, du corps. Les vins blancs sont secs et nerveux. Les rosés sont souples et frais.

CHÂTEAUNEUF-DU-PAPE. — Le plus grand vin rouge des côtes du Rhône. Les meilleurs crus de rouge sont le Château-de-la-Nerthe, le Château-Fortia ou Fortiasse et le Château-des-Fines-Roches. Très rare, le Châteauneuf-du-Pape blanc n'est plus qu'une curiosité. Le Châteauneuf-du-Pape est généreux, corsé, voire capiteux (degré minimal : 12,5°, le plus élevé de France, et il monte jusqu'à 15,7° — bien que ce ne soit pas le degré alcoolique qui fasse la qualité), au bouquet de « garrigue chauffée au soleil ». Assez lent à se faire, il prend naturellement une teinte pelure d'oignon.

GIGONDAS. — Voisin très proche et rival du Châteauneuf-du-Pape, plus souple et plus vite prêt à boire. Le Beaujolais du soleil.

RASTEAU. — Vin doux naturel (V.D.N.).

BEAUMES-DE-VENISE. — Muscat (V.D.N.).

TAVEL, LIRAC, CÔTES-DU-RHÔNE, CHUSCLAN. — Depuis Philippe le Bel et Louis XIV, qui n'en perdirent pas une gorgée, le Tavel est le premier rosé de France. Belle robe d'un rose léger, nerveux, limpide, bouquet de fraise des bois... et parfois quinze degrés d'alcool, tel est le portrait du Tavel, avec lequel il convient de ne pas plaisanter. A peine atténuée, la description vaut pour le Lirac, tout proche, mais qui existe aussi en rouge et en blanc.

Du bon usage des vins

Comme pour les Bourgognes et les Bordeaux, les vins du Rhône peuvent accompagner tout un repas : blancs avec les hors-d'œuvre et les poissons, rosés avec les volailles, rouges avec les viandes et les fromages. Veiller à ne pas trop chambrer les vins rouges. Les vins blancs et les rosés doivent être servis à la température d'une cave moyenne, entre huit et douze degrés.

ROUTES DU VIN

Le vignoble s'étend sur trois cents kilomètres de long et dix à vingt de large et couvre une magnifique région.

C'est dire que toutes les initiatives y seront heureuses. Voici cependant quatre itinéraires, aptes à satisfaire le palais et l'œil.

1º Montélimar, Grignan, Valréas (spécialités), Sainte-Cécile-les-Vignes (buste du baron Le Roy « premier vigneron du monde »), Sérignan (Musée J.-H. Fabre), Orange (« grottes aux vins » sous le Théâtre antique), Châteauneuf-du-Pape, Courthézon, Bedarrides, Avignon.

2º Bollène, Suze-la-Rousse (château), Tulette, Saint-Maurice-sur-Eygues, Vinsobres, détour par Villedieu et Buisson, Vaison-la-Romaine.

3º Bollène, Rochegude, Sainte-Cécile-les-Vignes, Cairanne (Belvédère des côtes du Rhône et caveau de dégustation), Rasteau (vin doux), Roaix, Vaison-la-Romaine, Seguret, Sablet, Gigondas, Montmirail, Vacqueyras, Beaume-de-Venise, Carpentras.

4º Rive droite du Rhône : Ampuis (côte Rôtie), Condrieu, Tournon (Saint-Joseph), Cornas, Saint-Péray, Bagnols-sur-Cèze, Chusclan, Laudun, Saint-Geniès-de-Comolas, Lirac, Tavel.

MANIFESTATIONS, FOIRES, EXPOSITIONS

Concours de dégustation des vins nouveaux de la Foire aux vins d'Orange dans les grottes du Théâtre antique (première quinzaine de janvier).

Foire-exposition des vins dans les grottes du Théâtre antique d'Orange (juillet-août).

Fête de la Saint-Vincent à Tavel (janvier).

Grand chapitre de l'Ordre des Chevaliers de la Syrah (Cornas, premier dimanche d'octobre).

Boulbon (Bouches-du-Rhône), procession des bouteilles (1er et 2 juin).

SOCIÉTÉS VINEUSES

Confrérie des Chevaliers de la Syrah à Cornas (Ardèche).

Ordre de la Boisson de l'étroite observance à Aramon (Gard). Cet ordre n'existe plus, mais il doit être connu de

tous les amis du vin. Il prospéra de 1703 à 1735 et réalisa
la perfection en matière de société bachique. Son fonda-
teur, M. de Posquières, est l'inspirateur reconnu de toutes les tentatives actuelles. Camille Rodier, le Grand
Chancelier de la confrérie des Chevaliers du Tastevin, ne
manquait pas une occasion de lui rendre hommage.

D'après le baron Le Roy de Boiseaumarié, la procession et la bénédiction des bouteilles à Boulbon seraient
consécutives à la visite que fit jadis dans la paroisse M. de
Posquières.

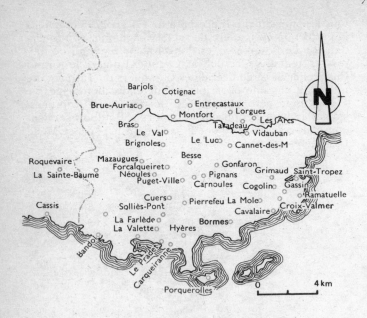

Barjols
Cotignac
Brue-Auriac
Entrecastaux
Montfort
Lorgues
Bras
Taradeau
Les Arcs
Le Val
Vidauban
Brignoles
Le Luc
Cannet-des-M
Besse
Roquevaire
Mazaugues
Gonfaron
Grimaud
Saint-Tropez
Forcalqueiret
La Sainte-Baume
Néoules
Pignans
Puget-Ville
Carnoules
Cogolin
Gassin
Cassis
Cuers
Pierrefeu
La Mole
Ramatuelle
Solliès-Pont
Cavalaire
Croix-Valmer
La Farlède
Bormes
La Valette
Hyères
Bandol
Le Pradet
Carqueiranne
Porquerolles

0   4 km

La région provençale

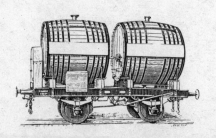

LES VINS DE PROVENCE ET DE CORSE

La culture de la vigne est certainement très ancienne en Provence. On a retrouvé à l'abbaye du Thoronet un matériel tendant à prouver qu'elle était pratiquée par les moines cisterciens. Le succès de la Côte d'Azur a provoqué la vogue des vins des côtes de Provence, merveilleux vins de vacances lorsqu'ils sont bien vinifiés. Ils bénéficient, de plus, d'une relative absence de concurrence : on dit, en effet, que « le vin ne descend pas », ce qui signifie que beaucoup d'autres vins de France résistent mal au climat méditerranéen. (Ces défaillances commencent d'ailleurs à se faire rares, les vins étant de mieux en mieux équilibrés, comme le prouvent ceux de Provence qui « montent » désormais allégrement sur Paris.)

Les cépages qui produisent les différents vins ont des noms chantants qui s'harmonisent avec le paysage : Cinsault, Carignan, Tibouren, Grenache, produisent des rosés ; associés au Mourvèdre, parfois aux Cabernets et à la Syrah, ils donnent des rouges ; enfin les blancs sont surtout produits par l'Ugni blanc et la Clairette nuancés de Sauvignon, de Sémillon ou de Sylvaner ou de Rolle.

Classification et caractères des vins de la région provençale

Dans l'état actuel de la législation les vins de cette région comprennent cinq appellations d'origine contrôlée : Côtes-de-Provence, Bandol, Bellet, Cassis, Palette, produisant environ 800 000 hl ; deux V.D.Q.S. hors pair Coteaux-d'Aix et Côtes-du-Luberon produisant chacun

100 000 hl et deux V.D.Q.S. moins généreux Coteaux-des-Baux et Coteaux de Pierrevert.

APPELLATIONS CONTRÔLÉES

PALETTE. — Les vins de Palette sont produits sur le territoire de la commune du Tholonet et de Meyreuil, non loin d'Aix, couvrant pratiquement un seul domaine : le Château-Simone. Les vins blancs sont les plus réputés, mais l'appellation s'applique également aux rouges et aux rosés. La production est de l'ordre de trois cents hectolitres.

Ces vins ont du corps, de la souplesse, du bouquet. Enfin, ce qui est assez rare dans la région, ils vieillissent bien. On les trouve parfois sur les cartes des bons restaurants d'Aix, de Marseille et d'Arles.

Signalons encore, à Palette, un vin curieux, le *vin cuit*, traditionnellement servi dans les fêtes provençales. il n'existe plus guère qu'à l'état de souvenir.

CASSIS. — Les vins de Cassis sont produits par un ensemble de cépages qui font penser à une troupe d'opérette : Ugni blanc, Pascal, Œillade blanc, Colombard et Clairette.

L'appellation comprend des blancs, des rosés et des rouges, les amateurs donnant leur préférence aux blancs. Deux cents hectares de vignobles ont une production moyenne de trois mille hectolitres.

Le vin blanc de Cassis est en général très alcoolisé, sec et parfumé.

BANDOL. — Le vignoble de Bandol est l'un des plus pittoresques de la Côte d'Azur. Les vignes y entourent des villages perchés sur des pitons et prospèrent sur des terrasses qui commencent presque sur les plages pour atteindre la limite des pins.

La production, environ 15 000 hl, comprend des blancs, des rosés et des rouges. Ces derniers sont rares, mais ils ont fait autrefois la réputation des vins de Bandol et ils gardent les suffrages des connaisseurs. Charpentés, généreux, alcoolisés, ils sont parfois un peu durs dans leur jeunesse mais s'assouplissent en vieillissant.

Les vins blancs, frais, souples, bouquetés, gagnent, comme les rosés, à être bus assez jeunes.

BELLET. — C'est le vin de Nice, célébré, sauf erreur de notre mémoire, par Jules Romains dans *La Douceur de vivre*. Les lotissements et la culture des fleurs en ont réduit la production à moins d'un millier d'hectolitres. Cependant, la courbe remonte. Les blancs y sont secs, fruités, élégants ; les rouges délicats, légers, racés.

COTEAUX D'AIX. — L'aire de production s'étend entre Aix-en-Provence et Manosque. Les vins blancs, rosés et rouges ont fait une remarquable « percée » ces dernières années, certains atteignant le niveau des grands crus, tel le Château-Vignelaure. Les rouges y sont frais et fruités, les blancs y sont secs et bouquetés, les rosés de l'élégance.

CÔTES-DU-LUBERON. — (Rouges, rosés et blancs.) La réputation de ces vins vifs, souples, charmants dans leur jeunesse tout en manifestant une remarquable aptitude au vieillissement dépasse elle aussi le plan local. Parmi les crus dont la réputation n'est plus à faire, citons le Domaine de l'Isolette et le Château de Mille et parions sur celle du Val-Jouanis.

CÔTES-DE-PROVENCE — Beaucoup de consommateurs ne connaissent que ce seul vin de Provence et cette popularité n'a sans doute pas été pour rien dans sa promotion en A.O.C. Le client a toujours raison. Cependant le vigneron n'est pas resté en arrière de la main. Sous l'impulsion du Comité interprofessionnel et de viticulteurs de grande race et de longue patience comme la famille Ott, nombre de ces gentils vins sont devenus de grands vins, comme le fameux Clos-Mireille, qui pourrait bien être un héritage de Cîteaux, comme le Clos-de-Vougeot en Bourgogne.

On peut diviser le vignoble en trois régions principales : 1° *La zone côtière des Maures* : Toulon, Hyères, La-Londe-des-Maures, Bormes, Cavalaire, Croix-Valmer, Cogolin, Gassin et Saint-Tropez... ; 2° *La bordure nord du massif* : Pierrefeu, Cuers, Carnoules, Gonfaron, Les Mayons, Vidauban... ; 3° *La vallée moyenne de l'Argens* : Lorgues, Taradeau, Les Arcs...

La situation du vin des Côtes-de-Provence est des plus singulières. Il est à la fois le plus ancien et le plus jeune des vins de France. Nombre d'amateurs, et parmi les plus éclairés et les plus impartiaux, faisant fi de son ancienne réputation, le classent parmi les vins du deuxième, voire troisième rayon. Une telle sévérité nous paraît une injustice. La référence au passé étant inévitable dans ce domaine, rappelons que les vins de Provence étaient qualifiés de « précieux » par César, de « succulents » par Pline, de « friands » par Olivier de Serres, d'« exquis » par Mme de Sévigné, le plus bel éloge étant comme il se doit celui d'un maréchal de France. Le 26 août 1696, Catinat écrivait au gouverneur de Nice : « Vous me demandez des nouvelles du vin de Bellet que vous m'avez fait passer. Sans aucune complaisance, vous pouvez vous assurer qu'il a été trouvé admirable et qu'il a pris le dessus de tous les vins de France que nous avions ici, quoique bons et bien choisis. »

Cette belle époque est-elle révolue ? Parce que nous ne le pensons pas, nous en avons appelé voici quelques années au témoignage de l'un des membres de la plus prestigieuse famille de vignerons de Provence, Olivier Ott. Ce texte a d'abord été publié dans notre collection les *Vins de France* (Éditions Montalba, 6 vol.) pratiquement épuisée. Cette situation nous conduit à extraire de ce texte aussi fervent qu'éclairé quelques trop courts passages qui constituent le premier essai d'un *Guide des Grands Vins de Provence*, qui éclaire et dépasse la tentative de 1955 qui concernait seulement 23 crus.

Pour son exploration, Olivier Ott a choisi trois itinéraires : 1° des Alpes à la mer, soit du Verdon à Fréjus ; 2° la côte de Provence ; 3° le cœur spirituel de la région qui comprend la Sainte-Baume, la montagne de Sainte-Victoire et l'Abbaye du Thoronet.

Le premier parcours conduira le dégustateur de Moutiers-Sainte-Marie à Taradeau. Les découvertes sont ici d'autant plus précieuses qu'elles sont rares : « Entre deux villages, au détour d'un chemin, s'infiltrant entre les cyprès ou de fières allées de platanes, quelques domaines se sont glissés, téméraires. Sous les profondes caves voûtées ou dans de très anciennes magnaneries aux murs épais de pierre grise, les crus attendent qu'on les apprécie, qu'on les juge. Citons le Château-Mentone, le Château de Berne, les Domaines de Riforan, du Clos, de la Martinette, de Castel Roubine, Saint-Ange, le Clos d'Ières, le Clos du Relars, le Château de Selle. [...]

[...] Reprenant sa course, le montagnard parvient au-dessus de Taradeau. Là, sur un pan de colline, quatre civilisations se retrouvent : la Ligure et son « castellas », la Romaine et ses restanques enfouies dans la forêt, la Sarrazine et sa tour, la Chrétienne et sa chapelle... C'est alors un collier de villages qui, pour la plupart, possèdent une coopérative à la fois traditionnelle et dynamique. Citons Taradeau, Les Arcs, Trans, La Motte, Bagnols, Le Muy, Puget, enfin Roquebrune, déjà sur la route de la mer et Fréjus. [...]

[...] C'est ici également le collier des Domaines, à cheval entre le calvaire gris et le rouge permien, puis à cheval entre le permien et les massifs des Maures et de l'Esterel. Citons, non loin des Arcs, le Château Saint-Martin, le Domaine des Clarettes, le Château Saint-Pierre, le Château Sainte-Roseline ; près de la Motte, les Domaines du Jas d'Esclans, Les Grands Esclans, Saint-Roman d'Esclans, du Clastron, des Demoiselles, de Valbourges, le Château d'Esclans, puis, en poursuivant vers le sud-est, le du Rouet, les Domaines de la Péguière, du Thouar, de Curebéasse, de Vaucouleurs, Marchandise et de la Garonne... le Domaine des Planes. [...]

[...] A Bandol, le vin est une fête. Vignobles soignés, caves bien agencées, la région est en expansion. Jugeons-en par le nombre des producteurs : Domaines des Salettes, de la Bastide Blanche, de la Loubière, de la Serre, de Terrebrune, du Val d'Arenc, de l'Olivette, de la Laidière, de la Noblesse, de la Tour du Bon, de Lafran-Veyrolles, de Pibarnon, de Frégate, Tempier, de Cagueloup, Mau-

bernard, du Galantin, Hermitage ; Châteaux des Vannières, Sainte-Anne, La Noblesse, des Baumelles, Roche
Belle, Pradeaux, Milhière, Romassan ; Moulin des Costes,
de la Roque, de la Salle, Grand Moulin ; Clos de la Bour-
rasque, du Grand Pin ; Mas de la Rouvière, Mazet de
Cassan ; vignobles du Pey-Neuf, Perrone, Clavel, Maillet ;
les Maîtres-Vignerons du Beausset. [...]

[...] A l'est, nous trouvons Hyères... A l'ouest d'abord,
au Pradet, le Clos-Cibonne et le Domaine de la Navi-
celle... Vers l'est, outre les coopératives villageoises de La
Londe et de Bormes, se trouvent de grands domaines,
certains à flancs de coteaux, d'autres à fleur de mer,
directement sous son influence. Citons pour Hyères, les
Domaines des Fouques, de la Jeannette, de Mauvanne, de
Sainte-Eulalie et de la Tuilerie. Pour La Londe-les-Mau-
res, les Domaines du Gros Pin, du Bastidon, de Mara-
venne, de La Pompe, Source Sainte-Marguerite, la Chey-
lanne, Saint-Honoré, des Bormettes, du Caroubier, du
Galoubet, de la Pabourette, de la Coulerette, de la
Jouasse, le Mas des Borrels, le Château Rouge et le Clos-
Mireille. Pour Bormes-les-Mimosas, les Domaines de
l'Anguillon, de Brégançon, de la Malherbe, de l'Anguei-
roun, des Campaux, Sainte-Marie, le Clos Mistinguet et le
Château de Léoube. A Porquerolles, le vignoble du
Domaine est entouré de l'un des plus beaux paysages du
monde. [...]

[...] Saint-Tropez n'est pas seulement le village au nom
célèbre, il est la porte vers d'authentiques vignobles. Par-
courons un à un les villages perchés ou à flanc de colline : Ramatuelle, Assin, Grimaud, Cogolin, Plan de la
Tour. Découvrons leurs coopératives dynamiques, aux
vins frais et sentant le maquis, leurs domaines aux noms
chantants : Valdérian, les Tournels, de la Bastide Blanche, Saint-Antoine de la Tourre, de Saint-Maur, des Gar-
cinières, des Palmeraies et de la Croix, les Maîtres-Vignerons de Saint-Tropez regroupant plusieurs domaines de
la presqu'île ; enfin le Château Minuty dans un site
magnifique. [...]

[...] Rejoignons par un des nombreux ports blottis au

fond de la baie des Anges, le vignoble le plus méritant, peut-être, de cette côte : « Bellet », qui doit résister à Nice en constante expansion. En cinq ans, le vignoble a doublé.

Si les vins sont d'exception, les producteurs ne sont pas très nombreux. Citons le Château de Crémat, le Château de Bellet, la Tour Sarrazine, le vignoble Gomez, Lou Clos de la Tourre et le Domaine de Font-Bellet [...]. »

Le dernier parcours d'Olivier Ott est, comme il se doit, un retour aux sources. Il n'y a nul doute, le vin est né dans la Provence de l'ouest, non pas une fois, mais trois : par les Phocéens qui créèrent Marseille vers 600 avant J.-C., par les Romains qui prirent la succession des Ligures au iie siècle avant J.-C., par les Chrétiens qui à partir du ive siècle devaient rayonner à partir de leurs grandes abbayes d'Arles, de Montmajour, de Marseille, de Saint-Maximin, de la Sainte-Baume. Ce fut aussi dans cette région que se fit la rencontre avec les vins venus du nord, par la vallée du Danube et les cols savoyards. Toutes les conditions se trouvaient donc réunies pour la mise en place d'un prodigieux laboratoire dont il nous reste à apprécier les résultats :

« [...] De la Sainte-Victoire à la Sainte-Baume. Grimpons sur les pentes de la montagne Sainte-Victoire... Les villages, qui tous ont une coopérative dynamique, parfois même deux, se cachent entre la pierre grise et la terre rouge feu : Puyloubier, Pourrières, Rousset, Trests, Pourcieux. Rendons visite aux Domaines de la Gavotte, du Jas de Luc, de la Grande Banquière, de Pinchinat, de Richaume, de la Bégude, de Grand Boisé, Lacombe, au Château de Pourcieux, au Mas de Cadenet, avant de jeter un coup d'œil sur la Basilique de Saint-Maximin, dont la façade non terminée semble blessée. [...]

[...] Sur la route de Barjols, voici Correns et son vin blanc fameux, Montfort et Cotignac encore romaine. Coopératives et domaines, Real Martin, Miraval, Les Aspras, le Château Robernier, Castellamare et Nestuby, feront des haltes appréciées et leurs blancs notamment, un merveilleux souvenir de ces lieux antiques. Carcès est bientôt là. Citons les domaines Gavoty, les Pomples, de la Plaine et Sainte-Croix. [...]

[...] Voici soudain, l'abbaye du Thoronet blottie entre les collines. La route débouche ensuite dans une zone viticole par excellence. Tout d'abord ce sont les villages de Vidauban, Le Cannet-des-Maures, le Luc, Flassans. Tous ont leur coopérative et combien de magnifiques domaines : le Clos Saint-Luc, les Domaines Peissonnel, des Féraudes, d'Astros, des Blaïs, des Espérifets, Sainte-Geneviève, de l'Hoste, du Roux, la Bastide-Neuve, la Reillanne, la Faïsse-Noire, de Colbert, des Bertrands, Saint-Andrieu, la Grande Lauzade, la Pardiguière, le Paradis, de la Garonne, de la Lauzade, de la Marcaronne, de la Bernarde, de Peyrassol et de la Seigneurie, le Vieux Château d'Astros. [...]

[...] En poursuivant vers le sud-ouest par Gonfaron, Pignans, Carnoules, Collobrières... nous ferons connaissance avec les domaines de Paris, de l'Aille, de l'Esparon, Gasqué, les Serres, de Rimauresq et du Peyrol, avant de rencontrer les grands vignobles du « triangle » Puget-Ville, Pierrefeu et Cuers. Citons les Domaines du Mas, de l'Aumérade, de la Gordonne, le vignoble Kennel, Domaine de Saint-Pierre-les-Baux, le Château Montaux, le groupement des cadets de Provence, les domaines de Gairoard et de la Moutète. [...]

[...] L'approche vers Toulon se fait par les villages de Solliès-Pont, la Farlède et sa coopérative, La Crau, La Valette, par les Domaines de la Tousque, de Landué, de la Navarre, de la Grassette, le vignoble Gasperini, le Château de Castille et le Château de Dréon. [...]

[...] Après la traversée des gorges d'Ollioules, nous débouchons sur la plaine du Beausset et de Saint-Cyr où les coopératives sont dynamiques. Une halte s'impose aux Châteaux Sainte-Anne et des Vannières, aux Domaines du Moulin de la Salle et du Cagueloup. Faisons encore quelques crochets par La Ciotat et le Domaine de la Tour, Roquefort la Bédoule, la coopérative et le Château de Roquefort, Cuges et le vignoble Leï Barrasson. »

Il se pourrait que dans cinquante ou cinq cents ans, la Provence accède au rang aujourd'hui réservé à la Bourgogne et au Bordelais. Alors le texte que l'on vient de lire, déjà si précieux par sa documentation, prendra une toute autre valeur et atteindra à la dimension historique,

Ugni Blanc

Prophétie ? Nostradamus lui-même n'est-il pas né en Provence ?

Du bon usage des vins
de la région provençale

Les vins des côtes de Provence sont par excellence les vins des coquillages, des oursins, des « violets », des loups au fenouil, des côtelettes d'agneau sur le gril, de la bouillabaisse... Ils n'accompagnent pas mal une partie de pétanque.

Blancs et rosés doivent être bus jeunes à la température de la cave ou rafraîchis dans un seau à glace. Les rouges sont meilleurs après trois ou quatre ans de bouteille. Éviter de les servir trop chambrés, mais ils ne doivent pas non plus être bus trop frais.

ROUTES DU VIN

Un itinéraire complet a été proposé par Olivier Ott au cours des pages précédentes. Les visiteurs paresseux ou pressés (les malheureux !) pourront établir un parcours réduit à partir de la « Route des vins » envoyée gracieusement sur demande par le Comité des Côtes-de-Provence, 3, avenue de la Gare, 83460 Les Arcs-sur-Argens (Var). Des panneaux indicateurs sont placés sur les différentes routes.

MANIFESTATIONS, FOIRES, EXPOSITIONS, FÊTES

Foire de Brignoles ; fêtes du vin à La Motte ; fête des vendanges à Fréjus, Sainte-Maxime, Grimaud, Vidauban.

SOCIÉTÉS VINEUSES

Chevaliers de Méduse, château Sainte-Roseline, Les Arcs (Var).

Chevaliers de Provence, Nice.

Confrérie des Échansons, Vidauban.

Confrérie bachique et gastronomique des comtés de Nice et de Provence.

HAUTS LIEUX DU VIN

Abbaye du Thoronet où fut découvert un ancien matériel vinaire. Cave ancienne du château de la Castille, à la Crau (Var). Cave ancienne du château Saint-Martin, à Taradeau (Var).

MUSÉES DU VIN

Château d'Entrecasteaux (en préparation). Ile de Bendor, au large de Bandol (Exposition universelle des vins et spiriteux).

CORSE

Dernière-née au monde des appellations d'origine contrôlée, la Corse bénéficie de l'expérience des autres régions. Son appellation est à la fois générale, Vin de Corse, et diversifiée, puisqu'elle peut être suivie ou non d'un nom indiquant sa région d'origine. Nous disposons donc désormais d'une appellation générique complétée par six appellations locales. Pour tout, vins blancs, rouges et rosés.

VIN DE CORSE

L'appellation s'applique à tous les vins produits sur l'aire d'appellation.

COTEAUX D'AJACCIO. — CALVI. — PATRIMONIO. — COTEAUX DU CAP CORSE. — SARTÈNE. — FIGARI. — PORTO VECCHIO.

La production totale avoisine les 100 000 hl, surtout en vins rouges ou rosés, les vins blancs figurant pour moins de 10 000 hl.

Il est un peu tôt pour tenter de définir les qualités gustatives des différents crus. Le fond, en tout cas, est solide. Vins bien charpentés, puissants, bouquetés qui prendront avec l'âge un peu de cette tendresse qui fait les très grands vins.

LES VINS DU LANGUEDOC

Les appellations contrôlées du Languedoc sont les suivantes : Vin de Frontignan, Muscat de Frontignan, Muscat de Lunel, Muscat de Mireval, Faugères, Saint-Chinian, Fitou, Clairette du Languedoc, Clairette du Languedoc-Rancio, Clairette de Bellegarde, Vin de Blanquette de Limoux, Limoux.

Tavel et Lirac sont deux appellations géographiquement situées sur ce territoire. Nous les avons étudiées au chapitre des vins des côtes du Rhône auxquels on les rattache généralement. Le Languedoc compte de nombreux V.D.Q.S.

MUSCAT DE FRONTIGNAN. — Le Muscat de Frontignan se présente sous deux formes :

Vin de liqueur (V.D.L.) obtenu par addition de quinze degrés d'alcool avant toute fermentation, ce qui permet la conservation de la totalité du sucre de raisin, qui doit égaler au moins cent soixante-dix-huit grammes par litre.

Vin doux naturel (V.D.N.) obtenu en ajoutant dix pour cent d'alcool au cours de la fermentation, afin que le vin présente un degré alcoolique au minimum égal à quinze, avec un excès de sucre d'au moins cent vingt-cinq grammes par litre.

En résumé, dans le vin de liqueur, tout l'alcool a une origine extérieure au raisin, dans le vin doux naturel une partie de l'alcool provient du raisin.

Le cépage Muscat blanc est surtout utilisé. Il existe un Muscat rouge réputé pour sa finesse.

Les cinq cents hectares de vignoble produisent environ huit à dix mille hectolitres.

Le Muscat de Frontignan est corsé, fruité, moelleux. Le goût de fruit y est toujours très prononcé et plus encore dans les vins de liqueur.

Le Muscat de Frontignan vieillit bien.

La bouteille, dite « bouteille à Muscat de Frontignan », caractérisée par des cannelures torsadées en relief, est une exclusivité protégée par la loi.

MUSCAT DE LUNEL ET MUSCAT DE MIREVAL. — La production de ces vins, peut-être un peu moins fins, mais avec un joli goût de terroir, est très limitée.

MUSCAT DE SAINT-JEAN-DE-MINERVOIS. — (V.D.N. et V.D.L.) Fruité. Production limitée.

CLAIRETTE DU LANGUEDOC. — (Vins blancs et V.D.L.) Ce vin blanc produit par le cépage Clairette a droit à l'appellation s'il est produit sur les communes suivantes de l'Hérault : Aspiran, Paulhan, Adissan, Fontès, Cabrières, Peret et Ceyr ou sur certaines parcelles des communes limitrophes. La Clairette en vin blanc doit titrer au minimum treize degrés et peut monter jusqu'à quinze. L'excès de degré n'est pas forcément une qualité.)

Actuellement surtout vinifiée en sec, fruitée, franche de goût, la Clairette accompagne au mieux les coquillages de l'étang de Thau.

CLAIRETTE DU LANGUEDOC-RANCIO. — Les vins de cette appellation titrent au moins quatorze degrés et sont nettement madérisés.

CLAIRETTE DE BELLEGARDE. — (Vins blancs.) Ce petit vignoble, situé à une dizaine de kilomètres au sud-est de Nîmes, produit des vins plus légers que les précédents (degré minimal : 11,5°), secs, fermes et nerveux, tout à fait aptes à accompagner la fameuse brandade de Nîmes, Faugères, Saint-Chinian.

FITOU. — L'appellation Fitou couvre les meilleures communes des Corbières : Fitou, Cascatel, Caves de Treilles, La Palme, Leucate, Paziols, Treilles, Tuchan, Villeneuve-des-Corbières.

Vin rouge corsé, titrant au moins douze degrés, le vin

Fitou a été très amélioré par les coopératives. Riche, solide, enveloppé, avec un peu de « mâche » dans sa jeunesse, il prend en vieillissant de la finesse et du bouquet. Il ne peut être vendu avant deux ans de vieillissement, mais certaines coopératives le conservent en tonneaux pendant six ans et plus.

VIN DE BLANQUETTE. — (Élaborée par la méthode champenoise.) Ce vin mousseux, spiritueux, agréable, de saveur douce et assez caractérisée est préparé à partir du Mauzac roux ou Blanquette, ainsi appelé à cause du duvet blanchâtre de la surface inférieure des feuilles. A ne pas laisser vieillir.

LIMOUX. — (Vin blanc sec et non mousseux.) *Vins de Blanquette*. Ces vins perdent le droit à leur appellation s'ils sont expédiés en vins non mousseux en dehors de la zone délimitée de production. Même origine que le précédent, mais préparé par fermentation spontanée en bouteilles sans dégorgement. Une quarantaine de villages autour de Limoux peuvent revendiquer l'appellation.

FAUGÈRES. — (Rouge.) L'aire de production s'étend sur six communes de la région de Faugères (Hérault) et fournit environ 40 000 hl. Ce vin rouge est d'une belle robe, chaleureux, solide, corsé.

SAINT-CHINIAN. — (Rouge.) La récente création de cette appellation d'origine est le signe d'un retour en force des Romains. Ils plaçaient les vins de Béziers au premier rang des crus de l'Empire. Nous avons mis près de mille ans pour nous apercevoir qu'ils n'étaient pas si fous ! L'aire de production couvre une quinzaine de communes situées entre Béziers et la Montagne Noire. La production atteint quelque 80 000 hl. Ce vin rouge est bien équilibré, bouqueté, d'un rubis profond.

CARTHAGÈNE. — Il s'agit d'une dénomination qui peut intriguer quelques lecteurs. Le Carthagène est un vin de liqueur sans appellation préparé dans la plupart des familles languedociennes et qu'on ne rencontre guère dans le commerce (sa classification officielle est celle de V.D.L. ou d'« apéritif à base de vin »).

VIN DE CHÈVRE. — Ce vin, pure curiosité, est produit par quelques vignerons de la région de Narbonne et de Gruissan. Il s'agit d'un vin blanc sans appellation qui, avant la fin de la fermentation, est enfermé dans de solides tonneaux de bière. On le consomme au cours de l'hiver ou au printemps. Mousseux, blanchâtre, et écumeux, il ressemble à du lait de chèvre, d'où son nom.

Caves en Languedoc. Foudres en bois.

LES VINS DU ROUSSILLON

Longtemps les appellations contrôlées du Roussillon (département des Pyrénées-Orientales) ont été réservées aux vins doux naturels et aux vins de liqueur : Banyuls, Banyuls Rancio, Banyuls Rancio grand cru, Grand Roussillon, Grand Roussillon Rancio, Maury, Maury Rancio, Muscat de Rivesaltes, Rivesaltes, Rivesaltes Rancio.

Le degré minimal de ces vins est de 15°. Le Grenache, cépage utilisé, produit des vins liquoreux rouges, d'abord très colorés, mais dont la robe se fane en vieillissant. Ils deviennent alors moelleux, fruités, avec un goût de Rancio et donnent une sensation de légèreté surprenant étant donné leur degré d'alcool. Ce cépage est surtout lié aux appellations suivantes :

BANYULS. — Fin et bouqueté. (Dégustation obligatoire au bout de six mois pour l'obtention de l'appellation d'origine.) L'aire d'appellation est située autour de la commune de Banyuls, la production se situant aux environ de 50 000 hl.

BANYULS RANCIO GRAND CRU. — (Tend de plus en plus à supplanter l'appellation Banyuls Rancio.) Vin plus corsé que le précédent et soumis à une réglementation sévère : degré minimal 18°, vinifié obligatoirement en macération ; vieillissement de trente mois sous bois avant obtention de l'appellation d'origine après dégustation obligatoire, seule appellation V.D.N. comportant des vins « brut, sec ou dry », c'est-à-dire moins de 50 g de sucre par litre. La production s'en trouve réduite à une dizaine de milliers d'hectolitres.

GRAND ROUSSILLON et ROUSSILLON RANCIO. — La production

est actuellement insignifiante, mais le vent peut tourner...

Maury. — (Rouge.) Ce vin est, au contraire, en pleine prospérité. Ce n'est que justice ; fruité, riche, il vieillit bien. En revanche, l'appellation Maury Rancio se trouve reléguée aux oubliettes.

Rivesaltes, Rivesaltes Rancio, Muscat de Rivesaltes. — Nous entrons dans le domaine des vins de liqueur blancs produits à partir du Maccabeo, du Malvoise et du Muscat. Sur le territoire de la commune de Salces, le vin produit un vin que l'on compare au Tokay. A Rivesaltes, le vin produit à partir du Grenache porte parfois le nom de *Roussillon-Doux-Noirs*.

Très liquoreux et presque sirupeux la première année, le Muscat de Rivesaltes se fait dès la seconde. Il devient alors limpide, fin, avec un bouquet musqué très caractéristique. L'âge l'adoucit encore jusqu'à lui faire atteindre, au bout d'une dizaine d'années, une perfection assez surprenante mais parfois fugace.

La production est très importante : environ 100 000 hl en vins rouges et 400 000 hl en vins blancs.

Le classement des vins de table du Roussillon en appellations d'origine a été l'un des événements de ces dernières années : Collioure, Côtes-du-Roussillon, Côtes-du-Roussillon-Villages, Côtes-du-Roussillon-Villages-Caramany, Côtes-du-Roussillon-Villages-La-Tour-de-France.

Collioure. — (Rouge.) Vins puissants et généreux qui se modèrent et s'arrondissent en vieillissant. Production réduite, environ 3 000 hl.

Côtes-du-Roussillon. — (Rouge et blanc.) L'aire d'appellation couvre une large partie du département. Les vins y sont corsés, fruités, pleins. La production dépasse les 200 000 hl en vins rouges et atteint à peine 20 000 hl en vins blancs.

Côtes-du-Roussillon-Villages, Côtes-du-Roussillon-Villages-Caramany, Côtes-du-Roussillon-Villages-La-Tour-de-France. — (Rouge.) Ces appellations recouvrent des vins d'un degré

alcoolique plus élevé que l'appellation simple et méritent
le vieillissement. Avec l'âge, ils acquièrent de la rondeur,
de la finesse, et une sorte de fumet qui fait leur originalité. Caramany et La-Tour-de-France qui ont été distingués parmi de nombreux terroirs sont des crus d'avenir.

LES VINS DU JURANÇON, BÉARN, IROULÉGUY, DES SABLES

Le Jurançon est célèbre pour avoir joué dans le baptême du roi Henri IV un rôle plus important que l'eau. Un tel vin ne pouvait être produit par les procédés ordinaires. Les cépages d'abord : le Courbu, le gros Manseng, le petit Manseng qu'on ne trouve que dans le Béarn et qu'on cultivait autrefois en « hautains », c'est-à-dire avec des souches de deux mètres de haut, aujourd'hui ramenées à un mètre cinquante. La plupart se souviennent encore du « bon temps », car les ceps de cent cinquante et deux cents ans ne sont pas rares dans le vignoble.

Les vendanges rappellent celles du Sauternais : on vendange parfois encore au mois de décembre, par tries successives et, à défaut de « pourriture noble » (celle qui développe dans le vin la glycérine naturelle, cet élément de souplesse et de valeur), on atteint au moins le stade du « passerillage ». On arrive ainsi à des moûts qui pèsent jusqu'à vingt degrés dans les grandes années.

Le Jurançon atteint parfois quatorze degrés d'alcool et deux ou trois de liqueur, mais ce qui le caractérise c'est une acidité fixe élevée de six à huit grammes par litre qui se maintient même après un long vieillissement et donne à ce vin moelleux une nervosité aussi surprenante qu'agréable.

Vin ferme, séveux, franc de goût, il a aussi une saveur et un bouquet qui ont désespéré les experts qui ont tenté de les définir. Certains sont arrivés à un mélange de cannelle, de muscade et de girofle. Il n'y aura que les cuisiniers pour s'y reconnaître.

Les deux Jurançons. — Le seul Jurançon d'appellation contrôlée est blanc, mais il existe en sec et moelleux. Les secs sont frais, fruités et il est conseillé de les boire dans l'année, mais ils savent aussi vieillir. Les moelleux développent la plénitude de leur bouquet après deux ou trois ans. Certaines bouteilles de vingt ans ont donné des résultats exceptionnels.

Du bon usage du Jurançon

Le Jurançon doit être servi frais mais non frappé.

Trop corsé pour accompagner des plats hors-d'œuvre, le Jurançon peut être servi avec les poissons, les viandes, le foie gras, les morilles, ceci même pour le Jurançon moelleux à qui son acidité permet de réussir cet exploit unique parmi les vins doux.

Appréciation. — *« Je fis, adolescente, la rencontre d'un prince enflammé, impérieux, traître comme tous les grands séducteurs : le Jurançon. »*   (COLETTE.)

ROUTES DU VIN

Deux itinéraires :

Pau-Lacq. Arrêt chez M. Barrère, viticulteur à Lahourcade et visite de ses chais. Monein, centre du vignoble de Jurançon.

Pau, coteaux du Jurançon, Chapelle-de-Rousse, Gan. Dégustation à la cave coopérative de Gan-Jurançon, à huit kilomètres de Pau.

SOCIÉTÉ VINEUSE

Viguerie royale du Jurançon, Chapelle-de-Rousse, Jurançon.

BÉARN. — (Rouge, blanc.) L'aire de production couvrant environ 2 000 ha s'étend sur trois départements : Pyrénées-Atlantiques, Hautes-Pyrénées et Gers et concerne une cinquantaine de communes. La production atteint 12 000 hl.

Ces vins fins, agréables, bouquetés, légers en alcool sont faciles à boire dès leur plus jeune âge. Les blancs sont secs ; les rosés frais et fruités sont les plus répandus.

IROULÉGUY. — (Rouge.) Trois communes des Pyrénées-Atlantiques produisent 3 000 hl de ce vin (Irouléguy, Arhaux, Saint-Étienne de Baïgorry) fin, délicat, fruité, original qui doit être bu jeune.

VIN DES SABLES. — Sans appellation, ce vin est curieux. Velouté, avec un fumet de gibier dans son grand âge. Produit par quelques amateurs de Capbreton, Léon, Messanges, Soustons, Vieux-Boucau-les-Bains, il est sans doute le vin le plus rare de France.

LES VINS DE MADIRAN
ET PACHERENC DU VIC-BILH

Ces deux vins, le premier rouge, le second blanc, sont produits sur un même territoire, Le Vic-Bilh ou Vic-Biehl, que l'on doit traduire par Vic-Vieux. Il s'agirait du plus ancien groupement politique du Béarn qui remonterait jusqu'à l'époque gallo-romaine.

La réputation de son vignoble est, elle aussi, fort ancienne. En 1622, l'intendant général de Marca signalait dans son *Histoire du Béarn* : « Le Parsan du Vic-Bilh, qui confine avec le Bas-Armagnac, produit de fort bons vins et puissants, dont se fournissent les vallées. » Cette renommée n'avait fait que croître puisque deux siècles plus tard, en 1816, Julien la relevait dans son *Traité des vignobles de France* : « Les communes du Portet, Conchez, Monpezat, Lasserre, etc., produisent des vins dits de Vic-Bilh, très recherchés en Flandre et en Belgique. Ils sont doux sans être pâteux, ont plus de corps, de spiritueux, de moelle et de sève que ceux de Jurançon. Mis en bouteilles après quatre ans de garde en tonneaux, ils deviennent excellents et sont souvent préférés aux Jurançons. » Enfin, en 1898, M. de Mondenard, Toulousain lyrique, mais fin dégustateur, les proclamait « grecs, classiques, dignes des dieux ».

Cette gloire pourtant ne fait plus beaucoup de bruit aux oreilles de nos contemporains. On en donne une explication curieuse : le pays fut longtemps habité par de riches bourgeois et gentilshommes un peu démunis (d'Artagnan n'y possédait-il pas le château d'Arricau ?), plus soucieux de se couler du bon temps (ils avaient même une ville pour les quartiers d'hiver : Lembeye !) que de répandre leur vin aux quatre coins du monde.

Ces deux appellations contrôlées sont nos derniers cadets de Gascogne.

L'aire délimitée comprend une trentaine de communes au nord et au nord-est de Pau, entre l'Adour et le gave de Pau, dans les départements des Pyrénées-Atlantiques, des Hautes-Pyrénées et du Gers.

Le Madiran. — Vin rouge, le Madiran est produit par un cépage régional, le Tannat, auquel on ajoute un peu de Cabernet Sauvignon. Très coloré, d'une forte « mâche » dans sa jeunesse, complet, puissant et robuste, le Madiran s'adoucit avec l'âge, devient bouqueté, séveux vers la cinquième année, ou la dixième. Certaines bouteilles atteignent le demi-siècle.

Excellent vin de rôti ou de gibier.

Le Pacherenc de Vic-Bilh. — Plus encore que celui des verres, on croit entendre, dans ce nom magnifique, le tintement des rapières. Comment Alexandre Dumas a-t-il pu oublier d'en faire boire à d'Artagnan ?

Le nom de Pacherenc provient du principal cépage employé, le Ruffiac, dit aussi « peau de chien » ou Pacherenc (raisin d'échalas). On y appelle le courbu du Jurançonnais « petit sarrat » (petit serré) ou Cougnet, ou Caussit, la Malvoisie, le Chaloussenc et un hybride de Folle et de Sauvignon s'appelle le Barroque. Sémillon et Sauvignon complètent la panoplie.

Vin blanc moelleux ou sec selon les années et la vinification, d'une richesse alcoolique élevée, douze à quatorze degrés d'alcool plus un à trois degrés de liqueur, le Pacherenc rappelle le Jurançon en plus souple. Beaucoup plus vite prêt à la consommation que le Madiran, c'est un vin frais, bouqueté, fruité.

Accompagne le poisson, le foie gras, les viandes blanches, les fromages.

PRODUCTION ET CONTRÔLE

Peu de vins sont aussi sévèrement contrôlés. Ils sont soumis à deux conditions particulières : 1° ils ne peuvent être livrés à la consommation qu'après un délai de

conservation en fûts fixé au minimum à trente-trois mois
pour le Madiran et à neuf mois pour le Pacherenc ; 2° ils
ne peuvent être mis en circulation sans un certificat de
qualité accordé après dégustation et, s'il y a lieu, analyse
par une commission de dégustation désignée par l'Institut national des appellations d'origine.

La production de Madiran est d'environ 40 000 hl. Elle
est de 1 500 hl pour le Pacherenc.

PRINCIPAUX CENTRES

Madiran et Sainte-Lanne dans les Hautes-Pyrénées.
Portet, Diusse, Aubous, Conchez-de-Béarn, Vialer,
Crouseilles, Lasserre et Lembeye dans les Pyrénées-Atlan-
tiques.
Cannet et Maumusson dans le Gers.

Vin pourri. — Curiosité sans appellation. Il s'agit d'un
vin blanc liquoreux, spiritueux, vinifié selon les procédés
en usage en Sauternais avec des raisins très mûrs. Produits par deux communes du Lot-et-Garonne : Clairac et
Buzet-sur-Baïse.

LES VINS DU HAUT-LANGUEDOC

Nous groupons sous cette appellation inédite un ensemble de vins produits dans le triangle formé par deux fleuves, l'Aude et la Garonne et la bordure sud du Massif central. Région de passage très fréquentée de tous temps, elle l'a été particulièrement par les Romains qui y développèrent la culture de la vigne. Les vins de cette région figurent donc au nombre des plus anciens de France.

CAHORS. — (Rouge.) L'aire de production s'étend sur une trentaine de communes du département du Lot et fournit environ 150 000 hl. La célébrité de ce vin est ancienne et particulièrement flatteuse puisque François Ier vint s'y fournir en cépages et... en vignerons pour planter sa vigne à Fontainebleau. Un poète de ce temps, Clément Marot, l'appréciait fort.

D'une belle robe foncée, fruité, corsé, le vin de Cahors tire son originalité d'une certaine astringence. Les amateurs ne sont pas toujours d'accord sur la meilleure période pour leur consommation. Certains, dont nous sommes, les consomment volontiers assez jeunes, mais le « vieux-cahors » a ses partisans qui n'ont pas le goût mauvais.

GAILLAC, GAILLAC-PREMIÈRES-CÔTES, GAILLAC DOUX, GAILLAC MOUSSEUX. — L'aire de production s'étend sur une cinquantaine de communes du département du Tarn pour une production d'environ 40 000 hl en vin blanc et 30 000 hl en vin rouge.

Les vins de Gaillac sont généreux, étoffés, d'une très belle robe, agréables à déguster en primeur. Plus corsé que le Gaillac, le Gaillac-Premières-Côtes a plus de tenue. Depuis quelques années, la vinification en sec est réalisée avec bonheur.

CÔTES-DU-FRONTONNAIS. — (Rouge.) L'aire de production qui couvre environ 400 ha s'étend sur les départements de la Haute-Garonne et du Tarn-et-Garonne. Les deux centres en sont Fronton et Villaudric. La production avoisine 80 000 hl.

Les vins d'appellation Fronton sont surtout consommés en rosé, frais et souples. L'appellation Villaudric s'applique surtout à des vins rouges d'une belle robe, bouquetés et parfois assez puissants pour qu'il soit souhaitable de les laisser vieillir.

CÔTES-DE-BUZET. — (Rouge et blanc.) L'aire de production comprend le territoire de Buzet et sept communes voisines et fournit environ 60 000 hl. Vins rouges souples, d'un joli bouquet bien caractérisé, robe d'un rubis très clair. Vins blancs nerveux, distingués, bouquetés.

CÔTES-DE-DURAS. — (Rouge et blanc.) L'aire de production comprend une quinzaine de communes des départements de la Gironde et du Lot-et-Garonne, réparties autour de la commune de Duras. La production se situe autour de 30 000 hl dont un tiers en blanc. Vins légers, frais, souples, parfois légèrement moelleux.

Bordelais

LES VINS DE BORDEAUX

Le Bourgogne, c'est *lui* ; le Bordeaux, c'est *elle*, disait Charles Monselet. J'ajouterai que le Bordeaux, c'est aussi, souvent, *elle et lui*. Féminin par sa pudeur, sa réserve, sa suavité, ce grand vin est masculin par son corps, sa charpente et son étonnante santé. Tous les grands crus, pourtant si divers, peuvent s'honorer de bouteilles centenaires. « Vin de mouchoir », mais qui ne convient pas moins à celui des mousquetaires qu'à celui des belles.

Viril ou tendre, le vin de Bordeaux se prétend toujours naturel. Il ne faudrait pas le croire « simple » pour autant. Il est difficile de comparer les différentes maniè-res de faire le vin dans nos trois grandes provinces vini-coles sans se laisser soulever par l'admiration. Par trois fois, pour arriver à un même résultat — un grand vin —, en partant des mêmes éléments — des raisins —, le génie des vignerons s'est manifesté d'une façon si diffé-rente qu'on pourrait presque prétendre que l'expérience des uns ne pouvait qu'être nuisible aux autres. Ce n'est qu'au second examen qu'une pensée commune apparaît dans cette trinité non moins indissoluble que l'autre.

Résumons : un vin de Bourgogne est produit par un seul plant et sa qualité est fonction de son « climat », c'est-à-dire de la parcelle de terre délimitée au décimètre carré près depuis des siècles. Un vin de Champagne est obtenu à partir d'un ou deux cépages mais répartis sur plusieurs parcelles de nature différente et ses secrets de préparation relèvent de l'alchimie. Un grand vin de Bor-deaux est souvent récolté sur une grande propriété et il est obtenu à partir de plusieurs cépages, vinifiés selon les méthodes les plus naturelles. (Notons cependant qu'il existe beaucoup de micro-exploitations qui fournissent une matière première aux caves coopératives et aux cuvées de négociants.) Le Bourgogne sucerait donc son originalité dans la terre, le Champagne la cueillerait à droite et à gauche, le Bordeaux affirmerait la sienne au fond de sa cave.

Vrai et pas vrai tout à la fois... Il n'est pas nécessaire de chercher beaucoup pour trouver des points communs entre les trois productions. La variété des sols et des expositions n'est pas moins grande en Bordelais qu'en Bourgogne et elle a été analysée avec la même rigueur. On sait que les terres foncées sont plus propices aux vins rouges et les claires aux vins blancs, que les terres graveleuses donnent d'excellents vins, mais qui doivent vieillir, que les terres siliceuses et calcaires donnent des vins à boire jeunes. Le sous-sol pierreux donne du bouquet ; sablonneux, de la délicatesse. La « crasse de fer » ou l'alios donne la charpente, etc.

Même précision pour les cépages, assez nombreux et très caractérisés. (Environ quarante, dont six sont très utilisés. La Bourgogne en compte moins de vingt et n'en utilise guère que quatre.)

En blancs : le Sémillon, fin et séveux ; le Sauvignon, bouqueté, liquoreux*, riche ; le Muscadelle, très parfumé.

En rouges : le Cabernet Sauvignon, fin, doit vieillir ; le Cabernet franc se fait plus vite ; le Merlot est moelleux, parfumé ; le Bouchet, corsé ; le Malbec, léger, délicat ; le Verdot, ferme, riche en tanin.

Que fait le vigneron bordelais ? Il plante chaque cépage sur le terrain qui lui convient le mieux et récolte le raisin à la période la plus favorable. (Les vendangeurs seront ainsi promenés d'un bout à l'autre de la propriété au lieu de procéder à un ratissage général.) Chacune de ces différentes récoltes est mise dans une cuve à part et le mélange est fait ensuite suivant les décisions du maître de chais. Il s'agit d'un « assemblage » comme en Cham-

---

* Il existe des vinifications en sec pour les Sauvignons bordelais.

pagne, mais entre vins issus d'une même propriété plutôt
que d'un même terrain. Pour prendre le problème par
l'autre bout : imaginons que toute la commune de
Gevrey-Chambertin appartienne au même propriétaire et
qu'il fasse un vin unique, on pourrait avoir l'équivalent
en production d'un grand « château » — environ dix
mille hectolitres — alors que le Château-Margaux en
récolte à lui seul près de deux mille.

Terminons cet exposé technique par une indication
tout à fait particulière aux vins de Bordeaux. Un certain
Paulmier écrivait vers 1560 : « La France ne produit
aucun vin rouge qui ne fut doux, sauf dans le Bordelais
où il s'en trouve des rouges et des noirs accompagnés de
grande douceur. » Les vignerons attribuent cette onctuo-
sité à la présence des grandes forêts de pins et rappellent
que Bacchus est souvent représenté une pomme de pin à
la main, Plutarque lui-même en ayant donné l'explication : « On lui a consacré le pin qui donne au vin une
saveur douce... On dit que dans les lieux où croît le pin,
la vigne produit du vin doux. » On peut aussi se demander si l'écrivain grec ne faisait pas allusion au procédé de
son temps qui consistait à conserver le vin en lui incorporant de la résine et qui est resté en usage en Grèce
depuis ce temps-là.

Les grands vins blancs liquoreux, plus encore que les
rouges, font les flambants avec leur « naturel » et leur
fierté est légitime : treize degrés d'alcool et deux à trois
degrés de sucre, le tout tombé de la droite de Dionysos...
Mais c'est un naturel qui vient de loin. On sait que les
Sauternes sont produits par des raisins atteints de pourriture noble et même « sur-pourris » comme l'indique
M. de Lur-Saluces, propriétaire du Château d'Yquem :
« Il n'y suffit pas que le raisin soit mûr ; on y attend, pour
le cueillir, sa rôtissure ; qu'il soit littéralement « rôti »,
contracté au point d'avoir perdu les neuf dixièmes de son
volume, de n'avoir plus l'aspect que d'un raisin de Corin-
the, emprisonnant un résidu de confiture, sous une peau
terriblement chiffonnée. » Riche idée : pour éviter de
mettre du sucre dans le tonneau, on s'arrange pour que

le soleil le mette dans le raisin. Dans ce cas nous devons réviser notre précédente formule et avancer avec les réserves d'usage que le Bourgogne se fait dans le sol, le Champagne dans la cave et le Bordeaux au soleil.

Ce n'est pas d'aujourd'hui que le soleil luit sur la Gironde et il ne ferait pas bon oublier qu'Ausone (309-393 après J.-C.) a déjà célébré son vin natal, lequel n'était d'ailleurs pas récolté à Saint-Émilion où se trouve le cru de Château-Ausone, mais dans les Graves, près de Loupiac et en Médoc.

En 1152, le mariage d'Aliénor d'Aquitaine avec Henri Plantagenêt, roi d'Angleterre, déclenche à la fois la guerre de Cent Ans et la prospérité du vin de Bordeaux. Les Anglais sont des clients si fanatiques qu'ils arment une « flotte du vin » que Froissart évalue à trois cents navires en 1373. En 1308, elle avait transporté mille barriques pour le seul couronnement d'Édouard II. On m'a même affirmé que les Londoniens devinrent de si farouches partisans des vins de Bordeaux qu'ils allèrent jusqu'à choisir plusieurs lords-maires dans cette ville.

Rappelons l'usage du « cypressat », sorte de « brin d'olivier fiscal » qui dura une quinzaine de siècles, ce qui, en matière administrative, doit constituer une sorte de record. Chaque navire quittant Bordeaux avec un chargement de vin devait se procurer une petite branche du bois de cyprès situé en face du port : il servait de « reçu » pour toutes les taxes qui frappaient le vin. Elles étaient, déjà, fort nombreuses. Le bois fut emporté par la gelée de 1709. Les taxes, mystérieusement, survécurent.

Coup de chapeau de Louis XIV en 1650 : « Nectar des dieux ». A cette bouteille bordelaise un peu lente à se réchauffer, il ne fallait pas moins que le plus grand séducteur de notre histoire. Il arriva, ponctuel, en plein siècle de la séduction. Richelieu... Pas le Cardinal, le Duc. Gouverneur de Guyenne, il s'informa sur place et lança le Bordeaux à la cour de Louis XV. Mme de Pompadour l'introduisit à ses petits soupers. Grâce à Montesquieu, vigneron et « public-relations » de premier ordre, la « tisane à Richelieu » fut bientôt connue de toute l'Eu-

rope gourmande. La création en 1723 à Bordeaux d'une
grande verrerie industrielle allait permettre de dégager
les règles de la mise en bouteilles qui, en 1797, deviendra
systématique au Château-Lafite. La pratique de la « mise
au château », qui semble d'abord avoir été développée
par les négociants qui s'assuraient ainsi de la bonne vinification des produits achetés, se limitera longtemps à
quelques crus et ne se généralisera qu'à partir de 1925.
Elle concerne actuellement quatre pour cent de la production d'appellations contrôlées. Les « quatre grands »
en vins rouges (Lafite, Haut-Brion, Margaux, Latour) la
pratiquent totalement depuis 1949. Jusqu'en 1929, le
Château-Margaux produisait un premier et un deuxième
vin. En 1967, il a été mis en vente pour la première fois
un Château-Margaux non millésimé, assemblage de vins

Les vendanges du Médoc.

d'années différentes. Le vin est à la fois tradition et évolution.

Superficie et production

La superficie du vignoble girondin est d'environ
10 000 ha, sa production atteint près de 5 000 000 hl,
dont un tiers en vin blanc.

Caractères de la propriété
dans le Bordelais

Alors que le morcellement est la règle en Bourgogne,
la grande propriété d'un seul tenant est celle du Bordelais. Le Montrachet, qui couvre sept hectares et demi,
est divisé entre treize propriétaires et sa production
moyenne est de cent soixante hectolitres alors que le
Château-Margaux couvre deux cent trente-cinq hectares,
dont soixante-cinq en vignes, et produit deux mille hectolitres.

De telles conditions ont permis une culture plus ration-
nelle et une excellente protection. Dans beaucoup de
« châteaux », le vin est récolté, élevé et mis en bouteilles
sur place. Venant toujours du même propriétaire, le vin
n'est pas seulement authentique, mais régulier et sûr.

Cette sécurité se limite d'ailleurs au consommateur.
Certaines années, voire même certaines périodes, comme
celle du phylloxéra, un « château » constitue une charge
d'autant plus lourde qu'il est réputé. Il arrive qu'il coûte
plus cher qu'une écurie de courses. Quels que soient les
sacrifices exigés, la qualité est maintenue. Beaucoup de
propriétés n'ont pas changé de main depuis plusieurs
générations, d'autres appartiennent à des Anglais ou à
des Américains. On parle assez souvent de noblesse, à
propos des vins de Bordeaux. Il n'en est pas de plus
authentique.

Le Bordelais compte environ trois mille « châteaux ».
La « haute aristocratie » se limite à trois cents.

Qu'est-ce qu'un « château » ?

La notion de château n'est point spécialement borde-laise et elle s'applique à l'ensemble du territoire, car si les châteaux sont plus abondants en Gironde, on en trouve dans tous les autres vignobles.

Pour mériter le nom de Château, un vin ou une eau-de-vie doit répondre simultanément aux conditions sui-vantes :

— bénéficier d'une appellation d'origine ;

— provenir d'une exploitation viticole ;

— le nom de Château doit être conforme à des usages locaux, loyaux et constants ;

— les vendanges du domaine du Château doivent être nécessairement vinifiées au château même. Des toléran-ces ont été, ces années écoulées, accordées à des coopé-ratives de vinification pour bénéficier de noms de châ-teaux (correspondant aux vendanges réceptionnées) et certains amateurs ne sont pas sans regretter cette mécon-naissance d'une des règles essentielles faisant la valeur du nom de château, bien qu'ils ne contestent pas la qua-lité qu'ont donnée à leurs vins les coopératives.

Lorsque les vins sont mis en bouteilles au château même, ils bénéficient de l'expression qualitative de « mise en bouteilles au château » ou « mise du châ-teau ».

Subtilités de l'étiquette bordelaise

L'étiquetage des vins de Bordeaux paraît surtout sim-ple aux Bordelais. De nombreux grands vins, nés du clas-sement des crus de la Gironde, négligent leur titre offi-ciel (Grand cru, Premier cru, etc.). Nous avons déjà vu que Château-d'Yquem prétend se suffire à lui-même. D'autres, moins grands, n'en font figurer qu'une partie. Ainsi, je n'ai jamais lu sur une étiquette : « Cinquième cru de Pauillac. » En général, l'inscription qui figure à partir du deuxième cru est « Grand cru de Pauillac » ou « Grand cru du Médoc ». Enfin, il est exceptionnel, et assez curieux de constater, que le mot « Bordeaux » figure sur une bouteille de grand vin de la région bordelaise. Pour l'amateur, il n'est guère qu'un moyen de s'y reconnaître : avoir la liste des crus à portée de la main.

D'autre part, l'étiquetage est classique :

— nom de l'appellation d'origine contrôlée (obligatoire),
— nom du château (facultatif),
— indication du classement (facultatif),
— millésime (facultatif),
— mise du ou au château (facultatif),
— nom et adresse (obligatoires).

Classification des vins de Bordeaux

La diversité des vins de Bordeaux est confirmée par le grand nombre d'appellations contrôlées. Aucune cependant ne descend au-dessous de deux mille hectolitres alors qu'il s'en trouve ailleurs de cent hectolitres.

On compte *sept appellations générales :* Bordeaux, Bordeaux clairet, Bordeaux rosé, Bordeaux supérieur, Bordeaux supérieur clairet, Bordeaux supérieur rosé, Bordeaux mousseux.

Et *quarante appellations régionales ou communales.* (Nous éliminons les appellations Néac et Haut-Bénauge abandonnées par les producteurs.)

Vins rouges : Saint-Émilion et six appellations satellites, Saint-Georges-Saint-Émilion, Montagne-Saint-Émilion, Parsac-Saint-Émilion, Lussac-Saint-Émilion, Puisseguin-Saint-Émilion, Sables-Saint-Émilion ;

Côtes-de-Fronsac, Côtes de Canon-Fronsac, Pomerol, Lalande-de-Pomerol ;

Médoc et Haut-Médoc, avec six appellations communales : Saint-Estèphe, Saint-Julien, Listrac, Moulis, Margaux, Pauillac.

Vins blancs : Entre-Deux-Mers, Côtes-de-Bordeaux-Saint-Macaire, Côtes-de-Blaye, Cérons, Loupiac, Sainte-Croix-

du-Mont, Sauternes, Barsac, Graves supérieures, Premières-Côtes-de-Bordeaux-Cadillac, Premières-Côtes-de-Bordeaux suivie du nom de la commune d'origine.

VINS BLANCS ET ROUGES : Blaye ou Blayais, Premières-Côtes-
de-Blaye, Bourg ou Côtes-de-Bourg ou Bourgeais, Sainte-
Foy-Bordeaux, Graves-de-Vayres, Premières-Côtes-de-
Bordeaux, Graves blanc et rouge, Bordeaux-Côtes-de-
Castillon, Bordeaux-Côtes-de-Francs.

Classification et caractères
région par région

La classification officielle des vins de Saint-Émilion,
celle qu'en principe on devrait retrouver sur l'étiquette,
est la suivante :
Saint-Émilion premier grand cru classé (A et B).
Saint-Émilion grand cru classé.
Saint-Émilion grand cru.
Saint-Émilion.
Elle est sujette à révision tous les dix ans et ne dispense
pas d'une dégustation annuelle.
Nos listes de châteaux tiennent compte à la fois de la
classification officielle et de la réputation locale.

SAINT-ÉMILION. — Premiers grands crus classés.
« Châteaux A » : Ausone, Cheval-Blanc.
« Châteaux B » : Beauséjour, Belair, Canon, Clos-
Fourtet, Figeac, La Gaffelière, Magdelaine, Pavie, Trotte-
vieille.
Grands crus classés « Châteaux » : L'Angélus, L'Arro-
sée, Balestard-las-Tonnelle, Bellevue, Bergat, Cadet-
Bon, Canon-la-Gaffelière, Cap-de-Mourlin, Chapelle-Made-
leine, Chauvin, Corbin, Corbin-Michotte, Coutet, Croque-
Michotte, Cure-Bon, Fonplegade, Fonroque, Franc-
Mayne, Grand-Barrail-Lamarzelle, Grand-Corbin-Despa-
gne, Grand-Corbin-Pècres, Grand-Mayne, Grand-Pontet,
Grandes-Murailles, Guadet, Saint-Julien, Jean-Faure,
Clos-des-Jacobins, La Carte, La Ciotte, La Cluzière, La
Couspaude, La Dominique, Clos-la-Madeleine, Larcis-

Ducasse, Lamarzelle, Larmande, Laroze, Lasserre, La Tour-du-Pin-Figeac, Le Châtelet, Le Couvent, Le Prieuré, Mauvezin, Moulin-du-Cadet, Pavie-Decesse, Pavie-Macquin, Pavillon-Cadet, Petit-Faurie-de-Souchard, Petit-Faurie-de-Soutard, Ripeau, Sansonnet, Saint-Georges-Côte-Pavie, Clos-Saint-Martin, Soutard, Tertre-Daugay, Trimoulet, Trois-Moulins, Trolong-Mondo, Villemaurine, Yon-Figeac.

Parmi les grands crus : Capet-Guillier, de Ferrand, Haut-Sarpe, Lassègue, Monbousquet.

Caractères : le vin de Saint-Émilion a, dès les premières années, une couleur riche et foncée, brillante et veloutée. Vineux, généreux, il possède à la fois beaucoup de corps et de bouquet et, au moins dans les premières

Vendanges à Saint-Émilion.

années, une très fine pointe d'amertume qui s'épanouit ensuite en un délicat arôme tertiaire.

Appréciation : « *C'est un robuste vieillard que l'âge fortifie au lieu de l'affaiblir.* » (CLAUDE BONVIN.)

Caractères des communes voisines :
Saint-Georges-Saint-Émilion : solide, corsé, bouqueté.
Montagne-Saint-Émilion : assez souple, fin, il peut se boire jeune.
Lussac-Saint-Émilion : vineux, ferme.
Puisseguin-Saint-Émilion ainsi que Parsac-Saint-Émilion : nerveux, bien charpenté.
Sables-Saint-Émilion : brillant, souple, peut se boire jeune.
Les grands vins de Saint-Émilion doivent avoir de quatre à six ans de bouteille. Ils sont remarquables entre dix et vingt ans.

POMEROL, LALANDE-DE-POMEROL, NÉAC. — (Il s'agit de trois appellations distinctes.) Il n'existe pas de classification officielle pour les vins de Pomerol, mais on peut se fier à celle qui a été établie par l'usage.
Cru exceptionnel : Château-Petrus.
Quelques « Châteaux » principaux : Beauregard, Bourgneuf, Certain-de-May, Certan-Giraud, Clinet, Clos-du-Clocher, Domaine-de-l'Église, L'Église-Clinet, Clos-l'Église, L'Enclos, L'Évangile, Feytit-Clinet, Gazin, Gombaud-Guillot, Grate-Cap, Guillot, La Cabane, Le Caillou, La Commanderie, La Conseillante, La Croix, La Croix-de-Gay, La Croix-Saint-Georges, Lafleur, Lafleur-Petrus, Lagrange, La Grave-Trigant-de-Boisset, La Pointe, Latour-Pomerol, La Violette, Le Gay, Mazeyres, Clos-Mazeyres, Moulinet, Nenin, Petit-Village, Plince, Clos-René-de-Salles, Taillefer, Trotanoy, Vieux-Château-Certan, Vraie-Croix-de-Gay.
Caractères : région vinicole assez petite, la propriété y est assez morcelée entre de petits propriétaires, mais d'une grande réputation. Les vins y sont d'une belle couleur brillante, gras, charnus, séveux, souples, nuancés.

Relativement longs à se faire (comme les Saint-Émilions), ils se conservent très longtemps. Ils font la transition entre les Saint-Émilions et les Médocs. Ce sont aussi les Bordeaux qu'il serait le plus facile de faire passer pour des Bourgognes.

Produits par la « crasse de fer » qui leur donne leur parfum de truffe, leurs principes ferrugineux les font utiliser comme « vins médecins ».

Les vins de Lalande de Pomerol ont peut-être plus de corps et un peu moins de sève que ceux de Pomerol ; ceux de Néac leur ressemblent parfois à s'y méprendre.

CÔTES-CANON-FRONSAC, CÔTES-DE-FRONSAC. — (Il s'agit de deux appellations distinctes.) Pas de classement officiel. Principaux « Châteaux » : Canon, du-Gaby, Comte, Barrabaque, Canon-Horeau, Pavillon-Haut-Gros-Bonnet, Junayme, Larivaud, Canon-Langue, Canon-de-Brem, Toumalin, Mazeris, Cousrolle, Pay-Labrie, Rouet.

Comme tous les cadets de sa maison, le duc de Richelieu portait le nom de duc de Fronsac. C'est à Fronsac qu'il se fit bâtir une folie et donna des fêtes qui lancèrent le vin, devenu, dès 1746, aussi cher que les plus célèbres crus voisins.

Caractères : vins généreux, fermes, corsés, avec parfois une saveur légèrement épicée, ils gagnent à vieillir et prennent après cinq ou six ans une couleur topaze caractéristique. Les plus réputés sont ceux de Canon-Fronsac, parfois comparés à des grands Médocs.

MÉDOC. — On distingue deux appellations génériques : *Haut-Médoc*, pour la région située du côté de Bordeaux (elle renferme tous les plus grands crus) ; *Médoc*, pour la région située plus près de l'Océan.

Appellations locales :

PAUILLAC : trois premiers crus, Château-Lafite Rothschild, Château-Latour, Mouton-Rothschild, deux deuxièmes crus, Pichon-Longueville (baron), Pichon-Longueville (comtesse Lalande) ; un quatrième cru et onze cinquièmes crus.

MARGAUX : un premier cru, Château-Margaux ; cinq deuxièmes crus, Rausan-Ségala, Rauzan-Gassies, Durfort-Vivens, Château-Lascombes, Brane-Cantenac ; neuf troisièmes crûs ; trois quatrièmes crus.

SAINT-JULIEN : cinq deuxièmes crus, Léoville-Las-Cases, Léoville-Poyferré, Léoville-Barton, Gruaud-Larose, Ducru-Beaucaillou ; deux troisièmes crus et cinq quatrièmes crus.

SAINT-ESTÈPHE : deux deuxièmes crus, Clos-d'Estournel, Montrose ; un troisième, un quatrième et un cinquième crus.

MOULIS, LISTRAC : crus bourgeois, etc.

Blanquefort, Macau, Ludon, Lamarque, Saint-Laurent, Cussac, sont des communes qui ne bénéficient que de l'appellation « Haut-Médoc », mais réputés pour leur qualité.

Le Médoc est une bande de terre qui longe la Gironde, large de cinq à dix kilomètres et longue d'environ soixante-dix. Un vieux dicton y prétend que, pour que le vin soit bon, il faut que la vigne soit plantée dans les cailloux et qu'elle voie la rivière. La réglementation y est très stricte. Elle compte le nombre de ceps par parcelle et va presque jusqu'à exiger leur grand âge, car les plus vieux plants y donnent les meilleurs vins, de trente à cent ans.

La réputation des vins du Médoc est faite depuis longtemps et ne se limite pas aux crus célèbres. Aux très nombreux crus bourgeois, artisans, paysans, s'ajoutent maintenant les coopératives qui assurent une vinification remarquable.

Caractères : délicats, brillants, séveux, bouquetés, fins, discrets, tels sont les vins du Médoc qui réussissent le miracle d'être généreux et solides en même temps que légers, car leur teneur en alcool ne dépasse que rarement douze degrés. Néanmoins, leur équilibre est tel que l'on a vu de nombreuses bouteilles dépasser le cap des cent ans.

Il y a entre tous ces vins des nuances qui font la joie

des connaisseurs : les Pauillacs sont corsés, fins et très bouquetés, les Margaux sont d'une finesse exceptionnelle et d'une grande race, les Saint-Juliens sont vineux, corsés, et d'un développement assez rapide, les Saint-Estèphes sont très vineux, fermes et d'une belle robe rubis.

Les vins d'appellation « Médoc » peuvent être servis jeunes. Les « Haut-Médocs » gagnent à attendre cinq ans et plus. Beaucoup sont parfaits aux environs de la quarantaine, surtout les Saint-Estèphes.

Enfin la légèreté et la richesse en fer du vin du Médoc en font l'ami des constitutions délicates. Le Médoc est la région de France qui compte le plus de centenaires : hommes, femmes et bouteilles.

Nous estimons ne pas pouvoir nous dispenser de donner, au moins à titre documentaire (mais il est juste sur bien des points) le célèbre

Classement de 1855

Noms des crus	*Communes*
1ers crus	

Noms des crus	Communes
Château-Lafite-Rothschild	Pauillac
Château-Margaux	Margaux
Château-Latour	Pauillac
Château-Mouton-Rothschild	Pauillac [1]

2es crus

Noms des crus	Communes
Château-Brane-Cantenac	Cantenac
Château-Clos-d'Estournel	Saint-Estèphe
Château Montrose	Saint-Estèphe
Château-Ducru-Beaucaillou	Saint-Julien
Château-Gruaud-Larose-Sarget	Saint-Julien
Château-Léoville-Las-Cases	Saint-Julien
Château-Léoville-Poyféré	Saint-Julien
Château-Léoville-Barton	Saint-Julien
Château-Durfort-Vivens	Margaux
Château-Lascombes	Margaux

1. A l'origine Mouton-Rothschild ne figurait pas sur la liste.

Château-Rauzan-Ségala	Margaux
Château-Rauzan-Gassies	Margaux
Château-Pichon-Longueville	Pauillac
Château-Pichon-Longueville-Lalande	Pauillac

3es crus

Château-Kirwan	Cantenac
Château-Calon-Ségur	Saint-Estèphe
Château-Cantenac-Brown	Cantenac
Château-Boyd-Cantenac	Cantenac
Château-d'Issan	Cantenac
Château-Palmer	Cantenac
Château-Desmirail	Margaux
Château-Ferrière	Margaux
Château-Malescot-Saint-Exupéry	Margaux
Château-Marquis-d'Alesme-Becker	Margaux
Château-La-Lagune	Ludon
Château-Giscours	Labarde
Château-Lagrange	Saint-Julien
Château-Langoa	Saint-Julien

4es crus

Château-Beychevelle	Saint-Julien
Château-Branaire-Ducru	Saint-Julien
Château-Saint-Pierre	Saint-Julien
Château-Talbot	Saint-Julien
Château-Duhart-Milon	Pauillac
Château-La-Tour-Carnet	Saint-Laurent
Château-Prieuré-Lichine	Cantenac
Château-Pouget	Cantenac
Château-Marquis-de-Terme	Margaux
Château-Rochet	Saint-Estèphe

5es crus

Château-Pontet-Canet	Pauillac
Château-Batailley	Pauillac
Château-Haut-Batailley	Pauillac
Château-Croizet-Bages	Pauillac
Château-Grand-Puy-Ducasse	Pauillac

Château-Grand-Puy-Lacoste	Pauillac
Château-Haut-Bages-Liberal	Pauillac
Château-Lynch-Bages	Pauillac
Château-Lynch-Moussas	Pauillac
Château-Dauzac	Labarde
Château-Mouton-Baron-Philippe	Pauillac
Château-Pedesclaux	Pauillac
Château-Clerc-Milon	Pauillac
Château-Belgrave	Saint-Laurent
Château-Camensac	Saint-Laurent
Château-Cantemerle	Macau
Château-Clos-Labory	Saint-Estèphe
Château-du-Tertre	Saint-Estèphe

GRAVES

Appellations génériques, pour les vins rouges et blancs : Graves ; pour les vins blancs : Graves supérieurs.

Appellations locales : un premier grand cru, Haut-Brion (rouge) ; quatorze « grands crus de Graves », Bouscaut (rouge et blanc), Carbonnieux (rouge et blanc), Domaine-de-Chevalier (rouge et blanc), Fieuzel (rouge), Couhins (blanc), Haut-Bailly (rouge), La Mission-Haut-Brion (rouge), Laville-Haut-Brion (blanc), Latour-Martillac (rouge et blanc), Pape-Clément (rouge), Smith-Haut-Lafite (rouge).

La région de Graves prolonge le Médoc en remontant la Garonne. C'est sur ce sol ingrat, tout de cailloux, de sable et d'argile, que sont apparus les premiers vins de Bordeaux, alors bien nommés puisque au Moyen Age on vendangeait au centre de la ville et aujourd'hui encore dans les faubourgs.

Bien que de superficie réduite, cette région vinicole est sans doute la seule de France à pouvoir présenter une gamme de vins suffisant pour tous les repas et toute la vie. Les rouges sont corsés, nerveux, bouquetés, fins et francs. Ils vieillissent très bien. Les blancs sont en général très corsés, titrant de onze à quatorze degrés, nerveux, bouquetés ; ils sont secs à Martillac, La Brède (chez Montesquieu), Saint-Morillon, demi-secs à Léognan, Porrets, Laudiras, moelleux à Langon.

SAUTERNES, BARSAC, CÉRONS

Il s'agit de trois appellations distinctes, encore que Barsac ait droit au nom de Sauternes.

Premier grand cru : Château-d'Yquem.

Premiers crus : La Tour-Blanche, Lafaurie-Peyraguey, Clos-Haut-Peyraguey, Raine-Vigneau, Suduirant, Coutet, Climens, Guiraud, Rieussec, Rabaud-Promis, Sigalas-Rabaud.

Deuxièmes crus : Myrat, Doisy, Doisy-Daëm, Doisy-Védrines, d'Arches, Filhot, Broustet, Nairac, Caillou, Suau, de Malle, Romer, Lamothe.

Il se produit très peu de vin de Sauternes (environ trente mille hectolitres) sur cinq communes : Sauternes, Barsac, Bommes, Preignac, Farques. Les vins recueillis sur la commune de Barsac peuvent s'appeler indifféremment « Sauternes » ou « Barsac ».

Caractères : les grands Sauternes sont choyés comme des enfants à la mamelle avant de devenir le « lait des gourmets ». Atteignant quinze degrés d'alcool avec parfois cinq ou six de liqueur, ils sont entièrement naturels, la chaptalisation, c'est-à-dire l'addition de sucre aux moûts, est interdite dans le Sud-Ouest. D'une belle couleur jaune paille aux reflets dorés, s'épanouissant dans la bouche en une magnifique « queue de paon », ces vins inimitables ne peuvent se comparer qu'à eux-mêmes.

Les vins à appellation Cérons sont moins élégants, mais fins et séveux.

PREMIÈRES-CÔTES-DE-BORDEAUX, PREMIÈRES-CÔTES-DE-BORDEAUX-CADILLAC, PREMIÈRES-CÔTES-DE-BORDEAUX SUIVIE DU NOM DE LA COMMUNE D'ORIGINE, LOUPIAC, SAINTE-CROIX-DU-MONT, ENTRE-DEUX-MERS. — La première côte de Bordeaux est constituée par la ligne de crêtes qui domine Bordeaux et la Garonne. Vins rouges, le « clairet » de Quinsac, et blancs, ces derniers les plus nombreux. Gras, séveux, secs ou liquoreux.

Château d'Yquem.

PREMIÈRES-CÔTES-DE-BORDEAUX SUIVI DU NOM DE LA COMMUNE D'ORIGINE : Bassens, Carbon blanc, Lormont, Cenon, Floirac, Bonliac, Carignan, La Tresne, Cenac, Camblanes, Quinsac, Cambes, Saint-Caprias-de-Bordeaux, Haux, Tabanac, Baurech, Le Tourne, Langoiran, Capian, Lestiac, Paillet, Villenave, Cardan, Rions, Laroque, Béguet, Omet, Donzac, Cadillac, Monprimblanc, Gabarnac, Semens, Verdelais, Saint-Maixant, Sainte-Eulalie, Saint-Germain-de-Grâces, Yvrac.

Loupiac produit un grand vin liquoreux du même nom, souple, séveux, plein, élégant, très bouqueté.

Sainte-Croix-du-Mont produit des vins liquoreux à saveur douce, comme laiteuse, qui peuvent se comparer aux Sauternes et sont plus faciles à placer dans un repas. Certains sont vinifiés en sec.

L'Entre-Deux-Mers, qui se trouve placé entre deux... fleuves, la Garonne et la Dordogne, produit une grande quantité de vin blanc (environ quatre cent mille hectolitres), sec, corsé, nerveux et très apprécié dans la région d'Arcachon pour accompagner les huîtres. Signalons l'heureuse et sévère réglementation que se sont donnée les vignerons : trois grammes de sucre naturel au maximum par litre et degré alcoolique modéré : onze degrés cinq en acquis. Une région à explorer pour les amateurs, d'autant qu'elle est pittoresque.

SAINTE-FOY-BORDEAUX, GRAVES-DE-VAYRES, CÔTES-DE-BORDEAUX-SAINT-MACAIRE. — Sainte-Foy-la-Grande produit des vins rouges corsés et assez fins et surtout des vins blancs souples et délicats. L'appellation est « Sainte-Foy-Bordeaux ».

Graves-de-Vayres, dans le canton de Libourne, produit des rouges souples et bouquetés et des blancs assez frais.

Les Côtes-de-Bordeaux-Saint-Macaire, entre Langon et La Réole, produisent des vins blancs fins, assez corsés. (Les connaisseurs conseillent les vins point trop riches en degrés.)

BORDEAUX-SUPÉRIEUR-CÔTES-DE-CASTILLON,   BORDEAUX-CÔTES-DE-

Francs. — Ce sont deux enclaves dans l'Entre-Deux-Mers.

Les Bordeaux-Supérieurs-Côtes-de-Castillon sont récoltés sur la commune de Castillon. Blancs assez fins, rouges corsés, séveux.

Les Bordeaux-Côtes-de-Francs récoltés à la limite est du département de la Gironde, au nord du vignoble de Castillon, se distinguent par un goût de terroir qui fait leur originalité.

Blayais et Bourgeais. — Les Premières Côtes-de-Blaye donnent surtout des vins rouges, bien charpentés, souples, bouquetés ; les Côtes-de-Blaye, des vins blancs secs, assez fruités ; la région de *Blaye* ou *Blayais*, surtout des vins blancs, quelques rouges, de qualité variable.

Bourg ou Côtes-de-Bourg ou Bourgeais. — Production assez abondante tant en vins rouges qu'en vins blancs. Les vins blancs, secs ou demi-secs, sont assez corsés. Les rouges sont colorés, corsés et fins. Ils gagnent à vieillir. Certains crus bourgeois se rapprochent de leurs homologues du Médoc. La région du Bourgeais a été appelée la « Suisse girondine » à cause de son pittoresque.

Caractères des appellations régionales

Les appellations générales peuvent s'appliquer à tous les vins produits sur le territoire de la Gironde, à l'exception des régions forestières, à condition que les règlements concernant l'encépagement, la vinification, etc., soient respectés.

Les *Bordeaux rouges* sont des vins de table légers et ne fatiguant pas l'estomac.

Les *Bordeaux supérieurs rouges* sont plus puissants et plus capiteux que les précédents.

Ces deux appellations méritent de retenir l'attention des amateurs surtout dans les bonnes années. Ils vieillissent alors très bien et sont comparables à des crus secondaires, tout en restant à bien meilleur marché.

Les *Bordeaux clairets*, légers et peu colorés, sont les

descendants du fameux « Claret ». Ils proviennent d'une vinification courte et très particulière de raisins rouges vendangés à maturité convenable.

Les *Bordeaux rosés*, moins teintés que les précédents, sont issus de vinification en blanc des cépages rouges traditionnels du Bordelais.

Bordeaux clairets et *Bordeaux rosés* titrent toujours au-dessus de onze degrés. Ils sont donc assez corsés, mais donnent toujours une impression de fraîcheur, de jeunesse.

Les *Bordeaux blancs* sont le plus souvent secs, légers et fruités.

Les *Bordeaux supérieurs blancs* titrent toujours plus de onze degrés et demi. Moelleux ou liquoreux, ils ont quelques caractères du Sauternes, étant produits sur des terroirs voisins et par les mêmes cépages. Secs, ils sont corsés et souples, fruités et leurs bouquets sont d'une grande variété.

En conclusion de ce bref aperçu sur une région qui mériterait tout un volume, nous dirons que le Bordelais n'est pas seulement un terroir à grands crus, mais aussi par excellence une région de « vins de propriétaires ». Le commerce y est important, traditionnel et très probe.

Du bon usage des vins de Bordeaux

Pour nous autres, Bourguignons, le vin de Bordeaux, c'est « l'autre »... Alors, comment en parler ? Et comment n'en rien dire ?

Je ne le cacherai pas : de tous les vins de France, le Bordeaux est le seul à nous étonner. Ses producteurs et ses négociants ne cessent de célébrer son naturel, alors que nous le trouvons surtout mystérieux. Seul un profane peut constater sans étonnement qu'un « petit vin de onze degrés » puisse passer le cap des cent ans avec la même facilité qu'un prophète de la Bible. Et les centenaires, on les rencontre partout : rouges dans le Médoc et à Saint-Émilion, blancs dans les Graves et le Sauternais, voire dans des régions beaucoup moins célèbres. On insinue qu'il reste dans quelques caves des bouteilles de la Comète... celle de 1811.

Pour les Bordelais, tous leurs vins présentent des différences considérables et ils ont raison. Pour nous, ils ont tous un air de famille et, disons-le, de « famille bien ». Châtelain ou paysan, artisan ou bourgeois, un vin de Bordeaux est distingué. Même le dernier dans son village s'exprime dans un joli français et, sachant se tenir à sa place, ne la laisse occuper par personne. Quant aux grands seigneurs, c'est bien connu, ils cèdent leur vin contre de l'argent mais ne le vendent pas.

De certains vins de Bourgogne, friands, tendres et vifs, on dit qu'ils « ont de l'amour ». Du vin de Bordeaux, robuste sous son aspect délicat, son esprit retenu au bord du verre, l'air toujours entre deux airs, et toujours juste, je me risquerai bien à affirmer qu'il a de l'humour. C'est un vin anglais, mais à la manière de Guillaume le Conquérant : il a fait l'Angleterre. D'ailleurs, cette expression, utilisée seulement dans le Bordelais pour définir la plénitude d'un grand vin sous le palais : « Il fait la queue de paon », ne vous rappelle-t-elle pas le fastueux cortège du lord-maire ? Stendhal, fin admirateur de la culture anglaise, ne s'y était pas trompé : « Ce n'est pas une petite chose que de connaître les vins de Bordeaux, a-t-il remarqué. J'aime cet art, parce qu'il n'admet pas l'hypocrisie. »

Pour ma part, je ne me plains pas du sort qui me fit faire mon « service actif » dans le Bourgogne. Vif, ardent, généreux, « jeune et traînant tous les cœurs après soi », il est le vin des tendres commencements. Cultivé, mesuré, préférant la litote à l'hyperbole, le Bordeaux est le vin de la « réserve » et de la « territoriale ». (Et je n'oublie pas que les meilleures armées sont celles qui disposent des plus fortes réserves.) Alors, je recommence mes classes, avec plaisir, mais non parfois sans inquiétude. Il arrive que cette saine prudence tourne à mon avantage. On n'est guère exubérant dans le Bordelais. Certain jour, tandis que je menais mon enquête, on servit au cours d'un repas un Château-Margaux qui ne mentait pas. Mes hôtes me regardaient. Une minute puis deux, puis trois passèrent. Je n'avais toujours rien trouvé à dire. Enfin, une ombre de sourire passa sur les visages. Les Bordelais étaient contents : ils avaient trouvé quelqu'un à qui ne pas parler. Au bout d'un long moment, je murmurai : « Oui. » On m'approuva d'un mouvement de tête, en silence.

Peut-être n'est-ce pas la plus mauvaise façon d'apprécier le vin de Bordeaux.

L'Académie du Vin de Bordeaux, 1, cours du 30-Juillet, Bordeaux, publie tous les ans et distribue gracieusement un « Code des millésimes » qui indique non seulement les meilleures années, mais leur *état actuel* : vins à laisser vieillir, à boire rapidement, etc.

ROUTES DU VIN

Il existe des routes jalonnées dans toutes les principales régions viticoles du Bordelais. Un guide a été publié par les éditions Delmas, de Bordeaux.

HAUTS LIEUX, MUSÉES, CAVES

Maison du vin, hall et musée du C.I.V.B., 1, cours du 30-Juillet, Bordeaux ; quai des Chartrons, à Bordeaux ; musée de la Mission-Haut-Brion à Talence ; musée du vin au Château Mouton-Rothschild, à Pauillac ; Château-Lascombes à Margaux (galerie de peintures) ; maison Guadet, à Saint-Émilion ; Connétablie, à Cadillac ; Musée du vin, à Cérons.

Caves : grands chais d'élevage des Chartrons et de Bacalan ; Château-Lafite (très vieilles bouteilles) ; Château-Beychevelle (pittoresque), Château-Margaux, monument historique, Château-Haut-Brion (la plus moderne). Et... tous les grands et moins grands « Châteaux ».

Villages à visiter : Saint-Émilion, Saint-Macaire.

SOCIÉTÉS VINEUSES

Grand Conseil de Bordeaux, 1, cours du 30-Juillet.

Académie du Vin de Bordeaux, 1, cours du 30-Juillet, Bordeaux.

Jurade de Saint-Émilion, Saint-Émilion, Maison Guadet.

Compagnons du Bordelais.

Commanderie du Bontemps de Médoc et des Graves, Maison du Vin, à Pauillac.

Commanderie du Bontemps Sauternes et Barsac, Maison du Vin, à Barsac.

Commanderie du Bontemps de Sainte-Croix-du-Mont, Château-Bouchac, Sainte-Croix-du-Mont.

Connétablie de Guyenne, Cadillac.

Club des Amis du Vin de Bordeaux, Le Taillan-Médoc (Gironde).

FOIRES, EXPOSITIONS, MANIFESTATIONS, FÊTES DU VIN

Fêtes de la fleur et Ban des vendanges, célébrés par la plupart des Confréries vineuses. Fêtes de la Saint-Vincent dans de nombreux villages.

LES VINS DE MONBAZILLAC, BERGERAC, MONTRAVEL

Beaucoup d'amateurs apprendront que le Monbazillac n'est pas un vin de Bordeaux. Il est, en effet, produit sur le territoire de la Dordogne alors que seule la Gironde confère l'étiquette Bordeaux. La rivalité entre ces deux régions fut longtemps très vive et, au temps où les vins voyageaient surtout sur l'eau, les Bordelais tentèrent d'empêcher les tonneaux de descendre la Dordogne. Le premier document concernant cette lutte date de 1254 : le roi d'Angleterre, Henri III Plantagenêt, autorise les bourgeois de Bordeaux à faire saisir les vins de Bergerac ; le dernier date de 1520 : par lettres patentes François Ier, roi de France, autorise les vins de Bergerac à circuler sur la Dordogne en toutes saisons. Trois siècles d'une lutte pittoresque qui mérite d'avoir un jour son historien.

Cette ancienne querelle explique, en tout cas, la malice des Bergeracois du XXe siècle qui ne manquent pas de rappeler une petite phrase de l'intendant Pellot qui écrivait le 18 janvier 1669 à son ministre Colbert : « Les habitants de Bergerac et des rives de la Dordogne ont mieux fait leurs affaires que ceux de Bordeaux, pour les vins qu'ils ont chargés pour leur compte, car ils ont été mieux vendus pour ce qu'ils se sont trouvés de meilleure qualité. »

Les bourgeois de Bergerac auraient d'ailleurs tort de se plaindre sans réserves de l'administration. Ils sont sans doute les seuls vignerons de France à devoir au fisc leur plus grand cru. Au XVIe siècle, les vignobles plantés sur la rive droite de la Dordogne payaient beaucoup d'impôts alors que le régime était beaucoup plus doux sur la rive

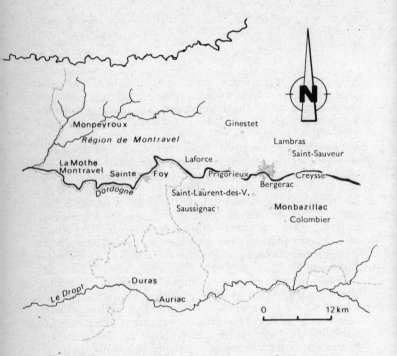

Monbazillac–Bergerac
Montravel

gauche. On fit traverser la rivière aux plants, qui trouvè-
rent ainsi leur terroir de prédilection. Moins d'impôts et
meilleurs vins...

Une fois encore Bordeaux allait intervenir en emprun-
tant à Monbazillac son procédé de vinification et en le
transportant dans le Sauternais. Dans cette dernière
région, l'exploitation de la « pourriture noble » ne date
guère que du Second Empire alors qu'elle était déjà
connue sous la Renaissance à Monbazillac.

Les vins de cette région sont très connus à l'étranger et
particulièrement en Hollande depuis la révocation de
l'édit de Nantes, les protestants ayant emporté le goût de
leurs vignes à la semelle de leurs souliers.

Classification et caractères des vins
de la région de Bergerac

La production moyenne en vins d'appellation d'origine
approche les 500 000 hl, moitié vins blancs, moitié vins
rouges. Elle est répartie entre dix appellations contrôlées.

Rouges : Bergerac, Côtes-de-Bergerac, Pécharmant.

Rosés : Bergerac.

Blancs : Bergerac (sec), Côtes-de-Bergerac, Côtes-de-
Bergerac moelleux, Haut-Montravel, Côtes-de-Montravel,
Montravel, Rosette ou Rozette, Côtes-de-Saussignac,
Monbazillac.

Les vins blancs sont produits par les cépages Sémillon,
Sauvignon et Muscadelle, auxquels s'ajoutent pour
l'appellation Bergerac les Ondencs et les Chenins
blancs.

Les vins rouges sont à base de Cabernets Merlots et
Malbecs.

BERGERAC. — (Rouge et blanc.) L'appellation couvre
quatre-vingt-treize communes.

Les vins rouges sont fruités, corsés, francs. Les vins
blancs sont liquoreux, un peu gras, bouquetés, francs de
goût. Vinifiés en sec, ils restent toujours assez tendres. Ils

s'appellent alors « Bergerac sec », car ils ont moins de cinq grammes de sucre naturel par litre.

PÉCHARMANT. — Ce vin rouge au joli nom est récolté sur les communes de Bergerac, Lembras, Saint-Sauveur, Creysse. Corsé, généreux, bien charpenté, d'une belle robe sombre, il atteint sa plénitude après trois ou quatre ans de bouteille. La production est assez réduite. Il est conseillé avec un lièvre à la royale, une bécasse, une palombe farcie au lard.

ROSETTE. — Vin blanc produit sur les communes de Bergerac, Lembras, Creysse, Maurens, Prigonrieux-la-Force, Ginestet. Moelleux, légèrement paillé, d'une belle robe jaune pâle, fruité, bouqueté, parfois très distingué, il est conseillé pour accompagner les poissons et les plats où les champignons et les truffes jouent un grand rôle.

CÔTES-DE-BERGERAC, CÔTES-DE-BERGERAC MOELLEUX. — Les vins blancs sont produits sur les communes de Saussignac, Gageac-Rouillac, Monestier et Razac-de-Saussignac. Le droit à l'appellation est contrôlé par une commission.

MONTRAVEL, CÔTES-DE-MONTRAVEL, HAUT-MONTRAVEL. — Les vins blancs récoltés dans quinze communes, parmi lesquelles Saint-Michel-de-Montaigne, où se trouve encore le château de Montaigne, ont droit à l'appellation Montravel. L'appellation Côtes-de-Montravel s'applique à des vins un peu plus alcoolisés, ainsi que le Haut-Montravel, lequel ne peut être produit que par les communes de Fougueyrolles, Nastringues, Port-Sainte-Foy, Saint-Antoine-de-Breuilh et Vélines.

Secs ou liquoreux, ce sont des vins très fruités. Les secs sont nerveux. Tous ont un agréable goût de terroir.

MONBAZILLAC. — C'est le vin blanc « le plus liquoreux du monde », produit sur les communes de Monbazillac, Pomport, Rouffignac, Colombier, Saint-Laurent-des-Vignes. La production est en baisse, environ 50 000 hl.

Le vin de Monbazillac est produit avec des raisins atteints de « pourriture noble » et recueilli en trois ou quatre « tries » successives. Moelleux, onctueux, riche comme une œuvre d'art, il est sa propre justification, et se sert avec le foie gras ou au dessert.

Le Monbazillac prend toute sa saveur après deux ou trois ans de bouteille et peut se conserver trente ans. Il soutient alors la comparaison avec les plus grands.

Vin de Maccadam. — On donne ce curieux nom à des vins de Montravel préparés pour être bus en primeur.

HAUTS LIEUX DU VIN

Maison des vins du Périgord, Couvent des Récollets, Bergerac. (Cloître et caveau du xiie et du xviie siècle.)

Et... du tabac, Musée du tabac, mairie de Bergerac. Château-Monbazillac, Monbazillac.

« Pourriture noble. »

LE MUSCADET

Pour employer un terme de bourse, le Muscadet est une valeur qui monte. A peu près inconnu voici quelques dizaines d'années, il atteint aujourd'hui à la célébrité du Beaujolais. Ce succès s'explique par les meilleures raisons : amélioration constante de la qualité, production modérée, refus du degré abusif si facile à obtenir à partir du sucre de betterave. (C'est le seul vin de France à avoir dans sa réglementation un degré maximum.) Il est curieux de constater que Muscadet et Beaujolais sont parmi les vins de France, sinon des parvenus, tout au moins des nouveaux venus. Ils datent du XVIIIe siècle.

Comme en Alsace, le vin n'est pas nommé d'après son terroir d'origine, mais d'après son plant. Le Muscadet n'est autre que le cépage connu sous le nom de « Melon de Bourgogne », encore cultivé dans sa province natale par quelques gourmets, car il passe pour donner le meilleur vin à sauces, et qui, planté vers 1700 sur les bords de la Loire, donna naissance à ce vignoble dont la production moyenne est aujourd'hui de sept cent cinquante mille hectolitres.

Bien que sans prétention, le Muscadet n'est pas sans originalité. Par exemple, il est l'un des rares raisins qui doivent être vendangés encore un peu verts et qui, malgré le climat frais de la région, réussit mieux sur les pentes exposées au nord que sur les pentes ensoleillées. Ces deux particularités sont d'ailleurs liées : dans les vignobles froids la maturation se fait plus lentement.

La mise en bouteilles, sans être aussi délicate que celle des vins d'Alsace, présente quelques difficultés. Tout d'abord, la fermentation se fait en barriques plutôt qu'en cuves et n'est souvent pas terminée au moment de la mise en bouteilles, qui a lieu quelques mois après la vendange. Le vin contient encore une certaine dose de gaz carbonique qui, au moment du débouchage, donne ce chapelet de bulles fines que l'on appelle « la perle ».

Le Muscadet « mis sur lie » est un vin qui n'a pas été filtré avant sa mise en bouteilles. Il est généralement plus souple, plus fruité (plus cher aussi) que le Muscadet ordinaire.

Le Muscadet est de plus en plus vendu en bouteilles soit à la propriété, soit par des négociants. Cependant les amateurs attentifs peuvent encore l'acheter en fûts, ce qui représente une économie sensible mais que nous n'osons par recommander.

Classification du Muscadet

La législation distingue trois appellations : Muscadet, Muscadet-de-Sèvre-et-Maine, Muscadet-des-Coteaux-de-la-Loire. Comme dans tout le bassin de la Loire, ces appellations peuvent être complétées par les mots Val de Loire.

Sous ces trois étiquettes, on peut trouver des vins assez différents, allant du meilleur... au moins bon. La qualité dépend du sol, de l'exposition, de la vinification et de la chaptalisation. Le docteur Ramain distinguait vingt-deux crus de Muscadet. Le choix nous paraît encore beaucoup plus ouvert. Nous dirions volontiers : autant de crus que de propriétaires.

Les indications suivantes permettront aux amateurs d'aller droit vers les meilleures communes.

RÉGION DE SÈVRE-ET-MAINE
(rive gauche de la Loire)

Canton de Clisson : Clisson, Gorges, Monnières, Saint-Lumine-de-Clisson.

Canton de Valet (très réputé) : Vallet, Mouzillon, Le Pallet, La Chapelle-Heulin, La Regrippière.

Canton de Vertou (excellent) : Saint-Fiacre-sur-Maine (pour beaucoup de grands amateurs, il n'est de Muscadet que de Saint-Fiacre...), Vertou, Châteauthébaud, Haute-Goulaine, Basse-Goulaine, La Haie-Fouassière, Maisdon-sur-Sèvre.

Canton du Loroux-Bottereau : Le Loroux-Bottereau, Le Landreau, La Chapelle-Basse-Mer.

Canton d'Aigrefeuille-sur-Maine : Aigrefeuille-sur-Maine.

Département de Maine-et-Loire : Saint-Crespin-sur-Moine.

Les coteaux de la Loire (de part et d'autre de la Loire, dans la région d'Ancenis). — Les communes ayant droit à l'appellation sont nombreuses, nous ne citerons que les plus réputées : sur la rive droite, Saint-Herblon (vin au goût de pierre à fusil), Ancenis (vins secs et acides), Saint-Géréon (vins corsés et fruités) ; sur la rive gauche, Liré, Drain.

MUSCADET

La zone d'appellation borde les deux précédentes et s'étend de Carquefou au nord à Chaudron-en-Mauges au sud.

Du bon usage du Muscadet

Le Muscadet est un vin de « primeur ». Il doit donc être bu jeune. Dans cette intention les vins de la rive de la Sèvre : Saint-Fiacre, La Haie-Fouassière, Monnières, Gorges, Vertou, Haute-Goulaine, sont les meilleurs. Les vins de Vallet, Le Pallet, La Chapelle-Heulin, Mouzillon et ceux des coteaux de la Loire, plus corsés, plus acides, se font lentement et sont d'une meilleure conservation, allant de dix à quinze ans.

Un bon Muscadet doit être d'un jaune très pâle, souple, finement bouqueté, d'une acidité propre à donner une sensation de fraîcheur. Un Muscadet médiocre est mou et « jaunit » vite.

Le Muscadet est par excellence le vin des coquillages
et du beurre blanc. Mais il peut se servir aussi avec presque tous les crustacés et poissons (même en sauce), voire
avec les volailles et les viandes blanches. Il doit être servi
très frais, à la température d'une cave très fraîche, entre
cinq et sept degrés. Comme son voisin le Gros-Plant, on
le boit quand on a soif à n'importe quel moment.

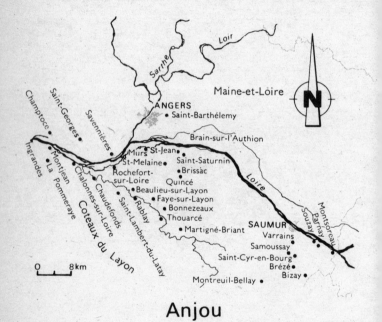

Anjou

LES VINS D'ANJOU
ET SAUMUR

Pour les Angevins, leur vignoble est d'origine gauloise et tout porte à croire que cette prétention est justifiée. Au Ve siècle Sidoine Apollinaire célébrait Angers « riche des présents de Cérès et de Bacchus » et, peu de temps plus tard, l'historien Grégoire de Tours, qui ne semble pas avoir jamais entendu parler d'une vigne sans aller voir la couleur de son vin, rapporte que « dans toute la contrée d'Anjou les vignobles sont très étendus. Ils constituent une des richesses de ce pays. » Pépin le Bref, Charlemagne, Charles le Chauve furent parmi les propriétaires de clos d'Anjou.

Ces vins peuvent s'honorer d'une tradition royale. Les Plantagenêt, seigneurs d'Anjou et rois d'Angleterre, restèrent fidèles à leurs amours. On possède même un acte officiel d'exportation daté de 1194. Les archives du *Record Office* témoignent que la pratique du « prix imposé » ne date pas d'aujourd'hui, mais également de la supériorité du vin d'Anjou qui, en 1199, était taxé à vingt-quatre sous sterling le tonneau tandis que la plupart des autres vins l'étaient à vingt sous sterling. Parmi les « clients » fidèles on compte Philippe Auguste, Louis XI, François Ier, Louis XIV, Louis XV, qui en faisait servir aux petits soupers de la Pompadour. Louis XVI fit canaliser la petite rivière du Layon pour permettre aux navires hollandais de la Compagnie des Indes de venir embarquer les barriques. La tradition se continua jusqu'au XXe siècle : le roi d'Angleterre Édouard VII était le client et l'ami personnel d'un fameux vigneron de Parney, le père Crystal (mort âgé de quatre-vingt-dix-sept ans), qui s'honorait aussi des visites de Clemenceau le Vendéen, qui n'hésitait pas à déclarer : « C'est en Anjou que l'on sent que la France est le plus la France. »

Quant aux gens du cru et des lieux circonvoisins, ils ont toujours manifesté à leurs vins une fidélité inébranlable. Le roi René vendangeait lui-même son clos de Chanzé près d'Angers et, en 1471, il ne rentra pas moins de quatre-vingt-seize barriques de vin nouveau dans son cellier. Souvent, il payait ses domestiques en nature. A peine arrivé en Provence, il se « séchait ». « Mes compères, écrivait-il de Tarascon en 1469 au juge et au trésorier d'Anjou, pour ce que je trouve les vins de par-deçà trop gros à mon appétit, je vous prie qu'en faites choisir la meilleure fourniture qui se trouvera en Reculée, Rivettes, Chanzé et autres lieux, qu'il y en ait la moitié un peu piquante. » (En résumé : moitié doux et moitié sec.) Autre fin palais, le grand argentier de Louis XI, qui ne craignait pas de donner trop de détails : « Gardez-le-moi bien pour quand j'irai par là et veillez à ce qu'il ne soit point tiré et faites-le bonder et habiller, qu'il n'y ait point de vent. »

On ne me pardonnerait pas d'oublier du Bellay :

A PHÉBUS

Fais que l'humeur savoureuse
De la vigne planteureuse,
Aux rays de ton œil divin
Son Nectar nous assaisonne,
Nectar comme le donne
Mon doux vignoble angevin.

Pourtant, bien que Chinonais, Rabelais me semble avoir mis autant d'ardeur et plus de compétence dans sa célébration des vins angevins. Il semble que le principal modèle de frère Jehan des Entommeures soit originaire de l'Anjou, un certain dom Buinard, plus tard prieur de Sermaize. Il est tout à fait sûr que, avant d'entreprendre son périple, Pantagruel fit charger sur son navire deux cent trente-sept poinçons de vin blanc d'Anjou, lesquels ne furent pas oubliés par Panurge à l'heure de courir sus à l'ennemi : « Seigneur, voulez-vous bien faire, dévallez ce vin blanc d'Anjou de la hune et buvons ici à la bretonne. » A quoi condescendit volontiers Pantagruel et burent si net qu'il ne demeura pas une seule goutte des deux cent trente-sept poinçons.

Dès avant Rabelais, les vins d'Anjou savaient voyager et ils étaient divisés en deux classes : les « vins de mer », exportés vers la Hollande (les meilleurs et qui, au XVIIIe siècle, faisaient les prix en France), les « vins de terre », vendus à Paris et qui donnèrent naissance à la légende des « petits vins d'Anjou ».

Cépages

Tous les vins blancs sont produits par le Chenin blanc, ou Pineau de la Loire qui donne certaines années des vins titrant plus de vingt degrés en moût.

Les vins rouges proviennent du cépage Cabernet Franc et, pour un volume plus restreint, du cépage Gamay.

Les rosés « Cabernet d'Anjou » et « Cabernet de Saumur » sont issus du Cabernet Franc et du Cabernet Sauvignon.

Le « Rosé d'Anjou » est principalement produit par le Gros-Lot de Cinq-Mars, auquel on adjoint parfois le Gamay et le Cot.

Entre également dans l'élaboration des rouges et des rosés le « Pineau d'Aunis » (Pineau et non Pinot).

Pendant très longtemps, le « grand vin » de l'Anjou était le blanc et il le reste pour nombre d'amateurs avertis. Cependant il s'efface peu à peu devant le rouge et surtout le rosé. La production moyenne est de un million d'hectolitres de vins A.O.C.

Appellations et caractères
des différents vins

Les vins d'Anjou se récoltent dans la zone sud-est du Maine-et-Loire, sur les coteaux bordant la Loire en aval d'Angers, les rives du Loir, de la Sarthe et de la Mayenne,

dix-sept communes des Deux-Sèvres et huit communes
de la Vienne.

Pour permettre au consommateur de lire facilement
les étiquettes, indiquons d'abord les appellations officiel-
les dont cette région est particulièrement riche : Anjou,
Anjou-Coteaux-de-la-Loire, Anjou-Gamay, Anjou-Pétillant,
Anjou-Mousseux, Bonnezaux, Cabernet d'Anjou, Cabernet-de-Saumur, Coteaux-de-l'Aubance, Coteaux-du-Layon,
Coteaux-du-Layon suivie du nom de la commune d'origine (Beaulieu-sur-Layon,   Faye-d'Anjou,   Rablay-sur-
Layon, Saint-Aubin-de-Luigné, Rochefort, Saint-Lambert-
du-Lattay, Chaume), Coteaux-du-Layon-Chaume, Coteaux-
de-Saumur, Crémant de Loire, Quart-de-Chaume, Rosé
d'Anjou, Rosé d'Anjou-Pétillant, Rosé de Loire, Savennières,   Savennières-Coulée-de-Serrant,   Savennières-
Roche-aux-Moines, Saumur, Saumur-Champigny, Sau-
mur-Pétillant, Saumur-Mousseux. Pour tous, la mention
Val de Loire est autorisée mais facultative.

Les volumes de production sont évidemment très iné-
gaux. En rouge et blanc, le total des Anjou, Rosé d'Anjou
et Cabernet d'Anjou dépasse les 700 000 hl. Saumur et
Saumur-Champigny s'approchent des 100 000 hl, dont
50 000 hl pour le Saumur-Champigny, ce qui est important pour un cru réputé. Même chiffre pour les Coteaux-
du-Layon. Les quantités sont beaucoup plus réduites
dès que l'on aborde des appellations récentes : Anjou-
Gamay, Anjou-Coteaux-de-la-Loire, Cabernet-de-Saumur,
Coteaux-de-Saumur dont très peu franchissent la barre
des 2 000 hl, les Coteaux-de-Saumur tenant la lanterne
rouge avec 200 hl. A l'autre bout de l'échelle, les appellations plus fines se trouvent dans la même situation :
Savennières,   Coteaux-du-Layon-Chaume,   Bonnezeaux,
Coteaux-de-l'Aubance se tiennent chacun aux environs
des 2 000 hl, alors que Quart-de-Chaume reste au-dessous de 1 000.

Très ancienne région viticole, la région d'Anjou-Sau-
mur a passionné les connaisseurs qui l'ont exploré vigne
par vigne. Pour le seul Anjou, le docteur Ramain prétendait avoir recensé cent vingt-huit crus, mais sa liste a dû

rester à l'état d'inédit. Nous nous en tiendrons à un classement qui, outre sa brièveté, présente l'avantage d'avoir été établi par Curnonsky, tout au moins pour l'essentiel. Angevin, le prince des gastronomes était né en un temps où l'on se souciait peu des appellations légales. Aussi ne doit-on pas s'étonner des mentions « Grands crus » qui sont illégales mais ont l'avantage de la commodité.

VINS BLANCS

Rive droite de la Loire.

Grands crus secs : la Coulée de Serrant et la Roche-aux-Moines (coteau de Savennières).

Premiers crus : Château-d'Épiré, Clos-du-Papillon.

Deuxièmes crus : Bouchemaine, Ingrandes, La Possonnière, Montjean, La Pommeraye.

Caractères : fermes, nerveux, racés, séveux, capiteux, ils vieillissent lentement. Leur âge optimal est de cinq à dix ans.

Appréciation : « *C'est une goutte d'or.* » (Louis XI.)

Rive gauche de la Loire.

Grands crus doux du Layon

Premiers grands crus : Quart-de-Chaume, Bonnezaux, Domaine-de-Belle-Rive, Clos-de-la-Roche, Les Celliers à Rablay.

Premiers crus : Rochefort-sur-Loire, Beaulieu-sur-Layon (Château-du-Breuil), Saint-Aubin-de-Luigné, Rabaly, Faye-d'Anjou (Domaine-de-l'Arboute), Thouarcé.

Deuxièmes crus : Brigné, Chavagnon, Chaudefonds, Concourson, Martigné-Briand.

Caractères : la vendange a lieu comme en Sauternais par « tries » successives quand les raisins sont atteints de « pourriture noble ». La mise en bouteilles a lieu au cours de la première année, pour permettre aux vins de conserver leur fruité. Les « fillettes » doivent être couchées ensuite en cave fraîche où elles peuvent se conserver cinquante ans et davantage.

Ces vins liquoreux, enveloppés, fruités, étoffés, charpentés, gras, finement bouquetés, sentent parfois l'abricot ou le tilleul en fleur.

Coteaux de l'Aubance

(Curnonsky ne les mentionne pas.)

Meilleure commune : Murs-Érigné.

Ensuite : Vauchrétien, Saint-Melaine-sur-Aubance, Juigné-sur-Loire, Quincé, Brissac, Saint-Saturnin-sur-Loire, Saint-Jean-des-Mauvrets.

Caractères : vins plus secs que ceux du Layon, fruités, fins, assez charpentés, avec un goût de terroir.

Coteaux de Saumur

Premiers grands crus, grands crus secs (les meilleurs de chaque cru portent la mention « Tête de cuvée » sur l'étiquette) : Brézé (Clos-du-Château), Montsoreau (Clos-des-Rotissons), Parnay (Clos-des-Murs).

Premiers crus : Brézé (Clos-des-Carmes), Montsoreau, Dampierre, Parnay, Souzay, Turquant.

Deuxièmes crus : Chacé, Montreuil-Bellay, Varrains.

Caractères : vins secs, légers, dégagés, nerveux, bouquetés. Beaucoup sont transformés en mousseux.

Appréciation donnée par Édouard VII au père Crystal, propriétaire à Parnay : « *Si les alchimistes du grand œuvre avaient connu vos vins, ils n'eussent pas été plus loin chercher l'or potable.* »

GRANDS ROSÉS

Brissac, Martigné-Braide, Murs, Tigné, Le Thoureil, Vauchrétien.

Caractères : il faut distinguer plusieurs sortes de rosés. L'appellation « Rosé d'Anjou » concerne les rosés produits dans tout le vignoble angevin à partir des cépages Gros-Lot, Cot et Gamay. Ces vins ont une robe agréable à l'œil, ils sont fruités et vifs et laissent au palais une agréable sensation de fraîcheur. Traditionnellement vinifiés en demi-sec, ils existent également en sec. Cultivé sur terrain graveleux le Gros-Lot donne un vin avec un « grain » spécial.

L'appellation Cabernet-d'Anjou s'applique aux vins rosés issus de Cabernet Franc ou de Cabernet Sauvignon. L'appellation Cabernet-de-Saumur s'applique à ces mêmes vins produits dans la région de Saumur.

Les rosés de Cabernet sont des vins à jolie robe, élégants, fins et délicats.

Obtention des vins rosés. — Tous les amateurs de vins savent que les vins rosés ne sont pas obtenus par le mélange de vins rouges et de vins blancs, mais par un pressurage rapide des raisins rouges, sans cuvaison. Si la teinte des rosés se révèle insuffisamment soutenue, il est procédé, préalablement au pressurage, à une légère macération à froid.

VINS ROUGES

Coteaux de Saumur

Grand cru : Champigny.

Premiers crus : Dampierre, Parnay, Souzay, Varrains.

Caractères : issus du cépage Cabernet, les vins rouges sont obtenus après égrappage, par une cuvaison d'une dizaine de jours, et leur élaboration se poursuit, en barrique, pendant un, deux et trois ans.

Les plus modestes des vins rouges d'Anjou sont « drets de goût » et « bien gouleyants », selon les expressions locales. Frais, légers, plaisants, on les boit à toute heure, « à son aise ». Les crus ont une belle robe rubis et sont remarquables par leur saveur sans acidité et leur arôme de framboise. Ayant du montant, du nerf, étoffés et charnus, ce sont des vins de haute gastronomie.

Ici se termine la classification de Curnonsky.

VINS MOUSSEUX ET PÉTILLANTS

Les vins mousseux A.O.C. sont obtenus par le procédé dit « méthode champenoise » qui donne dans cette région des produits remarquables.

Les vins pétillants sont des Mousseux à demi-pression. Ils suivent la réglementation des vins non mousseux.

Du bon usage des vins d'Anjou
et de Saumur

Vins mousseux et pétillants, ils se servent comme apéritif.

Vins blancs secs, avec les poissons, fritures, crustacés, coquillages, hors-d'œuvre.

Vins blancs demi-secs ou moelleux ayant quelques années de bouteille, avec les poissons au beurre blanc ou en sauce et les viandes blanches.

Vins rosés secs, avec les coquillages, hors-d'œuvre, poissons frits, viandes blanches, volailles, gibier à plume, fromages.

Vins rosés demi-secs, avec les viandes blanches, le canard à l'orange.

Vins rouges, ils accompagnent les viandes rouges, volailles, gibier à poil et à plume et les fromages.

Vins vieux, ils se boivent comme apéritif ou au dessert.

Les vins blancs et les rosés seront servis très frais à l'exception des vins blancs moelleux mieux servis un peu plus tempérés, les rouges, à la température de la cave, les mousseux, frappés.

ROUTES DU VIN

La route des vins d'Anjou est longue, variée et présente un vif intérêt touristique. On peut se la procurer à la Maison du vin, 21, boulevard Foch, à Angers. Nous n'indiquons que quelques-unes des étapes. Angers, Savennières, Château-de-Serrant, *Champtocé* (Château-de-Barbe-Bleue), Ingrandes, Liré (patrie de Joachim du Bellay), Champtoceaux, *Chalonnes* (la plus grande entreprise mondiale de fabrication de pressoirs), *La Haie-Longue* (village de vignerons composé de maisons anciennes), *Coteaux-de-l'Aubance* (villages de vignerons : Denée, Murs, Mezé, Soulaines), *Rochefort* (cru des Quart-de-Chaume), *Saint-Aubin-de-Luigné* (maisons de vignerons et vignobles), *Saint-Lambert-sur-Lattay* (centre de dégustation), *Beaulieu-sur-Layon* (un des plus jolis villages qui se puisse voir avec caveau de dégustation digne du nom de musée), Rablay-sur-Layon, Faye-d'Anjou, *Thouarcé* (centre du vignoble du Layon, moulin de Bonnezeaux, cru de l'Anjou), Doué-la-Fontaine, Puy-Notre-Dame, Montreuil-Bellay, *Brézé* (vin blanc et château), *Saint-Cyr-en-Bourg* (gigantesques galeries), *Champigny* (le plus grand vin

Cave du Saumurois
en communication directe avec le vignoble.

rouge d'Anjou), *Montsoreau* (vins des coteaux de Saumur), Saumur, *Saint-Hilaire-de-Florent* (caves immenses
creusées dans le tuffeau : depuis 1811, le plus important
centre de l'industrie des vins mousseux), *Le Thoureil* (au
pied d'un coteau auraient été plantés les premiers ceps
du vignoble angevin), *Brissac* (sous le château, caves du
XIIᵉ siècle aménagées en caveau de dégustation pour les
vins des coteaux de l'Aubance), Ponts-de-Cé.

HAUTS LIEUX ET MUSÉES, CAVES

Musée du vin à Angers (dans les caves de l'Hôpital
Saint-Jean à Angers ; la Confrérie des Chevaliers du Sacavin y tient ses chapitres). La Haie-Longue (village de
vignerons), Beaulieu-sur-Layon (caveau-musée), Saint-
Hilaire-Saint-Florent (caves à mousseux), Brissac (caves
du château).

SOCIÉTÉ VINEUSE

Confrérie des Chevaliers du Sacavin, 21, boulevard
Foch, Angers. Fondée en 1904, se réunit au moins deux
fois par an dans les caves de l'Hôpital Saint-Jean, dites
caves Plantagenêt, parce que construites au XIIᵉ siècle,
sur ordre d'Henri II, comte d'Anjou et roi d'Angleterre.

LES VINS DE TOURAINE

La culture de la vigne était pratiquée en Touraine avant l'invasion romaine. Elle se développa à partir du IVe siècle sous l'impulsion de saint Martin à qui la légende attribue l'introduction du principal cépage producteur de vin blanc, le Pineau de Loire.

On raconte que saint Martin, revenant de Pannonie, son pays natal, plaça le jeune plant au fur et à mesure de sa croissance dans un os d'oiseau, puis un os de lion, enfin un os d'âne. Il le planta ensuite sur les côtes de Vouvray, près de Marmoutier. Dès l'année suivante (on n'en est plus à un miracle près), les Vouvrillons récoltèrent trois pintes de jus.

A la première, ils chantaient comme des oiseaux.

A la deuxième, ils devinrent forts comme des lions.

A la troisième, ils se mirent à braire comme des ânes.

Ce fut d'ailleurs l'âne de saint Martin qui, en broutant l'extrémité des rameaux, apprit à tous les vignerons du monde à tailler la vigne. On précise même que cette révélation eut lieu chez les moines de Bourgueil.

Depuis ce jour-là on appela tous les ânes Martin et le 11 novembre, jour de la fête de l'évêque de Tours, les vignerons tourangeaux goûtent et vérifient les vins nouveaux, ils « martinent les vins ».

La Touraine eut la double chance de servir de « clos » aux rois de France et à quelques-uns de nos plus grands écrivains, qui ne lui ménagèrent pas les louanges, Ronsard, Rabelais, Vigny, Balzac, Alexandre Dumas.

Actuellement, le vignoble couvre une superficie d'environ six mille hectares produisant sept cent mille hecto-

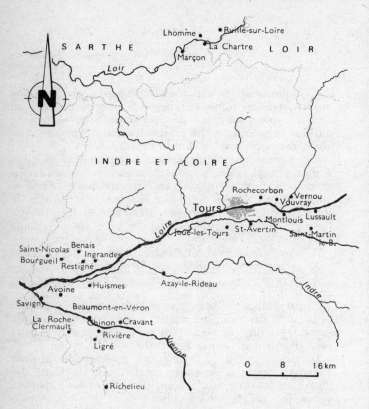

SARTHE

Lhomme • • Ruille-sur-Loire

La Chartre LOIR

Marçon

Loir

N

INDRE ET LOIRE

Rochecorbon • • Vernou

Tours • Vouvray

Lussault

Loire Montlouis

Joué-les-Tours St-Avertin Saint-Martin

le-B.

Saint-Nicolas Benais _Indre_

Bourgueil Ingrandes

Restigné

Avoine Huismes Azay-le-Rideau

Savigny Beaumont-en-Véron

La Roche- Chinon • Cravant

Clermault Rivière _Vienne_

Ligré

0   8   16 km

• Richelieu

Touraine

litres de vins d'appellation contrôlée répartis en une soixantaine de crus.

Cépages

Pour les grands vins blancs de Vouvray, de Montlouis, et d'une partie des vins de Touraine, le seul cépage admis est le Chenin blanc dit aussi Pineau de la Loire.

Certains Touraines blancs sont produits par le cépage Sauvignon.

Les grands vins rouges de Bourgueil, Saint-Nicolas-de-Bourgueil et Chinon sont produits par le Cabernet Franc, communément appelé Breton ou Berton.

Les rouges et rosés de Touraine proviennent de cépages mélangés (Cabernet, Gamay, Côt). Les Gamays produisent les excellents rosés de Touraine de la région de Mesland.

Appellations et caractères des différents vins

1° CHINON (vin rouge ou rosé)

Zone productrice : cinq cents hectares étalés sur tout le pays de Véron depuis Huismes, Avoine, Savigny-par-Beaumont et Chinon jusqu'à Cravant-les-Coteaux, Panzoult, La Roche-Clermaut (pays de Picrochole), Rivière, Ligré, Anché, Sazilly, Tavant, L'Ile-Bouchard et Théneuil. 60 000 hl rouge, 240 hl blanc[1].

La meilleure période de mise en bouteilles est après deux ans de tonneau ; la meilleure période de consommation, après trois ou quatre ans. Certains connaisseurs les préfèrent jeunes.

Caractères : parfumé (odeur de violette), fin, moelleux, friand. Vieillit très bien.

Appréciation : « *C'est un vin pour intellectuels.* »

(JULES ROMAINS.)

---

1. Je dis bien 240 hl, pas 240 000 l (R.D.).

2° BOURGUEIL ET SAINT-NICOLAS-DE-BOURGUEIL

Zone productrice : mille deux cents hectares sur les communes de Saint-Patrice, Saint-Nicolas, Ingrandes, Restigné, Benais, Bourgueil, La Chapelle et Chouzé. 80 000 hl.

Caractères : plus dur que le Chinon, le vin de Bourgueil gagne à vieillir. Il supporte quinze à vingt ans de bouteille, mais il peut être bu jeune, surtout vers quatre ou cinq ans.

Nerveux, virulents, un peu astringents, fruités, à odeur de framboise, les vins de Bourgueil s'adoucissent en vieillissant. Les meilleurs titrent de dix à onze degrés d'alcool. Au-delà de douze degrés, ils manquent de fruit.

3° VOUVRAY

Zone de production : mille cinq cents hectares sur huit communes : Vouvray, Vernou, Rochecorbon, Chançay, Reugny, Noizay, Parçay-Meslay, Saint-Radegonde. Plus de 100 000 hl.

Caractères : le Vouvray se présente sous trois formes : nature (vin tranquille), pétillant (très légèrement effervescent), mousseux. Les vendanges sont tardives et se font en plusieurs tries lorsque les raisins sont atteints par la pourriture noble. Le raisin est égrappé avant d'être pressé. Dans ces conditions on comprend que le grand Vouvray, celui de première cuvée, puisse atteindre quatorze degrés, faire le tour de la planète et se conserver un siècle. On boit encore des vins de 1874. En général on se contente d'attendre quatre ou cinq ans, ou mieux une dizaine d'années.

Le Vouvray présente certaines ressemblances avec le vin d'Alsace, comme lui il craint l'oxydation et doit être mis en bouteilles l'année de sa production, comme lui il a un fruité qui est vraiment le goût du raisin.

Le Vouvray nature a du fruit, beaucoup de bouquet, un parfum d'acacia, un goût de coing, de la sève. Il peut être sec, moelleux et même très doux dans les grandes années. Sa douceur est naturelle et ne peut être le résultat d'une chaptalisation.

Appréciation : « *Que Dieu est bon qui nous donne ce bon piot, ce bon Pineaulz blanc... C'est du vin Pineaulz, le gentil vin blanc ! Et, par mon âme ce n'est que vin taffetas.* » (RABELAIS.)

4° MONTLOUIS

Zone de production : cinq cents hectares sur les communes de Montlouis, Lussault et Saint-Martin-le-Beau, 20 000 hl.

Caractères : très proche du Vouvray, fin, délicat, bouqueté, le Montlouis révèle parfois un goût de terroir ou de pierre à fusil, voire de noisette, qui lui donne un charme particulier.

De bonne garde, ne redoutant pas les voyages, il se fait plus vite que le Vouvray.

5° TOURAINE : AMBOISE, AZAY-LE-RIDEAU, MESLAND

L'appellation Touraine recouvre dans de nombreuses communes les coteaux des principales vallées. Elle concerne des vins rouges, rosés, blancs et mousseux, quelque 400 000 hl. Il existe trois sous-appellations :

Touraine-Azay-le-Rideau, qui englobe la production d'environ mille cinq cents hectolitres de vin blanc de Pineau, sec ou moelleux, frais, toujours fruité ;

Touraine-Amboise, la production d'environ trois mille cinq cents hectolitres, en partie de vins blancs présentant les mêmes caractéristiques que les Vouvrays et les Montlouis, en partie de rouge corsé et de rosé.

Communes productrices : Nazelles, Pacé, Limeray, Cangey, Saint-Ouen-les-Vignes, Amboise, Chargé, Mosnes.

Appréciation : « *Le vin de Limeray, blanc, très sec, à la saveur de noisette et au bouquet de fleurs de vigne, délicieux vin paradoxal rappelant le vrai Crépy de Haute-Savoie.* » (DOCTEUR RAMAIN.)

Touraine-Mesland, qui comprend la production d'environ quinze mille hectolitres présentant les mêmes caractéristiques que le Touraine-Amboise. Les rosés, de plus

234 GUIDE DU VIN

en plus répandus, frais et fruités sont produits par le Gamay, le cépage du Beaujolais.

Communes productrices : Mesland, Monteaux, Onzain, Chouzy.

Les autres régions ayant droit à l'appellation contrôlée Touraine, notamment la vallée du Cher, produisent de bons vins rouges de table, frais et fruités.

Enfin, à la limite de la Sologne, le cépage Sauvignon produit un vin blanc sec.

LES VINS MOUSSEUX ET LES PÉTILLANTS

La préparation des vins mousseux existe en Touraine depuis fort longtemps. Les nombreuses et immenses caves creusées dans le tuf des collines qui bordent la Loire et le Cher, d'une température constante, assurent une conservation parfaite des vins.

Vouvray, Montlouis, Touraine se présentent soit sous la forme de vin mousseux, soit sous la forme de vin pétillant.

Les mousseux possèdent une mousse abondante semblable à celle du Champagne.

Les pétillants ne possèdent qu'une légère effervescence.

Tous se conservent, voyagent et peuvent être exportés sous toutes les latitudes.

Du bon usage des vins de Touraine

Les blancs, tranquilles et secs, de Vouvray, Montlouis, Touraine, accompagnent les crustacés et les poissons ; effervescents et bruts, ils se servent comme apéritif et tout le long des repas ; demi-secs, ou doux, ils se boivent au dessert.

Les rouges, de Chinon, Bourgueil, Saint-Nicolas-de-Bourgueil, se servent avec les viandes en sauce, les rôtis, le gibier et les fromages.

Les rosés se boivent avec les hors-d'œuvre et tout le long des repas.

Les vins blancs et les rosés (tranquilles, mousseux ou pétillants) doivent être consommés frais, à une température de six à sept degrés, jamais frappés.

Les vins rouges doivent être consommés légèrement chambrés, à environ quinze degrés. (En été, au sortir de la cave.)

ROUTES DU VIN

Il existe une route du vin de Vouvray et une du vin de Bourgueil.

HAUTS LIEUX, CAVES

Cave de la Chevrette à Bourgueil, Caves de Vouvray, Celliers Saint-Julien, 12, rue Nationale à Tours.

SOCIÉTÉ VINEUSE

Ordre de la Chantepleure à Vouvray.

LES VINS DES COTEAUX
DU LOIR
ET JASNIÈRES

Pour quelques lecteurs, ce sera sans doute une surprise d'apprendre que le département de la Sarthe produit un cru qui peut se comparer aux meilleurs vins blancs secs de France. Premier cru classé des coteaux du Loir, il se nomme le Jasnières. Henri IV le faisait déjà servir au château de Saint-Germain.

Communes productrices. — Lhomme. Les vins de Marçon et de Ruillé sont groupés sous le vocable Coteaux-du-Loir. Les productions sont faibles et décroissent : moins de 2 000 hl pour le Coteaux-du-Loir rouge, moins de 500 hl pour le Coteaux-du-Loir blanc et le Jasnières.

Caractéristiques du vin de Jasnières. — Vin généralement sec, fruité, à goût de pierre à fusil, de très longue garde (il peut atteindre son demi-siècle), il vieillit en gardant sa verdeur : c'est le plus jeune des vins vieux. De plus, d'un prix très abordable étant donné sa haute qualité.

Du bon usage
des Coteaux-du-Loir
et du Jasnières

Il accompagne les rillettes, l'andouillette, le poulet à la ficelle, le fromage de chèvre, les crustacés et les poissons. Il se déguste de préférence après un vieillissement de dix à vingt ans, frais, à la température de la cave.

SOCIÉTÉ VINEUSE

Chevaliers de la Puette.

EXPOSITIONS, FOIRES, FÊTES

Foire aux vins du Mans (janvier-février) ; Foire canto-
nale annuelle ; fête de la Saint-Vincent.

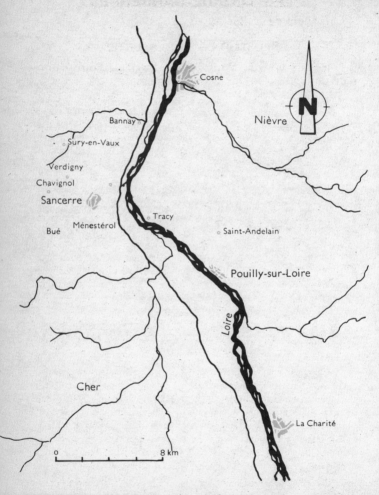

Sancerre et Pouilly-sur-Loire

LES VINS DE SANCERRE

L'aventure du Sancerre réjouira le cœur des optimistes qui croient le progrès technique capable de nous rendre quelques-uns des bons « vins de nos aïeux ». Ici, comme à Château-Chalon, l'emploi des mototreuils a permis la remise en culture d'excellentes terres abandonnées à cause d'une trop forte pente. Trois cents vignerons cultivent environ trois cents hectares, tous plantés en Sauvignon, et produisant en moyenne dix mille hectolitres. Le raisin est cueilli tout à fait mûr et mis à fermenter dans des tonnes de six cents litres. Si nécessaire, on chauffe les caves pour obtenir un vin plus sec. Le vin est fait au bout de quelques semaines et bon à déguster dès le mois de janvier. Les vins de « caillottes » sont les meilleurs du 15 janvier à la fin mars. Les bouteilles sont à conserver couchées dans une cave fraîche.

Classification et caractères des vins de Sancerre

Cas très rare : deux vins peuvent provenir du même cru et se révéler très différents, à la fois comme saveur et comme développement. Il faut en voir la cause dans la nature du terrain. Les terrains marneux ou « terres blanches », ou « grosses terres » donnent des vins corsés, un peu lourds, peu bouquetés en primeur, mais qui se développent bien en quelques mois de bouteille ; les terrains pierreux, calcaires, dits « caillottes », des vins légers, fruités, agréables, excellents en primeur, mais passant rapidement.

Le vin de Sancerre livré dans le commerce est généralement un mélange de ces deux vins... et il réussit à être meilleur que chacun.

MEILLEURES COMMUNES

Douze au total.

SANCERRE et ses deux hameaux sont renommés : Chavignol et Amigny.

Autres communes : Bué, Crézancy, Verdigny, Sury-en-Vaux, Saint-Satur, Ménétréol-sous-Sancerre, Bannay, Veaugues, Vinon, Thauvenay, Sainte-Gemme, Ménetou-Ratel. 100 000 hl, dont le quart en rouge ou rosé.

Caractères. — Le vin blanc de Sancerre doit titrer au minimum dix degrés et demi. Pratiquement ce chiffre est toujours dépassé et atteint de onze degrés et demi à treize, ce qui représente le meilleur équilibre entre le bouquet et le corps. On peut alors apprécier son arôme si particulier.

Robe d'un bel or vert, mais non pas jaune, fruité, acide avec un rien de moelleux, le vin de Sancerre demande à être consommé jeune. Un vin de trois ou quatre ans perd souvent de sa fraîcheur, bien que certains millésimes se soient conservés dix ans.

Vins rosés et rouges. — Les vins rosés et rouges sont issus du cépage Pinot et ont droit à l'appellation Sancerre depuis 1959. Ils sont secs, frais, fruités, excellents après six mois de bouteille.

Du bon usage du vin de Sancerre

Le vin de Sancerre doit être bu frais, sans excès afin de ne pas perdre son bouquet. Une température de dix à quinze degrés est la meilleure. On peut le consommer à toute heure du jour. Au cours du repas, il accompagne les coquillages, le jambon sec, les pâtés, les poissons, les volailles et les viandes blanches. Les crus sont assez caractérisés pour permettre des nuances intéressantes.

ROUTE DU VIN

Le vignoble de Sancerre couvre une région très pittoresque et chaque village, voire chaque hameau, mérite une visite.

SOCIÉTÉS VINEUSES

Chevaliers du Cep, à Verdigny-Crézancy.
Berettes de Bué, à Bué.
Chevaliers de Sancerre, à Sancerre.

COOPÉRATIVE

Route de Bourges, Sancerre.

LES VINS DE MENETOU-SALON

Le petit vignoble de Menetou-Salon est l'un des plus anciennement apprécié de France. On a la preuve qu'en l'an 1450 il était la propriété du grand argentier Jacques Cœur.

Situé à une dizaine de kilomètres au nord de Bourges, il couvre quatre cent cinquante hectares répartis sur les coteaux de neuf communes : Menetou-Salon, Parassy, Morogues, Saint-Céols, Soulangis, Aubinges, Vignoux-sous-les-Aix, Quantilly, Pigny.

Les cépages autorisés sont le Sauvignon pour les blancs, le Pinot pour les rouges et les rosés, ces derniers d'une production encore réduite mais en cours de développement.

La production peut atteindre 6 000 hl, dont 40 % en vin rouge.

Du caractère et du bon usage des vins de Menetou-Salon

Vins frais, fruités, assez corsés (entre onze et treize degrés d'alcool) avec un goût de terroir, ils sont mis en bouteilles au cours du printemps qui suit l'année de la récolte et gagnent à être bus en primeur. Ce sont des vins à boire « à la soif », et aussi avec les coquillages, les poissons et le fromage de chèvre du Berry, qu'il convient de servir frais, mais non glacés, à une température de huit à dix degrés.

MANIFESTATIONS

Foire aux vins de Bourges.

Journée des vins à Menetou-Salon, début mai. (Période de la cueillette du muguet, très abondant dans les forêts qui entourent le vignoble.)

SOURCE DE RENSEIGNEMENTS

Union viticole de la région de Menetou-Salon, mairie de Menetou-Salon (Cher).

LE VIN DE QUINCY

Le vignoble de Quincy est situé sur la rive gauche du Cher, à une vingtaine de kilomètres de Bourges. Deux cents producteurs cultivent environ cent cinquante hectares plantés en Sauvignon et récoltent en moyenne quatre mille hectolitres.

Caractères du Quincy. — Vin blanc très sec, frais sans verdeur, de degré assez élevé (minimum : 10,5°), une mise en bouteilles précoce permet de lui conserver tout son bouquet. Il est préférable de le consommer dans les deux premières années, car il perd assez vite sa vivacité.

Du bon usage du Quincy

Ce vin est à boire à la température de la cave, à sa soif, mais aussi avec les huîtres et le poisson.

A une époque où l'on regrette les « petits coins perdus », le vignoble de Quincy devrait tenter les amateurs. Il est si hors du monde qu'il ne s'y trouve pas même un restaurant.

LES VINS DE REUILLY

Le vin de Reuilly est très ancien et assez rare. Situé sur les deux rives de l'Arnon, à une dizaine de kilomètres de Quincy, le vignoble planté en Sauvignon est en progrès, modestes. La production atteint 600 hl en vin rouge et dépasse les 1 000 hl en vin blanc.

Caractères du vin de Reuilly

Ils sont très proches de ceux du Quincy.

POUILLY-SUR-LOIRE

Entre tous les vignobles de France, celui de Pouilly-sur-Loire pourrait bien mériter l'oscar de l'expansion. En moins de vingt ans (depuis la première édition du *Guide du vin*) la production de son meilleur vin, le Pouilly-Fumé, est passée de 200 hl à près de 40 000, tandis que celle du Pouilly-sur-Loire restait stationnaire.

Classification et caractères des vins

La classification se fait d'après le cépage employé.

Le Pouilly-sur-Loire, produit par le cépage Chasselas, parfois rehaussé par un quart ou un cinquième de Blanc-Fumé, surtout dans les années médiocres, titre au moins neuf degrés d'alcool. Sa production moyenne de six mille hectolitres est en régression.

C'est un vin de primeur, acide, léger, assez fin, franc, avec un goût de noisette. (Sous le nom de « Fendant », on retrouve le Chasselas à Crépy, en Savoie et dans le pays de Vaud.)

Le Pouilly-Fumé ou Pouilly-Blanc-Fumé, produit par le cépage Sauvignon, titre au moins onze degrés. Sa production moyenne, près de 40 000 hl, est en hausse.

De robe jaune très claire à reflets verts, fruité, corsé mais coulant, légèrement musqué et épicé, on peut le boire après quelques mois de bouteille, mais il vieillit fort bien en prenant une rondeur, un fondu qui en fait un vin « harmonieux ». Une teinte jaune accentuée indique un vin qu'il est temps de boire.

Du bon usage des vins de Pouilly

C'est un exercice agréable que de comparer ces deux vins à la suite l'un de l'autre : le premier sur des huîtres, du jambon sec, des pâtés, le second sur le brochet, le coq au vin blanc, l'escalope de veau à la crème.

Le Pouilly-sur-Loire est recommandé comme vin d'été, qu'on peut « boire à sa soif ». Il doit être frais et jeune. Le Pouilly-Fumé est meilleur de deux à quatre ans.

ROUTE DU VIN

Les Loges, Château de Nozet, Bouchot, Saint-Andelain, Tracy, Château de Tracy.

CAVES

Château de Nozet (appartenant à MM. de Ladoucette ; c'est le plus grand domaine, avec ses quatorze hectares).

SOCIÉTÉ VINEUSE

Baillis de Pouilly.

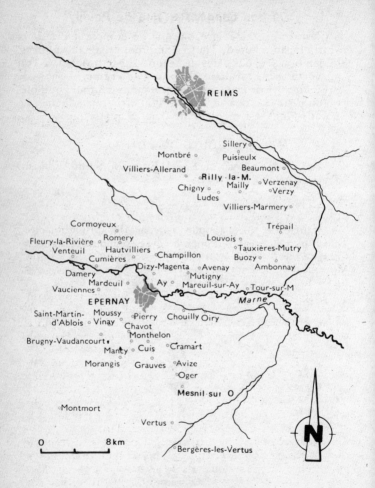

La Champagne

CHAMPAGNE

Qui donc voulait mettre Paris en bouteille ? Ce serait alors une bouteille de Champagne, car le vignoble champenois ne couvre guère plus que la superficie de la capitale. Avec 25 000 ha produisant plus de 2 000 000 d'hl, il est la plus petite de nos grandes régions.

Le vin de Champagne était déjà célèbre au temps des Francs puisque saint Remy en offrit un fût à Clovis, lui promettant la victoire tant qu'il en resterait une goutte, bonne manière d'encourager un guerrier à la sobriété. Tant de vertu n'était peut-être pas le fait d'Henry IV qui savait profiter de son titre de « seigneur d'Ay » ni de Mme de Pompadour qui, en 1750, commandait ses « paniers de bouteilles » à la maison Moët.

Longtemps, le vin de Champagne fut un grand vin rouge sans particularité spéciale, sauf une légère tendance à pétiller. On a fait l'honneur de son invention à dom Pérignon, moine-cellerier de l'abbaye de Hautvilliers, dont la vie recouvre exactement celle de Louis XIV (1638-1715). L'absence à peu près complète de documents de l'époque ne permet pas d'accorder à cette thèse une valeur absolue, la sagesse et une certaine connaissance de l'évolution du vin dans la suite des siècles conseillent de la nuancer beaucoup.

Maître de chai réputé pendant plus d'un demi-siècle, dom Pérignon n'avait certainement pas volé sa réputation. Il semble l'avoir acquise en créant ou tout au moins en améliorant le système de la « cuvée ». Pourvu d'un palais d'une délicatesse mathématique, il reconnaissait les raisins issus des différents crus et procédait à des dosages qui émerveillaient les connaisseurs.

Il est probable aussi qu'il fit beaucoup pour mieux

connaître la mousse... non pour l'utiliser, mais pour la combattre. En effet, le vin qui pétille a toujours été l'ennemi des producteurs et plus encore à une époque où la vente en fûts était seule autorisée. Si la fermentation n'était pas maîtrisée, les tonneaux éclataient au cours du voyage.

Le lancement du Champagne pourrait bien avoir été réalisée en Angleterre en vertu du plus constant des principes gastronomiques, l'économie. Condamnés à le boire rapidement ou à le voir s'aigrir, les Anglais eurent l'idée de mettre le vin dans ces bouteilles qu'ils étaient les premiers à fabriquer d'une manière industrielle. Le Portugal leur fournissait du liège. Le fil de fer pour ficeler le bouchon, ils connaissaient aussi.

Ce vin qui, contre tous les bons usages, faisait sauter les bonnets par-dessus les moulins eut un grand succès dans les campagnes anglaises. Toujours en retard d'une révolution, Versailles et Paris en réclamèrent à leur tour. Les vignerons champenois jurèrent qu'ils n'en fabriqueraient pas et les fonctionnaires qu'ils l'interdiraient. Cas d'unanimité sans doute unique dans l'histoire du vin et qui laisse planer quelques doutes sur les élections à 100 %. La première bulle du Champagne emporta tout. Elle se fit cependant attendre. Ce ne fut qu'en 1726, soit onze ans après la mort de dom Pérignon, que fut autorisée la vente du vin de Champagne en bouteilles. Or il ne saurait être question de tonneaux de mousseux... Pourtant, il semble bien que dom Pérignon ait fait des cadeaux en bouteilles ! On n'en sort pas ! Que le rôle de notre illustre moine ait été important nous paraît probable. Il reste encore à définir.

Tous les témoignages sont d'accord pour reconnaître à dom Pérignon un grand don d'observation. Il pourrait donc avoir découvert dans quelles conditions s'effectue la prise de mousse. Les moûts champenois offrent la particularité de ne fermenter qu'incomplètement dans les semaines qui suivent le pressurage. Les ferments s'engourdissent pendant l'hiver pour se réveiller au printemps. Dom Pérignon eut l'idée de profiter de ce sommeil pour enfermer le vin dans des bouteilles solidement bouchées, ce qui permettait de conserver le gaz carbonique produit par la fermentation de printemps. C'est ce gaz carbonique qui produit la mousse, d'autant plus fine que la maturation a été faite plus lentement.

Il revenait à Pasteur de confirmer et d'expliquer les découvertes de cet étonnant vigneron.

Les innovations de dom Pérignon ne se répandirent que peu à peu et longtemps encore le vin de Champagne resta « clairet, fauvelet, rosé, flave, entre blanc et roux », de couleur œil de perdrix. Il fallut perfectionner le bouchage et surtout fabriquer de nouvelles bouteilles, très résistantes et à l'intérieur parfaitement poli qui permet l'évacuation de toutes les lies, pour arriver vers 1800 au vin blanc mousseux que nous connaissons. Napoléon, peu gourmet mais qui manquait rarement d'instinct, se rendit en Champagne pour honorer son vin, le 27 juillet 1807. Ce fut aussi vers cette époque que, devenue sans objet, se termina la guerre entre les vins de Champagne et les vins de Beaune. Elle durait depuis 1660, battant de loin la guerre de Cent Ans.

La recette du vin de Champagne

On raconte que vers 1840 arriva à Paris une lettre adressée « au plus grand poète de France ». Musset la transmit à Lamartine qui la transmit à Hugo, etc. On l'ouvrit et on trouva une commande adressée à un marchand de Champagne. L'anecdote illustre bien une vérité. Alors que nos vins les plus distingués gardent toujours un peu de terre dans leurs culs de bouteille, un accent « ben de chez nous », seul le Champagne présente ce côté aérien, léger, d'une sorte de « vin sans terre ».

Il est l'unique exemple qui montre que l'on peut avoir de l'esprit d'après une recette. Alors que les autres vins sont « élevés » avec le seul souci de prévenir les défaillances de la nature, le Champagne est préparé d'après une recette différente pour chaque maison, j'allais écrire pour chaque cuisinière.

Les éléments de la préparation sont rassurants parce qu'ils sont simples et sains : des raisins issus de différents cépages et choisis dans plusieurs régions, du vieux vin de Champagne, du sucre candi pur, parfois un peu de vieux Cognac — et une grande quantité de tours de main, tours de bras, etc.

Coiffant le tout, le maître d'œuvre : le Temps lui-même. Grandes ou petites, millésimées ou non, les 80 millions de bouteilles annuelles (le chiffre descend parfois à la moitié ou au tiers) sont toutes obtenues par le même implacable procédé.

Vendanges et pressurages

Dans cette région les opérations les plus élémentaires sont menées avec un souci de perfection qui les apparente à l'œuvre d'art. On vendange en orfèvre ! Non seulement les raisins sont cueillis avec la plus extrême délicatesse, comme à la pointe du ciseau, non seulement ils sont examinés et triés un à un de façon à éliminer tous les grains verts ou un peu tachés, mais ils sont ensuite transportés sur des voitures à ressorts pour éviter de les meurtrir ou seulement de les froisser.

La forme des pressoirs a été étudiée avec minutie. Très larges et très bas, ils permettent les serres rapides nécessaires lorsqu'il s'agit de raisins noirs. Ainsi le jus ne se tache pas au contact des marcs.

Le pressurage a lieu en trois fois : la première donne les vins de première cuvée, la seconde les vins de « premières tailles », la troisième les vins de « deuxièmes tailles ». (On « taille » le marc avec des bêches coupantes pour le remettre sur le pressoir.)

Le mélange des « deuxièmes tailles » des grands crus et des crus secondaires permet d'obtenir des Champagnes peu coûteux.

Le vin qui reste est la « rebeche ». Obligatoirement, on l'exclut du Champagne pour en faire du vin ordinaire. Cette règle est l'une des conditions de la qualité et de la

légèreté du vin. Introduire de la « rebeche » dans le
Champagne serait le frapper de vulgarité.

Trois ans dans la cave

Pour plus de clarté, on peut diviser en deux temps la
fabrication du Champagne.

Premier temps, les vins issus de différents crus locaux,
après un séjour plus ou moins prolongé en fûts ou en
cuves (au moins six mois) sont mélangés de façon à obtenir le produit de synthèse idéal, puis mis en bouteilles. Si
l'année est particulièrement bonne, on s'en tiendra à
cette seule récolte et l'on obtiendra un Champagne millésimé, ce qui est exceptionnel. (Ce sont les maisons qui
décident du millésime.) Dans les années médiocres les
vins sont équilibrés avec les cuvées des années précédentes, d'où le niveau très régulier de la qualité moyenne.

Deuxième temps, au vin de cuvée, on ajoute du sucre
de canne (vingt-trois grammes par litre), du tanin, de la

colle et des levures sélectionnées qui provoquent dans la bouteille une seconde fermentation nommée « prise de mousse » qui dure plusieurs mois et fait monter la pression à six atmosphères et exploser trois pour cent des bouteilles.

Les bouteilles sont ensuite disposées obliquement, la tête en bas, sur des pupitres perforés. Chaque jour on les remue doucement à la main pour amener le dépôt de la fermentation dans le goulot. Après trois à cinq mois de ce « remuage » (trente mille à cinquante mille par jour pour un ouvrier), les bouteilles se trouvent toujours à la verticale, la tête en bas, et le vin est devenu clair. La bouteille est « terminée sur pointe ».

Un délai d'un an minimum s'écoule entre ces opérations. Le vin est ensuite mis au frais « en masse » — spectacle impressionnant — dans les fameuses caves creusées dans la craie à quelque trente mètres de profondeur et qui s'étendent sur plus de deux cents kilomètres. Au moment d'expédier la bouteille, on pratique le « dégorgement » qui a pour objet d'expulser le dépôt accumulé contre le bouchon. L'opération, extrêmement délicate, se fait de deux façons, soit en se fiant à l'adresse de l'ouvrier, soit en congelant l'extrémité du goulot, ce qui permet d'expulser le dépôt sous forme d'un aggloméré de glace. L'usage de ce procédé, mis au point voilà plus de trente ans, est devenu général. A noter qu'à partir du dégorgement le vin ne se bonifie presque plus.

Au dernier moment on verse dans la bouteille « la liqueur d'expédition », faite d'un mélange de Champagne vieux, de sucre candi et parfois de Cognac. Selon la dose, le vin est *brut* (il ne devrait pas contenir de « liqueur », mais il y a une tolérance de 0,25 à 0,5 % ; un bon *brut* millésimé n'est jamais sucré et tous les millésimes sont bruts), *extra-sec* (2 %), *goût américain* (6 à 7 %), *demi-sec* (7 à 10 %), *doux* (10 à 12 %).

Saluons au passage l'habileté des ouvriers qui débouchent les bouteilles à plusieurs reprises sans presque leur faire perdre leur pression.

Les bouteilles sont ensuite mirées et « habillées ».

Aucun Champagne ne peut être mis en vente s'il ne compte au moins un an de bouteille, délai minimum qui concerne surtout les *doux*. Pour les *bruts* et les millésimés, ce délai est porté spontanément à trois et cinq ans et plus.

Rôle des différents cépages

La gamme des vins de Champagne n'est pas moins grande que celle des vins de Bourgogne et elle repose sur les deux mêmes cépages : le Chardonnay (blanc) et le Pinot (noir).

La diversification des différents vins de Champagne repose donc sur les différences de dosage, dans une même cuvée, des vins rouges, et des vins blancs, ainsi, naturellement, que de leur lieu d'origine. La formule moyenne est de soixante-quinze pour cent de raisin noir et vingt-cinq pour cent de raisin blanc. Cependant, sur la fameuse « côte des blancs » (Cramant, Mesnil-sur-Oger, Avize), on produit des « blancs de blancs », vins issus des seuls raisins blancs.

Les « crus » de raisins

Rares sous forme de vins (mais ils existent) les crus réapparaissent en Champagne sous forme de raisins. Beaucoup de vins de Champagne sont produits par des négociants qui achètent aux vignerons des raisins dont les qualités sont assez différentes pour avoir fait l'objet d'un classement, revu chaque année, qui va des crus soixante-quinze pour cent (minimum) aux crus cent pour cent. Ce classement comprend sept catégories et permet d'établir les prix de vente des raisins pour la saison.

Situation particulière du Champagne en matière commerciale

A la différence de tous nos autres vins, le vin de Champagne ne porte sur son étiquette, ni un nom de cépage, ni un nom de lieu-dit, mais celui de son vendeur, donc d'une marque commerciale. Les « maisons de Champagne », au nombre d'une centaine, cultivent quinze pour cent du vignoble et commercialisent quatre-vingts pour cent de la production. Les propriétaires qui font eux-mêmes leur vin sont dits « récoltants-manipulants » et vendent les vingt pour cent restants. Les autres exploitants (environ dix mille), cultivant chacun en moyenne un hectare ou un hectare et demi, vendent leurs raisins.

Signalons à côté de l'appellation « Vin de Champagne » l'existence des « Coteaux champenois » et du « Rosé du Riceys ».

Classification des communes de production

A première vue, cette classification peut paraître inutile à l'amateur qui n'a guère de chances de savoir l'origine du vin vendu par telle ou telle marque. Le cas sera différent s'il s'adresse à un « récoltant-manipulant » installé en plein dans le vignoble. Bien que des surprises soient toujours possibles, il aura plus de chances d'obtenir de bons vins à Ay, Avize ou Sillery, classés à cent pour cent, qu'à Château-Thierry coté à soixante-quinze pour cent. Enfin, pour beaucoup de vins « nature », l'orgine est indiquée.

Faute de place, nous nous contenterons pour chaque région de donner les meilleures communes, en ordre décroissant.

ZONE DE LA MARNE

I. La rivière Marne. — Ay (100 %), Mareuil-sur-Ay (98 %), Dizy-Magenta (95 %), Avenxay (93 %), Champillon (93 %), Mutigny (93 %), Cumières (90 %), Hautvilliers (90 %), Bisseuil (93 %).

II. La côte d'Ambonnay ou zone intermédiaire. — Ambonnay (100 %), Bouzy (100 %), Louvois (100 %), Tours-sur-

Marne (100 % en raisins noirs, 90 % en raisins blancs), Tauxières-Mutry (99 %).

III. La côte d'Épernay. — Chouilly (90 % noirs, 93 % blancs), Pierry (90 %), Épernay (88 %), Moussy (88 %), Vinay (86 %), Saint-Martin-d'Ablois (86 %).

IV. La côte d'Avize ou côte blanche. — Avize (100 %), Cramant (100 %), Oger (99 %), Oiry (99 %), Le Mesnil-sur-Oger (99 %), Grauves (90 % noirs, 93 % blancs), Cuis (90 % noirs, 93 % blancs), Monthelon (88 %), Chavot-Gourcourt (87 % noirs, 88 % blancs), Mancy (86 % noirs, 88 % blancs), Brugny-Vaudancourt (86 %), Morangis (84 %).

V. La côte de Vertus. — Vertus (93%), Bergères-les-Vertus (90 % noirs, 93 % blancs).

LA MONTAGNE DE REIMS

I. La Haute Montagne. — Sillery (100 %), Puisieulx (100 %), Beaumont-sur-Vesle (100 %), Verzenay (100 % noirs, 86 % blancs), Mailly-Champagne (100 % noirs, 86 % blancs), Verzy (99 % noirs, 86 % blancs), Rilly-la-Montagne (94 %), Montbré (94 %), Ludes (94 % noirs, 86 % blancs), Chigny-les-Roses (94 % noirs, 86 % blancs), Trépail (90 %), Villers-Marmey (90 %), Villers-Arland (90 %).

II. La Basse Montagne. — Quelques communes au nord-ouest de Reims, de 87 à 81 %.

LE VIGNOBLE DE L'OUEST

Cantons : Fismes, Ville-en-Tardenois, Châtillon, Dormans, Montmort, Condé-en-Brie. Les crus y sont cotés de quatre-vingt-cinq à soixante-dix-neuf pour cent.

LE VIGNOBLE DE L'AUBE : ROSÉ DES RICEYS

L'Aube produit des vins de Champagne cotés uniformément à soixante-quinze pour cent. Le vin rosé des Riceys, bénéficie d'une appellation particulière. Il est à boire en primeur.

Différences entre les caractères
et les goûts du Champagne

Les goûts sont indiqués sur l'étiquette et vont de brut à doux. Les caractères sont les différences qu'un dégustateur relève, par exemple, entre un vin de la montagne de Reims et un vin de la côte d'Avize.

Secret de toutes les maisons de Champagne, l'assemblage joue un rôle important. Règle générale : *un vin est d'autant plus corsé qu'il entre plus de raisins noirs dans la cuvée.* Les plus légers de tous sont donc ceux qui sont obtenus à partir des seuls raisins blancs, les « blancs de blancs ».

Voici quelques caractères, région par région. Ils sont surtout faciles à percevoir sur les vins « nature ».

RIVIÈRE MARNE, particulièrement Ay et Mareuil-sur-Ay. Vins complets, de premier ordre dans les bonnes années. Ils ont de la finesse, de la race, mais aussi du corps et de la vinosité.

CÔTE D'AMBONNAY, particulièrement Ambonnay, Bouzy, Louvois. Vins nerveux, corsés, vineux, ronds, bien charpentés.

CÔTE D'AVIZE, particulièrement Avize, Cramant, Oger, Oiry, Le Mesnil-sur-Oger, Grauves. Les « blancs de blancs » y sont particulièrement réputés. Ils sont délicats, féminins, très frais. Blancs et légers à Avize, plus corsés, plus bouquetés et vineux à Cramant, plus légers à Oger, plus pétillants et frais au Mesnil-sur-Oger. A Grauves les non-mousseux sont réputés pour leur vinosité et leur goût de pierre à fusil.

CÔTE DE VERTUS, vins fermes et vineux.

LA HAUTE MONTAGNE DE REIMS, particulièrement Sillery, Beaumont-sur-Vesles, Verzenay, Mailly-Champagne. Vins frais, bouquetés, charpentés, vineux. A Sillery vins non mousseux, robe ambrée, bouquet très fin. La région étant surtout plantée en raisins noirs donne des vins ayant beaucoup de corps.

Les crus de Champagne

Par tradition, la grande majorité des ventes de Champagne sont le fait de maisons de négoce qui pratiquent l'assemblage de crus variés. La garantie est alors fournie par la marque. Cependant on rencontre, encore que rarement, sur quelques étiquettes provenant en général de « récoltants-manipulants » les mentions « Grand cru 100 % » ou « Grand cru » ou « Premier cru ».

Il s'agit d'appellations légales définies par le décret du 1er juillet 1952 disposant que « l'emploi des termes « Premier cru » est réservé aux vins provenant des communes classées de 100 à 90 % inclusivement dans l'échelle des prix en vigueur au 1er juillet 1952, et l'emploi des termes « Grand cru » aux vins provenant des communes classées à 100 % ».

Comme on le voit, le terme « Grand cru 100 % » ne figure pas dans la loi et constitue un pléonasme. Il est cependant toléré car il exprime une vérité plus facile à saisir pour le consommateur.

Les conditions de fabrication du Champagne permettent de comprendre qu'à la différence des vins de toutes les autres régions de France, une bouteille portant la mention « Grand cru » puisse se révéler de moins bonne qualité qu'une bouteille portant seulement une indication de marque. C'est que, par les vertus de l'assemblage, la somme des qualités du produit obtenu est supérieure à celle de chacun des composants. Pour schématiser un peu grossièrement : un assemblage de trois crus à 95 % peut atteindre une qualité estimée à 110 %.

Coteaux champenois

Le mot « Champagne » tout court s'applique toujours à un vin mousseux. Le vin « tranquille » originaire de la Champagne viticole porte le nom de « coteaux champenois » (blanc, rosé ou rouge).

Ce vin provient des mêmes raisins, des mêmes terroirs et obéit aux mêmes règles de culture que le Champagne

lui-même. Autrefois, il correspondait à la production
obtenue en excédent de la limitation de rendement en
appellation « Champagne » à l'hectare. Cette limite est
fixée chaque année et fut, par exemple, de douze mille
kilogrammes de raisins, ce qui correspond à un rendement approximatif de quatre-vingts hectolitres à l'hectare. (Il faut deux kilogrammes de raisins pour faire une
bouteille de Champagne.) Aujourd'hui un certain nombre
de propriétaires ont opté pour la production de
« Coteaux champenois ».

Sauf dans les années de production abondante, et elles
sont rares en Champagne, le vin nature est assez rare.
Son prix est cependant nettement moins élevé que celui
du Champagne, car il est consommé jeune et il ne supporte pas de frais de manipulation ni de stockage. La

Vendanges dans la Marne.

hiérarchie des crus est naturellement la même que pour le Champagne.

Notons encore sur ce sujet que le Champagne est un vin blanc ou exceptionnellement rosé et que si l'on rencontre par exemple sur l'étiquette les mentions « Bouzy rouge », « Sillery rouge », « Mareuil rouge », il s'agit obligatoirement de vin nature. Ces bouteilles peuvent naturellement être millésimées.

Crémant

Le mot « Crémant » ou « Crémant brut » qui figure sur certaines étiquettes de bouteilles de Champagne concerne un vin qui n'a pas été entièrement champagnisé, de faible pression, « tiré à demi-mousse ». Il n'est pas propre à la Champagne et peut être utilisé dans d'autres régions.

Ratafia de Champagne

Il s'agit d'un vin de liqueur obtenu en ajoutant de l'alcool de vin à du moût de blancs et de rosés.

Du bon usage du Champagne

On débouche le Champagne en tenant la bouteille légèrement penchée. Il ne doit faire entendre qu'un petit bruit sec et discret et la mousse affleurer le bord du goulot. S'il explose, c'est que le vin est trop chaud, ou que la bouteille a été secouée, ou que l'on n'a pas songé à retenir le bouchon.

A quel âge le boire ? Un Champagne est fait après trois, quatre ou cinq ans. On le met alors en vente et il doit être parfait. Il ne gagne pas à vieillir et il est prudent de ne pas le conserver plus de deux ans en cave. Un Champagne millésimé n'échappe pas à cette règle. Après cinq ans il y a déjà un petit risque car certains vins vieillissent plus vite que d'autres. Se méfier des vieux flacons dont les bouchons sont « cirés ».

Pendant longtemps le Champagne a été considéré comme le vin des desserts et des discours. Cette exclusivité a été discutée par notre bon docteur Ramain qui qualifie cette habitude de « triple crime, car 1° il reste dur ; 2° il ne favorise pas la digestion comme on l'imagine ; 3° il empêche les grands vins de Sauternes d'être savourés à leur vraie place ». Il conclut, ou à peu près, que, hors ce fâcheux moment, le Champagne peut être bu toute la journée.

Si l'on n'utilise plus guère le Nabuchodonosor (contenu 18 à 22 bouteilles), on sert encore le Champagne dans de très grands flacons. L'amateur s'en tiendra au magnum. Au-dessus, le vin a presque toujours été transvasé.

L'usage se répand de plus en plus des repas « tout au Champagne », solution moins facile qu'elle ne le paraît, car l'amateur digne de ce nom ne se contentera pas d'un Champagne unique. Il commencera par des vins secs et légers, passera aux plus corsés au moment des rôtis pour terminer par les plus vieux et les moins secs.

Le Champagne doit être conservé couché dans une cave à température relativement constante, environ dix degrés. On le sert frais mais non glacé, entre six et huit degrés. Trop chaud, la mousse en serait éphémère ; trop froid, il perdrait toute sa saveur. Éviter de le placer dans le réfrigérateur, mais utiliser le seau à Champagne contenant un mélange de glace et d'eau.

ROUTES DU VIN

1° Montagne de Reims : de Reims à Ay (jalonnée en bleu). 2° Vallée de la Marne : de Tours-sur-Marne à Dormans (jalonnée en rouge). 3° Côte des blancs : d'Épernay à Oger et d'Oger à Bergères-les-Vertus (jalonnée en vert). 4° Route du vignoble de l'Aube : de Lignol-le-Château à Mussy-sur-Seine (vignoble des Riceys en particulier).

HAUTS LIEUX

Ay, Hautvillers, Musée du Champagne à Épernay. (Un célèbre « pressoir à écureuil », une maquette de l'abbaye de Hautvilliers...) Caves des grandes maisons (quatre à Épernay et une dizaine à Reims).

FOIRES, EXPOSITIONS, MANIFESTATIONS, FÊTES DU VIN

(Principe : toutes les occasions sont bonnes pour boire du Champagne.)

Foires-expositions à Reims et à Troyes au mois de juin (elles viennent en droite ligne du Moyen Age).

Foires aux oignons à Givet, le 11 novembre.

Journées de la choucroute à Brienne-le-Château (Aube), troisièmes samedi et dimanche de septembre, avec escargots et choucroute au Champagne.

Carnaval à Charleville.

Fête des jonquilles au printemps à Bar-sur-Aube.

Fête de la Saint-Vincent dans les villages vignerons.

Feux de la Saint-Jean (nuit du 24 juin) dans les hauts lieux du vignoble : Cumières, Mailly-Champagne, Épernay... dans la Marne, et Montgueux dans l'Aube.

Remuage des vins de Champagne.

LISTE DES APPELLATIONS CLASSÉES EN V.D.Q.S.

Les vins délimités de qualité supérieure dont nous donnons ci-dessous la liste complète sont au nombre d'une soixantaine. Eux seuls méritent véritablement l'appellation « vin de pays » (qu'ils n'ont pas le droit de porter) en ce sens qu'ils sont d'origine, purs de tout coupage et qu'ils répondent à des conditions fixées par la loi avec autant de précision que pour les appellations d'origine contrôlée. De plus, pour obtenir le label V.D.Q.S., ils doivent subir une épreuve de dégustation, ce qui n'est pas le cas de tous les A.O.C.

La plupart de ces vins sont exquis à consommer sur place et certains voyagent très mal. Ceux qui veulent les boire auront donc intérêt à se rendre à la montagne avant d'attendre que la montagne vienne à eux. La plupart des « Syndicats de Défense » se montrent d'une grande désinvolture dès qu'il s'agit d'aider à la vente de ces vins qui est souvent assurée auprès des seuls amateurs locaux. Vous pouvez écrire en espérant que vous tomberez dans une bonne semaine, mais nous vous conseillons plutôt de réserver nos adresses pour vous en servir comme de points de départ lors d'une sérieuse enquête au cours d'un voyage.

Sachez aussi que les récoltes sont parfois très faibles : moins de cent hectolitres.

Tous les V.D.Q.S. possèdent un Syndicat de Défense. C'est son adresse que nous vous donnons. Si nous donnons un nom propre, il s'agit du responsable, en général le président.

LORRAINE

Côtes de Toul, rue Paul-Keller, Toul (Meurthe-et-Moselle).

Vins de Moselle, place Saint-Thiébault, Metz (Moselle).

SAVOIE-DAUPHINÉ, BUGEY

Savoie, 11, rue Métropole, Chambéry (Savoie).

Vins du Bugey, à Belley (Ain).

LYONNAIS, FOREZ, CÔTE ROANNAISE

Vins du Lyonnais, 4, place Gensoul, Lyon (Rhône).

Côtes du Forez, mairie de Boën-sur-Lignon (Loire).

(Cave coopérative à Trelins. Le syndicat est très actif et répond aux lettres ; il organise les journées de la fourme et du vin des Côtes-du-Forez en septembre-octobre, les journées du boudin d'herbe entre le 10 et le 15 novembre. Vins rouges et rosés.)

Vins de Renaison-Côte Roannaise, 3, rue Émile-Noirot, Roanne (Loire).

VALLÉE DU RHÔNE

Côtes du Ventoux, 41, cours Jean-Jaurès, Avignon (Vaucluse).

Côtes du Luberon, Coopérative de Lourmarin, à Lourmarin (Vaucluse).

Vins de Châtillon-en-Diois, Châtillon-en-Diois (Drôme).

Coteaux d'Aix-en-Provence, Coteaux des Baux, Boîte Postale 38, Aix-en-Provence (Bouches-du-Rhône).

Haut-Comtat, à Nyons (Drôme).

Coteaux de Pierrevert, 11, rue du Mont-d'Or, Manosque (Alpes-de-Haute-Provence).

Côtes du Vivarais, Saint-Remèze (Ardèche).

Coteaux du Tricastin, mairie de Suze-la-Rousse (Drôme).

Coopérative de Richerenches (Vaucluse).

SUD-EST

Côtes de Provence, 3, avenue de la Gare, Les Arcs (Var).

(Les vins de Provence ont fait l'objet d'un chapitre spécial.)

LANGUEDOC-ROUSSILLON

Costières du Gard, 1, rue Porte-de-France, Nîmes (Gard).

Minervois, boulevard Pasteur, Olonzac (Hérault).

Picpoul de Pinet, Pinet (Hérault).

Coteaux du Languedoc, 2, rue Jules-Ferry, Montpellier (Hérault).

Coteaux de la Méjanelle, chemin de Maurin, Montpellier.

Pic-Saint-Loup, 28 *bis*, avenue du Professeur-Grasset, Montpellier.

Saint-Saturnin, 16, rue Marceau, Montpellier.

Montpeyroux, Montpeyroux (Hérault).

Saint-Christol, Saint-Christol (Hérault).

Saint-Chinian, Causses-et-Veyran (Hérault).

Faugères, Faugères (Hérault).

Cabrières, Cabrières (Hérault).

Coteaux de Vérargues, Vérargues (Hérault).

Saint-Drézery, Saint-Drézery (Hérault).

Saint-Georges d'Orques, Saint-Georges d'Orques (Hérault).

Quatourze, 1, rue Marcelin-Coural, Narbonne (Aude).

La Clape, 1, rue Marcelin-Coural, Narbonne (Aude).

Corbières, 55, avenue Georges-Clemenceau, Narbonne (Aude).

Corbières supérieures (même adresse).

Corbières du Roussillon, 2, rue Léon-Dieudé, Perpignan (Pyrénées-Orientales).

Corbières supérieures du Roussillon (même adresse).

Roussillon dels Aspres, 2, rue Léon-Dieudé, Perpignan (Pyrénées-Orientales).

SUD-OUEST

Fronton-Côtes-de-Fronton, Fronton (Haute-Garonne).

Villaudric, Villaudric (Haute-Garonne).

Cahors, Luzech (Lot).

Vins d'Entraygues et du Fel, Les Buis, par Entraygues (Aveyron).

Vins d'Estaing. M. E. Viguier, Les Buis, par Entraygues (Aveyron).

Vins de Marcillac, M. Lucien Cayrousse, Clairvaux (Aveyron).

(Cave coopérative à Valady.)

Vins de Béarn ou Béarn, section de Bellocq, Cave coopérative de Bellocq-par-Puyo (Pyrénées-Atlantiques).

Section de Pau, Maison du Paysan, 72, rue Castelnau, Pau (Pyrénées-Atlantiques).

Irouléguy, Mairie de Saint-Étienne-de-Baïgorry (Pyrénées-Atlantiques).

Côtes de Buzet, Buzet (Lot-et-Garonne).

(Centre viticole extrêmement actif, dont la coopérative est en mesure de fournir des vins rouges, blancs, rosés et des mousseux. En outre, publication deux fois par an d'une remarquable revue *Les Amis des côtes de Buzet*. Le Syndicat de Défense mérite d'être cité en exemple.)

Côtes du Marmandais, 22, boulevard de Maré, Marmande (Lot-et-Garonne).

(Syndicat actif. Fournit un dépliant.)

Lavilledieu, Lavilledieu (Tarn-et-Garonne).

Vins de Tursan, Geaune (Landes).

AUVERGNE, VALLÉE DE LA LOIRE, VENDÉE

Côtes d'Auvergne, 16, avenue Marx-Dormoy, Clermont-Ferrant (Puy-de-Dôme).

Vins d'Auvergne, 16, avenue Marx-Dormoy, Clermont-Ferrand (Puy-de-Dôme).

Coteaux du Giennois ou Côtes de Gien. M. O. Pillard. Ousson-sur-Loire (Loiret).

Vins de l'Orléanais, 61, boulevard A.-Martin, Orléans (Loiret).

Mont-près-Chambord, Huisseau-sur-Cosson (Loir-et-Cher).

Cour-Cheverny (même adresse).

Coteaux de Châteaumeillant. Association viticole. Châteaumeillant (Cher).

Saint-Pourçain-sur-Sioule, Saint-Pourçain-sur-Sioule (Allier).

Coteaux d'Ancenis, Saint-Géréon-près-Ancenis (Loire-Atlantique).

Gros-Plant du pays nantais, 9, rue Bon-Secours, Nantes (Loire-Atlantique).

(Syndicat actif, répond aux lettres, envoie des dépliants.)

Vins du Thouarsais. M. Gigon, Oiron (Deux-Sèvres).

L'usage du vin

ANTHOLOGIE

Il y a eu une année où tous les vins ont été bons ; savoir, sous le Consulat de Lucius Opimius, lorsque le tribun Caïus Gracchus fut tué à cause des séditions qu'il excitait parmi le peuple. Cette année-là, qui était la six cent trente troisième de la fondation de Rome, la saison fut si chaude que les raisins furent comme confits. Il reste encore aujourd'hui, au bout d'environ deux cents ans, des vins de ce temps-là ; mais ils sont réduits à une espèce de miel âpre...

PLINE.

> Hé ! que tu as la gorge gloute
> Dit, Margue Clippe, beleniece ;
> Je n'aurai encore eu grand piece
> But tout le mien mais tout à trait
> Le buverai à petit trait,
> Pour plus sous la langue croupir
> Entre deux boire un soupir
> I doit on faire seulement ;
> Si en dure plus longuement
> La douceur en bouche et la force.

« Les Trois Dames de Paris »
(Allusion à une scène d'orgie
ayant eu lieu le jour des Rois de l'année 1320.)

« J'ai toujours à mon arçon, dit l'heureux interlocuteur de Sancho, d'un côté une bonne cantine de viandes froides, de l'autre cette bouteille que j'aime, que je chéris et que j'embrasse à tout moment. — Monsieur, reprit Sancho d'une voix tendre, voulez-vous bien me permettre de l'embrasser une fois ? » L'inconnu remit alors la bouteille dans ses mains. Sancho la porte à sa bouche et, se renversant sur le dos, il se met à regarder les étoiles et demeure au moins un quart d'heure dans cette position qui lui plaisait. En se relevant, il fait un soupir, laisse tomber sa tête sur son sein. « Ah ! monsieur, dit-il, ah ! monsieur, c'est lui ! je le reconnais : il est de Ciudad-Real ! — Vous avez raison, c'est de là qu'il est ; de plus, il a quelques années. — A qui le dites-vous ? Mon Dieu ! Il n'y a pas de vin dont je ne devine, à la seule odeur, le pays et la qualité ; c'est une vertu, un don de famille. Imaginez-vous que j'ai eu deux parents, du côté paternel, qui furent les meilleurs buveurs, les ivrognes les plus renommés de la Manche. Un jour, on vint les prier de juger d'un certain vin. L'un approche son nez du gobelet, l'autre en met une seule goutte sur sa langue. Le premier dit : ce vin-là est bon, mais il sent le fer. L'autre dit : ce vin-là est bon, mais il sent le cuir. Le maître du tonneau soutint que cela n'était pas possible, que jamais ni fer ni cuir n'avait approché de son vin. Au bout d'un certain temps, le tonneau vidé, l'on retrouva dans la lie une très petite clef attachée à un très petit cordon de cuir. Jugez, monsieur, si le descendant de ces deux grands hommes doit sentir le prix du bon vin que vous avez la bonté de lui offrir. »

CERVANTÈS. *Don Quichotte.* 2e partie, chap. XI.

Afin que je jouisse
Si c'est une bonne bouteille que l'on m'en avertisse.
   Les gourmets disent que le bon vin doit avoir quatre propriétés et satisfaire au goût par la saveur, à l'odorat par le bouquet, à la vue par la couleur nette et claire, et à l'ouïe par la bonne renommée du pays où il est cru.

Éloge de l'ivresse.

Et si cela peut se dire, il s'écouta pendant un instant savourer le bouquet du vin.

EUGÈNE SUE.

L'homme de goût et d'esprit ne doit point se décourager dans la tâche difficile de former une bonne cave : il lui faut trente années de soins, de dépenses, de voyages, une vigilance et une activité presque surhumaines. Mais qu'importe ? Les jouissances qu'il se prépare sont indicibles. Et quel héritage à transmettre au fils qui portera son nom.

GRIMOD DE LA REYNIÈRE.

Faut-il assimiler aux bêtes les valets ?
Avez-vous des gésiers sans avoir de palais ?
C'est le bras, c'est la main qui dose et qui dispense.
Je goûte avec la bouche et vous avec la panse.
Et je pleure en songeant, ô Silène barbu,
Que, sans moi, ce bon vin aurait été mal bu.

MIGUEL ZAMACOÏS.

Les vins français sont d'une telle variété et d'une telle splendeur que c'est presque une activité spirituelle que de les goûter.

F. SIEBURG.

Il me semble parfois, lorsque je déguste avec un surcroît d'attention, qu'il me pousse des antennes à la base du nez.

P. POUPON.

Pourvu que la sensation serve l'âme, pourquoi la sensation serait-elle proscrite ? Ceux qui ont des sens affinés possèdent des tissus meilleurs, ont le caractère plus élevé, l'esprit plus perspicace.

DOCTEUR A. CARREL.

Un grand vin n'est pas l'ouvrage d'un homme, il est le résultat d'une constante et raffinée tradition. Il y a plus de mille années d'histoire dans un vieux flacon.

Le vin est professeur de goût et, en nous formant à la pratique de l'attention intérieure, il est le libérateur de l'esprit et l'illuminateur de l'intelligence.

P. CLAUDEL.

Sur la langue, le vin parle.

P. POUPON.

L'ÉCOLE DES DÉGUSTATEURS

On peut devenir un dégustateur convenable en moins d'un an.

A. Éléments de dégustation

CONNAISSANCES THÉORIQUES

Faites-vous d'abord une cave dans la tête. Vous jugerez mieux une bouteille si, avant de la déboucher, vous connaissez tout d'elle, sauf son contenu :

Géographie : place sur la carte des différents vins, musées ;

Histoire : époque de création et d'épanouissement des principaux vignobles, anecdoctes, sociétés bachiques ;

Gastronomie : caractères principaux du vin : corsé, léger, sec, liquoreux ; grands millésimes récents ; âge où le vin doit être consommé ; couleur du vin : rouge, blanc, rosé.

Et toutes les autres connaissances souhaitables : cépages, nature des terrains, procédés de vinification, maladies, etc.

ÉTAT D'ALERTE PERMANENT

Même si vous buvez du onze degrés de chez l'épicier, cessez de le faire avec indifférence. Qu'à chaque repas votre première gorgée soit celle d'un dégustateur. Changez vos marques de vins ordinaires, tendez-vous des pièges. Vous découvrirez des nuances dans les « gros rouges ». Reportez cette attention sur tous les vins que vous aurez l'occasion de tâter, chez vos amis, dans les restaurants, les expositions...

VOIR, HUMER, GOÛTER

Cette triple opération, le dégustateur l'effectue à l'aide de trois gestes dont aucun n'est hors de votre portée : 1° Faire tourner ou « dodiner » le vin dans votre verre qui ne sera rempli qu'au tiers, sans brusquerie, dans le sens des aiguilles d'une montre. Tenez votre verre par la base entre le pouce et l'index. Gardez le coude fixe et le poignet souple si vous voulez attraper ce rythme auquel Henri Béraud prétendait reconnaître le véritable amateur ; 2° Aspirer l'air en bouche pour lui faire traverser le vin que vous avez sur la langue. Le procédé sera indiqué dans le paragraphe « Le goût du vin » ; 3° Cracher discrètement avec naturel et sûreté. Utiliser de l'eau pour ces exercices.

L'aspect du vin

« Méfie-toi de la première impression, c'est la bonne. » Sage conseil particulièrement en ce qui concerne le vin. Le « coup de foudre » entre par les yeux et il est assez rare que l'on aime vraiment un vin qui vous a d'abord déplu par son aspect. Soit par transparence s'il utilise un verre tulipe, soit en faisant jouer la lumière dans son « tastevin » en argent, le dégustateur jugera de la couleur du vin, de sa robe, examen qui porte sur deux points.

TEINTE DU VIN

Elle peut être rouge, blanche, rosée ou grise, mais aussi brillante, terne, foncée, claire, sombre, faible, légère, tendre, vive, fanée, riche, pure, voilée. Elle doit toujours être franche et vive. L'acidité l'avive, l'anhydride sulfureux l'atténue provisoirement.

Quelques nuances peuvent servir de repères :

Vins blancs : jaune-vert, serin, d'or, paille, ambré. (Le vert est signe de jeunesse, le roux de vieillissement.)

Vins rosés : gris, rosé faible, œil-de-perdrix, rosé vif, tuilé.

Vins rouges : rubis, franc, grenat, pourpre, violet, brique, tuilé, cinabre, pelure d'oignon. (La nuance bleutée indique un vin jeune, le jaune un vin proche de la décadence).

Si le vin rouge est trop foncé, il est « trop habillé », « trop chargé ». Un joli vin a « de l'œil », il est « bien habillé », il a « une jolie robe ».

LIMPIDITÉ ET BRILLANT

Il ne faut pas confondre la teinte du vin et son éclat dû à sa pureté. Un vin absolument limpide est un « vin pour Américains ». Un léger trouble est souvent le signe d'un vin naturel. Un vin peut être cristallin, brillant, voilé, louche, terne, couché, opalescent, trouble, très trouble.

Nous donnons une liste des défauts signalés par l'examen visuel :

Paillettes brillantes, levures, lies : vin mis en bouteilles trop tôt ;

Traînées soyeuses : tourne, piqûre lactique :

Fluorescence : présence de produits chimiques ;

Trouble nébuleux disparaissant en été : casse hydrolasique ;

Trouble opalin : casse blanche (dans le vin blanc) ;

Trouble bleuâtre : casse bleue, résultant d'un excès de fer ;

Bouillon de châtaignes : casse oxydasique, due à la pourriture des raisins.

LES DÉGAGEMENTS GAZEUX

Un vin limpide peut être traversé de petites bulles. C'est, en général, le signe d'une fermentation inachevée ou mal conduite. Il s'agit parfois de l'action de certaines bactéries qui permettent la fabrication du Crépy blanc et du Gaillac perlé.

LA VISCOSITÉ

Il arrive que le vin adhère aux parois du verre. Si cette adhérence est le fait de quelques gouttes fines, on dit qu'il « pleure » ou qu'il « dit son chapelet ». Cela peut être le fait d'un très grand vin vieux. Lorsqu'elle est trop apparente, cette viscosité est souvent un mauvais signe : elle révèle un excès de colle ou la présence de bactéries qui causent une maladie appelée « graisse ». On dit alors que le vin « fait l'huile ».

L'odeur du vin

« Le nez est une sentinelle avancée qui évite bien des surprises à la bouche. » Grand éloge qui reste pourtant très au-dessous de la vérité. Des trois sens, vue, odorat, goût, qui entrent en action pour juger un vin, le rôle du second est si important qu'il pourrait presque dispenser des deux autres alors que l'on ne saurait envisager le contraire. Il suffit à un dégustateur de respirer un vin pour y déceler le corps, la verdeur, l'âge relatif, la souplesse..., jusqu'à son nom et son millésime. Il en tire aussi à peu près tous les renseignements nécessaires pour « l'élever ».

Lui-même dégustateur averti, M. Louis Orizet a rendu au nez un hommage qui aurait ravi Cyrano : « En vérité le sens de l'odorat est d'une grande noblesse. Avec lui la pensée s'organise. L'olfaction répétée ordonne les souvenirs, suggère les comparaisons, prépare les joies du palais, propose la médication et nous introduit de plain-pied dans le domaine de l'émotion spirituelle. »

Il n'y a là rien d'étonnant si l'on songe qu'il flotte au-dessus des vins *plusieurs dizaines de milliers d'odeurs différentes* alors qu'il existe seulement quatre saveurs élémentaires perceptibles par la bouche : le doux, l'amer, l'acide et le salé.

Une malencontreuse contradiction fait que l'odorat de l'homme auquel le vin propose un choix fabuleux de thèmes est peu entraîné et presque atrophié alors que la bouche qui n'a, si je puis dire, que quatre os à ronger est maintenue dans une forme acceptable. On n'ose pas imaginer quelle aide précieuse les experts en dégustation s'assureraient s'ils pouvaient s'adjoindre les chiens et les cochons truffiers !

De ce préambule justifié par l'importance du sujet, retenons que la faute majeure que peut commettre un candidat à la dégustation est de négliger « l'analyse olfactive ». Il y consacrera d'autant plus de temps que l'odorat est plus fin que le goût, mais plus lent à faire sa vendange. La nécessité de chauffer le verre dans ses paumes pour aider au développement des esters est absolue.

L'ARÔME, OU BOUQUET PRIMAIRE, OU BOUQUET ORIGINEL

Si le vin est jeune, le nez percevra d'abord l'arôme, qui pourrait se définir comme le goût du raisin sous forme de vapeur. Il varie donc avec le cépage, la nature du sol, le millésime.

Le Cabernet (Anjou, et Bordelais), le Traminer (Alsace), la Syrah (Côte-Rôtie, Châteauneuf-du-Pape) ont des arômes spécifiques très spéciaux, mais l'arôme type est celui du Muscat, qu'on conserve en arrêtant la fermentation avec de l'alcool. Le développement de la fermentation et le temps atténuent l'arôme jusqu'à le faire disparaître dans certains cas.

LE BOUQUET SECONDAIRE

Résultat du travail de la levure, il apparaît au cours de la fermentation, à la fin de laquelle il passe par son maximum. Il s'atténue au cours des années pour faire place au bouquet tertiaire.

Le bouquet secondaire est assez constant et permet de caractériser certains crus à boire jeunes, tels les Beaujolais.

Fleurie : réséda, iris, violette, ambre, musc ;
Saint-Amour : pêche, réséda ;
Juliénas : pêche, framboise ;
Brouilly : pivoine et prune ;
Morgon : abricot, groseille, kirsch.
Parmi les vins d'Alsace, les dégustateurs ont relevé les

parfums des roses, rose thé, rose flétrie, jacinthe, violette,
acacia, aubépine, seringa, chèvrefeuille, réséda, vigne,
cannelle, musc et tous les fruits, voire les minéraux
comme le silex.

Traminer et Gewurztraminer : roses flétries et violettes ;

Riesling : musc, cannelle ;

Sylvaner : silex et aubépine.

Parmi les vins de Savoie :

Crépy : amandes, noisettes et pierre à fusil ;

Arbois : framboise, truffe fraîche ;

Conflans : fraise des bois.

Parmi les autres vins :

Châteauneuf-du-Pape : iode, framboise, odeur de
brûlé ;

Vendômois : aubépine, chèvrefeuille ;

Montlouis : noisette, acacia, silex ;

Bourgueil : framboise ;

Chinon : violette.

LE BOUQUET TERTIAIRE

En lui est concentré le mystère du vieillissement du
vin. Il est le résultat d'une opération contradictoire qui
s'opère dans le secret des bouteilles : une oxydation, suivie d'une *réduction*.

La gamme d'aldéhydes, d'éthers-sels (ou esters), des
cétones et d'acides gras contenue dans une bouteille de
grand vin donne le vertige et se modifie sans cesse. Aussi,
d'un jour à l'autre, peut-on boire un vin différent.

A la superposition des trois bouquets, arôme, bouquet
secondaire et bouquet tertiaire, qui subsistent dans chaque vin pour s'équilibrer dans les grands, les experts ont
donné le nom parfait de *perspective odorante*.

Tout comme un enfant qui grandit, le bouquet du vin
se détache de plus en plus de sa mère la vigne. Il s'éloigne des odeurs de fleurs et de fruits pour gagner à la fois
plus d'abstraction et plus d'ampleur. On parle d'ambre,
de musc, de champignon, de sous-bois, de gibier, de poil

mouillé, de garrigue chaude et de presque tous les parfums végétaux et chimiques.

Certains dégustateurs n'hésitent pas à désigner le bouquet tertiaire sous le nom de *fumet*.

Types d'odeurs les plus courants :

Odeurs éthérées : acétone, éther éthylique, acétate d'éthyle ;

Odeurs aromatiques : menthol, géraniol ;

Odeurs ambrosiaques : vanille, jasmin, tilleul ;

Odeurs alliancées : mercaptan ;

Odeurs balsamiques : camphre, œillet ;

Odeurs empyreumatiques : café, résine, amande grillée, tabac ;

Odeurs capryliques : odeurs animales.

Enfin le nez se révèle le seul instrument capable de déceler certaines mauvaises odeurs : goût de bouchon, de mazout, de goudron, de moisi...

Le goût du vin

Le goût du vin s'éprouve par la bouche, organe complexe et sensible qu'il faut apprendre à utiliser.

COMMENT DÉGUSTER UN VIN

Seul le barbare vide son verre d'un trait. L'amateur se contente d'une gorgée, et même petite. Dès que vous l'aurez introduite dans votre bouche, retenez-la sur le bord de la langue. Vous percevrez alors soit une sensation de fraîcheur agréable, soit de tiédeur. Ce premier contact vous donnera une impression générale mais peu différenciée : le vin vous paraîtra souple ou dur, doux ou amer.

Étalez ensuite le vin sur la langue en gardant la bouche fermée. Exalté par la chaleur naturelle, le goût du vin est perçu à la fois par les joues, les gencives et surtout par les papilles du milieu de la langue, les plus délicates et les plus complètes.

Faites rouler la gorgée, brassez-la contre le palais,

ramenez-la près des lèvres pour l'aérer en aspirant un peu d'air par le milieu de la bouche. Vous y parviendrez en formant votre bouche en « cul de poule », comme si vous vouliez siffler par l'intérieur. Le vin est alors entraîné dans l'arrière-bouche et son parfum monte par les fosses nasales. La sensation arrive à son maximum : vous buvez et vous respirez le vin dans le même temps. Il vous a livré tous ses secrets. On termine en général la dégustation en recrachant le vin, sauf le dernier qui doit être le meilleur.

On ne déguste pas le vin de la même façon à table que dans une cave. Rien n'est plus déplaisant que d'entendre tout d'un coup une série de gargouillements qui font croire que la salle à manger est devenue une baignoire qui se vide.

ÉLÉMENTS RÉVÉLÉS PAR LA DÉGUSTATION

Le sucré, l'amer, le salé, l'acide sont révélés par la dégustation. Encore faut-il connaître l'origine de ces différentes saveurs.

L'ALCOOL ET LE CORPS

C'est l'alcool qui donne l'impression que le vin « existe ». Lui aussi qui lui permet de durer. (Encore que certains grands Médocs ne dépassent pas dix degrés et demi.) Il flatte le palais et monte à la tête. On le dit alors « capiteux », ce qui n'est pas forcément une qualité.

Un vin peut être « fort » ou « chaud » ou même « avoir du feu » et rester médiocre. Pour que le « corps » soit parfait, il faut que l'alcool soit indissociable des autres éléments. Un vin sec riche en alcool sera dit « spiritueux », « vineux », « étoffé ». S'il s'agit d'un vin liquoreux, il sera dit « généreux ».

Si le vin manque de « corps », on ne le lui enverra pas dire ; il sera mince, étriqué, mal bâti, mou, anémique, plat...

Les vins très chargés en alcool sont fatigants pour l'organisme.

LES SUCRES

Le vin contient des sucres naturels qui n'ont pas fermenté et de la glycérine qui, en proportion importante, donne la sensation de moelleux. La dose normale est de quatre à dix grammes par litre et atteint vingt grammes pour certains Sauternes.

Les vins secs contiennent moins de deux grammes de sucre par litre. Au-delà il y a danger de fermentation. Les Sauternes et les vins doux naturels supportent sans danger des doses de sept à cent trente grammes par litre.

L'ACIDITÉ

Elle est la culture physique du vin et le maintien en forme jusqu'à ses derniers moments. Un vin ne deviendra vieux que s'il accuse au départ quatre grammes d'acide, comprenant les différents acides tartrique, malique, lactique, citrique, succinique et acétique.

L'acidité donne au vin sa « fraîcheur », sa « nervosité », sa « dureté », sa « souplesse ». Si elle est excessive, le vin est « vert », « acerbe ». Si elle manque, il est « plat ».

On distingue l'acidité fixe et l'acidité volatile. L'acidité totale est produite par les jeunes vignes, les raisins verts, les années froides, le mildiou... L'acidité volatile existe à dose très faible dans tous les vins (0,30 à 0,40 gramme par litre dans les bons), dont elle nuance la saveur et le bouquet. Les altérations microbiennes peuvent la faire monter jusqu'à un gramme par litre. Le vin est alors « piqué » et « bon pour la salade ».

L'ANHYDRIDE SULFUREUX

Il n'existe pas à l'état naturel dans le vin, mais il est absolument nécessaire à son élevage, en particulier pour assurer sa conservation. Il est plus facile à percevoir dans les vins blancs secs que dans les vins blancs doux. Absorbé à hautes doses, il peut causer des maux de tête assez violents mais guérir les maux de gorge.

LE TANIN

Le tanin donne du corps au vin et une grande partie de ses vertus thérapeutiques. Les vins rouges en contiennent trois à quatre grammes par litre et jusqu'à neuf, certaines années. Dans les vins blancs la quantité ne dépasse guère un demi-gramme. Dans les rosés, elle se situe entre les deux.

Le tanin ne donne pas seulement au vin de la « mâche » et un goût de vieux chêne, mais une véritable « forme ». Grâce à lui, l'alcool se fait chair et on a l'impression que le vin pourrait être mâché comme un aliment solide. S'il manque, le vin est « maigre », « efflanqué ». S'il est présent, on le dira « nourri », charnu », « fessu ». On lui accordera de la « cuisse », du « gilet », « du corsage », de « l'estomac ». Faute de tanin, les vins blancs n'ont pas de forme.

La sève, synthèse du vin

La sève d'un vin !... Autant définir l'âme... Elle est cette « âme du vin » chantée, en termes assez vagues, par Baudelaire.

La sève est un ensemble d'éléments insaisissables qui produisent une sensation exprimée par un seul mot, toujours abstrait : délicat, distingué, élégant, équilibré. On arrive même à dire d'un vin comme le Chablis « qu'il a de l'amour ».

La sève d'un vin n'est pas seulement son âme, mais son esprit et sa morale. Elle n'est ni disparate, ni désorganisée, ni abandonnée au hasard. Si, au cours d'une dégustation, vous décelez la présence d'un élément insistant, comme le goût de terroir, ou si vous pressentez un « creux », le vin n'a pas trouvé son harmonie.

Au dernier stade de la dégustation, un vin parfait se juge par synthèse et non plus par analyse.

B. Apprendre à déguster

La lecture des pages précédentes aura permis au débutant de comprendre pourquoi il ne peut exister en matière de· vins de « type » invariable qui puisse servir d'étalon. Il n'existe pas non plus de « tableau type », de « roman type ». Une fois de plus l'on constate que le vin n'est pas une fabrication régie par des règles scientifiques, mais un art dépendant exclusivement du goût. Comme le critique littéraire ou le critique d'art, l'amateur de vin doit donc se former le sien sur le tas.

LES CAUSES D'ERREURS

Mauvais état physique. — L'abus de tabac, d'alcool, de nourriture, de vins même, est défavorable. Présentez-vous la bouche fraîche. Dégustez, à jeun, en vous soutenant à la rigueur avec de petits carrés de fromage. Les meilleurs moments sont onze heures du matin et cinq heures de l'après-midi.

Local défavorable. — Un seul local est bon, une salle claire, aérée, sans odeur, chauffée en hiver.

Suggestion. — Même sur les esprits qui se croient indépendants, la force de suggestion est très grande. Un vin de Bourgogne n'a pas le même goût s'il sort d'une bouteille de Bordeaux.

Accoutumance. — Danger très insidieux, qui se manifeste au moins sur deux plans : d'une part il nous fait « oublier » le vin auquel on est habitué et qu'on ne savoure plus, d'autre part il nous donne la certitude d'être le seul vin buvable. Le R.P. Lelong rapporte que les vins de Bourgogne ne purent tirer qu'une grimace au Bordelais François Mauriac. (Cette obstination de Mauriac à ne marcher que sur un seul pied, même très agile, explique peut-être pourquoi il n'a jamais été suivi que par la moitié des Français.) Le même ostracisme règne en Bourgogne, où les bouteilles de Bordeaux sont rares.

L'accoutumance explique un fait en apparence inexplicable : celui du vigneron qui juge très bien tous les vins, sauf le sien qui est piqué. Il s'est accoutumé à ce goût au fur et à mesure qu'il se développait.

La fatigue. — Un dégustateur averti peut apprécier, à la suite, de trente à cinquante vins s'ils sont très différents, une quinzaine seulement s'ils sont assez proches. Ces chiffres doivent être très réduits s'il s'agit de débutants, car une vraie dégustation est un exercice épuisant.

La place du vin. — Un vin paraît meilleur avec une noix, moins bon après un plat sucré. Et surtout, un vin convenable paraît excellent après un mauvais.

La première impression est rarement la bonne. — Il semble que les mauvais vins comme les méchantes femmes aient un don pour tromper les naïfs. Avant d'épouser, regardez-y à deux et trois fois. Les bons vins, au contraire, se présentent sous leur aspect le plus grognon.

LES CONDITIONS DU SUCCÈS

Avoir le nez creux. — Nous avons vu que les odeurs sont plus nombreuses et souvent plus caractéristiques que les goûts. Elles sont aussi plus faciles à retenir. Pas pour tout le monde cependant : douze pour cent des hommes ont une bonne mémoire des odeurs, quarante-huit pour cent sont susceptibles de perfectionnement. Les autres peuvent apprécier ; ils auront du mal à retenir.

La liberté d'esprit. — Souci et euphorie sont également défavorables. Il faut arriver à la séance de dégustation en bon état physique et intellectuel et la préparer par quelques instants de décontraction qui créent une sorte de vide favorable à la reprise de l'attention. Cette dernière qualité doit s'exercer en plein. On ne peut déguster et penser à autre chose.

Le silence. — Il doit être absolu et s'étendre même au matériel : bouteilles anonymes.

Prendre son temps. — Il est impossible de prévoir la durée d'une dégustation, même pour un seul vin. Certains « cas » peuvent être repris en plusieurs séances sans être résolus.

Arracher le masque. — Le vin a pris la devise de Des-
cartes et s'avance masqué. Quel que soit son premier
visage, ce n'est pas le vrai. Tâchez de le négliger dans la
suite des opérations.

L'obstination. — Ne commencez jamais une dégustation sans vous placer sous la protection du laboureur de
La Fontaine et de Boileau. « Vingt fois sous votre nez
remettez donc ce vin. » Même s'il s'agit de vin blanc,
soyez aussi têtu qu'un âne rouge. Si un vin vous résiste,
après trois ou quatre tentatives, passez à un autre, puis
revenez. Vous l'aurez peut-être à la surprise. Si ce n'est
pas à la première, ce sera à la deuxième.

La bouche pure. — Vous vous rincerez la bouche à
l'eau fraîche à chaque changement de vin, en tout cas
lorsque vous passerez, dans l'ordre, des vins blancs aux
vins rouges.

But de la dégustation :
créer le paysage du vin

LES INFORTUNES D'UNE GORGÉE

La dégustation n'est pas qu'un plaisir. Avant de faire
son bonheur avec un vin, il faut se rappeler le conseil des
auteurs de fabliaux à qui voulait prendre femme : lui
administrer d'abord une bonne raclée.

Le premier contact ne ressemble guère au tendre et
chaste baiser de deux fiancés. Il s'agit au contraire d'une
véritable « explication » où l'on remonte sans pudeur aux
défaillances des plus lointains ancêtres et où l'on préjuge
sans indulgence de celles de l'avenir. Alors le plus grand
nom lui-même est considéré comme une dot négligeable
(on la reprendra à la sortie) et, tel Dieu lui-même, le
dégustateur ne se préoccupera que de sonder les reins et
les cœurs.

Si j'étais le vin, certes rien ne me rassurerait moins que
l'attitude de mon dégustateur. Regard fixe ou yeux fer-
més, sourcils froncés, il pioche avec son nez jusqu'au

fond de la dernière odeur et il semble n'en jamais vouloir sortir. Quand enfin il se décide, c'est d'une lippe résignée et sûre de la catastrophe qu'il extrait du verre une minuscule gorgée (le poison des Borgia !), qu'il retient apeurée sur le bord de la langue, prêt à la recracher à la première brûlure.

Si aucune explosion mortelle ne se produit, comme tous les faibles, le dégustateur se venge de sa peur. Pauvre orpheline ! Dans l'antre du cyclope, la fragile gorgée tangue d'une gencive à l'autre, s'écrase contre le palais, s'aplatit sur la langue, se déchire sous les dents, s'étouffe sous les joues et, au moment où, croyant trouver son salut dans la sortie, elle s'y précipite, c'est pour être rejetée au fond de la bouche par une sorte de cyclone hululant, enrichi de gargouillis et de borborygmes, qui, lui troussant les jupes, faisant valser les bonnets, la déshabille et la brise dans une dernière fantasia, au cours de laquelle, enfin, elle rend l'âme, aussitôt aspirée par les tornades nasales, tandis qu'elle-même se retrouve écartelée sur le sol aux pieds de son bourreau, encore peu sûr de sa victoire.

Il a raison de douter, le bourreau ! La petite gorgée sait se défendre et souvent elle se retrouve au tapis avec toute sa vertu. Dans la surprise du premier assaut, peut-être aura-t-elle lâché son bouquet primaire, mais pour le secondaire il faudra s'y reprendre à deux fois et à six pour le tertiaire. Quant à cette fameuse odeur d'amande brûlée, détectée du premier coup par le professeur en dégustation, ce sera pour la Trinité.

On le sait : la vérité finit toujours par triompher. Ainsi telle coquette petite gorgée qui paraissait vêtue de soie a-t-elle dû avouer le grain vulgaire de sa peau, tandis qu'une sorte de paysanne caillée dans sa bure révélait le velours d'une duchesse d'autrefois.

Depuis toujours les dégustateurs ont été hantés par le souci d'exprimer l'inexprimable. Dans la même lignée qu'ils ont créé la perspective odorante, nous proposons le paysage du vin.

LE PAYSAGE DU VIN

« Le lait plat », dit Valéry. A un candidat dégustateur, le vin risque de paraître plus plat encore. Pourpre ou dorée, cette apparence lui paraîtra celle d'un désert dans lequel il n'espère jamais voir l'ombre d'un palmier. Pourtant, à force de tenaces plongées, il ramènera les matériaux qu'il aura la surprise de voir s'organiser d'eux-mêmes en un paysage qui sera comme l'état d'âme du vin. Le sol sera formé d'alcool, solide on peut-être un peu friable.

Au premier plan figureront quelques gros bouquets primaires, comme celui du Muscat, solide, trapu, ou le Traminer, élancé comme un jeune peuplier, tandis que, dès le second et se confondant presque avec lui, ce sera le foisonnement des bouquets secondaires qu'il faudra dompter : fraises, violettes, roses flétries couvriront le sol, tandis qu'au-dessus s'étaleront les framboises et les groseilles, elles-mêmes dominées par les pêchers, les abricotiers, les cerisiers, les uns plantés dans des rochers d'ambre, les autres dans des varechs qui leur transmettent leur odeur d'iode. Dans les lointains, presque impalpables, se devineraient les silhouettes idéales des bouquets tertiaires : acétate d'éthyle et tabac, jasmin et fourrure mouillée. Entre les arbres serpenteraient les noirs ruisseaux de mazout ou de bouchon.

Les goûts seraient figurés par des rochers secs et des étangs liquoreux, la lumière serait le reflet de la sève du vin.

Le tableau se modifierait au cours des années. Les premiers plans se flétriraient, les seconds prendraient des demi-teintes et les troisièmes finiraient par n'être qu'un « fondu ». Feu et flammes au début, la lumière prendrait son équilibre au zénith et retomberait de l'autre côté du versant à l'heure où le vin dans sa bouteille ne serait plus qu'un souvenir.

Ce « paysage-exemple » est copié sur ceux de l'école primaire où un paquebot tient compagnie à une bicyclette et la tour Eiffel au mont Blanc. Chaque vin pourrait avoir le sien, simple et facile à lire.

Qui nous établira la carte de Tendre de nos vins tendres ?

Deux méthodes pour se former le goût

Jusqu'à présent l'enseignement de la dégustation a été des plus empiriques et limité aux familles de producteurs et de grands amateurs. Il me semble possible de lui appliquer les deux méthodes en cours pour toutes les disciplines : la première que j'appellerai la méthode Berlitz, la seconde inspirée de la méthode officielle.

MÉTHODE BERLITZ. — Elle consiste à prendre des vins flatteurs et à monter peu à peu vers les plus difficiles.

Parmi les vins qui se prêtent bien à ces exercices on comptera pour les blancs les Alsaces, les vins de Loire, les Chablis, les vins du Mâconnais, pour les rouges, les vins de Loire, les Beaujolais. Dans les deux groupes, tous les V.D.Q.S.

On commencera par marquer les grands écarts : un Alsace sec et un Monbazillac liquoreux, ensuite un Alsace et un Anjou, tous deux secs, puis un Chablis, vin sec de Bourgogne avec un Pouilly-Fuissé, autre vin sec de Bourgogne. On terminera en comparant le même vin à lui-même : un premier et un deuxième crus de Chablis, deux premiers crus de Chablis, le même cru de Chablis mais d'années différentes.

Ces comparaisons se feront par « leçons » successives, la récapitulation et même la « composition » pouvant avoir lieu à l'occasion d'une foire-exposition.

Au cours des leçons suivantes, on se rapprochera progressivement des « grands » : du Beaujolais de l'année, bu de novembre à mars, on passera aux crus du Beaujolais, puis aux vieux Moulin-à-Vent, pour remonter aux Mercureys, aux Côte-de-Beaune et enfin aux Côte-de-Nuits.

Après une première présentation rapide de l'ensemble des vins français, il y aura avantage à traiter la question région par région, en commençant de préférence par la plus proche, même si elle ne compte pas parmi les plus grandes. Peut-être même est-ce préférable : un élève possédant déjà une bonne culture en vins d'Alsace ou de Provence abordera sans crainte le Bordelais ou la Bourgogne.

On commencera assez tôt à pratiquer quelques « rassemblements ».

Méthode classique. — On étudie le vin comme on étudie Cicéron : en s'appliquant et en souffrant. Vous me répondrez que souffrir en buvant du Château-Margaux... Pourtant, au début, il vous fera moins plaisir qu'un gentil rosé de Provence.

Ne vous hâtez pas de réviser le classement des vins français. En vous limitant aux grands crus de nos grandes régions à l'exclusion de tous les autres, vous atteindrez non seulement à une communication presque directe avec l'essence du vin, mais vous aurez acquis un palais si subtil que dans les vins secondaires employés par l'autre école vous distinguerez des nuances inconnues de leurs fidèles.

Une telle méthode n'est ni facile ni économique, mais elle est dans la grande tradition. Elle permet de garder la bouche pure.

Procédé commun aux deux méthodes. — Encore que tous les vins soient différents, il est possible d'isoler des « témoins » qui serviront de points de comparaison : un Beaujolais moyen, un Côte-de-Nuits moyen.

Comment reconnaître et dater un vin ?

Apprécier un bon vin, en écarter un faux, voilà qui peut sembler suffisant pour un amateur. Celui-ci peut cependant désirer aller plus loin.

Reconnaître et dater un vin est le plus spectaculaire exploit des experts mais non le plus difficile. Soigner un vin malade leur donne un tout autre souci.

Débarrassez-vous d'abord de l'espoir d'apprendre « par

le palais » quelques centaines de crus et leurs millésimes. Utilisez votre culture générale et procédez par élimination.

Vous vous trouvez à table et l'on a déjà servi un vin d'Alsace avec les coquillages quand, à l'heure du poisson, on apporte dans une carafe anonyme le vin blanc à reconnaître. Au nez, vous croyez reconnaître un bouquet secondaire de Bourgogne. Prudente, votre pensée fait néanmoins un rapide tour d'horizon : Val de Loire ? Il serait plus parfumé. Graves ? La robe serait plus ambrée. Condrieu ? Il serait liquoreux. Alsace encore ? Il serait plus transparent.

Revenez donc à la Bourgogne. Chablis ? Il est moins « friand ». Pouilly-Fuissé ? Vous n'y retrouvez pas le souvenir des amandiers en fleur. Montrachet ? Il est si plein qu'on le reconnaît du premier coup. Meursault ? Peut-être, mais dans la bouche vous ne reconnaissez pas le velours particulier de ce cru. Le vôtre est sec, sans bavures. Il n'en reste qu'un : le Corton-Charlemagne.

Le millésime ? Vous reconnaîtrez sans peine si votre vin est dans l'ardeur de la jeunesse, trois ou quatre ans, s'il est mûr et plein, six à douze ans. Une nuance feuille-morte vous fait prévoir qu'il approche de sa vieillesse. Vous cherchez dans votre tête la grande année des vins blancs de Bourgogne entre dix et quinze ans et vous annoncez : Corton-Charlemagne 1952. Applaudissements.

Peut-être même pourrez-vous désigner le producteur du vin. Vous pourrez soit le faire honnêtement, car vous aurez reconnu le « style » de tel vigneron aussi différent de tel autre que celui de Saint-Simon est différent de celui de Flaubert, soit en recourant à la psychologie : il vous suffira alors de savoir qu'à votre table se trouve un propriétaire d'un clos de Corton.

Les vins et les millésimes les plus difficiles à reconnaître sont ceux des années médiocres... mais vous ne fréquentez que les bonnes maisons.

Tâchez d'atteindre à la virtuosité de ce dégustateur dont parle René Engel. En traversant une cuisine, il

pouvait dire si les viandes qui rôtissaient étaient assez
salées.

La radioactivité permet de dater les vins

Il était difficile de prévoir qu'un jour la radioactivité
viendrait à l'aide du dégustateur. Le chemin emprunté
est encore plus inattendu, car c'est grâce à l'eau qu'il
contient qu'un vin livre, sans erreur ni fraude possibles,
sa date de naissance.

Le père de cette découverte n'est autre que l'un des
plus fameux physiciens du monde, l'Américain Libby, qui
avait déjà mis au point la technique du carbone 14 qui
permet de dater des fossiles de vingt à quarante mille ans
avec une marge d'erreur ne dépassant pas un siècle ou
deux.

Vers 1950, Libby découvrit dans l'eau de pluie la présence d'un hydrogène radioactif nommé tritium. Ce tritium, comme tous les corps radioactifs, se détruit de lui-
même. Sa période est de douze ans et un mois, c'est-
à-dire que pendant ce laps de temps il a diminué de
moitié. En transposant d'une manière grossière, mais
commode, supposons qu'un litre de vin contienne dix
grammes de tritium au moment de sa récolte. S'il n'en
révèle plus que cinq au moment du contrôle, il sera âgé
de douze ans. A vingt-quatre ans la dose sera de deux
grammes et demi. Il est tout aussi facile de mesurer les
dates intermédiaires. La période du tritium étant très
courte (douze ans et un mois alors que, par exemple,
celle du carbone 14 est de cinq cent cinquante-huit ans),
la marge d'approximation est elle-même très faible, quelques semaines ou quelques mois, c'est-à-dire qu'il est
possible d'indiquer à tout coup l'année exacte.

L'intérêt de ce procédé, c'est qu'il paraît exclure toute
chance de fraude. Il faudrait soit empêcher la pluie de
tomber sur les vignes, soit extraire le tritium du vin,
entreprise si coûteuse qu'aucun savant n'envisage de la
tenter, même à titre expérimental.

Dernier secret : ayez des amis

Fussiez-vous aussi riche que Rothschild, aussi attentif que Pasteur, aussi gourmand que Lucullus, toujours quelque finesse du vin vous échappera. Le problème est si mouvant que l'éducation d'un seul ne peut être faite que par tous. Ne soyez pas plus fier que Molière et demandez même l'avis de votre servante.

Sans cave et sans voyage, vous pouvez atteindre une honnête culture. Vous n'y parviendrez pas sans amis. Sans eux, vous ne connaîtrez même pas le vrai goût du bon vin. Avec surprise vous découvrirez que le dégustateur de bonne volonté est plus rare encore que la bonne bouteille. Si vous savez boire, vous n'aurez plus jamais soif.

Devise pour le fronton de l'école des dégustateurs :

AMITIÉ ET SOBRIÉTÉ

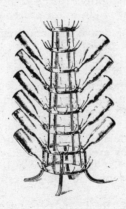

LA CAVE ET LA TONNELLE

Georges Duhamel a dit que l'avenir du vin était dans les mains des architectes. Selon qu'ils prévoiraient ou non des caves... Le vin doit avoir sa place, ou alors il faut boire à longueur de vie du Château-Chalon qui s'accommode de tout.

Qualités d'une bonne cave

AÉRATION. — La cave doit être close et ne pas sentir le « renfermé ». Vous obtiendrez ce résultat avec un jeu de soupiraux, surtout si elle n'est pas haute et voûtée.

TEMPÉRATURE. — La cave sera enterrée ou de plain-pied. La température idéale est d'environ douze degrés l'hiver et dix-sept degrés l'été. Ce sont celles d'une cave construite normalement.

Une cave est bonne jusqu'à vingt degrés. Au-dessus de vingt-cinq, les vins blancs jeunes risquent une fermentation secondaire. Au contraire, certains rouges peuvent s'y trouver à l'aise. Le professeur Roger affirme que certains amateurs du Bordelais conservent Saint-Émilion, Graves et Médoc dans des greniers assez chauds l'été.

Les tuyaux du chauffage central et les chaudières sont les grands ennemis du vin. On ne lésinera pas sur l'isolement.

Un enduit blanc sur les murs (mauvais conducteur de la chaleur) est recommandé.

ÉCLAIRAGE. — La cave doit être sombre, éclairée par des soupiraux orientés de préférence au nord et à l'est (les températures y sont plus constantes), que l'on pourra aveugler par des paillassons ou par des châssis mobiles.

Certains auteurs prétendent que l'électricité est dangereuse pour le vin et qu'il faut s'en tenir à la bougie, voire au rat de cave. Ils ont raison... en ce qui concerne le pittoresque.

On parle maintenant de radioactivité du sol. La question n'est pas mûre.

HUMIDITÉ. — L'humidité fait moisir fûts et bouchons. On luttera contre elle en recouvrant le sol de sable fin, de gravier, de mâchefer. Les murs seront revêtus d'un enduit.

Dans les cas extrêmes, on emploiera le procédé du Breuil : placer du chlorure de calcium poreux dans un récipient tapissé de feuilles de plomb relié à un vase bouché au liège. Le chlorure absorbe peu à peu l'humidité, se liquéfie, passe dans le vase. Cinq kilogrammes suffisent. On récupère le chlorure en faisant évaporer le liquide obtenu.

SÉCHERESSE. — L'action de la sécheresse est insidieuse : elle provoque une importante évaporation du vin à travers les douves des tonneaux et même les bouchons. Ces vides sont nuisibles à la bonne conservation du vin.

On provoquera une humidité factice en laissant un baquet d'eau protégée de la corruption par quelques poignées de braise pulvérisée.

TRANQUILLITÉ. — Pendant longtemps on a demandé le calme. On pouvait, disait-on, gâter le vin en lui jouant du Wagner. Aujourd'hui un spécialiste affirme que « le métro, les autobus, les camions restent sans effet dans la plupart des cas ». Il est possible que les vins actuels, plus clarifiés, se laissent moins facilement troubler que ceux d'autrefois.

EXCLUSIVITÉ. — On n'a pas encore très bien compris pourquoi un fromage, un fruit, un légume, une bouteille de vinaigre placés dans le voisinage d'une bouteille de vin bouchée et cachetée parviennent à lui donner mauvais goût. Pure magie, mais incontestable, depuis Pline.

« Il faut, dit ce Romain d'il y a deux mille ans, écarter des caves les fumiers, les racines d'arbres, tout ce qui donne de l'odeur, laquelle passe très rapidement au vin. »

Tenez donc votre cave propre et n'y cultivez pas des champignons.

LA VINOTHÈQUE

Notre époque n'a pas que des inconvénients. Si la cave est menacée, la mise à la portée de toutes les bourses de certains moyens, matelas d'air, double cloison, fibrociment, laine de verre, permet l'installation dans l'appartement même d'une vinothèque, qui a tous les avantages de la cave sans en avoir les escaliers. Rappelons à ce propos que le vin supporte des écarts de température de dix degrés et plus.

LA CAVE IMPROVISÉE

On peut utiliser aussi un local non aménagé. On enfouira les bouteilles dans du sable ou du mâchefer fins. Colette dit que ce procédé fut utilisé par sa mère au cours de la guerre de 1870 et que le résultat fut excellent.

Mobilier de la cave

LE TONNEAU

Le tonneau se trouve à l'origine du vieillissement du vin, donc de sa suprême qualité. Il n'a pas été inventé par Diogène, ni construit par les Danaïdes, mais par les Gaulois. Auparavant les deux récipients utilisés étaient l'outre de peau pour le transport et l'amphore de terre cuite pour la conservation et le vieillissement. Tous les deux donnaient mauvais goût au vin, l'outre parce qu'elle conservait son odeur animale, l'amphore parce qu'il fallait la poisser intérieurement pour la rendre imperméable. Défaut plus grave : l'amphore étant rigoureusement close, ce que ne sont ni le tonneau ni la bouteille, aucun échange gazeux ne pouvait avoir lieu et le vin était condamné à une prompte décadence. On masquait ses défaillances à l'aide de plantes aromatiques, de miel, de résine. Les défenseurs de la chimie moderne ont beau jeu de faire remarquer que les vins d'autrefois étaient les moins naturels de tous.

On trouvera plus loin la liste des contenances des fûts par régions. Elle est très variable, mais non pas arbitraire. Elle est liée au rendement du travail du vigneron, comme l'ouvrée représente en superficie le travail que peut faire un ouvrier dans son année.

Notons aussi que les mesures sont calculées pour n'avoir jamais de fûts en vidange : le demi-muid vaut deux pièces, la pièce vaut deux feuillettes, la feuillette vaut deux quartauts.

En somme, un bel exemple de rationalisation non théorique, tenant compte des conditions humaines.

RÔLE DU TONNEAU
DANS LA QUALITÉ DU VIN

Le tonneau joue un premier rôle passif en ne gênant pas le vin aux entournures. Soit par la bonde qu'on ne referme pas entièrement alors que la fermentation est encore active, soit à travers les douelles, le vin respire... et s'évapore. Au lendemain des vendanges la « consume » est de l'ordre de un pour cent par mois.

En fournissant du tanin au jeune vin, le tonneau passe au rôle actif, qui peut être très important. Aussi prend-on soin de loger toujours les grands vins, surtout les rouges, dans des fûts de chêne neufs. On n'utilise les fûts ayant déjà servi que pour des vins d'au moins deux ans.

Réciproquement, le vin bonifie le tonneau, aussi voit-on dans le Bordelais les propriétaires de crus secondaires se disputer la fûtaille des grands crus. Mais, sur ce point, les mœurs les plus pittoresques se conservent à Château-Chalon et dans toute la région des « vins jaunes » du Jura, où l'on raconte qu'un bon vigneron ne manque jamais de monde à son enterrement. Ce sont tous ses bons amis qui veulent racheter les tonneaux à sa veuve. Ils se vendent très cher, car un bon vieux tonneau passe pour arriver à faire du vin sans raisin. Dans la région, lorsque l'on goûte un vin jaune d'une superbe robe, mais décevant au nez et au palais, on le qualifie de « vin de menuisier ».

DURÉE DU SÉJOUR DU VIN
DANS LE TONNEAU

Cette durée est très variable, car elle dépend non seulement du cru du vin, mais de l'année. Déterminer la date de la mise en bouteilles est l'un des grands soucis du maître de chai. Une erreur de quelques jours peut avoir de graves conséquences.

En moyenne, la durée de ce séjour est de quelques mois pour l'Alsace, le Muscadet, le Beaujolais, le Tavel, de un an pour le Bourgueil, le Chinon, les Côtes-du-Rhône, les vins blancs de Bourgogne, de deux ou trois ans pour les Bourgognes et les Bordeaux rouges, de quatre ou cinq ans pour les crus de Corbières, de six ans pour le Château-Chalon.

CONTENANCE DES FÛTS

Sauf dans le Languedoc et en Algérie, on ne vend pas le vin à l'hectolitre, mais au tonneau, dont la contenance varie d'une région à l'autre.

Beaujolais, Macon		215 litres
Moulin-à-Vent		214 litres
Chalonnais		228 litres
Bourgogne	Pièce	228 litres
Bourgogne	Queue	456 litres
Basse Bourgogne	Pièce	210 litres
	Feuille	136 litres
Bordeaux	Pièce	225 litres
	Tonneau	900 litres
Région de Nantes	Barrique	230 litres
Loire et Allier	Barrique	225 litres
Auvergne	Pot	15 litres
Béarn	Barrique	300 litres
Roussillon	Charge	120 litres

SOINS A DONNER AUX FÛTS

Le tonneau sera lavé à l'eau bouillante mêlée de gros sel, à la dose de un kilogramme par trois litres. Rinçage à l'eau froide. Si le tonneau est neuf on le lavera avec deux litres de vin chaud.

On s'assurera de la propreté d'un tonneau usagé en plongeant à l'intérieur une bougie au bout d'un fil de fer. Le tartre des parois doit être brillant et sans tache. S'il est moisi, défoncer le tonneau, frotter à la brosse de chiendent et rincer au lait de chaux. S'il est couvert d'une mousse jaunâtre qui, grattée, laisse un dépôt noir, le tonneau est inutilisable.

Avant tout usage, un tonneau doit être rempli d'eau fraîche pendant quarante-huit heures. S'il se révèle une fuite, l'aveugler avec deux applications de la pâte suivante : incorporer goudron et suif à parties égales sur feu doux. Ajouter à chaud une même quantité de brique pilée tamisée. Utiliser à chaud.

Une fois vidé, le tonneau doit être rincé, égoutté et soufré. Le placer ensuite dans un endroit sec. Renouveler le soufrage tous les six mois.

Vide ou plein, un tonneau ne doit jamais être posé contre un mur ou sur le sol, mais sur un chantier.

LE CHANTIER

Ce tréteau de bois incurvé où l'on pose le tonneau doit être posé sur un champ de briques ou de madriers à cinquante centimètres du sol. Il existe des chantiers perfectionnés à leviers qui permettent de faire varier l'inclination du tonneau et de le vider complètement.

LES CASIERS

La fabrication des casiers est à la portée des bricoleurs. On en trouve dans le commerce en fer galvanisé.

Les bouteilles

CONTENANCE DES BOUTEILLES À VIN

Saint-Galmier	90	centilitres
Anjou et Touraine, région nantaise		
Fillette	35	centilitres
Demi-bouteille	37,5	centilitres
Bouteille	75	centilitres
Alsace (vins du Rhin)		
Flûte	72	centilitres
Jura (Clavelin, bouteille à vin jaune)	62	centilitres
Bourgogne		
Bourguignonne		
ou mâconnaise	80	centilitres
(En général on utilise la bouteille de 75 centilitres, chiffre qui doit figurer sur l'étiquette ou le verre)		
Demi-Bourgogne	37,5	centilitres
Bordeaux		
Demi-bouteille	37,5	centilitres
Bouteille	75	centilitres
Magnum	1,5	litre
Double magnum	3	litres
Jéroboam	4	litres
Impériale	6	litres
Champagne		
Quart	20	centilitres
Demi-bouteille	40	centilitres
Médium	60	centilitres
Bouteille	80	centilitres
Magnum	1,6	litre
Jéroboam	3,2	litres

Mathusalem	6,4 litres
Salmanazar	9,6 litres
Balthazar	12,8 litres
Nabuchodonosor	16 litres

Les Champagnes en magnum sont assez courants. On peut aussi se procurer dans le commerce des mathusalems et des jéroboams. Au-dessus, on entre dans le domaine des collectionneurs.

La bouteille n'est pas seulement une manière commode de conserver le vin sans avoir à le manipuler. Elle lui permet aussi d'atteindre sa plus grande qualité en favorisant les réactions entre les différents éléments qui composent le vin et entre le vin et l'air à travers le bouchon. L'importance de ce dernier échange explique le rôle considérable joué par la contenance de la bouteille.

Goulot et bouchon étant de même dimension pour toutes les bouteilles, il s'ensuit que le vin contenu dans une petite bouteille sera proportionnellement beaucoup plus aéré que celui renfermé dans une grande, donc il vieillira plus vite. Un même vin décline à partir de la deuxième année dans un quart, après cinq ans dans une bouteille de soixante-quinze centilitres, après huit ans en magnum.

La bouteille est d'usage, sinon d'invention, assez récente. Elle ne figure pas sur les natures mortes anciennes, où l'on ne voit que des carafes. Charlemagne faisait vieillir son vin dans des amphores. En 1723, l'Irlandais Pierre Mitchell fonde à Bordeaux la première grande fabrique. (Il y en aura cinq en 1790, fournissant 400 000 bouteilles par an.) La première gravure connue représentant une vraie bouteille à vin bouchée au liège date de 1750. Il semble que dans ce domaine des perfectionnements restent possibles.

SOINS A DONNER AUX BOUTEILLES

Il est des bouteilles qui ne doivent être utilisées qu'une seule fois, en raison de leur fragilité. En revanche, les bouteilles à Champagne résistent à une pression de sept atmosphères.

Les bouteilles achetées d'occasion peuvent avoir mauvais goût, certaines eaux minérales laissant un dépôt de sel difficile à éliminer. Refusez les bouteilles qui ont contenu des corps gras, du vinaigre, des liqueurs.

Les bouteilles doivent être lavées avec soin, détartrées, si besoin est, avec de la grenaille d'étain de préférence, rincées à l'eau additionnée de vingt grammes d'acide borique par litre ou de deux grammes de potasse ou de soude, égouttées, le goulot en bas, pendant vingt-quatre heures.

Si vous êtes très pressé, vous pouvez rincer vos bouteilles avec du vin ou, mieux encore, avec de l'eau-de-vie, que vous faites passer de l'une dans l'autre.

Les bouchons

Tant vaudra le bouchon, tant vaudra la bouteille. Nous ne parlons pas seulement du fameux « goût de bouchon », qui donne lieu à une controverse toujours ouverte, les uns l'attribuant à un mauvais matériau, les autres le déclarant imprévisible, mais du vin dans sa totalité.

Si Noé a créé le vin, seul le bouchon l'a fait bon, car lui seul permet le vieillissement. A la fois poumon et filtre, il permet une circulation d'air et d'esters du vin. Selon que cet échange sera ou non équilibré, le vin vieillira bien ou mal.

La preuve de la vertu presque miraculeuse du liège a été faite récemment lorsque l'on a voulu utiliser des bouchons de plastique, voire mettre le vin dans des boîtes en fer-blanc ou dans des berlingots. Comme n'importe quel être vivant, le vin privé d'air a étouffé. On peut utiliser de tels procédés pour des vins destinés à être vendus dans la semaine, mais, pour les autres, nous devrons imiter nos ancêtres. Le geste de l'homme qui débouche une bouteille durera plus longtemps que celui du semeur.

Lorsque je parle de nos ancêtres, je ne remonte pas aux Croisades. Louis XIV ignorait le bouchon, son échanson allant remplir sa coupe à même le tonneau. Les bouteilles d'autrefois, soufflées à la main, mal calibrées, n'auraient pas été facilement bouchées au liège. On utilisait alors le chanvre qui pourrissait vite.

L'usage du bouchon tel que nous le pratiquons ne remonte qu'au début du XVIIIe siècle (il y a des bouteilles de Tokay qui datent presque de cette époque). Il a été à la fois la condition et la conséquence de l'invention du Champagne par dom Pérignon, qui a donc deux fois mérité aux yeux des amateurs de vin. Ce moine a parachevé l'œuvre des Gaulois.

Le bouchon inventé, restait à mettre au point la manière de s'en servir. Cette dernière tâche a été si parfaitement accomplie que les optimistes affirment qu'on n'a jamais bu de meilleurs vins que de nos jours, et ils ont sans doute raison, alors que les pessimistes répondent qu'ils pourraient être meilleurs encore, et ils n'ont sans doute pas tort.

Un bouchon court, poreux, donc permettant des échanges faciles, active le vieillissement, et aussi la mort, du vin. Ce vieillissement sera encore plus rapide s'il subsiste entre le bouchon et la surface du vin un intervalle rempli d'air.

Pour les grands vins que l'on veut conserver longtemps dans les meilleures conditions, on emploiera des bouchons de première qualité, neufs et très longs.

Avant usage, les bouchons doivent passer une demi-heure dans l'eau chaude mais non bouillante, puis macérer quelques heures dans de l'eau additionnée d'eau-de-vie ou dans le vin à mettre en bouteilles.

Ne jamais conserver les bouchons à la cave avant de les employer. Ils prennent un goût de moisi.

Les meilleurs bouchons ont une vie courte. Changez-les tous les quinze ans. Compensez l'évaporation. Faites l'opération promptement.

Les étiquettes

L'usage des étiquettes remonte à la plus haute Antiquité. En Grèce chaque récipient recevait une inscription qui portait le nom du cru, puis celui des consuls en exercice, ce qui indiquait l'année soit de la récolte, soit de la mise en amphores. Y figurait aussi fréquemment le nom du producteur ou du commerçant. La fraude sur les vins grecs était d'ailleurs devenue si active que ces précautions ne suffirent plus et que « les amphores destinées au transport de Cos, de Thasos et de Rhodes, étaient souvent marquées d'une sorte d'estampille qui avait les caractères d'un certificat de date et d'origine. » Pour les amphores de Rhodes, cette estampille était souvent une grappe de raisin.

(De ces indications fournies par R. Billiard : *La Vigne dans l'Antiquité*, on peut conclure que les Grecs ne savaient pas seulement faire le vin, mais qu'ils avaient inventé la législation des appellations contrôlées et — on s'y attendait ! — la régie.)

L'examen des amphores romaines trouvées dans les fonds marins au large d'Anthéor a prouvé que ces méthodes avaient été reprises par les Romains, les indications figurant sur un disque estampillé en pouzzolane et placé sur un bouchon de liège. (Ce qui laisserait croire que l'usage du bouchon de liège a disparu ensuite pour ne réapparaître qu'au XVIIᵉ siècle.)

En France, l'usage fut pendant très longtemps de marquer les casiers de bouteilles avec de petites plaques d'argent, de céramique, de métal argenté, encore nombreuses dans les collections anglaises. Elles portaient des indications générales : « Sauternes », « Graves », « Claret », parfois complétées par le nom de la paroisse (celle de Saint-Laurent, en Médoc, était alors très réputée), voire par un nom de cru, fait beaucoup plus rare.

Au cours du XIXᵉ siècle, l'usage se répandit de frapper une empreinte sur l'épaule de la bouteille. On obtenait ainsi une étiquette inaltérable... mais qui avait l'inconvénient de pouvoir servir aussi longtemps que la bouteille n'était pas brisée. De telles bouteilles peuvent, à l'occasion, servir de documents historiques. On a retrouvé dans un fort situé non loin de Darwin (Australie) des bouteilles portant l'estampille « Château-Margaux ». Le fort ayant été détruit en 1839, on a pu en conclure que les bouteilles avaient dû être offertes par Dumont d'Urville, lors de son passage dans cette contrée en 1838.

Parmi les plus anciennes étiquettes connues, signalons celles de Moët et Chandon de 1846 qui figurent au Musée du Champagne à Épernay.

Actuellement, tout vendeur de vin en fûts fournit à l'acheteur un nombre d'étiquettes correspondant au nombre des bouteilles. Tout amateur a naturellement le droit de faire ses propres étiquettes.

Denrées périssables, les étiquettes peuvent être complétées par des indications sur les casiers, voire, ce qui est encore plus sûr, par un plan de la cave avec la répartition des bouteilles par casiers et rayons.

La tonnelle

Est-ce parce que je suis jardinier ? La tonnelle me semble le complément naturel de la cave. Vous l'établirez dans un endroit ensoleillé et à l'abri du vent, près de la sortie de la cave, pour les bouteilles et non loin de l'entrée de la cuisine, pour le fromage et le saucisson. Meublez-la avec du marbre, de la pierre ou du fer peint.

Pour la recouvrir, évitez le rosier, ou alors choisissez le grimpant Zéphyrine Drouhin, sans épines. Le chèvrefeuille, odorant et opaque, n'est pas trop à conseiller, non plus que l'éclatante bougainvillée de la Côte d'Azur qui faussera la couleur de votre vin.

Mes préférences vont à l'exubérant polygonum, à la vigne vierge à cinq feuilles (celle de nos grand-mères), au panache du bignonia, aux clématites à petites fleurs, les plus généreuses et les plus accommodantes, aux glycines roses, blanches, violettes, à la curieuse fleur de la passion qui aime le soleil du Midi.

On a pourtant le droit de penser que la plante idéale pour la tonnelle est encore la vigne. Si vous savez la tailler, la traiter, vous n'avez pas besoin de mes conseils. Sinon, apprenez qu'il existe des variétés de vignes qui n'exigent aucun traitement et qui se laissent tailler au hasard du sécateur. Bonne ou mauvaise année, elles donnent des raisins. Qu'ils soient très bons... les grives vous en parleront.

Si vous disposez d'une place suffisante pour planter un arbre, évitez la fraîcheur du noyer, les fruits du platane et du marronnier, l'envahissement du saule pleureur ; préférez le cèdre, le catalpa, le hêtre pourpre ou vert ; l'orme pleureur, si la place vous est mesurée.

Enfin, songez au cadran solaire qui vous rappellera qu'il n'est pas de mauvaise heure pour boire un bon vin.

Transport et mise en bouteilles

Si le plus noble geste de l'homme est de verser à boire à son prochain, le plus grand témoignage de fidélité que l'on puisse donner au vin, c'est de le mettre soi-même en bouteilles. On me dit que cette tradition se perd, il faut donc se hâter de la remettre en honneur.

Pour le vigneron, la mise en bouteilles est un adieu. Pour l'amateur, elle est une prise de contact, la seule avant la dégustation, qui n'aura peut-être jamais lieu. Dans une modeste mesure, elle permet de participer au « mystère du vin ». On possède bien ce que l'on a fait, même si ce n'est pas entièrement, et pas bien ce que l'on a seulement payé, même très cher.

Rassurante, parce que d'exécution facile, la mise en bouteilles donne pourtant au profane une idée juste de l'éblouissante complexité des problèmes que pose l'élevage d'un grand vin. Quel est le vigneron anonyme et génial qui, trouvant après plusieurs années une bouteille de vin blanc « cassé », a réussi à en découvrir la cause, entre toutes la moins plausible : lors de la mise en bouteilles on avait trop ouvert le robinet ? Qui donc s'est aperçu qu'on « fatiguait » le vin en le laissant tomber droit sur lui-même alors qu'il fallait le laisser couler doucement contre la paroi de la bouteille ? N'anticipons pas. Remarquons qu'une telle subtilité dans une opération aussi simple peut nous donner une haute idée de celles qui la précèdent et qui risquent de nous rester à jamais inconnues.

Détail important : à qualité égale, les vins que l'on met soi-même en bouteilles reviennent beaucoup moins cher que les autres. Les envois à « container perdu », qui commencent à se répandre, ont à la fois réduit les frais de transport et résolu la question du tonneau et de sa réexpédition.

LA PREMIÈRE MISE EN BOUTEILLES MÉTHODIQUE, ce fut peut-être celle du Château-Lafite où depuis 1797 on met en cave à chaque récolte un certain nombre de bouteilles.

QUELS VINS METTRE EN BOUTEILLES ? — Au début, tout au moins, contentez-vous de vins moyens ou s'approchant des premiers crus et voyageant bien : Beaujolais, Mâconnais, vins de la Loire, mais aussi Côte-de-Beaune, Médoc, Saint-Émilion, Côtes-du-Rhône... En général tous ceux que les négociants, qui connaissent bien leur métier, proposent à la fois en bouteilles et en tonneaux.

Le vin d'Alsace, qui craint le contact de l'air, est très difficile à mettre en bouteilles.

TRANSPORT DU VIN. — Il peut s'effectuer en toutes saisons. Éviter les grands froids et les grandes chaleurs. Au cours du trajet, il se produit une évaporation et une sorte de « tassement » qui font apparaître un « creux de route » parfois assez important, jusqu'à dix litres pour un fût de deux cent vingt litres.

RÉCEPTION DU VIN. — Dès son arrivée, descendez le tonneau à la cave, placez le robinet et attendez au moins une quinzaine de jours avant de passer à l'opération suivante. (Trois semaines en cas de grands froids.)

Ne mettez pas en bouteilles un vin qui ne soit pas limpide et brillant.

MISE EN BOUTEILLES. — Quand le vin est en bouteilles, c'est quelquefois pour longtemps. Cette opération doit donc être très soignée, son charme provenant d'ailleurs de l'attention qu'elle demande à l'amateur.

CHOIX DES BOUTEILLES. — Utilisez les bouteilles qui correspondent aux vins du cru. Pas de Bourgogne dans une bouteille de Bordeaux.

Les vins rouges doivent être placés dans des bouteilles « feuille morte » ou vert foncé, la lumière ayant sur eux une action décomposante.

La date à laquelle vous vous proposez de boire le vin a son importance. Le vin est plus vite bon à boire dans une demi-bouteille mais il meurt plus vite. Les magnums et les jéroboams prolongent de beaucoup la vie du vin.

PRÉPARATION DES BOUTEILLES. — Descendez vos bouteilles à la cave vingt-quatre heures à l'avance. Elles prendront la température du vin et lui éviteront une réaction défavorable.

CONDITIONS MÉTÉOROLOGIQUES. — On leur accordait autrefois une importance excessive. Choisissez un jour de temps clair et sans vent du Midi.

DATES. — Les meilleures périodes vont de septembre à mars. Mars est très favorable, le vin est alors net et brillant.

MISE EN BOUTEILLES PROPREMENT DITE. — Tirez au robinet et non au siphon. Pour assurer une arrivée d'air régulière, percez un petit trou dans la bonde.

Évitez toute rupture de rythme et toute secousse. Ne refermez pas votre robinet mais, entre deux bouteilles, laissez le vin s'écouler dans un récipient où vous le recueillerez ensuite.

Dirigez le jet contre la paroi de la bouteille de façon à éviter le choc du vin contre lui-même, sinon vous le « fatigueriez ».

Surtout s'il s'agit d'un vin blanc, n'ouvrez votre robinet qu'aux trois quarts. Un tirage trop rapide sature d'air le vin blanc et le trouble. Ce trouble peut aller jusqu'à la « casse ».

Le tirage d'un fût doit être conduit sans interruption. Les dernières bouteilles, troubles, ne doivent pas être mêlées aux autres.

D'excellentes cuisinières recueillent la lie pour la préparation de leurs plats au vin.

BOUCHAGE. — Les bouteilles doivent être bouchées au fur et à mesure à l'aide du bouche-bouteilles. Attention : le vin est incompressible. Ne laissez pas de vide sous les bouchons. Il prolongerait la « maladie de bouteille » et accélérerait le vieillissement.

Cachetez à la cire fondue :
   Cire rouge pour les Bordeaux.
   Cire verte ou bleue pour les Bourgognes.
   Cire verte pour tous les vins blancs.

Les étiquettes seront collées soit à la colle de farine, soit avec les nouvelles colles vendues chez les marchands spécialisés.

MALADIE DE BOUTEILLE. QUAND PEUT-ON BOIRE LE VIN ? — On ne doit pas toucher au vin pendant les deux ou trois premiers mois. Il fait sa « maladie de bouteille ».

RANGEMENT DES VINS. — Les vins doux, Jerez, Madère, Porto, Marsala, Banyuls, Rancio, Grenache, préfèrent un endroit tempéré à une cave fraîche. Ils doivent être conservés debout. Un placard dans une pièce exposée au nord leur conviendra.

Les autres vins seront conservés en cave, couchés, de façon que la face intérieure du bouchon baigne entièrement dans le vin.

DEUX PROCÉDÉS POUR FAIRE VIEILLIR LE VIN NATURELLEMENT

On admet et on répète docilement que l'on ne saurait forcer le vin à vieillir et, de fait, je n'ai jamais lu dans aucun ouvrage consacré au vin la mention des deux pro-

cédés suivants, pourtant bien honnêtes comme on va le
juger.

LA DEMI-BOUTEILLE. — Il était à portée de n'importe quel
lecteur attentif de le deviner. La demi-bouteille est souvent condamnée par les amateurs de bon vin parce
qu'elle vieillit vite, mais, comme le vigneron Montesquieu le conseillait déjà à propos des différents malheurs
qui peuvent nous frapper, il n'est que de savoir se retourner pour constater que, dans certains cas, ce peut être
une qualité. Prenez le cas d'un Saint-Estèphe qui mettra
dix ans à prendre son velours dans une bouteille, il sera
excellent après trois ou quatre ans de demi-bouteille... et
même s'il est un peu moins bon, vous serez plus sûr de le
boire. (Naturellement, vous ne ferez jamais seulement de
mise en demi-bouteilles.)

L'ALTITUDE. — Voilà quelques années, la confrérie des
Chevaliers du Tastevin avait envoyé quelques barriques
faire le tour du monde en bateau. Le résultat ne fut pas
convaincant. On aurait tort d'en conclure que la qualité
du « Bordeaux, retour des Indes » soit un mythe. En ce
temps-là les vins n'étaient pas filtrés et préparés comme
aujourd'hui. La réputation de la mer est donc à réviser,
mais non celle de la montagne, qui n'est faite qu'auprès
de rares connaisseurs. Or, il semble évident que tous les
vins (même les gros rouges) prennent en montagne une
douceur et un moelleux que seul procure le vieillissement. Comme c'est aussi en montagne moyenne, vers
douze-quinze cents mètres, que se récoltent les meilleurs
légumes et les meilleurs champignons, on voit où le
gourmet doit poser son chalet.

L'INONDATION. — Oui, un troisième. Il m'a été indiqué
par des amis belges dont la cave était régulièrement
inondée. Je demande l'ouverture d'une enquête.

REGISTRE DE CAVE. — Tenez à jour les « entrées et les sor-
ties ». Notez vos appréciations, les prix, les noms des
amis qui les ont appréciés. Au soir de votre vie vous les
relirez peut-être avec plaisir.

En tête de votre cahier, recopiez les quelques lignes de Proust placées page 428.

Retirez-vous ensuite sur la pointe des pieds et laissez votre vin commencer non pas à vieillir, mais à vivre.

PAIX AU VIN SOUS LA TERRE !

Le contenu de la cave

Seul le catalogue de sa bibliothèque peut refléter aussi fidèlement la personnalité d'un homme que l'inventaire de sa cave à l'heure de sa mort. En feuilletant cette liste de noms et d'années, le premier amateur venu dira si vous étiez noble ou vulgaire, avare ou généreux. Il connaîtra aussi votre état de santé, vos succès et vos revers de fortune, vos amis et jusqu'à vos amours.

Tenez le registre de la vie de votre cave : il est plus sûr de bien vieillir que le meilleur vin de garde. Dans un siècle ou deux, vos héritiers le liront comme on lit un roman.

Chacun se fait sa cave soi-même. Voici cependant deux principes qui vous éviteront des regrets et des remords.

1° ACHETEZ DE GRANDS VINS, même très peu, même très jeunes. Les commerçants pourront toujours vous fournir des vins moyens à des prix abordables. Il n'en sera pas de même pour une grande bouteille qui augmente de trente pour cent par an. Une bouteille payée dix francs voilà vingt ans peut en valoir soixante et plus aujourd'hui.

2° CONTRARIEZ VOTRE GOÛT ET PRÉVOYEZ SON ÉVOLUTION. Peut-être êtes-vous spécialisé. Songez à en sortir. Le vin n'est pas qu'un plaisir, mais une culture et vous ne devez pas passer votre vie sur un pied. Si vous aimez les Bourgognes, donnez la priorité aux Bordeaux dans votre plan d'achat. Les vins qu'on aime, on les trouve toujours.

COMBIEN DE VINS ACHETER ?

De nombreux éléments contribuent à préparer la réponse, en particulier votre genre de vie et votre lieu d'habitation. Si vous recevez beaucoup et si vous habitez la campagne, vous aurez intérêt à vous constituer une cave importante.

LE VIN UNIQUE. — Grand journaliste... et propriétaire en Beaujolais, Lucien Romier a parlé avec émotion de la cave du vigneron, « la cave d'un seul vin, le vin unique que l'on fait de génération en génération et qui se succède d'année en année, dans le même tonneau, comme les enfants d'une humble famille dans le même berceau ».

Un tel vin sera présent chez vous et vous servira d'ordinaire. Achetez-le dans votre village natal... ou ailleurs. Qu'il soit sérieux, que vos amis ne fassent pas la grimace en dégustant « le vin du souvenir ».

LA PETITE CAVE permettra de faire face à toutes les situations. Vous éviterez l'échantillonnage. Les bouteilles vont au moins par trois, de préférence par six ou douze. Ces chiffres sont conseillés à la fois pour la consommation et le vieillissement.

9 blancs secs : Alsace, Jura, Bourgogne, Savoie, Côtes-du-Rhône, Provence, Languedoc, Bordeaux, Loire, crus locaux ;

3 blancs demi-secs ou moelleux : Alsace, Bordeaux, Loire ;

6 rouges légers : Bourgogne, Bordeaux, Loire, crus locaux ;

6 rouges corsés : Bourgogne, Côtes-du-Rhône, Languedoc, Bordeaux :

3 grands vins doux : Muscat de Frontignan, Banyuls, Sauternes, Monbazillac, Quart-de-Chaume ;

3 Champagnes, dont un « nature ».

Soit, à trois bouteilles par vin, environ une centaine de bouteilles.

LA CAVE MOYENNE. — Deux cents à trois cents bouteilles permettent de constituer un « fonds » solide.

24 rosés : Bourgogne, Jura, Côtes-du-Rhône, Provence, Languedoc, Bordeaux, Loire, Tunisie, Algérie ;

36 blancs secs (voir plus haut) ;

12 blancs demi-secs ou moelleux (voir plus haut) ;
12 Côtes-de-Nuits ;
12 Côtes-de-Beaune ;
12 crus du Beaujolais ;
 6 Côte-Rôtie ;
 6 Ermitage ;
 6 Châteauneuf-du-Pape ;
12 Graves ;
12 Médoc ;
12 Saint-Émilion, ou 12 Pomerol ;
12 Champagne, dont 3 nature ;
 6 vins doux (voir plus haut).

LA CAVE DE L'AMATEUR. — Avec quinze cents à deux mille bouteilles, tous les grands vins seront présents dans une cave.

LA CAVE FLATTEUSE ET LA CAVE SNOB. — La réputation d'une cave fait tache d'huile. Vous serez amené à recevoir des « barbares ». Souvenez-vous que vous-même... autrefois.

La politesse vous impose de recevoir ces néophytes ; votre amour du vin, de les initier ; votre sagesse, de le faire aux moindres frais, c'est-à-dire de tenir vos très grands vins éloignés des lèvres encore indignes. Créez donc deux rayons spéciaux.

RAYON D'INITIATION. — Il est destiné aux invités qui ont le désir de vaincre leur ignorance. Beaucoup de petits vins sont plus faciles à apprécier que les grands. Ce sont des vins fruités, friands et tendres, qui se boivent jeunes et sont assez peu coûteux : Alsace, Jura, Chablis, Sancerre dans les blancs, Tavel, Lirac et rosés de Provence, Beaujolais, Gigondas, vins de la Loire dans les rouges.

RAYON SNOB. — Rappelez-vous l'aventure de Henri IV qui venait de vider un verre de vin de Beaune à la santé des échevins. « Nous en avons encore de meilleur, dirent-ils. — Vous le gardez sans doute pour une meilleure occasion. »

Attention aux convives qui se prennent pour le roi de France et repartent furieux de n'avoir pas vidé votre der-

nière bouteille de Romanée-Conti. Servez-leur des étiquettes. Que vos grandes bouteilles soient protégées par
quelques « doublures » authentiques, mais d'années
secondaires. Peut-être même aurez-vous le plaisir de voir
ces bouteilles se développer. Ainsi tout le monde sera
content et mon conseil se révélera plus charitable que
cynique.

Comment choisir et acheter son vin

A cette question, je répondrai comme Newton : « En y
pensant toujours. »

Au restaurant, chez vos amis, au cours de vos voyages,
de vos lectures, notez les bonnes adresses. Mais un jour
viendra où vous voudrez avoir « vos » vins. Commencez
donc dès maintenant à fréquenter les endroits où vous
pourrez les choisir au berceau.

LES FOIRES-EXPOSITIONS LOCALES ont lieu dans presque toutes
les régions de vignobles. (Liste non limitative page 322.)
Les vignerons y proposent les vins de l'année. N'oubliez
pas que se posera alors la délicate question de l'élevage
du vin.

VISITEZ LES FOIRES-EXPOSITIONS NATIONALES. (La première
exposition eut lieu à Paris en 1214. Les meilleurs crus
d'Italie, d'Espagne, de Grèce, de Portugal y étaient repré-
sentés. Le roi Philippe Auguste présidait le Comité de
dégustation dont le moine Rudolph était le rapporteur.
Les cinq premiers furent, dans l'ordre : le vin de Chypre,
le Malaga, le Malvoisie, l'Alicante, le cru parisien de la
Goutte-d'Or, planté dans le quartier du même nom...)

Le salon des Arts ménagers, les foires de Paris, Lyon,
Montpellier, Bordeaux, etc., la foire gastronomique de
Dijon groupent des négociants et des propriétaires bien
outillés, qui proposent des vins de toutes régions et de
tous âges.

LES CAVES DE PROPRIÉTAIRES OU DE NÉGOCIANTS sont parfois
pittoresques et toujours agréables. Ne manquez pas de les
visiter si vous traversez un pays de vin. Plutôt que d'être

contraint à l'achat, vous devrez parlementer avec le vigneron pour qu'il vous « cède » quelques bouteilles.

Difficultés et pièges
de la dégustation improvisée

Il faut tout d'abord éviter l'euphorie. C'est le vin rouge qui doit être chambré et non pas le buveur. Recrachez chaque gorgée.

Dans les foires, l'animation, le trop grand nombre de dégustations, l'éloquence du vendeur sont autant d'obstacles au recueillement intérieur. Évitez les heures d'affluence.

Dans les caves, l'atmosphère est trop « flatteuse » et le silence du vigneron trop éloquent. Le fait que les vins rouges ne soient pas à leur meilleure température est aussi une cause d'erreurs.

Certaines « gentillesses » sont de redoutables astuces : un vin âpre, trop riche en tanin, devient velours avec des amandes ou des noix. Une poire bien choisie donnera du relief à un vin plat. Les experts disent qu'il s'agit de « fardages ».

La prudence conseille d'acheter quelques bouteilles et de leur appliquer la méthode suivante avant la commande définitive.

Méthode du docteur Ramain. — Subtil gastronome, le docteur Ramain jugeait un vin à jeun, à onze heures du matin ou à cinq heures de l'après-midi, au cours d'un tête-à-tête amoureux avec la bouteille.

Le chœur était constitué par des carrés de fromages doux : camembert, brie, septmoncel, soumaintrain, saint-marcelin, chavignol, reblochon, morbier. Noisettes, noix, amandes vertes ou sèches étaient autorisées à la fin de la conversation. Chacun savait alors ce que valait *l'autre*.

Le docteur Ramain dépistait ainsi les faux grands vins et en réhabilitait d'autres, surtout dans les années médiocres, mais tous provenant d'excellents vignerons.

ACHATS FACILES ET AVANTAGEUX

Si vous tenez à limiter les risques, adressez-vous à des maisons connues, propriétaires ou négociants, ou aux coopératives.

Achats le long de la route. — Dans presque toutes les régions vinicoles on peut acheter des « paniers » à partir de trois bouteilles. Succombez à la tentation, qui peut parfois remplir votre réservoir, c'est-à-dire couvrir vos frais d'essence.

Auparavant, menez une petite enquête, sinon vous risqueriez d'acheter un vin médiocre au lieu d'un bon cru, moins bien placé sur la route. N'oubliez pas, surtout si vous n'acquittez pas de droit de régie, qu'un vigneron d'honnête apparence peut très bien vous faire goûter un vin et vous en livrer un autre. Le cas est rare.

Avant le départ, étudiez votre route des vins : adresses, relais, prix...

Constituez un groupement d'achats. — Le grand charme, c'est d'acheter en tonneaux. C'est aussi la grande économie. Groupez quelques amis qui viendront mettre leur vin en bouteilles chez vous un dimanche après-midi. Vous ferez une « partie de cave », comme on dit à Liège. Sans vous pousser à l'alcoolisme, je vous ferai remarquer qu'il est plus sage de s'enivrer chez soi que de rouler à jeun sur les routes.

Achetez dans les bonnes années. — On ne croit plus à la Comète et l'on a tort : c'était un excellent « public-relations » du vin. Dans les bonnes années, raclez les fonds de tiroirs pour remplir les fonds de bouteilles. Achetez beaucoup de vins secondaires, parce qu'ils vaudront presque les grands, et les grands, parce que, comme l'a dit un vigneron, « aimez ce que jamais on ne verra deux fois ».

Et les années médiocres ? Laissez acheter les négociants, les pédants, les distraits, les débutants... et bien d'autres encore.

Le vin gratuit. — Un ethnologue indien qui nous arriverait des forêts de l'Amazonie aurait de quoi être surpris : le bon vin est fort cher, mais nombreux sont les endroits où l'on peut en boire sans payer. Il s'agit d'une tradition généreuse et non pas de publicité. Un vigneron vous fera goûter douze vins alors qu'ils sont déjà tous vendus.

Ce n'est pas à ce « vin gratuit » que je pense, pas plus qu'à celui du régiment, mais à une vraie cave gratuite, où l'on puise librement. Les Bordelais prétendent qu'un homme pourvu de bons principes peut boire bon toute sa vie sans bourse délier. Il achètera un excès de grands vins dans les grandes années et les cédera à ses relations dix ou quinze ans plus tard au prix du négoce. (Nous l'avons vu : un gain de trente pour cent par an, net d'impôts.)

Un tel usage me semble ignoré en Bourgogne, où d'ailleurs l'on boit les vins plus jeunes. L'idée que l'on fasse du vin « une affaire » me choque. Je n'aimerais pas vous voir revendre votre vin, mais je vous garderai mon estime... si vous l'échangez.

A chacun sa cave

A mesure que l'on pratique le vin, on sent se développer en soi une curieuse contradiction : on devient de plus en plus classique (les premiers sont les premiers) et de plus en plus excentrique (on n'hésite pas à accorder à un vin secondaire, mais original, la place qui devrait aller à un grand). Si bien que la cave d'un véritable amateur de vins peut être très grande, et somptueuse, elle ne peut pas être banale. On n'en trouvera pas deux qui se ressemblent.

CAVES SELON L'AGE, LA SITUATION, LA RÉGION...

La cave d'un intellectuel sera différente de celle d'un paysan, celle d'un vieux bourgeois célibataire différente de celle d'un homme d'affaires qui donne trois dîners par semaine. Un médecin de campagne qui mange à la sau-

vette, entre deux consultations, n'aura pas les mêmes
vins qu'un chanoine de Bordeaux.

On peut avoir aussi des vins de vacances et des vins de
travail, des vins pour le Nord et des vins pour le Midi, des
vins pour l'été et des vins pour l'hiver, des vins pour les
« vins d'honneur » et des vins pour la solitude au coin du
feu.

Il y a des caves légères et des caves sérieuses, des caves
populacières et des caves aristocratiques, il peut même y
avoir des caves jansénistes, mais, que Bacchus me garde !
je souhaite ne jamais voir ni cave triste, ni triste cave.

La cave introuvable

Puisque nous parlons de cave triste... La cave introuvable (on la trouve, hélas !) hante les nuits des chimériques et des avares. Composée de Corbières qui enterrent
le Chambertin, de vins d'Auvergne qui ridiculisent le
Château-Margaux, de mousseux de glaciers dont on ne
voit pas la différence avec le Champagne. Léon Daudet
cessa de saluer un homme qui préférait le Gaillac au
Champagne. Sévère, mais juste. Depuis qu'il y a des hommes qui cultivent la vigne et qu'ils boivent, ils ont fini par
savoir ce qu'ils font. Pas de cave faite avec des vins qui
« valent les grands ».

Caves de vins curieux

Faites avec des vins rares et singuliers, comme les vins
de paille (du Jura, des côtes du Rhône, d'Auvergne), des
vins de sable (des Landes, de Chalosse), des vins autrefois
célèbres (d'Argenteuil, de Saint-Pourçain), des vins dont
on parle (le vin de François Mauriac), des vins dont on
ne parle plus (il reste une vigne à Auteuil), etc.

Caves artistiques, historiques, militaires...

Pourquoi ne pas reconstituer la cave d'un druide gaulois, d'un légionnaire romain, de Charles Martel qui nous
préserva des buveurs d'eau, d'un bourgeois de Paris au
temps de François Villon, d'un pape au temps d'Avignon,
de Talleyrand, de Clemenceau...

Vous pouvez aussi refaire le classement des vins. Militaire, vous aurez des vins d'avant-garde, des vins de choc,

voire des vins de retraite. Musicien, vous aurez des vins pour écouter Mozart, le jazz et la musique sérielle. Peintre, vous les classerez en primitifs, classiques, abstraits. Lecteur, vous aurez un flacon pour lire Ronsard, un autre pour Valéry.

Derrière les fagots

Mais alors, tout à fait derrière...

Vous y placerez d'abord les flacons destinés aux amis, ceux qui s'attendent à trouver chez vous « leur » vin. Ils tiendront compagnie aux « vins de naissance », de mariage... achetés à l'occasion de ces événements et bus à l'occasion d'autres naissances, d'autres mariages. Votre registre des vins fera concurrence à l'état civil.

Et plus encore derrière, derrière les fagots de dentelles, vous rangerez peut-être quelques bouteilles dont seul vous pourrez lire les mystérieuses étiquettes, inconnues sur tous les terroirs de France et de Navarre : ce seront les vins de vos amours.

Si vous n'avez pas de cave et si vous êtes pressé :

QUELQUES BONS FOURNISSEURS DE VINS ÉTABLIS A PARIS

Beaublé, 7, rue Pasquier, 8e, tél. : 265-39-86.

Brossault, 22, rue des Capucines, 1er, tél. : 073-34-83.

Caillaud, 72, avenue des Ternes, 8e, tél. : 380-55-56.

Caillette, 42, rue du Marché-Saint-Honoré, 1er, tél. : 073-61-73.

Chaudet, 20, rue Geoffroy-Saint-Hilaire, 5e, tél. : 707-23-98.

Caves Daudet, 19, rue Alphonse-Daudet, 14e, tél. : 402-63-45.

Caves de la Reine Pédauque, 6, rue de la Pépinière, 8e, tél. : 522-73-07.

Corcelet, 18, avenue de l'Opéra, 1er, tél. : 073-33-33.

Deffins, 23, rue de la Tour, 16e, tél. : 870-49-37.

Fauchon, 26, place de la Madeleine, 8e, tél. : 073-11-90.

HÉDIARD, 21, place de la Madeleine, 8ᵉ, tél. : 265-77-36.
MARILLAT, 24, avenue Mozart, 16ᵉ, tél. : 527-64-22.
MAISON DE LA TRUFFE, 19, place de la Madeleine, 8ᵉ,
tél. : 265-53-22.
NICOLAS, nombreux dépôts dans tout Paris.
PACQUEZ, 8, rue de l'Industrie, 13ᵉ, tél. : 402-02-94.
PEUCHET, 95, avenue Victor-Hugo, 10ᵉ, tél. : 553-83-23.
POISSON, 111, avenue Victor-Hugo, 16ᵉ, tél. : 727-34-17.
TASTEVIN, 6, boulevard Pershing, 17ᵉ, tél. : 425-78-04.

QUELQUES OCCASIONS POUR ACHETER
DU VIN : EXPOSITIONS
ET MANIFESTATIONS DIVERSES

ALSACE. Foire du vin à Colmar, première quinzaine
d'août.

BOURGOGNE. Fêtes de la vigne et du vin, septembre.

Foire de la gastronomie et des vins à Dijon, fin octobre,
début novembre.

Trois glorieuses à Nuits-Saint-Georges, Beaune et
Meursault, les samedi, dimanche et lundi qui suivent le
11 novembre. (Le dimanche, vente des vins des Hospices
de Beaune.)

Exposition des vins de Chablis, fin décembre.

Exposition des vins de la Bourgogne et vente des vins
des Hospices de Nuits-Saint-Georges, au printemps.

Foire nationale des vins à Mâcon, le 20 mai.

Expositions de crus du Beaujolais, tous les dimanches
de novembre dans des communes différentes.

Concours-exposition des deux bouteilles à Villefranche-
sur-Saône (réunit toute la production du Beaujolais), premier dimanche de décembre.

Vente des vins des Hospices de Beaujeu, deuxième
dimanche de décembre.

JURA. Fête du Biou à Arbois, premier dimanche de septembre.

CÔTES DU RHÔNE. Foire aux vins d'Orange, première quinzaine de janvier.

Fête de la Saint-Vincent à Tavel, janvier.

Boulbon (Bouches-du-Rhône) procession des bouteilles, 1er et 2 juin.

BORDEAUX. Fêtes de la fleur et Ban des vendanges célébrés par la plupart des confréries vineuses.

Fêtes de la Saint-Vincent dans de nombreux villages.

VINS DE LA LOIRE. Foire aux vins du Mans, janvier-février.

Journée des vins à Menetou-Salon, début mai.

CHAMPAGNE. Foires-expositions à Reims et à Troyes, au mois de juin.

Journées de la choucroute et du Champagne à Brienne-le-Château, troisièmes samedi et dimanche de septembre.

Feux de la Saint-Jean (nuit du 24 juin) à Cumières, Mailly-Champagne, Montgueux, etc.

CÔTES DU FOREZ. Journées du boudin d'herbes, entre le 10 et le 15 novembre.

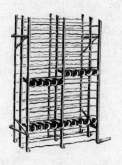

LE VIN SUR LA TABLE

Anthologie

Il n'est pas de moment plus gracieux dans la vie que l'instant où les convives, assis autour de la table bien dressée, prêtent l'oreille au chantre, tandis que l'échanson, puisant le vin dans l'amphore, remplit les coupes à la ronde.

HOMÈRE.

Quand Orion et Sirius auront atteint le milieu du ciel et qu'Aurore aux doigts de rose pourra voir Arcturus, alors, Persès, cueille et rapporte chez toi toutes les grappes. Expose-les au soleil dix jours et dix nuits, mets-les à l'ombre pendant cinq. Le sixième jour puise et mets dans des vases les dons de Dionysos riche en joies.

HÉSIODE.

Çà, valet, verse, verse par Jupiter dans ce canthare !

XÉNARQUE.

Mais moi, tenant le skyphos tout plein, j'en bois un peu en portant la santé à Erxion.

ANACRÉON.

Du Chio pris avec plaisir dans des calices lékané.

PLINE.

Gobelet : tasse qui sert à boire, qui est ordinaire de figure ronde sans pied ni anse.

FURETIÈRE.

*En Perse, à Lacédémone, il était défendu de forcer quel-
qu'un à boire. Charlemagne fit aussi une loi qui avait le
même but.*

Éloge de l'ivresse.

*Manger seul, c'est se repaître comme les chiens et les
loups.*

SAINT-ÉVREMOND.

*Le véritable amphitryon
Est l'amphitryon où l'on dîne.*

MOLIÈRE.

Les repas sont les liens innocents de la société.

MASSILLON.

*Il faut s'emparer des vins à leur descente de cuve,
comme l'on s'emparait autrefois d'une jeune fille à sa
sortie de couvent, lorsqu'on voulait être à peu près sûr
d'avoir une épouse sans tache.*

GRIMOD DE LA REYNIÈRE.

C'est dans la cave que se trouve l'âme de la maison.

R. GOMEZ DE LA SERNA.

Ouvrir sa bouche à l'astre efficace des vins.

MALLARMÉ.

*Vin, fille, faveur et poirier sont difficiles à conserver.
Le vin du cru, un dîner d'amis et la musique d'amateur,
sont trois choses également à craindre.*

GRIMOD DE LA REYNIÈRE.

*A celui qui commande une demi-bouteille, il lui man-
quera toujours l'autre demie.*

R. GOMEZ DE LA SERNA.

Il y a, au commencement de chaque grand repas, deux sortes de regards furtifs : celui qu'on lance vers le décolleté de la belle madame, celui qu'on lance vers l'étiquette de la bonne bouteille.

R. GOMEZ DE LA SERNA.

Les verres

Triste paysage qu'une table qui n'est pas encore prête à recevoir le vin ! Des assiettes plates, des fourchettes à la dérive... Posez les premiers verres et, à la lettre, la table se *dresse*, telle une compagnie de soldats sur la base de départ. Qu'arrivent les carafes étincelantes comme de jeunes officiers, les maréchaux enfouis dans les poudreuses bouteilles et c'est l'assaut.

Le verre n'est pas si nouveau sur notre table qu'on le suppose parfois. Entre les cornes d'auroch des Gaulois et les chopes de grès ou d'étain du Moyen Age, il y eut, en France même, particulièrement à l'époque gallo-romaine, de ravissants verres, les uns sans pied en forme de coupe, les autres rappelant la coupe. On peut en voir une belle collection au Musée du Champagne à Épernay.

Un verre à vin doit être de cristal blanc, lisse et fin, « une coquille d'œuf », disent les amateurs. Il doit avoir un pied et sa forme permettre l'examen du vin par tous les sens.

Plusieurs provinces ont créé leur modèle : la Bourgogne une forme ballon, le Bordelais une forme en œuf, l'Alsace un verre à pied de couleur très haut, la Champagne une flûte. Le Val de Loire a voulu le sien.

Ce raffinement me semble plutôt une complication dont l'effet sur la table est rarement heureux. Si un verre est bon pour un vin, il sera convenable pour un autre, encore qu'il y ait des nuances. Les vins blancs sont accommodants, mais non pas les vins rouges qui ont une « forme ». Les Bordeaux et les Touraines, fins et racés, se logent mieux dans un verre relativement étroit alors que les larges épaules des Bourgognes doivent pouvoir rouler dans un verre plus ample.

Méfiez-vous cependant des trop grands verres ballon. Ils absorbent une énorme quantité de vin, la couche exposée est si grande que l'oxydation des vins blancs est excessive et que la concentration des esters des vins rouges se fait mal.

Un verre pour le Bordeaux, un verre pour le Bourgogne et une flûte pour le Champagne, tel me paraît le choix idéal, mais je me contenterais facilement d'un seul verre, genre tulipe, c'est-à-dire assez profond, à bords légèrement évasés, qui permet à la fois la rotation du liquide et la concentration du bouquet. On le change à chaque vin et il peut servir aussi pour l'eau.

Ne vous singularisez pas : en Alsace buvez du vin d'Alsace dans son verre.

Autrefois, la dimension du verre était proportionnée à l'importance du convive. « Suivant le rang, suivant le verre. » Pourquoi ne créerait-on pas un verre pour « dégustateur averti ». Ce serait une manière élégante pour une maîtresse de maison de prévenir ses invitées : « Attention ! Cet homme n'est pas dangereux ! Il ne vous parlera que du vin ! »

Carafe et décantation

La question a fait couler autant d'encre que de vin. Elle perd de son importance à mesure que l'on filtre mieux les vins avant la mise en bouteilles et qu'on les boit plus jeunes. La décantation n'est presque jamais nécessaire avec les vins blancs, elle est rarement pratiquée avec les Bourgognes et ne concerne plus guère que les vieux Bordeaux. Elle consiste à éliminer le dépôt formé au fond et sur le flanc de la bouteille qui troublerait le vin au moment du service. (Ce dépôt étant en lui-même un signe de qualité et non pas un défaut.)

La bouteille est montée de la cave plusieurs heures, voire plusieurs jours avant si elle est très vieille, et laissée reposer pour que les particules tombent au fond.

On prépare d'abord une carafe en la lavant à l'eau

chaude, puis en la rinçant au vin, et en la laissant sécher. On place dans le goulot un entonnoir en verre.

La décantation, qui peut se pratiquer avant le repas ou sur la table même se fera très lentement. L'opérateur allumera une bougie qui lui permettra de surveiller le mouvement des particules dans le vin et d'arrêter l'opération au moment où ces particules se présenteront au goulot.

Si le vin ne doit pas être servi aussitôt, on bouchera la carafe avec un tampon d'ouate peu serré, afin d'empêcher la chute des poussières et de permettre l'oxydation du vin. C'est ainsi que les Bordeaux gagnent à être décantés plusieurs heures à l'avance et les grands Graves presque vingt-quatre heures — un jour entier. Pour les Bourgognes on peut le faire au dernier moment.

On expose parfois la vieille bouteille et son bouchon millésimé à côté de la carafe. C'est un bon folklore.

Dans beaucoup de cas, on pourra se contenter d'utiliser un panier dans lequel la bouteille se tient à peu près horizontale.

Le tire-bouchon. — L'importance de ce petit appareil est grande, les bouchons des grandes bouteilles se révélant des adversaires coriaces ou, au contraire, trop fragiles. Choisissez un modèle à vis ronde et large, pourvu d'un système qui permette une extraction en douceur.

La nappe et l'éclairage. — Les nappes de couleur ne sont pas favorables au vin dont elles tuent la « robe ». Préférez-leur l'ancienne nappe blanche bien glacée dans laquelle les vins se refléteront comme au-dessus d'un miroir ou d'une pièce d'eau.

L'éclairage qui tombe d'en haut écrase le vin, l'éclairage bas permet au contraire un joli jeu de reflets. Évitez l'éclairage au néon et n'abusez pas des chandelles.

Les dessous de bouteilles sont indispensables.

Les convives. — Choisissez-les en bonne santé et d'humeur agréable. Pas moins de quatre personnes à table, pas plus de douze.

Précautions et procédés pour rafraîchir
ou réchauffer le vin

Le vin est le fils du Temps et il n'aime pas qu'on manque d'égards à son vieux père. Citons encore Verlaine : « De la douceur avant toute chose... »

Pour *rafraîchir le vin,* rien ne vaut une bonne cave soutenue par une vieille glacière. Le réfrigérateur présente l'inconvénient de fonctionner par secousses. Il faut veiller à ne pas le faire fonctionner à température trop basse, ce qui aurait pour effet de « casser » le vin, accident qui se produit à trois degrés au-dessous de zéro. Pour ma part, j'ai juré de ne plus jamais placer une grande bouteille dans mon réfrigérateur.

Le seau à glace reste la formule la plus acceptable. On peut en accélérer les effets en y jetant une poignée de sel, mais ce n'est pas à recommander.

Chambrer le vin, c'est l'amener à peu près à la température de la salle à manger. Le vin doit être chambré délicatement et, s'il n'est pas trop froid, laissez-le se réchauffer dans votre verre, entre vos paumes.

Ne le chambrez jamais en plongeant la bouteille dans l'eau chaude ou en l'approchant d'une source de chaleur.

En cas d'urgence, vous pouvez utiliser un des procédés suivants, dont le meilleur ne vaut pas grand-chose :

Remplissez une carafe d'eau chaude, agitez pour réchauffer le verre, jetez l'eau. Rincez la bouteille avec le vin à servir. Décantez ensuite le reste de la bouteille.

Voici un autre procédé parfois utilisé en Bourgogne. Trempez la bouteille dans l'eau chaude pendant dix ou douze secondes, placez-la ensuite dans une serviette où vous la garderez pendant cinq minutes. Une partie de la chaleur du verre passe dans le vin et commence à le dégourdir.

Enfin j'offre à mes lecteurs la primeur d'un « cabinet de chambrage » dont ils trouveront la description dans le chapitre *Bouteilles à la mer : quand le vin vient tout seul sur la table.*

La température des vins

Un vin moyen mais servi dans de bonnes conditions est préférable à un grand vin débouché au hasard, au dernier moment. Beaucoup de maîtresses de maison qui passent des heures devant leur cuisinière refusent les quelques minutes nécessaires pour servir un vin à point.

VINS BLANCS ET ROSÉS. — Tous les rosés, les vins de Loire, d'Alsace, les Bourgognes et les « petits vins » divers doivent être servis frais, entre six et douze degrés, ce qui correspond à peu près à la température de la cave.
Les Bordeaux blancs demandent plus de nuances. Les vins moyens (Entre-Deux-Mers par exemple) seront rafraîchis, mais les grands Sauternes jeunes seront frappés.
Le Château-Chalon sera légèrement chambré.

VINS ROUGES. — L'usage se répand, à raison selon moi, de boire frais certains rouges, surtout s'ils sont légers et jeunes : Arbois, Beaujolais, Bourgueil, Riceys, vins de Touraine...
Les Bordeaux doivent être exactement chambrés, c'est-à-dire à la température de la pièce où ils seront dégustés, soit en général dix-huit degrés. Il faut les monter de la cave la veille, faire étape dans une pièce assez fraîche et les apporter dans la salle à manger quelques heures avant, en veillant à les tenir loin d'une source de chaleur, les déboucher à ce moment-là et laisser le bouchon sur le goulot.
Une certaine sensation de fraîcheur ne nuit pas aux Bourgognes. On pourra donc les chambrer dans une pièce un peu plus fraîche que la salle à manger (deux à trois degrés au-dessous). Les déboucher deux heures avant le repas.
Le Châteauneuf-du-Pape est, parmi les grands vins rouges, celui qui se boit à plus basse température, entre

douze et quatorze degrés. On le montera de la cave et on le débouchera deux ou trois heures avant de le consommer.

LES CHAMPAGNES

Tous les Champagnes ne doivent pas être traités de la même manière.

Les Champagnes doux, nouveaux, secondaires doivent être frappés. Ainsi évitera-t-on de trouver le goût de mélasse après le goût du vin naturel.

Les bons Champagnes doivent être servis rafraîchis.

Les grands Champagnes (vieux et millésimés) doivent être servis à la température de la cave.

VINS DE LIQUEUR ET DIVERS

Muscat, Banyuls, Malaga ne doivent pas être rafraîchis.

Le Porto blanc doit être servi un peu au-dessous de la température de la pièce, le rouge un peu plus frais que le blanc.

LE GOÛT DE BOUCHON. — Il se détecte en flairant le bouchon dès sa sortie de la bouteille, geste qui doit devenir instinctif chez l'amateur.

REMPLIR LES VERRES. — Un verre ne doit jamais être rempli à ras bord, mais à moitié, voire au tiers. Cet espace libre est nécessaire au vin pour se développer.

A quel âge doit-on boire les vins ?

— Quand ils sont bons.
— Mais encore ?
— Tout dépend... »

Tout dépend... de bien des éléments, dont tous ne sont pas prévisibles. En apparence bien tranquille dans sa cave, le vin est à surveiller avec autant de vigilance que la soupe sur le feu. Vous retrouverez « le chapeau sur l'oreille » au bout de cinq ans un vin qui n'aurait dû être fait qu'au bout de dix. Au cours de l'année, vous devez donc accomplir une « tournée » à peu près complète de votre cave. Appliquez ensuite le premier principe : buvez vos vins qui sont à point, sans calculer, ni lésiner, en réservant seulement quelques bouteilles pour la part des dieux. En vin, comme en amour, il faut savoir profiter de l'heure du berger.

En règle générale, la vie d'un vin est d'autant plus courte qu'il est bon plus jeune.

On peut représenter la vie d'un vin sous la forme d'un graphique. Plus la courbe du temps pendant lequel il se fait est longue, et plus long est le palier pendant lequel il est au sommet de sa qualité et plus lente la chute.

Il y a naturellement de nombreuses exceptions, presque toutes d'ailleurs dans le sens le plus favorable. Des vins « de primeur », c'est-à-dire bons très jeunes, par exemple les Beaujolais, les Pouilly-Fuissés, les Bourgueils, sont susceptibles néanmoins de tenir la bouteille dix ou vingt ans, certaines années. En revanche, les vins réputés « de garde » ne doivent pas être bus jeunes. Un Saint-Estèphe, un Corton d'un an ont une « mâche » à casser les dents.

Les chances de durée d'un vin sont un des éléments les plus importants pour le jugement porté sur une récolte. Les vins d'une année médiocre peuvent être très agréables ; ils auront en général une vie plus courte que ceux d'une grande année.

Meilleur âge moyen des vins

Alsace. — Sylvaner, Riesling,
        Gewurztraminer   un à quatre ans
        Pinot, Riesling   deux à six ans
        (La confrérie Saint-Étienne conserve dans ses caves des Rieslings de 1834, restés « jeunes et frais ».)

Bourgogne. — Vins blancs   deux à six ans
        Vins rouges   quatre à huit ans
Mâconnais. — Vins blancs et
        rouges   un à trois ans

Beaujolais. — Vins rouges   trois mois
à trois ans

Jura. — Vins rosés et blancs   deux à six ans
   Vins rouges   plus de cinq ans
   Vins jaunes   six à deux cents ans
*(Il existe encore dans une cave du Jura du vin
jaune d'Arbois datant de 1774.)*

Savoie. — Vins rouges et blancs   un à quatre ans

Côtes du Rhône. — Côtes-du-Rhône,
   Gigondas, etc.   un à quatre ans
   Vins blancs de Condrieu,
   Château-Grillet   dans l'année
   Saint-Joseph, Châteauneuf-
   du-Pape   quatre à dix ans
   Tavel   un à quatre ans

Provence. — Vins blancs et rosés   un à trois ans
   Vins rouges   deux à quatre ans

Languedoc. — Vins blancs et rosés   un à trois ans
   Vins rouges   quatre à six ans

Roussillon. — Muscat, Rancio   six à vingt ans

Jurançon. — Vins blancs   deux à huit ans

Madiran. — Vins rouges   cinq à dix ans

Pacherenc de Vic-Bilh. — Vins
   blancs   un à six ans

Bordeaux. — Vins blancs et vins
   moyens   deux à dix ans
   Grands vins rouges   quatre à vingt ans
*(De nombreuses bouteilles de vin de Bordeaux
restent buvables après un siècle.)*

Monbazillac, Bergerac, Montravel.	
— Vins moyens	deux à quatre ans
Grands vins	quatre à dix ans
Muscadet	six mois
	à deux ans
Anjou et Saumur. — Vins blancs	cinq à dix ans
Vins rouges et rosés moyens	un à trois ans
Grands vins rouges	deux à six ans
Touraine. — Chinon, vin rouge ou rosé	deux à quatre ans
Bourgueil, rouge	quatre à huit ans
Vins moyens	un à quatre ans
Coteaux du Loir et Jasnières. — Vins blancs	dix à vingt ans
Sancerre. — Vins blancs et rosés	trois mois
	à deux ans
Vins rouges	six mois
	à deux ans
Menetou-Salon. — Vins blancs	trois mois
	à deux ans
Quincy-Reuilly. — Vins blancs	trois mois
	à deux ans
Pouilly-sur-Loire	en primeur ou de deux à quatre ans
Champagne. — Vin nature de Champagne	un à cinq ans
Champagnes courants	trois à cinq ans
Champagnes millésimés	quatre à huit ans

(Le Champagne est terminé lorsqu'il est livré au consommateur, qui n'a aucun intérêt à le laisser vieillir dans sa cave.)

Les vins et leurs plats

UN EXPERT EXIGEANT

Comme j'interrogeais un expert sur un Morgon qui
« morgonnait » avec tant d'exubérance que je ne savais
plus à quel plat le vouer, je m'entendis conseiller :
« Avec ça, il faudrait servir un comice agricole dans le
Charollais. Ou alors une fricassée de cochon. »

Puis, comme ces grands médecins dont le laconisme
n'est pas toujours interprété avec exactitude, il ajouta,
douloureux et appliqué : « Naturellement, je parle d'une
fricassée de novembre, à neuf heures du matin, avec un
peu de brouillard sur la Saône. »

Ce seul exemple suffit à montrer qu'un connaisseur en
vins possède les vertus de l'artiste : un sens cosmique de
la situation d'ensemble et le souci du détail. Il est comme
ces peintres qui couvrent les murs d'un palais avec une
bataille navale et finissent leur journée avec un portrait
d'enfant ou deux pommes sur une assiette. Ajoutez un
don de voyance, car comprendre le vin, c'est prévoir son
avenir.

L'accord entre les vins et les plats marque le passage
de l'artisanat à l'art, du métier à l'inspiration. Il ouvre la
porte au risque, à l'aventure. Tout peut se faire et pourtant on ne peut pas faire n'importe quoi. Nous sommes
ici dans le domaine ténébreux de l'amour et il faut savoir
jusqu'où l'on peut aller trop loin.

DIX COMMANDEMENTS
A INSCRIRE SUR VOTRE CARNET

1° Pas de grands vins blancs liquoreux avec les viandes
noires ou les gibiers ;

2° Pas de grands vins rouges avec les coquillages et les
poissons ;

3° Les vins blancs secs avant les vins rouges ;

4° Les vins légers avant les vins corsés ;

5° Les vins frais avant les vins chambrés ;

6° Les vins sont servis dans une gradation ascendante ;

7° A chaque plat son vin ;

8° Servez le vins dans leur meilleure saison ;

9° Séparez chaque vin par une gorgée d'eau ;

10° Un grand vin ne doit pas figurer seul dans un repas.

CENT NUANCES OU EXCEPTIONS

1° Pas de grands vins blancs liquoreux avec les viandes noires ou les gibiers.

Cette règle est l'une des plus suivies. Il n'empêche qu'à la confrérie Saint-Étienne de Colmar on sert très bien du Tokay d'Alsace avec le chevreuil. (Menu du dîner du 24 septembre 1966.)

En Sauternais, on réussit de très bons repas sans sortir des grands vins blancs liquoreux. Le menu suivant fut servi au Château d'Yquem en 1926 aux acheteurs de la récolte de 1925 :

Consommé en tasse	
Langouste à la Sévigné	
Aiguillettes de caneton	
à l'orange	Château-Filhot 1904
Filet froid	
à la façon du Périgord	Château-d'Yquem 1914
Asperges nouvelles	Château-d'Yquem 1921
Salade de saison	
Parfait Trianon	
Desserts	Château-d'Yquem 1869

2° Pas de grands vins rouges avec les coquillages et les poissons.

Même remarque que dans le cas précédent. Les pays qui ont une jolie gamme de vins rouges savent n'en pas sortir. On peut apprécier une sole avec un joli Graves rouge, un bar rôti avec un Volnay.

La question ne se pose même pas pour un poisson servi avec une sauce au vin rouge.

3° Les vins blancs avant les vins rouges.

Éclatantes exceptions (et d'autres, moins éclatantes) : un Château-Chalon peut être servi à la fin du repas avec un gâteau aux noix, un Monbazillac ou un Sauternes avec le foie gras qui suit parfois le rôti, ou avec le dessert.

4° Les vins légers avant les vins corsés.

Le vin doit équilibrer le plat. Un cuissot de sanglier très relevé sera accompagné par un vin plus corsé que le vin servi avec le brie et le camembert, fin et bouqueté.

5° Les vins frais avant les vins chambrés.

Au moins deux exceptions éclatantes : le Champagne et les vins de liqueur que l'on sert frais à la fin du repas.

6° Les vins sont servis dans une gradation ascendante.

Règle issue du principe fameux : le vin que l'on boit ne doit pas faire regretter celui qu'on vient de boire. Plus facile à énoncer qu'à appliquer, le vin ne se libérant pas facilement de son contexte : le plat.

Appliquée rigoureusement, cette règle aboutit à faire servir le foie gras du début du repas avec un vin plus « petit » que le poulet, la bécasse flambée avec un vin plus terne que le reblochon.

Certaines interpolations peuvent se révéler nécessaires. En face d'un grand plat, placez un grand vin et opérez ensuite une diversion. Faites suivre votre « foie gras-Château-d'Yquem » par une « langouste à l'américaine-Tavel ». Il n'y aura pas chute, mais changement de pied.

N'oubliez pas que les vins les plus âgés ne sont pas toujours les meilleurs.

7° A chaque plat son vin.

On apprécie un vin s'il correspond exactement au plat. D'autre part, les chevauchements causent des troubles dans l'esprit des convives, voire dans le service. Si vous disposez de peu de vins, servez peu de plats.

8° Servez les vins dans leur meilleure saison.

Les vins, et plus particulièrement les blancs, ont ten-

dance à « travailler » à certaines époques qui correspon-
dent au départ de la végétation (février-mars), à la florai-
son (avril-mai), à la maturité (septembre-octobre). Les
vins jeunes sont plus sensibles à ce rappel de la terre.
Évitez de les servir pendant ces périodes.

Les vins légers ou bouquetés sont agréables tout au
long de l'année, l'hiver est plus favorable aux grands
vins, surtout les rouges.

9° Séparez chaque vin par une gorgée d'eau.

Cette règle ne devrait pas connaître d'exception. Elle
n'est jamais appliquée. L'eau désaltère, procure un
« second souffle » et atténue les effets d'une « chute » toujours possible.

10° Un grand vin ne doit pas figurer seul dans un repas.

Spontanément appliquée par tous les gastronomes,
cette règle ne paraît pas avoir été jamais formulée. Une
grande bouteille s'apprécie si la bouche est déjà préparée. L'attaquer tout de suite constitue un viol à froid
aussi décevant pour le coupable que pour la victime. La
mise en train peut être courte : un demi-verre, une gorgée. On en conclura que mieux vaudrait réserver la
demi-bouteille aux vins secondaires qu'aux grands.

Un repas composé avec une seule variété de Champagne est une facilité, un repas composé seulement de
grands vins dans leurs meilleures années est une curiosité.

Un grand gastronome, quand il est seul, boit un petit
vin. Ni la bouteille, ni l'homme seuls.

COMBIEN DE VINS ?

Un vin. « Rien avant, après on verra. » Bonne pour le
plat unique, la formule vaut pour le vin. Une potée champenoise avec un Bouzy rouge, une choucroute avec un
Riesling, une fondue avec un Marestel, un pot-au-feu
avec un Brouilly, une bouillabaisse avec un vin de Cassis,
un cassoulet avec un Fitou, une garbure avec un Cahors,
c'est comme Don Quichotte et Sancho Pança. On ne
discute pas.

Deux vins, un blanc et un rouge, suffisent pour un repas amical, surtout si l'on est peu nombreux.

Trois vins, un blanc, deux rouges, permettent un très bon repas.

Quatre, cinq vins, permettent le « grand jeu » auquel tout gastronome souhaite se livrer quatre fois par an.

Deux vins blancs ou rosés pour les hors-d'œuvre et les poissons.

Deux vins rouges pour le rôti et le fromage.

Un Champagne millésimé ou un grand vin d'usage peu courant : Château-Chalon, Château-Grillet, Sauternes, Rancio.

COMBIEN DE BOUTEILLES ?

Une par convive. Un bon vin est bienveillant pour l'homme. Les fameux « mélanges » que redoutent tant de personnes (préjugé ? manque de chance ?) ne sont qu'une joyeuse escalade si elle est bien conduite. Une bouteille par convive, soit six à huit verres, assez petits, permet de garder la tête légère.

Chaque vin a son rythme. On boit plus de vins légers que de vins corsés, plus au début du repas qu'à la fin. Trois bouteilles d'un « friand » Chablis seront plus vite vidées qu'une seule d'un liquoreux Quart-de-Chaume.

Tenez toujours quelques bouteilles en réserve. Rien n'est plus triste qu'un repas qui se termine le verre en l'air. Il y a des bouchons qu'il faut pouvoir saisir aux cheveux.

AUTRES FINESSES D'UN AUTRE EXPERT

Avant d'entamer une nomenclature d'une inévitable sécheresse (un comble, avec un pareil sujet), je ne crois pas inconvenant de reproduire un commentaire de René Engel, grand camerlingue de la confrérie des Chevaliers du Tastevin, expliquant le rôle que peut jouer dans un grand repas un mets, modeste d'apparence, peu coûteux à exécuter et assez neutre de goût. Il s'agit de la gougère bourguignonne, qui, dans de nombreuses « disnées » du Tastevin, figure entre le fromage et le dessert.

« Avec les fromages est servi le plus grand vin rouge du repas. Le repas se termine et l'on ne boit plus que de petites gorgées. Trop souvent, dans le feu de la conversation, le convive se laisse surprendre par les mets sucrés avant que son dernier verre ait été complètement vidé. Le plus grand vin rouge, enchanteur avec le fromage, ne vaut plus la peine d'être bu avec un dessert sucré qui le fait trouver amer par contraste. Il y a donc là un hiatus regrettable entre deux phases bien différentes du repas.

« La gougère, qui est une pâte à choux saturée, avant la cuisson, de fromage de gruyère, n'est plus un fromage, quoiqu'elle en prolonge la saveur, mais n'est pas encore une pâtisserie, bien qu'elle en présente l'aspect. Elle sert de trait d'union entre le repas et le dessert. Se prêtant admirablement à la dégustation, elle permet de terminer en beauté le dernier verre de vin au lieu de le vider en faisant la grimace. »

Bon sens, simplicité, et trait de génie, cette gougère rustique ne vous semble-t-elle pas une des plus hautes expressions de la civilisation du vin, qui se confond une fois encore avec la civilisation ?

Le service des vins

METS À PROSCRIRE AVEC TOUS LES VINS

Hors-d'œuvre à la vinaigrette. Salades et mets à la vinaigrette. Fromages à la crème. Entremets au chocolat. Fruits frais acides.

METS A PROSCRIRE AVEC LES VINS ROUGES

Crustacés. Nouilles, macaronis. Sauce blanche et sauce madère. Fromages blancs. Plats sucrés.

ACCORDS CONSEILLÉS

POTAGES ET SOUPES

Bouillons légers, du type bouillon de poule : vins rouges légers, crus locaux.

Bouillons puissants, soupes paysannes, du type pot-au-feu ou garbure : crus rouges du Beaujolais, Passe-Tout-Grain de Bourgogne, crus rouges du Val de Loire, Corbières, vins de l'Hérault ou du Gard, rosés de Provence, Cahors, vins locaux.

CHARCUTERIES

Vins curieux de diverses régions : Lorraine, Aube, Gaillac (sec), Sarthe, Vendée, Auvergne, Pays basque, Pyrénées, Provence, Savoie, Jura, Beaujolais, Bourgueil, Chinon, Bordeaux (Claret).

CRUSTACÉS ET COQUILLAGES CRUS

Vins blancs secs assez légers : Sylvaner, Riesling, vin de Moselle, Pouilly-Fuissé, Pouilly-Fumé, Sancerre, Quincy, Muscadet, Gros-Plant, tous vins du Val de Loire secs, Graves, Entre-Deux-Mers, petits Sauternes, Clairette du Languedoc, Tavel, rosés et blancs de Provence, blancs de Savoie et du Jura, Mâcon, blanc de Chablis, Aligoté, Chardonnay.

FOIES GRAS

Vins blancs (si le foie gras est servi au début du repas) : Meursault, Corton-Charlemagne, Montrachet, Barsac, Sauternes, Monbazillac, Quart-de-Chaume, Pinot gris d'Alsace, Gewurztraminer, Jurançon, Champagne nature ou extra-dry, blanc de noirs.

Vins rouges (si le foie gras est servi après le rôti) : Beaune, Médoc, Pomerol, Saint-Émilion, Châteauneuf-du-Pape.

POISSONS, COQUILLAGES ET CRUSTACÉS CUITS

Poissons en sauce. — Cas d'une sauce au vin : le vin, rouge ou blanc, qui a servi à la préparation.

Poissons frits ou servis froids avec une sauce relevée. — Vins blancs secs : à ceux déjà cités pour les crustacés et les foies gras on peut ajouter Médoc blanc, Condrieu, Ermitage, Château-Chalon.

Civet de langouste. — Banyuls, Rancio.

Brandade. — Clairette de Bellegarde, Tavel.

Homard à l'américaine, écrevisses à la Newburg. — Vins rouges ou rosés puissants : Châteauneuf, Tavel, Gigondas, vins de Provence.

Grands vins blancs secs ou moelleux : Corton-Charlemagne, Ermitage, Châteauneuf-du-Pape, Château-Grillet, Château-Chalon, Graves, Barsac, Sauternes.

Bouillabaisse, bourride. — Rosés et blancs de Provence et du Languedoc.

Brochet au beurre blanc. — Vin blanc sec ou moelleux : Muscadet, Gros-Plant, Anjou, Vouvray, Saumur, Quincy, Sancerre, Pouilly-Fumé, Chablis, Mâcon-Viré, Beaujolais blanc, Solutré, Saint-Pourçain blanc, blancs du Poitou, de la Vendée, Graves, Céron, Barsac, Sauternes.

Turbot à l'amiral. Sole à l'amiral. — Vin blanc sec de bonne tenue : Pouilly-Fuissé, Meursault, Puligny-Montrachet, Pupillin, Graves, Jasnières vieux.

Vin blanc moelleux : Savennières, Coteaux-du-Layon, Premières-Côtes-de-Bordeaux, Barsac, Sauternes.

PLATS FROIDS

Pâté de poisson, pâté en gelée, chaud-froid de volaille, poularde en gelée, bœuf en gelée. — Vins blancs : Meursault, Montrachet, Corton, Condrieu, Ermitage, Châteauneuf-du-Pape blanc, Quart-de-Chaume, Coteaux-du-Layon, Champagne nature, Riesling.

Vins rouges : Beaume, Mercurey, Moulin-à-Vent, Médoc, Champigny.

Aspics, ballottines, terrines, pâtés de gibier. — Vins rouges : Bouzy, Côte-de-Nuits, Côte-Rôtie, Ermitage, Châteauneuf-du-Pape, Pomerol, Cahors, Saint-Émilion.

Œufs

Préparations simples ou à la crème. — Vins blancs pas trop corsés, secs ou moelleux.

Préparation au vin rouge, aux pommes de terre, à l'ail. — Vins rouges de bonne tenue, du genre Beaujolais, crus bourgeois du Médoc.

Omelettes aux champignons et aux truffes. — Grands vins rouges, Chambertin, Romanée, Clos-de-Vougeot, Médoc, Graves, Pomerol, Saint-Émilion.

Volailles

Poulet en sauce. — Vins blancs cités pour le brochet au beurre blanc. Vins rouges cités pour les soupes paysannes.

Poulet rôti. — Vins rouges souples : Fleurie, Côtes-de-Brouilly, Saint-Amour, Mercurey, Pernand-Vergelesses, Monthélie, Volnay, Fixin, Vosne-Romanée, Bourgueil, Chinon, vin du Haut-Médoc, Graves, Pomerol, Lalande-Pomerol, Castillon, Saint-Émilion, vin de sable.

Dinde ou oie aux marrons, pintade. — Vin rouge corsé : Pommard, Nuits-Saint-Georges, Corton, Ermitage, Côte-Rôtie, Châteauneuf-du-Pape, Côtes-de-Fronsac, Saint-Émilion, Pomerol.

Poularde à la Souvarov. — Mêmes vins rouges que pour la dinde aux marrons, mais dans les plus hauts crus : Musigny, Bonnes-Mares, Chambertin, Clos-de-Tart, Richebourg, La Tâche, Romanée-Conti, et en Bordelais, les plus grands châteaux de Graves, du Médoc, de Pomerol et de Saint-Émilion.

Viandes de boucherie

Veau. — Les mêmes vins que pour le poulet, en sauce ou rôti.

Mouton. — En sauce : les mêmes vins que pour le poulet, en sauce ou rôti. Rôti ou grillé : les mêmes vins que pour la dinde au marrons.

Bœuf. — En sauce : les mêmes vins que pour le poulet

rôti. Rôti ou grillé : les mêmes vins que pour le poulet rôti et la dinde aux marrons.

Porc. — Les mêmes vins que pour le poulet en sauce ou rôti.

GIBIER

Faisan (rôti, farci, à la Périgueux). — Vins rouges d'un corps moyen : cités pour le poulet et la poularde à la Souvarov.

Lièvre rôti. — Les mêmes vins que pour la dinde aux marrons.

Lièvre à la royale, bécasse, perdreau truffé. — Les mêmes vins que pour la poularde à la Souvarov.

Salmis. — Mêmes vins que pour la dinde aux marrons.

Marcassin, chevreuil, cerf. — Vin rouge très corsé : Côtes-de-Nuits, Châteauneuf-du-Pape, Côte-Rôtie, Gigondas, Fitou, Saint-Émilion, Pomerol.

CHAMPIGNONS

Morilles. — Château-Chalon, Arbois, Étoile, vins de Savoie.

Cèpes. — Saint-Émilion, Pomerol, Corbières.

Girolles et mousserons. — Tavel, Lirac, Beaune, Graves rouges, Arbois, Côtes-de-Provence.

Truffes. — Champagne brut, blanc de noirs, grands Bourgognes et grands Bordeaux rouges cités pour la poularde à la Souvarov.

LÉGUMES

Choux-fleurs, endives, épinards, laitues, petits pois, navets, quelle que soit la préparation. — Vins rouges légers cités pour le poulet rôti.

Pommes de terre (toutes préparations), flageolets et tous légumes farineux, cardons, céleris, aubergines, choux au lard. — Vins rouges corsés cités pour la dinde aux marrons.

ENTREMETS ET DESSERTS (peu propices à la dégustation)

Vins pétillants et sucrés : Vouvray, Blanquette de

Limoux, Saint-Péray, Gaillac et nombreux mousseux ;
vins liquoreux légers : Anjou, Monbazillac ; Champagne :
on ne le conseille plus à la fin des repas, tenez-en cependant quelques bouteilles au frais.

PÂTISSERIES

Vins doux naturels : Muscat, Banyuls, Frontignan, vin
de paille du Jura ; grands vins : Sauternes et Château-
Chalon avec gâteau de noix ou gâteau de Pithiviers.

Biscuits et petits fours. — Vins doux et Champagnes
demi-secs ou doux. Vins locaux.

FRUITS

Melon : Porto, vin blanc sec, Frontignan, Banyuls.

Pêche, abricot, fraise, framboise : vin rouge bouqueté.

Poire : tous les vins, surtout rouges.

Autres fruits frais non acides : vins blancs moelleux,
Anjou, Monbazillac, Bordeaux.

Fruits frais acides : pas de vins.

Amandes, noisettes, noix : tous les vins.

Généralités sur les accords
entre les vins et les fromages

Les pâtes sèches
    Les « cuites » tels les gruyè-
    res, édam français, etc.,   avec   les vins blancs
                                             et les vins rou-
                                             ges corsés.

    Les « pressées » tels port-
    salut, saint-paulin, tommes,
    saint-nectaire, cantal, etc.,   avec   les vins ten-
                                             dres, légers,
                                             fruités, et secs,
                                             tant blancs que
                                             rosés ou rou-
                                             ges.

Les pâtes persillées
Ce sont tous les « bleus »,
qu'il soient des Causses,
d'Auvergne, du Jura, de
Bresse, des Pyrénées, ou
d'ailleurs,   avec   les vins rouges
                                            légers.

Les pâtes molles
Les « croûtes fleuries » tels
brie, camembert, carré de
l'Est, etc.,   avec   les vins rouges
                                            avec tonus.

Les « croûtes lavées » tels
pont-l'évêque,   maroilles,
munster, livarot, etc.,   avec   les vins rouges
                                            corsés.

Les pâtes fraîches
Tous les fromages frais,   avec   les vins blancs
                                            et rosés doux
                                            et riches en
                                            sucre.

Les pâtes fondues
Toutes de saveur douce,   avec   les vins de tou-
                                            tes   couleurs
                                            secs et légers.

Les fromages de chèvre
En leurs innombrables varié-
tés locales,   avec   tous les vins
                                            secs, fruités et
                                            légers,   ainsi
                                            que les « vins
                                            de pays » d'où
                                            viennent   ces
                                            fromages.

ACCORD DES FROMAGES ET DES VINS*

Fromages	Origine	Produit par
Aisy cendré	Bourgogne	vache
Banon	Provence	chèvre
Beaufort	Savoie	vache
Bleu d'Auvergne	Auvergne	vache
Bleu de Gex	Franche-Comté	vache
Bleu des Causses	Guyenne	vache
Bleu de Laqueuille	Auvergne	vache
Bondard	Normandie	vache
Bossons	Provence	vache
Boulette d'Avesnes	Flandres	vache
Bricquebec	Normandie	vache
Brie de Meaux	Ile-de-France	vache
Brie de Melun	Ile-de-France	vache
Brie de Montereau	Gâtinais	vache
Broccio	Corse	brebis
Brousses	Provence	brebis
Cabécou	Quercy	chèvre
Camargue	Provence	brebis
Camembert	Normandie	vache
Cancoillote	Franche-Comté	vache

* Ce tableau a été dressé par la confrérie nationale Brillat-Savarin du Taste-Fromage.

Meilleure époque	VINS
oct.-juill.	Morgon, Corton, Chambertin.
mai-déc.	Cornas, Saint-Péray, Cassis, Gigondas.
janv.-déc.	Roussette, Apremont, Abymes, Montmélian, Mondeuse.
janv.-déc.	Côte-Rôtie, Ermitage, Gigondas, Morgon, Saint-Pourçain.
année	Arbois rouge, Beaujolais.
janv.-déc.	Ermitage, Châteauneuf-du-Pape, Côte-Rôtie, Minervois, Bordeaux.
déc.-janv.	Coteaux-d'Auvergne, Côtes-Roannaises.
oct.-juin	Morgon, Corton, Pauillac, Bouzy.
année	Côtes-du-Rhône, Madiran, Tavel.
oct.-juin	Moulin-à-Vent, Morgon, Santenay, Corton, Saint-Émilion.
janv.-déc.	Bourgueil, Chanturgue.
nov.-mai	Fleurie, Mercurey, Pomerol, Médoc, Chinon.
oct.-juin	Nuits, Vougeot, Corton, Médoc-Pauillac.
oct.-mai	Bordeaux rouges.
avr.-nov.	Châteauneuf-du-Pape.
mars-mai	Provence rosé, Lirac, Touraine rosé, Pacherenc.
avr.-nov.	Rosé de Béarn, Cahors.
avr.-juin	Cassis, Mondeuse, Arbois, Crépy.
oct.-juin	Vougeot, Beaune, Morgon, Haut-Brion.
janv.-déc.	Arbois, Champagne nature, Roussette.

Accord des fromages et des vins

Fromages	Origine	Produit par
Cantal	Auvergne	vache
Carré de l'Est	Champagne, Lorraine	vache
Chabichou	Poitou	chèvre
Chaource	Champagne	vache
Charolles	Mâconnais	chèvre
Chavignol	Berry	chèvre
Chécy	Orléanais	vache
Chèvretons	Bourbonnais	chèvre
Chevrotin	Savoie	chèvre
Cîteaux	Bourgogne	vache
Comté	Franche-Comté	vache
Coulommiers	Ile-de-France	vache
Cremets	Anjou	vache
Crottin de Chavignol	Berry	chèvre
Dauphin	Flandres	vache
Échourgnac	Guyenne	vache
Édam français	France	vache
Emmenthal français	France	vache
Époisses	Bourgogne	vache
Excelsior	Normandie	vache

Meilleure époque	Vins
janv.-déc.	Chanturgue, Chinon, Rully, Saint-Pourçain.
oct.-juin	Bouzy, Pupillin, Pinot rouge d'Alsace.
mai-nov.	Bourgueil, Fleurie, Volnay, Muscadet.
oct.-mai	Riceys rosé, Arbois rosé, Pupillin, Bouzy.
avri.-déc.	Mâcon-Viré, Pouilly-Fuissé, Chablis, Chassagne rouge.
mai-oct.	Sancerre, Quincy, Pouilly-Fumé.
oct.-juin	Juliénas, Mercurey, Santenay, Bordeaux rouge.
avr.-nov.	Beaujolais, Mâcon, Saint-Pourçain.
mai-nov.	Pupillin, Chiroubles, Moulin-à-Vent.
avr.-déc.	Nuits-Saint-Georges, Vergelesses, Volnay.
janv.-déc.	Brouilly, Fleurie, Mâcon, Viré, Apremont, Arbois rosé, Pupillin.
nov.-juin	Fleurie, Volnay, Pomerol, Mondeuse.
janv.-déc.	Anjou sec, Vouvray sec, Muscadet.
avr.-nov.	Pouilly, Chablis, Sancerre, Muscadet.
sept.-juin	Vosne-Romanée, Corton, Richebourg, Saint-Émilion.
janv.-déc.	Cahors, Brouilly, Chinon, Bouzy.
janv.-déc.	Beaujolais, Bordeaux, Chablis.
janv.-déc.	Roussette, Apremont, Muscadet, Arbois.
nov.-juin	Corton, Châteauneuf-du-Pape, Chambertin, Château-Latour.
janv.-déc.	Fleurie, Rully, Volnay, Bouzy, Arbin, Chinon, Saint-Amour.

Accord des fromages et des vins

Fromages	Origine	Produit par
Feuille de Dreux	Ile-de-France	vache
Fondu raisin	Savoie	vache
Fontainebleau	Ile-de-France	vache
Fourme d'Ambert	Auvergne	vache
Fourme de Montbrison	Forez	vache
Frinault cendré	Orléanais	vache
Gapron	Auvergne	vache
Géromé	Lorraine	vache
Géromé anisé	Alsace-Lorraine	vache
Gex	Franche-Comté	vache
Gouda français	France	vache
Gournay	Normandie	vache
Gris de Lille	Flandres	vache
Hauteluce	Savoie	chèvre
La Bouille	Normandie	vache
Laguiole	Auvergne	vache
La Mothe-Saint-Héray	Poitou	chèvre
Langres	Champagne	vache
Les Riceys	Champagne	vache
Levroux	Berry	chèvre

Meilleure époque	Vins
oct.-juin	Savigny, Pomerol, Beaujolais, Touraine.
janv.-déc.	Mondeuse, Arbois, Riceys rosé.
année	Champagne
mai-mars	Fleurie, Côtes-Roannaises, Ermitage.
mai-mars	Vins d'Auvergne, Saint-Pourçain, Gigondas, Tavel.
sept.-juin	Vins de la Loire, Bourgueil, Chinon.
oct.-mai	Corbières, Médoc, Rouges d'Auvergne et de Provence
nov.-mai	Pinot-Menier d'Alsace, Pupillin, Beaune.
nov.-mai	Pinot d'Alsace, Volnay, Nuits-Saint-Georges, Pommard.
sept.-juin	Pupillin, Fleurie, Mercurey.
janv.-déc.	Médoc, Graves rouges, Beaujolais.
nov.-juin	Fleurie, Chinon, Bouzy.
nov.-juill.	Ermitage, Côte-Rôtie, Châteauneuf-du-Pape.
mai-sept.	Montmélian, Seyssel, Arbois, Mâcon, Chablis.
nov.-mai	Chambolle-Musigny, Corton, Morgon, Château-Lafite.
année	Beaujolais, Cahors.
mai.-nov.	Pouilly-Fuissé, Chablis, Arbois, Muscadet.
nov.-juin	Mercurey, Beaune, Échezeaux, Château-Margaux.
oct.-juill.	Riceys rosé, Bouzy, Bourgueil, Brouilly.
avr.-nov.	Sancerre, Chavignol, Reuilly.

Accord des fromages et des vins

FROMAGES	Origine	Produit par
Ligueil	Touraine	vache
Livarot	Normandie	vache
Luchon	Pyrénées	vache
Mâcon	Bourgogne	chèvre
Maroilles	Thiérache	vache
Monsieur-Fromage	Normandie	vache
Mont-d'Or	Lyonnais	vache
Morbier	Franche-Comté	vache
Munster	Alsace	vache
Munster au cumin	Alsace	vache
Murol	Auvergne	vache
Nantais dit Curé	Bretagne	vache
Neufchâtel	Normandie	vache
Niolo	Corse	chèvre
Olivet bleu	Orléanais	vache
Olivet cendré	Orléanais	vache
Oloron	Béarn	brebis
Oustet	Pyrénées	chèvre
Pelardou	Languedoc	chèvre
Persillé de Savoie	Savoie	vache

Meilleure époque	Vins
oct.-juin	Bourgueil, Chinon, Rosé d'Amboise.
oct.-juill.	Morgon, Ermitage, Côte-Rôtie, Corton.
avr.-nov.	Rouges de Béarn et des coteaux du Gard.
mai-nov.	Viré, Fuissé, Chassagne, Chablis.
oct.-juill.	Beaune, Châteauneuf-du-Pape, Côte-Rôtie, Corton, Morey-Saint-Denis.
nov.-mai	Volnay, Vergelesses, Chénas, Mouton-Rothschild.
oct.-mai	Fleurie, Volnay, Meursault.
mars-oct.	Muscadet, Roussette, Sancerre, Pouilly-sur-Loire, Arbois.
nov.-mai	Morgon, Corton, Côte-Rôtie, Médoc.
nov.-avr.	Pupillin, Arbin, Pinot d'Alsace, Saint-Émilion.
janv.-déc.	Chinon, Bouzy, Arbin.
janv.-déc.	Muscadet, Roussette, Chinon, Arbois rosé, Rouge d'Amboise.
oct.-mai	Fleurie, Volnay, Pomerol, Ermitage.
mai-déc.	Châteauneuf-du-Pape.
nov.-juin	Fleurie, Bourgueil, Saint-Émilion, Auxey-Duresses.
nov.-juill.	Morgon, Corton, Côte-Rôtie, Gigondas.
janv.-déc.	Rosé de Béarn, Jurançon, Bourgueil.
avr.-nov.	Jurançon, Madiran, Cahors.
mai-nov.	Saint-Péray, Gigondas, Fleurie.
mai-déc.	Montmélian, Arbin, Fleurie, Bourgueil.

Accord des fromages et des vins

Fromages	Origine	Produit par
Picodon	Dauphiné	chèvre
Pithiviers au foin	Orléanais	vache
Poivre d'Ane	Provence	chèvre
Pont-l'Évêque	Normandie	vache
Port-du-Salut	Bretagne	vache
Pouligny-Saint-Pierre	Berry	chèvre
Poustagnac	Guyenne	chèvre
Puant macéré	Flandres	vache
Reblochon	Savoie	vache
Récollet	Vosges	vache
Rigotte de Condrieu	Lyonnais	chèvre
Rocamadour	Guyenne	chèvre
Rogeret des Cévennes	Forez	chèvre
Rollot	Picardie	vache
Romans	Dauphiné	chèvre
Roquefort	Languedoc	brebis
Saingorlon	France	vache
Sainte-Anne-d'Auray	Bretagne	vache
Sainte-Maure	Touraine	chèvre

Meilleure époque	Vins
mai-janv.	Ermitage, Saint-Péray, Cornas, Meursault.
nov.-juill.	Bourgueil, Côte-de-Nuits.
avr.-déc.	Cassis rosé, Cornas, Montrachet, Châteauneuf-du-Pape blanc, Graves sec.
oct.-juin	Bourgueil, Bouzy, Fleurie, Pomerol, Volnay.
janv.-déc.	Bourgueil, Bouzy.
avr.-nov.	Chinon, Mercurey, Santenay, Crépy, Mondeuse.
avr.-nov.	Pacherenc, Bergerac.
oct.-mai	Moulin-à-Vent, Juliénas, Chambertin, Saint-Estèphe.
sept.-juill.	Montmélian, Crépy, Seyssel, Apremont.
oct.-juin	Riesling, Tokay, Traminer.
mai-oct.	Solutré, Condrieu, Beaujolais, Côtes-Roannaises.
avr.-nov.	Cahors, Gigondas, Beaujolais.
mai-nov.	Côtes-Roannaises, Gigondas, Beaujolais.
nov.-juin	Savigny, Saint-Émilion, Cornas, Ermitage.
mai-juill.	Mondeuse rosé, Condrieu, Chinon, Côtes-du-Rhône.
janv.-déc.	Châteauneuf-du-Pape, Chambertin, Provence rouge, Haut-Brion.
janv.-déc.	Juliénas, Fleurie, Chassagne, Savigny.
janv.-déc.	Bourgueil, Chinon, Bouzy, Arbin.
avr.-nov.	Chinon, Coteaux-de-Touraine, Bourgueil, Marsannay, Haut-Médoc.

Accord des fromages et des vins

Fromages	Origine	Produit par
Saint-Florentin	Bourgogne	vache
Saint-Marcellin	Dauphiné	chèvre
Saint-Nectaire	Auvergne	vache
Saint-Paulin	France	vache
Sassenage	Dauphiné	vache
Selles-sur-Cher	Berry	chèvre
Sorbais	Ardennes	vache
Soumaintrain	Bourgogne	vache
Tamie	Savoie	vache
Thoissey	Bresse	chèvre
Tomme grise	Savoie	vache
Tomme de Bellay	Bugey	chèvre
Tomme au marc	Savoie	vache
Tomme de Praslin	Savoie	chèvre
Vacherin d'Abondance	Savoie	vache
Vacherin des Beauges	Savoie	vache
Vacherin de Joux	Franche-Comté	vache
Valençay	Berry	chèvre
Vendôme bleu	Touraine, Blésois	vache
Vendôme cendré	Touraine, Blésois	vache
Vézelay	Bourgogne	chèvre

Meilleure époque	Vins
nov.-juin	Morgon, Corton, Chambolle-Musigny, Morey, Vosne-Romanée.
avr.-nov.	Mondeuse rosé, Condrieu, Bourgueil, Marsannay, Haut-Médoc.
janv.-déc.	Chanturgue, Chinon, Arbin, Bouzy, Fleurie.
janv.-déc.	Beaujolais, Cabernet.
sept.-juin	Pupillin, Fleurie, Reuilly, Volnay.
mai-oct.	Rosés de Touraine, Bourgueil, Bouzy, Chavignol.
sept.-mai	Gevrey-Chambertin.
nov.-juin	Morey, Échezeaux, Vougeot, Saint-Amour, Châteauneuf-du-Pape.
janv.-déc.	Montmélian rosé, Roussette, Arbin.
avr.-déc.	Fuissé, Chassagne, Saint-Péray.
janv.-déc.	Apremont, Seyssel, Crépy.
mai-oct.	Arbois, Roussette, Crépy.
nov.-mai	Arbois, Pupillin, Fleurie.
juin-sept.	Apremont, Roussette, Crépy.
avr.-oct.	Abymes, Pinot d'Alsace.
avr.-juin	Crépy, Seyssel, Montmélian, Apremont.
oct.-avr.	Arbois, Mondeuse rosé, Beaujolais.
avr.-nov.	Reuilly, Sancerre, Quincy, Muscadet.
sept.-juill.	Rosé du Loir, Bourgueil, Jasnières.
oct.-juill.	Fleurie, Morgon, Corton, Pauillac.
mai-sept.	Irancy, Chablis.

La cave de la cuisinière

En cuisine les vins sont utilisés soit en marinade, soit pour la préparation des sauces. La variété des recettes est si grande que chaque bouteille, même la plus modeste, pourrait être accompagnée d'une ou plusieurs recettes. Nous nous limiterons donc à quelques indications générales.

Vins blancs. Un bon vin blanc de cuisine doit présenter deux qualités : 1° être suffisament acide ; 2° ne pas brunir à la cuisson. Le Muscadet est sans doute le vin qui répond le mieux à cette double exigence. Également : Champagne, Pouilly-Fuissé, Chablis, Riesling, Château-Chalon, Meursault, etc.

Anjou et Bordeaux fourniront les vins blancs moelleux utilisés dans certaines sauces destinées à accompagner les poissons cuisinés et les viandes blanches.

Vins rouges. Un bon vin rouge de cuisine présente lui aussi deux caractères : 1° il a du corps ; 2° il ne présente pas un goût de terroir très marqué. La chaleur mettant à rude épreuve la finesse d'un vin, il n'est pas utile de raffiner à l'excès : ainsi le Chambertin. Dans la sauce, on se contentera d'un solide grand ordinaire. Dans beaucoup de préparations, tant pour les sauces que pour les marinades, on aura intérêt à utiliser un vieux Corbières, voire un vieux Mascara. La gamme des Côtes-du-Rhône suffirait à elle seule à enchanter une cuisinière.

Les lies. Les lies sont utilisées dans certaines préparations comme le jambon à la lie, préparé ordinairement avec la lie de Chambertin. Nous connaissons en Bourgogne une excellente cuisinière qui prépare toutes ses sauces avec de la lie. C'est joindre la saveur à l'économie, la lie étant donnée par les vignerons lors des soutirages.

Vins divers. Ils sont fort nombreux et certains, d'origine étrangère, n'ont pas été étudiés dans ce volume : Porto, Xérès, Malaga, Madère. Ils doivent être vieux et d'excellente qualité. Une cuisinière avisée doit savoir qu'un Sauternes peut souvent tenir la place du Porto, le Banyuls ou le Rancio la place du Madère et qu'un vin cuit comme le Noilly-Prat est une arme secrète et efficace.

LES PLATS DES VIGNERONS

Les plats suivants nous paraissent propres à aider à la dégustation des vins. Quelques-uns ne manquent pas d'originalité.

Soupes de vendangeurs

LA MITONNÉE BACHIQUE

Préparer un bouillon d'oignon en faisant roussir au beurre des oignons épluchés et émincés, mouillés au bouillon de pot-au-feu, le tout cuit doucement une demi-heure. D'un autre côté, préparer un bon gruyère râpé et des tranches de pain de campagne prestement grillées.

Dans une soupière allant au four, ranger une couche de pain grillé sur laquelle on sème une couche de gruyère râpé. Renouveler l'opération jusqu'à ce que la soupière soit à moitié remplie. Verser ensuite le bouillon d'oignon, passé, goûté, une bonne couche de fromage râpé, quelques copeaux de beurre fin. Remettre à four chaud durant 30 à 40 minutes, jusqu'à la formation d'une belle croûte dorée.

Au moment de servir, prendre autant de jaunes d'œufs très frais que de convives, les battre au fouet dans un légumier et les diluer dans le même nombre de verres de vieux Rancio.

Prise de sel, tour de moulin de poivre, une tombée de muscade râpée.

Soupière et légumier se placent devant le maître de maison à qui revient l'honneur de faire le mélange et de lier la mitonnée.

On peut remplacer le Rancio par un autre vin :

Madère, si l'on recherche la distinction, mais aussi vin jaune, Graves, Sauternes, Anjou ou Beaujolais. Boire de préférence le vin qui a servi à la préparation, ou qui accompagnera le mieux le plat suivant.

Plats pour goûter le vin

Nous avons vu, au chapitre de la dégustation, qu'il fallait se méfier des noix, des amandes, etc., comme trop « flatteuses ». Mais on ne goûte pas toujours pour acheter.

Les deux recettes suivantes ont été recueillies en Beaujolais, par un grand cuisinier bressan, Benoît Perrat.

LÈCHES DES GRUMEURS. — Râper du fromage d'Emmenthal. Râper des noix. Faire le mélange et en garnir les lèches. (En Beaujolais un grumeur est un dégustateur et une lèche une tranche de pain paysan.)

LA SALETTA DE BENOÎT PERRAT[1]. — Avec 350 g de farine, une prise de sel, 3 œufs, 200 g de beurre, un peu de crème, un paquet de levure en poudre, faire une pâte mollette que l'on étendra mince sur une tourtière beurrée.

La pâte ayant été piquée à l'aide d'une fourchette, étendre dessus une partie de la composition suivante : un demi-litre de crème double levée à la cuiller, rendue aigrelette par quelque peu de vinaigre de vin, sel, poivre, muscade, quatre œufs, une cuillerée à bouche de farine, fragments de beurre.

Glisser au four chaud.

La composition étant prise, en ajouter une deuxième couche. Finir de cuire, crème et pâte. Servir chaud dans la tourtière.

Moins connu que la gougère, ce mets présente les mêmes avantages et peut se servir avec tous les vins.

---

1. *Saletta*, en patois, signifie aigrelet, acide. La recette originale comporte de la pâte de pain. *(Note de Benoît Perrat.)*

La gougère bourguignonne. — Mettre dans une casserole 3 dl d'eau et 100 g de beurre, 8 g de sel. Lorsque l'eau bout, retirer la casserole du feu et ajouter 200 g de farine tamisée. Dessécher la pâte à feu vif avec une spatule comme vous feriez d'une pâte à choux. La pâte doit se détacher des parois de la casserole. Retirer alors du feu et ajouter un à un 5 œufs entiers, en remuant chaque fois, de façon que chaque œuf soit bien mélangé à la pâte. Incorporez 100 g de gruyère coupé en fines lamelles et une pincée de poivre. Verser la pâte par cuillerées disposées en couronne sur une tourtière beurrée. Dorer à l'œuf et parsemer la surface de gruyère coupé en petits dés. Cuire à four moyen 30 minutes environ.

Pour une dégustation dans une cave ou en plein air, au lieu de faire une couronne, on peut préparer de petites gougères ayant l'aspect et la dimension d'un chou à la crème. On les vend souvent ainsi dans les foires-expositions des vins.

Poissons et crustacés

LA MORUE ET LES VENDANGEURS

La morue, ce « bœuf de la mer », est l'un des mets qui se prête le mieux à la dégustation de tous les vins, tant à cause de sa saveur que de la variété des préparations. A partir d'une morue on pourrait réussir le même exploit que le duc de Richelieu au cours de la guerre de Hanovre qui réussit à offrir à ses prisonniers de guerre un très grand repas à partir d'un seul bœuf. La gamme des vins serait aussi étendue que variée, car il existe d'excellentes recettes à partir du vin rouge. Il y a longtemps que les vignerons espagnols et portugais ont fait de la morue leur plat de base.

Choix et préparation de la morue. — Une bonne morue est épaisse, sa chair est fine avec des feuillets bien marqués et moirés.

Pour le dessalage, la couper en gros morceaux, la mettre à tremper, la peau en dessus, sur une claie, afin de permettre au sel de tomber. Renouveler l'eau toutes les quatre heures.

Douze heures suffisent pour la morue en filets, 24 pour la morue entière mais 48 permettent un dessalage parfait. Une morue doit être absolument fade, puis salée pour être servie, car « sel de conservation n'est pas sel de consommation ».

Pour cuire la morue, la couvrir largement d'eau froide. Porter à plein feu. Juste avant l'ébullition, retirer du feu et laisser la morue dans l'eau de cuisson jusqu'au moment de l'assaisonner après l'avoir bien égouttée.

Brandade de maman Liquière. — Les recettes de brandade ne manquent pas, mais nous n'en avons jamais réussi aucune avant que maman Liquière nous ait communiqué la sienne prise dans une famille de Nîmes. Depuis, nous n'en avons raté aucune, que ce soit à la main ou au *mixer*.

Pour 4 personnes, prendre 500 g de morue dessalée. Enlever les arêtes et la peau et la briser. La monter à froid comme une mayonnaise avec de l'huile et une cuiller en bois. Incorporer du persil et de l'ail (4 g) et deux pommes de terre cuites à l'eau et passées au moulin à légumes. Sel, poivre. Goûter. Ajouter un demi-litre de lait chaud et continuer à remuer à feux doux. La brandade doit bien se tenir. Servir avec rondelles de truffes, ou seulement petits croûtons frits à l'huile.

Il existe, à Nîmes, une école d'amateurs de brandade qui recommande : 1° de ne pas trop faire tremper la morue (12 heures suffisent) ; 2° de laisser la peau qui donne plus de goût ; 3° de faire alterner cuillerées de lait tiède et cuillerées d'huile tiède aussi ; 4° de supprimer les pommes de terre. Ces avis méritent d'être pris en considération.

Le rosé de Tavel est le vin de la brandade, mais aussi la Clairette du Languedoc, les blancs et les rosés de Provence, le Chablis, le Sancerre, le Quincy et les Graves secs...

Omble chevalier à l'ancienne. — Prendre un bel omble

chevalier du lac d'Annecy, de 500 g environ. Vider, assaisonner de sel et poivre. Le mettre dans un plat à gratin, en disposant autour de belles tranches de cèpes frais.

Mouiller avec du Crépy, beurrer, ajouter un bon jus de citron. Cuire au four. Une fois le poisson cuit, réduire la cuisson à glace, ajouter un peu de glace à poisson, un peu de duxelles, tomates concassées, verser sur le poisson. Glacer et servir.

L'omble chevalier, déjà rare sur place, est à peu près impossible à transporter. On peut le remplacer par un ferrat du Léman, ou une truite.

Vins : le Crépy, bien sûr, mais d'autres vins blancs de Savoie, et d'autres « grands » : Montrachet, Graves, Anjou...

CIVET DE LANGOUSTE AU VIN DE BANYULS. — Tronçonner des langoustes vivantes et en réserver le corail. Les faire revenir à l'huile bouillante avec une mirepoix de légumes, échalote et ail. Flamber à la fine Faugères. Égoutter l'huile, mouiller avec moitié Rancio et moitié Banyuls. Ajouter un fort bouquet garni et laisser cuire vingt minutes.

Retirer les langoustes, passer le fond, le réduire, le lier avec le corail, monter la sauce au beurre et y incorporer une garniture de petits oignons et de petits champignons. Saucer sur les langoustes et servir saupoudrée de fines herbes.

En Roussillon, on sert avec ce plat du Tavel ou de la Blanquette de Limoux nature. Mais tous les vins ordinairement conseillés pour la langouste à l'américaine conviennent : blancs, rosés, rouges. Ce plat se prête admirablement à une comparaison entre le Jurançon sec et le Jurançon doux.

Faut-il préciser que les vignerons de Banyuls ne mangent pas de ce plat *tous les jours* ?

ALL CREMAT, OU BOUILLABAISSE CATALANE. — Mettre dans une casserole ou un pot en terre, un peu d'huile d'olive, saindoux et piment rouge, ail haché.

Faire roussir jusqu'à ce que cette préparation soit presque brûlée, saupoudrer de farine, mouiller avec de l'eau.

Dans cette sauce, ajouter le poisson de bouillabaisse nécessaire (c'est-à-dire aussi varié que possible), couvrir et cuire à grand feu. Servir avec des tranches de pain grillé et frotté d'ail cru.

Là-dessus, faites un festival de vins de vacances : les rosés et les blancs les plus âpres vous paraîtront d'une surprenante douceur. Le rêve : un vin de sable...

ANGUILLES D'ARLEUX À LA MAITRE D'ÉCOLE. — Passer au four de petites anguilles dépouillées, le temps qu'elles rejettent le gros de leur huile. Mettre à la cocotte sur un lit épais d'échalotes crues, couvrir d'une couche d'oseille revenue au beurre, à la poêle. Cuire à feu normal, en surveillant.

Vins : Gros-Plant, Muscadet, Sylvaner, vins locaux.

Œufs

ŒUFS À LA COQUE TRUFFÉS. — Placer des œufs frais pondus dans une corbeille de truffes. Les cuire à la coque trois ou quatre jours plus tard. Les œufs ont pris l'arôme de la truffe.

Vins : Médoc et Côte-de-Beaune.

ŒUFS POCHÉS AU CHAMPAGNE. — Faire bouillir du Champagne et y laisser tomber, pour quatre minutes, l'œuf bien frais.

Vin : Champagne.

ŒUFS BOURGUIGNONS, FAÇON LOUIS GERRIET. — Faire chauffer dans une casserole une demi-bouteille de bon vin rouge, additionnée d'un verre d'eau, avec une tête d'ail, chaque gousse fendue en deux dans le sens de la longueur. Persil, sel et poivre.

Au moment de l'ébullition, retirer la casserole, la pencher, la caler et casser les œufs un par un au-dessus du liquide et remettre un instant sur le feu pour donner consistance au blanc, le jaune devant rester mollet. Retirer les œufs à l'écumoire et les disposer sur un plat chaud.

D'un autre côté, manier à la fourchette dans une assiette creuse une noix de beurre frais, un peu de farine. Délayer ensuite avec le vin chaud avant de couler le tout dans la casserole, en tournant avec une cuiller en bois. Verser la sauce épaisse sur les œufs et servir chaud.

Vins : Passe-tout-grain, Côtes-du-Rhône, Bourgueil, Bordeaux supérieur.

Entrées diverses
aussi bien que plats principaux

JAMBON AU SEL ET À LA CENDRE DE BOIS. — Pendre deux jambons à la cave et les laisser 10 à 12 jours. Les essuyer chaque jour avec un linge. Pendant ce temps, ils deviennent tendres.

Préparer un bain de sel avec eau suffisante et cinq livres de sel gris. Faire bouillir le liquide et laisser refroidir. Piler 6 grains de poivre et 6 clous de girofle, trois onces de salpêtre raffiné et frotter avec cette poudre les jambons enduits préalablement avec de l'ail mis en pâte dans un mortier. Plonger les jambons dans un bain de sel froid et les y laisser six semaines. Ils sont ensuite prêts à être consommés, crus ou cuits.

Pour les améliorer encore et les conserver, les envelopper dans une toile et les enfouir dans des caisses emplies de cendre de bois. Faire tremper douze heures à l'eau froide avant de faire cuire.

La préparation d'un tel jambon peut être une excellente affaire si l'on prend soin de l'acheter à un fermier au moment où il tue son cochon. (Les porcs qui sont le plus à notre goût s'élèvent en Auvergne et dans le Limousin.)

Le jambon peut être préparé selon la recette suivante.

LE JAMBON DU ROI. — Prendre un jambon de trois ou

quatre kilos et le faire pocher dans un court-bouillon au Porto. Le sortir, détacher la couenne, enlever un peu du gras, le piquer de girofle, le mettre au four et l'arroser souvent.

Mettre dans une casserole 10 échalotes hachées, une poignée d'estragon haché, du beurre, 2 cuillerées de vinaigre, 1 verre de vin de Sancerre ou de Pouilly-sur-Loire. Laisser réduire, passer au chinois. Dans une autre casserole au bain-marie, battre avec cette réduction et une cuillerée d'eau froide 3 jaunes d'œufs jusqu'à obtenir une liaison parfaite et incorporer 200 g de crème fraîche épaisse.

Cette sauce dite « solognote » sera servie avec le jambon. Comme accompagnement : épinards en branche ou en velouté, ou coulemelles de préférence.

Ce plat peut être préparé avec un jambon frais.

Vins : Sancerre, Pouilly-Fumé, Chablis, Meursault, Anjou, Graves blanc.

PIEDS DE COCHON À LA SAINTE-MENEHOULD. — Entortiller les pieds de cochon fendus en deux et recollés avec du ruban de fil large. Les mettre dans une casserole avec thym, laurier, carottes, oignons, clous de girofle, persil, ciboules, un peu de saumure et une demi-bouteille de vin blanc sec. Mouiller beaucoup et renouveler, car le plat doit rester longtemps au feu.

Faire mijoter pendant 24 heures, laisser ensuite refroidir les pieds dans leur jus. Les développer avec soin et laisser reposer jusqu'au lendemain. Tremper dans du beurre tiède, assaisonner de gros poivre, rouler dans la mie de pain et passer sur le gril à feu très doux. Servir sans sauce.

Il faut faire au moins une fois dans sa vie ce plat dont la préparation s'étale sur deux jours, et dont la cuisson prend une journée entière. (Cette recette n'est pas celle que l'on utilise en général dans les restaurants.)

Vins : vin nature de la Champagne, gris de Lorraine, Sylvaner et autres vins blancs secs, mais aussi vins rouges corsés : Chinon, Morgon, Gigondas.

ALICOT. — C'est un ragoût préparé avec des abattis d'oie ou de canard gras : ailerons, pattes, cou, tête, carcasse. Couper ces abattis en morceaux et les faire dorer à la graisse d'oie. Mettre le tout dans une cocotte en fonte ouverte et ajouter un peu de bouillon. Ajouter également des scorsonères (salsifis noirs) blanchies et dorées à la graisse d'oie, des carottes, des cèpes, des marrons épluchés et grillés, un bouquet de thym, du laurier, du persil, et quelques cuillerées de sauce tomate. Sel et poivre. Faire cuire le tout pendant 4 heures, de préférence sur un feu de bois avec braises dessus et dessous.

Vins : Madiran, Cahors, Tursan, vin de sable.

CHEVREAU À L'AIL VERT. — Ce plat se prépare en avril-mai, époque des chevreaux de lait et de l'ail nouveau. Pour un râble de chevreau, prendre un kilo d'ail frais en branches, le couper en morceaux de 2 ou 3 centimètres. Faire un lit d'ail et déposer le chevreau sur cette couche dans un plat long. Arroser assez largement avec un filet d'eau vinaigrée. Oignez le chevreau avec des morceaux de beurre et de graisse de porc. Sel, poivre, clous de girofle, paprika, cannelle, le tout en poudre. Cuire au four et servir chaud.

Vins : rosés d'Anjou et de Touraine, Bourgueil, Médoc. Vins locaux.

GIGOT BRAYAUDE. — Enlever l'os du quasi, piquer de gousses d'ail et de gros lardons, ficeler, donner un coup de couteau dans la jointure de façon à replier le manche dont on scie le bout. Mettre à la braisière avec 4 oignons, 4 carottes, un bouquet de plantes aromatiques et les os. Sel, poivre. Couvrir de 2 belles bardes de lard, mouiller d'un demi-litre de bouillon ou d'eau, faire partir à feu vif et ramener à feu doux (feu dessus) aux premiers bouillons. Servir avec des choux braisés ou des haricots rouges aux petits oignons.

Vins : vins rouges de classe, mais restés paysans. Cahors, Madiran, Côte-Rôtie, Châteauneuf-du-Pape, Ermitage.

Volailles et gibiers

Coq au vin jaune à la façon de Mme Perrot. — Faire rôtir le poulet complètement. Le couper en morceaux, en retirant la carcasse. Avec le jus de la cuisson faire un roux blond, mouiller avec un bon verre de vin jaune. Ajouter un demi-litre de crème. Napper la sauce sur les morceaux. Ajouter les morilles.

Avec ce plat, un seul vin. Le vin jaune, d'Arbois ou de Château-Chalon. Mais précisément on compte fort peu de plats ayant un accord préétabli avec le vin jaune. En voici un autre : une truite de rivière meunière, à 10 heures du matin dans un vallon jurassien.

Le râble de lièvre à la Piron. — Faire mariner deux ou trois jours (on peut se contenter d'un seul) un râble de lièvre piqué de petits dés de lard gras dans une demi-bouteille de Bourgogne rouge, une cuillerée d'huile d'olive, une de vinaigre de vin, un petit verre de marc de Bourgogne. Poivre en grains, sel, thym, échalotes, romarin, ail, céleri.

L'égoutter, l'enduire d'une couche de moutarde de Dijon, envelopper d'une crépine de porc. Cuire au four 25 minutes. En cours de cuisson, arroser avec la marinade dans laquelle on aura fait cuire, puis réduire de moitié. Entourer de grains de raisins noirs et blancs, pelés et épépinés. Flamber au marc. Dresser sur plat chaud, déglacer le jus de cuisson avec un décilitre de crème double et poivrer fortement avec le poivre du moulin. Napper le râble avec la sauce.

Nous donnons cette recette bien connue parce qu'elle permet la confrontation des plus grands vins : Romanée-Conti, Château-Ausone, Château-Margaux, Clos-de-Vougeot...

Profitons de cette occasion pour rappeler qu'en Bourgogne tout au moins certaines ménagères n'utilisent pas pour leur cuisine le vin, mais la *lie de vin*. Or, sur place, la lie de Chambertin ne coûte rien.

Perdreau du trimardeur. — Vider le perdreau, lui laisser

ses plumes. Prendre une bonne motte d'argile, la travailler et l'imprégner de marc ou d'Armagnac. Envelopper le perdreau sous un ou deux centimètres de l'argile ainsi préparée.

Creuser dans le sol une fosse de 30 à 40 cm. Tapisser le fond de cailloux. Faire un feu violent pendant un quart d'heure. Placer le perdreau dans la braise et recouvrir le tout de brindilles et d'une motte de gazon. Au bout d'une demi-heure, le perdreau est cuit et les plumes viennent avec la carapace de terre.

Préparé de cette façon, le perdreau n'est pas « fort ». On le dégustera donc avec un vin rouge très fin, pas trop corsé : Volnay, Graves rouge, Médoc.

GRIVES DE CITRAN, FAÇON JACQUES MIQUEAU. — Prendre des grives tuées depuis deux ou trois jours, mais n'ayant pas séjourné dans un réfrigérateur. Les vider, les barder de lard, les entourer de papier sulfurisé. Les passer sur une braise de sarments, environ 3 minutes sur chaque face, selon la vigueur du feu. Éviter tout excès de cuisson, la chair devant rester légèrement rosée. Flamber avec une petite quantité de très bon Armagnac. Servir avec pommes paille et cresson non assaisonné.

Comme vin... un Médoc est des plus fins. La recette a été, en effet, créée par un vigneron gastronome, M. Jacques Miqueau, président des Amis du vin de Bordeaux.

SALMIS DE CANARD À LA GABRIEL. — Faire rôtir à moitié la bête (environ 20 minutes).

Pendant ce temps, faire bouillir dans deux verres de vin rouge : 3 échalotes, persil et gras de lard hachés fin ; durant 20 minutes aussi. Couvrir pour que le jus ne se réduise pas.

Découper le canard.

Faire un roux *très brun* avec beurre ou graisse et une grosse cuillerée de farine. Ajouter le vin en le passant dans une passoire fine.

Ajouter canard, jus de canard et un demi-verre d'eau.

Laisser mijoter pendant une demi-heure.

Le *faire réchauffer* avant de le servir.

Servir avec des croûtons grillés et des rondelles de citron.

Ne jamais employer une casserole de fonte.

Champignons et légumes

AIL CUIT SOUS LA CENDRE. — Prendre deux ou trois têtes par personne, les mettre sous la cendre jusqu'à ce que les gousses extérieures soient suffisamment carbonisées et les gousses intérieures bien ramollies. Beurrer des tartines. On presse la gousse et la pulpe se répand sur le pain. Une gousse par bouchée.

Tous les vins blancs assez fruités et les vins de pays : Muscadet, Quincy, Pouilly-Fumé...

CHASSELAS À L'AIL. — Prendre une croûte de pain de ménage, épaisse et ferme. La frotter d'ail, la saupoudrer de gros sel. Croquer avec des grains de Chasselas. (En Limousin, on perfectionne cette « frottée » à l'ail en enduisant ensuite la croûte de lard gras.)

Accompagner de tous les « vins du matin », surtout blancs et rosés légers.

HARICOTS ROUGES À LA VIGNERONNE. — Faire tremper dans de l'eau tiède, pendant une heure, un litre de haricots rouges de l'année. Les mettre dans une casserole, avec un demi-litre de vin rouge et assez d'eau pour qu'ils soient recouverts d'un bon doigt de liquide. Faire bouillir très doucement, écumer. Mettre un bouquet garni et un gros oignon haché que l'on aura fait revenir au beurre, 4 petites gousses d'ail écrasées et une demi-livre de lard de poitrine maigre qui ne devra cuire qu'une heure avec les haricots.

Au bout d'une heure et demie retirer le bouquet garni et mettre par petits morceaux un demi-quart de beurre.

Faire sauter doucement les haricots et les laisser mijoter quelques minutes. (Pendant la cuisson on aura eu soin de les tenir recouverts, ajouter de l'eau bouillante si nécessaire.)

Verser les haricots dans un plat creux ou un légumier. Les saupoudrer de persil haché et garnir du lard qui aura été coupé en petits dés.

Vins rouges : Beaujolais, Médoc, Bourgueil, Chinon.

CÈPES À LA PÉRIGOURDINE. — Prendre des cèpes jeunes et fermes, les peler, jeter les têtes, en évitant qu'elles ne se touchent, dans la graisse d'oie bouillante. Faire cuire à feu très doux pendant une heure et demie, en retournant souvent avec une cuiller en bois. Préparer un hachis avec du lard, du persil, de l'ail, du poivre, et les queues des cèpes. Ajouter ce mélange aux champignons, ainsi qu'un filet de verjus quand ils sont bien dorés, un quart d'heure avant de servir.

Vins rouges corsés : Nuits-Saint-Georges, Corton, Saint-Émilion, Châteauneuf-du-Pape.

Cette recette est plus facile à écrire qu'à réaliser. Le secret de la réussite est dans la douceur du feu et le remuement fréquent des cèpes qui doivent rester fermes et moelleux, devenir rissolés et non croustillants. Leur consistance dernière peut se comparer à celle d'une crème très cuite et très épaisse.

TRUFFES EN COCOTTE SELON COLETTE. — « Baignée de bon vin blanc très sec, salée sans excès, poivrée avec tact, la truffe cuira dans la cocotte noire couverte. Pendant 25 minutes, elle dansera dans l'ébullition constante, entraînant dans les remous et l'écume — tels des tritons joueurs autour d'une noire Amphitrite — une vingtaine de lardons, mi-gras, mi-maigres, qui étoffent la cuisson. Point d'autres épices ! Et raca sur la serviette cylindrée, à goût et relent de chlore, dernier lit de la truffe cuite ! Vos truffes viendront à la table dans leur court-bouillon. Servez-vous sans parcimonie. »

Soyons sans parcimonie aussi en ce qui concerne le vin. Choisissons le Pomerol, lui-même truffé. En période de crise : un Beaujolais de Chenas.

Châtaignes

Les châtaignes occupent une place à part dans le cœur de tous les amis du vin. Achetées à la volée dans un carrefour de Paris, elles accompagnent, sur le comptoir voisin, le « Mauzac nouveau » ou le Sylvaner, ou le Sancerre. Mais c'est dans les pays où l'on aime les vins de primeur, qu'elle est reine, au coin de la cheminée, pendant les longues veillées. Cuites à l'eau, « boursées » comme l'on dit en Limousin, ou grillées sur la poêle à trous, elles accompagnent merveilleusement le « vin blanc bourru » du Mâconnais, « le vin de Maccadam » du Périgord, le Gaillac, les jeunes pétillants de Savoie, et même toute une gamme de plus hauts seigneurs déjà mûrs, blancs, rosés ou rouges, à la seule condition qu'ils « fassent glisser ».

Notre recette vous permettra de présenter les châtaignes tout épluchées à vos invités. Elle flattera à la fois leur paresse et leur gourmandise.

Éplucher les châtaignes. — Faire une incision d'un demi-centimètre de profondeur autour des fruits, les plonger dans l'eau bouillante quelques minutes. Dès que les peaux commencent à se soulever, les sortir de l'eau et les presser par le fond avec un linge. Les deux peaux s'élèvent en même temps.

Autre procédé : mettre les marrons fendus sur une plaque avec quelques cuillerées d'eau. Les éplucher au couteau dès qu'on sent les peaux décollées.

Châtaignes limousines, façon Nière. — Les châtaignes débarrassées de leurs deux peaux (mais on peut se contenter de la première) sont enveloppées dans un vieux torchon blanc très propre (sacrifié). Ce ballot est placé dans une cocotte de fonte fermant bien sur un fond composé de pommes de terre et de navets coupés en morceaux. On peut les remplacer par une épaisse couche de feuilles de chou, si on en préfère le goût. Faire partir à feu très vif, diminuer légèrement ensuite. Cuisson : envi-

ron 30 minutes. Cuites presque à sec, dans la seule
vapeur des navets et des pommes de terre, les châtaignes
ont ensuite bien besoin d'être arrosées.

Dans le Périgord on enveloppe les châtaignes dans
deux grandes feuilles de chou, blanchies au préalable
dans l'eau bouillante. On met le paquet dans la cocotte
avec un verre d'eau légèrement salée. On fait cuire doucement pendant 30 à 40 minutes. Les châtaignes doivent
avoir absorbé toute l'eau et être légèrement rissolées. Les
déguster nature, ou les arroser de lait ou de beurre.
(Pour apprécier un vin, éviter le lait.)

Salades amies du vin

Le vin ne supporte pas de rencontrer le vinaigre, son
fils dénaturé. Doit-on pour autant se priver de salade ?

PISSENLITS AU LARD. — Dans le fond du saladier mettre
successivement sel, poivre, moutarde, ail écrasé. Placer
dessus les pissenlits.

Faire chauffer dans la poêle des petits cubes de lard
gras ou de la panne de porc pour en faire dégager la
graisse. Verser cette dernière bouillante sur les pissenlits.
Passer ensuite une ou deux cuillerées de vinaigre dans la
poêle, verser. Tourner vivement et servir aussitôt. Saladier et assiettes chaudes.

Traité de cette façon, le vinaigre perd toute sa viru-
lence. Servir un vin du niveau du Beaujolais.

SALADE ANGEVINE SELON CURNONSKY. — « Des Angevins m'ont
fait déguster avant dîner une salade persillée avec un
bouquet garni et de la sarriette... Cette salade fraîche et
cueillie dans leur jardin n'empêchait pas de goûter deux
vins blancs secs du Layon. »

SALADE SELON ROBERT J. COURTINE. — « Cette salade peut
être simplement une salade verte classique... mais, au
contraire, salades composées de légumes crus et cuits,
d'œufs, de viandes froides en dés auxquels on peut ajou-

ter du fromage (gruyère), et très accessoirement des fruits : noix, pommes.

« Et naturellement, beaucoup d'aromates, notamment de fines herbes... Une bonne sauce se fera en délayant de la moutarde forte dans de l'huile d'olive et en ajoutant du poivre. Pas besoin de sel, ou si peu... On pourra compléter d'un jaune d'œuf dur écrasé. »

L'auteur conseille de profiter de l'occasion pour boire un verre d'eau. Le conseil est bon, mais la salade ainsi préparée ne nuira pas au vin.

Fromages de vendangeurs

FROMAGE FORT, FAÇON TANTE MARIA. — Introuvable à Paris (par quel mystère ?), le fromage fort est l'un des éléments essentiels des « mâchons » (casse-croûte) en Beaujolais, Mâconnais et Lyonnais. La meilleure manière de l'avoir bon est donc de se le préparer.

Râper selon les disponibilités de vieux fromages secs de vache et de chèvre (le chèvre donne un plus haut goût) et leur adjoindre du bon gruyère râpé dans la proportion de cinquante pour cent. Faire un bon bouillon de légumes à base de poireaux et d'oignons. Mettre en terrine et laisser plusieurs jours dans une pièce tiède jusqu'à la fermentation, qui se manifeste par une odeur assez violente. Adoucir ensuite avec une bonne motte de beurre frais, un ou deux verres de vin blanc, du marc de Bourgogne. On peut « allonger » la préparation avec un bon fromage blanc frais de vache non écrémé.

Le fromage fort peut se consommer en tartines, mais les vrais amateurs l'utilisent dans toute sa force et présentent leur tartine devant la braise au bout d'une fourchette. Le fromage entre alors en ébullition, se gonfle, se boursoufle, prend une teinte blond doré assortie de quelques grains de beauté mordorés. On peut l'adoucir en passant vivement, avec la pointe d'un couteau rond, un morceau de beurre très fin.

Dans les régions où il est connu, on vend un « ferment » de fromage fort qu'il suffit de délayer avec du fromage blanc, du gruyère, du vin blanc et du marc. Consommation immédiate.

Accord parfait avec tous les vins blancs secs et fruités.

CANCOILLOTE. — Ce fromage typique de la Franche-Comté se trouve assez facilement dans les crémeries. Cependant les vrais amateurs le préparent eux-mêmes.

Prendre du lait caillé non cuit, le chauffer un peu pour en extraire tout ce qui est épais, laisser égoutter pendant 24 heures, presser pour extraire le petit-lait et mettre le résidu dans une terrine ou une écuelle en bois, l'émietter en le frottant dans les mains. Ce résidu constitue le « meton ». Le placer dans un endroit chaud, le retourner tous les jours jusqu'à ce qu'il prenne une teinte jaune. Il faut qu'il soit bien « passé », c'est-à-dire qu'il ne contienne plus de grains blancs.

Le meton à point, on le met dans une casserole, de préférence en terre, et on chauffe à feu doux en remuant jusqu'à obtenir une pâte lisse. Ajouter de l'eau bouillante, sel et beurre frais (environ 100 g par litre de meton), laisser bouillir quelques minutes et verser dans les bols, non sans avoir versé un bon verre de vin blanc sec. On peut aussi ajouter un peu d'ail haché très fin. Manger de préférence chaud.

En ce qui concerne le vin, le débat est ouvert. Certains préfèrent le Beaujolais, d'autres le Chablis. Dans son pays d'origine on accompagne la cancoillote de force lampées de « vendange » d'Arbois, blanc, rouge ou rosé.

FROMAGE AU TOKAY OU AU VIN DE PAILLE. — Prendre une livre de fromage blanc bien crémeux (ou douze petits-suisses), une cuillerée à café de paprika, une grosse pincée de cumin, un demi-verre de vin très bouqueté, du genre Xérès, Sauternes, Tokay, Château-Chalon, vin de paille. Mélangez le tout dans une terrine et servir frais. Fromage de dame vendangeuse, pour gentils « vins de pays ».

Entremets

CRÊPES AUX NOIX D'ANTOINETTE. — Mettre dans une terrine 125 g de farine très fine, y délayer un quart de litre de lait tiède dans lequel on a fait fondre 60 g de beurre. Ajouter 125 g de sucre en poudre, une pincée de sel, un peu de rhum, enfin trois jaunes d'œufs. Bien mélanger et laisser reposer la pâte le plus longtemps possible. Au moment de faire les crêpes, ajouter les trois blancs battus en neige très ferme.

Cuisson : faire des crêpes un peu plus épaisses que des crêpes ordinaires, ne les faire frire que d'un côté. Poser le côté frit directement sur le plat, dans lequel on servira, saupoudrer le dessus d'un mélange de noix (passé à la moulinette fine) et de sucre vanillé. Mettre dessus une autre crêpe (côté frit sur le côté non frit de la précédente) saupoudrer comme précédemment et ainsi de suite jusqu'à la dernière crêpe qu'on fait frire des deux côtés légèrement et qu'on saupoudre du mélange de noix et de sucre vanillé. Servir assez chaud, c'est-à-dire qu'on prépare les crêpes juste avant de passer à table. Elles sont très bien au moment du dessert.

NAVETTES AUX AMANDES. — Faites une fontaine avec un kilo de farine. Cassez 5 œufs entiers au milieu, mettez 15 g de sel, 200 g de sucre, 3 cuillerées d'eau de fleur d'oranger, 100 g de beurre. Mélangez ces éléments puis faites absorber la farine. La pâte étant ferme, amollissez-la avec un peu d'eau tiède, pour l'obtenir mollette et élastique. Incorporez-lui alors 200 g de beurre ramolli, rassemblez-la dans une terrine et mettez-la à gonfler dans un endroit tempéré. Lorsque la pâte a suffisamment travaillé portez-la au frais. Le lendemain, rompez la pâte et incorporez-lui 300 g d'amandes râpées. Partagez la pâte et faites-en des boudins que vous coupez en morceaux. Façonnez chaque morceau en boule, puis en navette que vous rangez sur une plaque farinée. Fendez les navettes au milieu, en long, dorez-les à l'œuf et laissez-les lever avant de les enfourner à four chaud.

Plats pour assemblées nombreuses

Nous souhaitons voir de grandes assemblées de vignerons et d'amis du vin. Ils apporteront leur vin, mais voici
ce qu'ils pourront manger*.

CLAMBAKE. — C'est une réjouissance traditionnelle dans
certaines régions des U.S.A. (Massachusetts, Maine) où
l'on pêchait autrefois la langouste.

La tradition réserve le clambake aux plages, mais on
peut en combiner un dans le jardin. Il vous faudra un
fossé de 60 à 90 cm de profondeur et 30 cm de large. Ce
fossé doit être complètement revêtu de briques ou de
pierres et cela d'une manière très égale. On y fait flamber
un feu pendant plusieurs heures jusqu'à ce que les pierres soient brûlantes. Enlever vivement les cendres et
grouper les charbons ardents.

Les charbons doivent être couverts d'environ 15 à
20 cm d'algues marines humides ou de feuilles vertes.
Placer au-dessus un grillage en fil de fer et sur celui-ci un
lit de palourdes. Huit litres suffisent pour 30 personnes.
Ajouter un homard vivant, par personne, après en avoir
essuyé la carapace. Ensuite, au choix, des pommes de
terre, des patates douces ou du maïs, précédemment
nettoyé et remis dans ses feuilles vertes. Étendre une
nouvelle couche du légume choisi alternée avec des
demi-poulets enveloppés de papier d'aluminium ou de
parchemin. Remettre une couche de légumes, recouvrir
le tout d'algues, puis d'une bâche. Un clambake doit
cuire à la vapeur de 45 minutes à 2 heures selon la
quantité d'aliments. Si l'on y ajoute des poulets, les faire
griller légèrement auparavant. On mange d'abord les palourdes servies avec beaucoup de beurre, puis les ho-
mards et l'on termine par les poulets. Vin blanc et rouge
à profusion et de gros morceaux de pain blanc.

LUAU. — Le luau est un festin à la manière hawaiienne.
On fait rôtir sur la braise des viandes et des légumes dans
une fosse.

---

* Voir « La cave dans la caverne. »

La pièce de résistance en est le porcelet rôti. Il peut être remplacé par du filet de porc au barbecue et du travers. Si l'on adopte cette solution faire cuire en cuisine vos nouilles chinoises (*long rice* à acheter chez les épiciers chinois). Elles n'ont besoin que d'être réchauffées quelques minutes dans l'eau bouillante. Accompagner d'une salade verte avec une vinaigrette au curry à laquelle vous aurez mélangé des morceaux d'ananas. Les boissons au rhum, les noix de coco et les ananas supporteront particulièrement mieux l'appui du vin blanc nouveau ou du vin de Champagne nature.

Le luau commence en général par des langoustines, un bar rôti. La pièce principale est le porcelet rôti à la hawaiienne.

PORCELET RÔTI À LA HAWAIIENNE. — Acheter le porc avant de creuser le fossé afin de savoir quelles dimensions donner à celui-ci. Les jeunes porcs, pesant entre 40 et 65 kilogrammes, sont de longueur et de largeur très variables. La tranchée doit être préparée comme pour le clambake.

Enduire le porcelet de sauce soja additionnée de jus de citron, d'ail et de vin, et mettre plusieurs gousses d'ail, du gingembre frais et de la sauce soja à l'intérieur. A l'aide de grosses pincettes, enlever les pierres chauffées au feu et les fourrer à l'intérieur de la carcasse. Débarrasser les charbons ardents de la cendre qui les recouvre et remplacer celle-ci par des feuilles vertes — aux Hawaii on se sert traditionnellement de feuilles de bananier. Placer le porcelet sur ces feuilles, l'entourer de bananes et de patates douces enveloppées dans du papier d'aluminium, une de chaque sorte par personne. Placer aussi à ce moment des bars enveloppés dans des feuilles d'aluminium. Recouvrir le tout de feuilles de bananier, d'algues vertes ou de feuilles d'aluminium, et laisser cuire pendant environ 5 heures. Ouvrir le fossé, enlever les algues ou les feuilles, et placer le porcelet sur une très grande planche à découper, tandis qu'on retire aussi les légumes cuits. On sert la viande avec du *poi*, taro fermenté qu'on achète dans les épiceries chinoises.

Cochon de lait. — On le tue comme le cochon. Il faut qu'il saigne abondamment pour que sa chair soit blanche. Mettez-le dans l'eau assez chaude pour y tenir la main : frottez-le et trempez-le dans l'eau jusqu'à ce qu'il soit bien net de tout poil. Otez-lui les sabots, videz-le en conservant les rognons. Garnissez son intérieur d'un bon morceau de beurre mariné de fines herbes, oignons piqués de girofles, échalotes, poivre, sel, son foie haché avec le lard, champignons.

Troussez-le en retenant les cuisses par des attelets ; mettez-le à la broche, et lorsqu'il sera chaud, arrosez-cinq ou six fois d'eau que vous aurez mise dans une lèchefrite avec une poignée de sel. Retirez cette eau, et arrosez-le souvent avec de l'huile pour que la peau soit croquante. Ornez-le d'une pomme rouge dans la gueule et servez chaud et bien vite, sortant de la broche, avec une rémoulade dans une saucière. Il faut 2 heures de broche.

Cochon de lait en marcassin. — Ayez un fort cochon de lait à tête noire ; l'étouffer, lui verser dans le museau, à l'aide d'un entonnoir, une décoction brûlante de thym, laurier, basilic, sauge et romarin, ayant bouilli ensemble une demi-heure et passée à travers un torchon. Ficeler le museau, étendre l'animal sur une planche et l'y laisser passer la nuit pour qu'il s'imprègne complètement du parfum des aromates.

Le lendemain, l'écorcher comme un lièvre, en lui laissant les soies autour de la queue et de la tête. Le vider ; le flamber sur des charbons ardents ; le piquer de menus lardons ; le mettre à mariner pendant 24 heures dans du vinaigre, avec persil en branche, thym, laurier, basilic, tranches d'oignons et carottes. Le retourner plusieurs fois durant cet intervalle.

Pour le rôtir, l'envelopper d'un papier beurré, l'embrocher, le cuire à feu clair ; enlever le papier quelques instants avant de retirer l'animal de la broche, pour lui faire prendre couleur et, quand il est roux, le débrocher, le dresser sur un plat et le « masquer » d'une sauce poivrade augmentée du jus dégraissé de la lèchefrite.

COCHON DE LAIT RÔTI AU FOUR DE CAMPAGNE. — Préparer une farce assez compacte (afin qu'au moment du découpage elle ne se défasse pas), hacher finement tous les abats, les passer au beurre, les retirer et les mettre à refroidir. Dans le beurre ayant servi à la cuisson, faire revenir un gros oignon émincé, une gousse d'ail, une demi-livre de champignons hachés fin, une demi-livre d'olives vertes dénoyautées et hachées. Ajouter ce mélange aux abats ainsi qu'un gros bouquet de persil haché, 2 jaunes d'œufs, 1 verre à liqueur de cognac ou de bonne eau-de-vie. Farcir le porcelet, le brider solidement, le placer dans son plat de cuisson sur un lit de carottes coupées très minces, d'échalotes et d'oignons en entier, 2 gousses d'ail pilées, sel, poivre, épices. Arroser de saindoux fondu. Cuire à four un peu vif au début afin que la peau soit très croustillante.

Le meilleur four pour cuire ce plat est un four à bois de boulanger. On fait une grande flambée de sarments à l'entrée du four et on dispose le plat à cuire sur les braises.

LE COCHON DE LAIT A LA BROCHE. — Placer le cochon dans l'eau fraîche et l'y laisser 4 heures pour le faire blanchir. Le sécher, l'embrocher, le mettre au feu. L'arroser régulièrement avec un bouquet de sauge trempé dans l'huile d'olive pour rendre la peau croquante. On peut le farcir d'environ une livre de beurre frais assaisonné de fines herbes hachées bien menu et marinées avec du jus de citron. Durée de cuisson : 1 h à 1 h 30. Pour 10 personnes.

LE MÉCHOUI ALGÉRIEN. — Choisir un mouton bien gras de moins de deux ans. L'égorger, le dépouiller. Le vider en pratiquant sur le côté une ouverture qui, partant de l'épine dorsale, suit la dernière côte pour arriver à l'extrémité du sternum. Retirer les intestins, le foie, les poumons. Laisser les rognons. Recoudre l'ouverture au moyen d'un fil bien lavé après avoir placé à l'intérieur

herbes et plantes aromatiques (oignons, ail, genévrier,
thym, fenouil ou menthe sauvage). Embrocher le mouton
sur une tige de fer ou une perche qui doit dépasser d'au
moins un mètre de chaque côté pour épargner des brû-
lures aux rôtisseurs. Enduire le mouton d'un mélange de
beurre et de safran.

Le méchoui n'est parfait que si le brasier a été entre-
tenu au même degré de chaleur. On ne place pas la perche sur des supports. Les rôtisseurs la tiennent à la main
et la tournent pour donner au mouton une belle couleur
dorée. Arroser celui-ci de beurre et d'eau salée. Durée
approximative : 2 heures. Un méchoui suffit pour 15 à
20 personnes.

Sauces pour les repas en plein air

SAUCE AU RAIFORT. — Peler et râper du raifort, faire un
roux blond que l'on mouille avec du bon bouillon —
quelques-uns mettent mi-bouillon, mi-vin blanc très sec
— faire un peu réduire, assaisonner, ajouter une forte
cuillerée de bon jus, mélanger alors doucement le raifort
râpé et faire mijoter une bonne heure à feu doux.

SAUCE VERTE BACHIQUE. — Mettez dans un petit poêlon un
verre de bouillon et autant de vin blanc ainsi qu'une
cuiller d'huile. Faites bouillir jusqu'à réduction d'au
moins moitié. Ajoutez alors un hachis d'échalotes, pointe
d'ail, ciboule, cerfeuil, estragon, cresson alénois. Salez,
poivrez. Remettez à faire quelques bouillons. Au moment
de servir, corsez la sauce en lui incorporant une cuiller
de coulis, ou de glace de viande.

SAUCE A L'AIL. — Mettez dans un poêlon un filet d'huile,
ajoutez de l'échalote et quelques champignons hachés et
plusieurs gousses d'ail entières. Passez sur le feu, poudrez
d'un peu de farine et mouillez avec moitié de vin blanc et
moitié de bouillon. Salez, poivrez. Mettez un bouquet
garni et faites dépouiller, à petit feu, 30 ou 40 minutes.
Otez les gousses d'ail et le bouquet. Dégraissez la sauce :

elle ne doit garder d'huile que ce qu'il faut pour être légèrement perlée.

SAUCE BORDELAISE POUR GRILLADES. — Hachez finement des échalotes pour en obtenir deux cuillerées à bouche. Lavez cette échalote hachée et séchez-la dans un linge. Mettez-la dans une sauteuse avec 2 verres de vin de Bordeaux rouge, un peu de poivre frais moulu, une pincée de sel, un brin de thym, un soupçon de muscade. Laissez bouillir et réduire aux trois quarts. Ajoutez 60 g de moelle de bœuf hachée grossièrement et une pincée de persil haché. Terminez avec une cuillerée à bouche de fond brun de veau lié ou une cuillerée à café de glace de viande (ou de l'extrait de viande en boîte) et une cuillerée à café de purée de tomate. Au dernier moment, ajoutez quelques noisettes de beurre frais et vannez sans faire bouillir.

SAUCE MARCHAND DE VIN. — Faire une réduction de moitié de 2 décilitres de vin rouge avec 25 g d'échalote hachée. Saler et poivrer. Ajouter un peu de glace de viande, 150 g de beurre en pommade, le jus d'un quart de citron et une cuillerée de persil haché.

SAUCE INFERNALE AU VIN JAUNE (ARBOIS OU CHÂTEAU-CHALON). — Spéciale pour le canard sauvage. Faire rôtir le canard un peu saignant.

Hacher persil, zeste de citron et échalotes en proportions à peu près égales. Écraser le foie du canard. Prendre le jus de la lèchefrite. Ajouter trois quarts de vin jaune, du sel, un peu de moutarde et de jus de citron. Bien mélanger le tout et servir chaud.

On peut remplacer le vin jaune par n'importe quel bon vin bouqueté, mais on aurait tort. Cette préparation permet, en effet, de servir du vin jaune, toujours assez difficile à placer.

SAUCE A LA SORGE. — Pour accompagner les poissons frits ou froids, la poule au pot, la viande froide, la fondue bourguignonne.

Dans une petite casserole d'eau bouillante, mettez un

œuf 2 minutes. Cassez-le en deux, mettez le jaune dans un bol. Remettez les coquilles contenant le blanc pendant 2 minutes dans l'eau restée à frissonner sur le feu. Retirez les coquilles et laisser en attente.

Reprendre le bol avec le jaune d'œuf, ajouter deux pincées de sel, une de poivre, une cuillerée à café de moutarde blanche. Mélanger avec une cuiller en bois ou un fouet souple. Dès que la liaison est faite, ajouter, en tournant toujours et goutte à goutte, de l'huile jusqu'à la quantité désirée.

Ajouter une cuillerée à café de vinaigre, échalote et fines herbes de saison hachées, le blanc d'œuf.

Sauce verte du Périgord. — Véritable sauce du « bout de la vigne », puisqu'elle peut se préparer debout, à froid, tandis qu'à vos pieds, sur le feu de sarments, grille la viande ou le poisson qu'elle accompagnera.

Hacher menu ail, échalote, persil, fines herbes, le blanc d'un œuf cuit dur ; piler le jaune de cet œuf au mortier. Ajouter poivre, sel, huile, vinaigre ou filet de verjus. Le résultat est une sauce épaisse d'un vert profond qui pourrait être servie en tartines.

Sauce verte des herbeux. — Piler au mortier ou passer à la moulinette une poignée de cerfeuil ou d'épinards. Presser dans un linge pour en extraire le jus. Ajouter 2 jaunes d'œufs, 4 cuillerées d'huile d'olive, 1 cuillerée à café de moutarde, 2 cuillerées de vinaigre, sel et poivre. Fouetter sur le coin du feu.

CONSEILS D'UN MÉDECIN :
QUELS VINS
POUVEZ-VOUS BOIRE ?

Nous remercions le docteur Eylaud, de Bordeaux, de nous avoir permis de reproduire ces indications extraites de son ouvrage *Le Vin et la Santé*. Voici les vins conseillés pour chaque type de maladie.

DYSPEPTIQUES (hyperchlorhydrie)
    Vins blancs ou rouges légers, peu acides, de faible teneur alcoolique ; prudemment et, au besoin, avec des eaux bicarbonatées sodiques.

DYSPEPTIQUES (hyperchlorhydrie)
    Vins blancs légèrement acides et vins rouges ou rosés bien équilibrés.

DYSPEPTIQUES (insuffisance hépatique)
    Vins divers rouges, pauvres en tanin et vins blancs peu sucrés.

HYPERTENSION
    Vins blancs légers, secs ou liquoreux, voire rosés et rouges, sans tanin et moyennement alcoolisés.

HYPOTENSION
    Blancs sucrés ou rouges généreux.

CARDIO-RÉNAUX
    Très prudemment ; blancs légers et rouges bien dépouillés s'il n'y a pas de compensation.

RHUMATISMES ET GOUTTEUX
    Vins rouges vieux et dépouillés, pauvres en tanin. Vins blancs jeunes, peu alcoolisés, secs.

OBÉSITÉ
    Vins blancs secs, vins rouges jeunes peu alcoolisés.

DIABÉTIQUES

Vins moyennement alcoolisés et pauvres en sucre, et surtout les vins rouges.

LITHIASES BILIAIRES

Rouges et blancs équilibrés, pauvres en extraits minéraux.

LITHIASES URINAIRES

Blancs secs ou légèrement liquoreux et rouges équilibrés, pauvres en extraits minéraux.

DYSENTERIES

Vins blancs et rouges, en dehors des périodes aiguës.

TYPHOÏDES

Vins rouges divers ; rosés et blancs dans la période aiguë.

CONVALESCENCES

Champagne, vins blancs liquoreux et rouges parfumés.

NEURASTHÉNIE

Vins liquoreux blancs et rouges corsés (sous surveillance).

GROSSESSE

Vins rouges du Bordelais, riches en extraits minéraux.

DÉPRIMÉS PSYCHIQUES

Rouges corsés, blancs alcoolisés et Champagne (sous surveillance des réactions).

POUR LES ENFANTS

A table, et de préférence en fin de repas, mouillé de quatre fois son volume d'eau, du vin rouge jeune :

5 à 7 ans :	40 grammes
7 à 10 ans :	90 grammes
10 à 12 ans :	150 grammes
12 à 16 ans :	250 grammes
16 à 18 ans :	360 grammes

LE VOCABULAIRE DU VIN

Le vin a son langage qui est si varié, nuancé, subtil qu'il est à lui seul tout un art comparable à celui de la dégustation. Depuis plusieurs années une commission internationale travaille à mettre au clair un certain nombre de définitions qui permettront de publier un *Dictionnaire du vin* utilisable dans le monde entier.

Il se pourrait que ce dictionnaire ne connaisse pas un meilleur sort que celui de l'Académie dont tous les mots ont déjà « le chapeau sur l'oreille ». Il suffit d'avoir entendu parler un vigneron ou un dégustateur pour comprendre que le langage du vin, tout comme l'argot, est une création permanente, car même les mots les mieux installés peuvent prendre un sens différent et parfois opposé selon le contexte. Dire qu'un vin est « chat » ou « vineux » peut être tantôt un éloge, tantôt une réserve.

On connaît trop la phrase fameuse : « Le vin, monsieur, on en parle. » Au contraire, je vous dirai : n'en parlez pas trop, même si vous êtes très sûr de votre goût et de votre vocabulaire. Parlez comme vous buvez, à petites et rares gorgées.

Acerbe : vin fait avec de mauvais cépages ou n'ayant pas atteint leur maturité. Il est dur, âpre, acide.

Aigre : saveur acide très prononcée.

Amertume : goût contracté par de très vieux et très grands vins, souvent par suite d'un excès de tanin. On dit qu'ils tournent à *l'amer.*

Amour : s'emploie surtout en Bourgogne. Un vin qui a de l'amour est bouqueté, plein de feu et de sève.

Apre : astringent, rude, difficile à avaler. Il agace les dents, comme la prunelle ou l'oseille.

Arôme : principe odorant dont le bouquet est la plus haute expression.

Astringent : prenant aux gencives. Chargé en tanin.

Bois : goût provenant d'un long séjour en fût ou d'un fût mal soigné.

Bouqueté : qui exhale finement son parfum.

Bourguignote : qui rappelle le Bourgogne.

Bourru : vin jeune qui sort de la cave ou du pressoir et dont la transparence est obscurcie par une grande quantité de lie.

Cachet : caractéristique d'un vin. On dit aussi qu'il a du caractère.

Capiteux : riche en alcool, qui échauffe le cerveau.

Cassé : malade, trouble, ayant perdu saveur et vigueur.

Chair, charnu : s'applique à un vin qui a une certaine consistance. Un vin peut être tel sans avoir beaucoup de corps.

Chargé : épais, trop coloré.

Chapeau sur l'oreille : qui entre en décadence.

Chat : flatteur, difficile à définir.

Charpenté : bien constitué.

Commun : sans race, indigne d'un grand vin.

Complet : équilibré. Présentant un ensemble harmonieux de caractères.

Corps, corsé : vin ayant une force vineuse, un goût prononcé, une substance charnue, le contraire d'un vin léger, faible, froid. On dit aussi qu'il est étoffé.

Corsage, cuisse, jambe : plus ou moins corsé, mais aussi parfois un peu lourd.

Coulant : friand et moelleux.

Court : de saveur faible et surtout fugace.

Cru, crudité : qui n'est pas encore arrivé à maturité et conserve une verdeur désagréable.

Cru : terroir où croît la vigne. On dit d'un vin qu'il est du cru de telle vigne ou de tel clos, ce qui ne présente qu'un espace circonscrit ; mais on dit aussi qu'il est du cru de telle côte, de tel finage, quoique ces dernières applications indiquent une étendue de terrain qui peut renfermer un grand nombre de crus dont les produits diffèrent en qualité.

Cuvée : ce mot, pris dans son acception la plus générale, signifie la quantité de vin contenue dans une cuve ; mais on l'emploie aussi pour indiquer le produit de toute une vigne, dont la récolte produit plusieurs cuves. On entend par vin de première cuvée celui qui est le meilleur ou de première qualité pour le pays ; par seconde cuvée celui qui lui est inférieur, etc. Ce mot est aussi quelquefois synonyme de cru.

On appelle encore cuvée un nombre de pièces de vin de même espèce ou que l'on a unifiées pour les rendre semblables. Mettre des vins en cuvée, c'est les mêler ensemble de manière que toutes les pièces que l'on remplit reçoivent une égale quantité de chaque espèce.

Délicat : peu chargé de tartre et de parties colorantes. Ni âme, ni piquant, un tel vin peut avoir du spiritueux, du corps et du grain, mais ces qualités doivent être bien combinées et qu'aucune ne domine.

Dentelles : un vin qui « tombe en dentelles » est un vin décoloré, passé, qui ne conserve plus aucune saveur. Il arrive même à faire penser à une toile d'araignée.

Dépouillé : vin débarrassé par le repos des particules solides qui troublaient sa limpidité. La robe d'un vin se dépouille avec l'âge. (Voir *Fin*.)

Distingué, élégant : délicat, qui plaît au goût.

Dur, dureté : manquant de moelleux, désagréable au palais. Contraire : tendre.

Équilibré : se dit d'un vin ayant un goût franc et net dont tous les éléments sont fondus et homogènes. (Voir *Complet*.)

Étoffé : ample, solide, soyeux.

Faible : s'applique aux vins ayant peu de corps, de spirituosité, de goût. Il en est cependant de fort agréables.

Ferme : qui a beaucoup de corps, de la force, du nerf, du mordant. S'applique aussi à un vin qui n'a pas acquis sa parfaite maturité et conserve encore de la verdeur.

C'est une qualité pour un vin plein, moelleux, dont la fermeté tempère la saveur fade.

Ficelle : un vin dont il ne reste plus que la ficelle est un vin trop vieux qui a perdu toutes ses qualités. (Voir *Dentelles.*)

Filant : huileux, malade.

Fin : les vins fins proviennent de cépages sélectionnés. Ils se distinguent par la délicatesse de leur sève, leur vinosité, l'agrément de leur arôme et de leur bouquet, la netteté et la franchise de leur goût, la limpidité de leur robe.

Finir : on dit des vins qui se conservent, gagnent de la qualité en vieillissant et sont moins sujets que d'autres à subir une dégénération, qu'ils finissent bien. C'est la caractéristique des vins de garde.

Fluet : maigre, de peu de corps.

Fort : spiritueux, corsé, savoureux, propre à durer longtemps et donner du ton à l'estomac. On dit encore qu'il est chaud, qu'il a du feu.

Frais : qui procure une sensation de fraîcheur agréable, qui a conservé les meilleures qualités d'un vin jeune.

Franc de goût : synonyme de *droit de goût*. On qualifie ainsi les vins qui n'ont pas d'autre saveur que celle que leur donne le raisin. Ceux qui ont un goût de terroir, quoique très naturels, ne sont pas réputés francs de goût.

Friand : agréable, frais, se boit toujours avec un nouveau plaisir, s'applique surtout aux vins jeunes. On dit d'un vin friand qu'il a un goût de *revenez-y.*

Froid : vin dont l'arôme se dégage mal, comme restant enfermé en lui-même.

Fruité : saveur de raisin frais, goût franc de la grappe.

Fumeux : qui fait monter à la tête des fumées, des vapeurs. On le qualifie aussi de *casse-tête.*

Généreux : pris en petite quantité, ce vin produit une sensation de bien-être, de chaleur à l'estomac, un effet tonique.

Grain : sensation assez curieuse produite par certains vins, surtout jeunes, comme si le liquide se trouvait parfois doublé d'une matière encore mouvante mais un peu granuleuse. Indique aussi une légère âpreté, nullement désagréable.

Grand : les grands vins sont ceux qui, par l'ensemble de leurs qualités, ont une supériorité incontestable et incontestée.

Gras : moelleux, qui a de la chair.

Léger : peu de corps, de couleur, de grain.

Liquoreux : vin plus ou moins capiteux, ayant conservé une saveur douce, sucrée, agréable.

Louche : trouble, d'une couleur désagréable.

Mâche : vin ayant de la chair, du moelleux et du gras. Il emplit la bouche et semble avoir assez de consistance pour être *mâché*.

Mâché : vin devenu mou par suite d'un trop long contact avec l'air.

Maigre, mince : très léger, manquant de corps, de vinosité, de sève, de couleur. A la dégustation, un vin maigre qui donne l'impression de ne rien avoir entre la langue et le palais.

Mat : sans grain, sans esprit.

Moelle : un vin qui a de la moelle est onctueux sans être liquoreux. Il a de la consistance, du corps, point d'âpreté.

Moelleux : caractéristique des vins contenant beaucoup de glycérine et de matières gommeuses, qui tiennent le milieu entre les vins secs et les vins liquoreux. Un vin moelleux flatte le palais et chatouille agréablement les muqueuses.

Montant : partie aromatique et spiritueuse qui monte au cerveau d'une manière imperceptible et provoque un état d'euphorie des plus agréables.

Mordant : qualité qui réunit à beaucoup de corps, du spiritueux, du bouquet.

Mouche : agglomérat de résidus qui se forme près de l'épaule de la bouteille à mesure que le vin se dépouille.

Mouchoir : on appelle « vin de mouchoir » un vin si délicatement bouqueté qu'on pourrait en verser quelques gouttes sur un mouchoir, comme on le fait pour les parfums.

Mou : manque d'acidité, de caractère, de nervosité.

Nerveux : vin réunissant assez de corps, de spiritueux, de sève et de force pour se maintenir longtemps au même degré de qualité.

Plat : sans corps, ni saveur, ni vivacité. Toujours de mauvaise garde.

Pleurer : si l'on fait tourner du vin gras et charnu dans un verre, des gouttes adhèrent aux parois et descendent lentement comme des larmes. Un vin qui *pleure* est souvent un très grand vin.

Primeur : précoce, qui réalise rapidement ses qualités. Par suite : vin à boire jeune.

Puissant : très corsé, très étoffé.

Queue de paon : se dit pour quelques très grands vins dont l'arôme, comme irisé, se déploie dans la bouche comme une queue de paon et persiste parfois plus d'une minute.

Queue de renard : dans certaines vieilles bouteilles, on trouve comme une coulée de lie à l'endroit où la mouche se forme. De cette coulée, le vin a été affecté, son bouquet s'est altéré, son goût s'est modifié : on dit qu'il a tourné en queue de renard. De grands amateurs ne dédaignent point cette saveur singulière et apprécient même cette précieuse déliquescence.

Racé : de grande classe, correspondant bien aux caractères de son appellation.

Robe : couleur qui est due aux éléments tanniques contenus dans le vin. Ces œnotanins atténuent l'action de l'alcool sur le système nerveux, raison pour laquelle les vins blancs, qui sont moins tanniques que les rouges, sont plus excitants.

Rond : plein, gras, charnu, très souple.

Savoureux : sève abondante et agréable.

Sec : caractéristique d'un vin blanc dont la saveur est dépourvue de sucre, mais qui est agréable à boire. Il

chauffe la langue et excite vivement le système nerveux.

Un vin rouge sec manque à la fois de chair et de moelleux et son goût est astringent. Certains vins rouges ont
le défaut de sécher en vieillissant.

Sève : âme du vin, sa force et sa saveur qui se développent lors de la dégustation.

Souple : tendre et moelleux.

Spiritueux : alcool naturel du vin produit par la fermentation.

Suave : un vin suave produit une impression douce,
harmonieuse, irrésistible. Il fait la queue de paon.

Tendre : vin facile à boire, « gouleyant ». Le contraire
de *dur*.

Terroir (Goût de) : qui tient à la nature et à la composition du terrain sur lequel le vin est récolté. Le plus
répandu de ces goûts spéciaux est celui de *pierre à
fusil*.

Tomber dans ses bottes : en parlant d'un vin, dégéné-
rer, devenir de saveur nulle.

Tuilé : se dit d'un vieux vin rouge qui présente une
robe décolorée d'un rouge brique ou orangé.

Tourner : s'agissant des vins, s'altérer ou se décompo-
ser. Lorsqu'un vin est *tourné à l'aigre*, sa dégénérescence
est complète.

Usé : complètement dépourvu de ses qualités vineuses,
soit par un défaut d'élevage en fûts, soit par un trop long
séjour en bouteilles.

Velouté : très fin et très moelleux, fait éprouver au
palais la sensation de son parfum et de son goût agréable.
On dit d'un tel vin qu'il descend dans la gorge en *culotte
de velours*.

Vénusté : indique une charpente peut-être un peu
lourde, mais puissante.

Vert : défectuosité lorsque cette saveur astringente due
au manque de maturité du raisin, qualité lorsqu'il s'agit
d'un vin jeune qui contient une heureuse proportion
d'éléments acides (acide citrique, tartrate de potasse et
tanin) qui lui assure une bonne conservation. D'où les

dictons : « Vin vert, riche Bourgogne. Vin vert, vin de
fer. »

Vieillarder : entrer en dégénérescence.

Vif, vivacité : qui impressionne vivement les papilles,
qui a du nerf, du mordant. Les vins rouges qui ont cette
qualité sont, en général, caractérisés par une robe brillante, et les vins blancs sont diurétiques.

Vineux : qui a beaucoup de force, de spiritueux, parfois aux dépens de la finesse.

Vinosité : goût et force vineuse. Ce qualificatif est quelquefois employé pour indiquer le plus haut degré de
spiritueux.

Note : Beaucoup de ces définitions sont empruntées
au « Vocabulaire » publié par Camille Rodier dans son
ouvrage *Le Vin de Bourgogne.* J'ai pensé qu'il n'y avait
pas de meilleure façon de rendre hommage à l'homme
qui porta au plus haut degré l'art de parler du vin.

BOUTEILLES A LA MER

La partie « enseignement » de cet ouvrage est terminée.
On trouvera dans les textes suivants un certain nombre
de remarques et de suggestions, voire quelques souvenirs, qui ne sont pas sans rapport avec le sujet.

Le vin de la tribu

Comme Valéry le souhaitait pour la critique, les traditions vont vers leur perte. La décadence d'un peuple
commence au moment où il est incapable d'en créer de
nouvelles.

Rares sont les familles du xxᵉ siècle qui conservent un
blason, une devise, une maison natale... Presque toutes
pourtant éprouvent le besoin de posséder en commun
une complicité, un mot de passe, une passion. Pourquoi
pas le vin ?

Autrefois, on transportait d'un logis à l'autre ces petites
statuettes d'argile appelées pénates. Elles signifiaient :
« C'est ici mon foyer et mes amours. » Quelques noires
bouteilles ne me sembleraient pas moins aptes à exprimer une telle fidélité.

Chaque famille élirait donc un cru particulier qui lui
servirait de centre de ralliement secret. Tout vin peut
convenir, s'il est de bonne garde. On ne donne pas ses
rendez-vous d'amour place de la Concorde, aussi pour
mon compte j'éviterais les noms trop célèbres qui appartiennent à tous et j'élirais le Corton Charlotte Dumay des
Hospices de Beaune, que je me promets de déguster un
jour chez quelque cousin d'Australie.

Le repas de vins

Nous allons vers le plat unique, sans hors-d'œuvre, fromage ni dessert. Il représente un gain de temps, d'argent
et parfois de qualité. Pour être bons, certains plats exigent l'abondance. A l'actif de cette tendance, on peut
avancer qu'il vaut mieux connaître une chose à fond que
d'en effleurer trois ou quatre. A quoi on peut aussi répondre que toute règle a des exceptions et que la cuisine
pourrait en être une.

Quant à nous, nous ne lutterons pas contre ces mystères qui nous dépassent, nous essaierons plutôt de les
organiser. De nos jours encore, personne n'est gêné de
manger plusieurs plats accompagnés d'un seul vin. Le
serait-on davantage si l'on buvait plusieurs vins en man-
geant un seul plat ?

Poser une question si simple, c'est presque y répondre
aussitôt d'une manière pas plus compliquée. Pour les
grands plats uniques, tout débutant trouvera au moins
une réponse : une choucroute permettra un festival de
vins d'Alsace (je proposerai, dans l'ordre : un Gewurztraminer, un Riesling, un Tokay, tous de deux ans), une
bouillabaisse des vins du Midi (un Cassis blanc, un Tavel
rosé, un Bandol rouge), un cassoulet (une clairette
d'Adissan, un rouge de Fitou, un Rancio de Banyuls), une
garbure (un Jurançon sec, un rouge des Côtes-de-Buzet,
un Madiran). Pot-au-feu et potées permettront aux Beaujolais et aux vins rouges de la Loire de se déployer en
ligne de combat.

S'en tenir à ce stade, c'est s'abandonner à la facilité. Le
véritable amateur ira chercher un vin de Savoie moins
fruité que le Gewurztraminer pour donner le départ à sa
choucroute et il terminera sa bouillabaisse sur un Anjou
presque liquoreux, à la grande surprise de ses invités.

Le vin sera chargé de changer le goût du plat et l'on
peut être sûr qu'il s'en acquittera parfaitement. Il agira
à la fois comme boisson, préparation, condiment.
Aussi ouvrira-t-il la voie à une nouvelle invasion de plats
uniques.

Qui penserait pratiquer ainsi avec un magnifique brochet au beurre blanc ? Il sera apéritif et léger avec un
Gros-Plant, ample avec un Vouvray, arrondi avec le Graves final. Avec les plats en sauce : civet, bœuf bourguignon, sauce normande, à l'américaine, la « gamme » va
comme d'elle-même, mais elle n'est pas moins souhaitable dans les plats rôtis : quelle meilleure « pierre de touche » pour les plus délicats Médocs qu'un gigot d'agneau
de Pauillac rôti à la broche ? Cette nouvelle manière
d'apprécier les vins peut même parfois se révéler supérieure à la méthode classique, car elle offre à tous la
même « référence ». Juger un cru bourgeois sur un saucisson et un grand cru sur un rôti de chevreuil n'est peut-
être pas le moyen d'établir une comparaison équitable.

Le vin n'est pas seul sur la table et cette initiative
pourrait en amener d'autres à la cuisine : le gigot unique
pourrait être accompagné de plusieurs sauces accordées
au vin, douces au début, plus fortes à la fin. Les légumes
aussi pourraient varier à chaque tournée : des haricots
verts aux cèpes à la bordelaise.

Une bouteille étant toujours plus vite préparée qu'un
plat, ce nouvel usage me semble à recommander pour
les cas d'urgence.

Un vrai livre d'or :
le recueil d'étiquettes

A la fois pavillon de combat et certificat de bonne vie
et mœurs, l'étiquette doit être choyée à l'égal du drapeau
du régiment. Où la montrer ?

Certains restaurateurs ont une vitrine où ils exposent
des bouteilles factices. Je souhaite les voir adopter un
dispositif qui permette au client de les voir avant d'entrer.

On peut faire mieux. Un soir, je me trouvais dans un
restaurant de l'Ariège où la carte des vins était si éblouissante que j'en fis compliment au patron. « Vous êtes le
premier à vous en apercevoir depuis six mois, me répondit cet homme désabusé. « Ils » ne veulent que du Cor-

bières, et rosé encore ! » Puis, d'une main adroite, il me subtilisa la précieuse carte que je commençais à lire comme un roman.

A la fin du repas, je fus invité à signer le livre d'or, superbe objet, tout cuir et doré sur toutes les tranches. Alors, j'eus une révélation : on s'était trompé de livre d'or. Le vrai, celui qui serait capable de produire le précieux métal, c'était l'autre, fait de feuilles de papier bulle glissées dans un support en plastique. *Un trésor est caché dedans.*

Restait à le mettre à jour. Encore une fois, il fallait recourir au même procédé : expliquer. Une Romanée-Conti 1934 figurait au prix de cent vingt francs. A tout autre qu'un initié, ce prix eût paru une escroquerie. Il en eût été tout autrement si l'étiquette de la Romanée-Conti avait figuré seule au milieu d'une grande page entourée de textes et d'illustrations destinés à instruire le consommateur. On aurait pu y lire une présentation des qualités de ce vin, des précisions sur sa rareté, l'histoire du domaine, des appréciations d'hommes célèbres, etc. Indifférent ou scandalisé au départ, le client aurait pu être tenté par une bouteille dont il ne subsistait par le monde que quelques dizaines d'exemplaires et dont on ne retrouverait plus jamais l'équivalent, les anciens cépages ayant été arrachés dix ans plus tard. Il aurait su aussi qu'il s'offrait un luxe refusé jusqu'en 1789 aux hommes les plus riches du monde, puisque la vigne appartenait au prince de Conti et qu'il conservait la récolte pour ses amis et lui-même. Une petite coupure de journal lui aurait appris que des bouteilles plus récentes s'étaient vendues deux cent vingt francs dans une vente publique et qu'il faisait une bonne affaire. Il aurait regardé des photos du domaine, étudié la carte du vignoble bourguignon. Puis il aurait tourné la page, découvert d'autres grands vins, car il y aurait un livre d'or par client. A la fin du déjeuner, il ne serait certes pas encore devenu un expert, peut-être même pas un amateur. Il aurait cessé d'être un ignorant terrorisé par la peur du « coup de fusil ». A la page du Château-d'Yquem de 1950 qu'on lui proposait à trente francs la bouteille, il aurait appris que le grand-duc Constantin en avait acheté en 1859... à vingt mille francs la barrique, soit le prix d'une jolie maison bien meublée. Le restaurateur n'aurait pas eu à lui faire un discours pour lui prouver que les grands vins n'ont jamais été à si bon marché que de nos jours.

Le livre répandant sur tout sa lumière, le livre d'éti-quettes porterait beaucoup d'autres renseignements : accord des vins et des plats, bons produits locaux, excur-sions gastronomiques à faire, tous moyens non seulement de satisfaire le client dans l'immédiat, mais de le retenir un jour, deux jours, toute sa vie...

Remplaçant la banale carte des vins, ce nouveau livre d'or jouerait aussi le même rôle que ceux d'autrefois, mais avec plus de finesse. C'en serait fini du... « Excellent déjeuner ! » Le client sollicité signerait en face du vin de son choix. Si un tel usage avait été établi au cabaret de *La Pomme de pin,* nous saurions quel était le vin préféré de Molière et celui de Racine. Nous saurions aussi quel était le goût de Baudelaire qui a tant chanté le vin sans jamais lui donner de nom propre.

Ces livres d'or particuliers permettraient l'établisse-ment de livres d'or nationaux et même mondiaux. Nous retrouverions le cuir et les dorures dans la brochure : « Ils boivent de la Romanée-Conti. » Certains seconds crus auraient d'heureuses surprises en apprenant qu'ils font le bonheur d'artistes ou de savants. Peut-être même assisterions-nous à une sorte de reclassement.

Les restaurateurs pourraient s'épargner des frais de rédaction en réclamant de tels « présentoirs » à leurs marchands de vin qui seraient trop heureux de les faire établir. Ainsi, trouverait-on sur la table du consomma-teur, au moment précis où il en a besoin, les renseigne-ments qui dorment aujourd'hui, inutiles, dans la pous-sière des bibliothèques.

Les buveurs suisses

Voici une suggestion qui a fait contre elle l'unanimité, ou peu s'en faut, de mes amis. Elle est de celles par lesquelles le scandale arrive, ou plus exactement l'invité.

Tous les amateurs de vins en conviennent : il y plus de bonnes bouteilles que d'invités dignes de les boire. Pourquoi alors ne pas fonder le club de ceux qui ne veulent pas boire seuls et que nous appellerions, par antiphrase, « les buveurs suisses ».

La première tâche consisterait à établir une liste de tous les amateurs de bons vins de France. En plus de l'adresse et du numéro de téléphone, chaque membre y ferait figurer les indications qu'il jugerait les plus dignes d'intérêt dans cette « situation » : son goût pour le Bordeaux plutôt que sa profession, sa collection de musique classique plutôt que sa Légion d'honneur.

Il n'y aurait ni cotisation, ni obligation d'aucune sorte, sauf l'engagement moral d'accepter, dans la mesure du possible, l'invitation d'un membre et de s'y rendre, comme à la Paulée de Meursault, une bouteille à la main.

Illustrons la théorie par un exemple. Un soir d'été, M. et Mme Gaut, professeurs à Amiens, s'arrêtent à l'hôtel du Chevreuil à Meursault. Avant même de commander leur menu, ils ouvrent l'annuaire. « M. Lesieur. Soixante-cinq ans. Marié. Musique religieuse. Tunisie. Médoc. » Éliminé : M. Gaut veut parler de Bourgogne en Bourgogne. « M. Peyraud. Trente-cinq ans. Célibataire. Montrachet. » M. Gaut téléphone, mais M. Peyraud n'est pas libre, ou pas disposé. (Il n'a pas à fournir de raison, il suffit que la voix de M. Gaut lui déplaise.) « M. Janton. Quarante ans. Marié. Quatre enfants. Histoire de la Bourgogne. » M. Gaut, qui enseigne l'histoire au lycée, d'Amiens, a trouvé son homme. Il téléphone et se fait si pressant que Mme Janton accepte d'accompagner son mari. M. Janton arrive bientôt, une bouteille de Volnay sous un bras, une de Meursault sous l'autre. A la fin de la soirée, tous les quatre ont parlé de tout et ils se quittent avec d'autant plus d'émotion qu'ils ne se reverront sans doute jamais.

Quel est le bilan d'une soirée si facilement improvisée ?

M. et Mme Gaut, conseillés par M. Janton qui connaissait les ressources de l'hôtel, ont fait un repas exquis, ont découvert deux nouveaux vins, se sont fait indiquer les meilleurs endroits pour en acheter d'autres et ont appris beaucoup de détails sur la Bourgogne au XVIIIe siècle, spécialité de M. Janton, par surcroît fabricant de machines agricoles.

M. et Mme Janton, qui n'ont pas souvent l'occasion de parler avec un véritable érudit, ont été enchantés par M. Gaut qui a beaucoup lu et beaucoup retenu. Il a fourni aussi d'utiles adresses de libraires spécialisés dans l'histoire régionale.

L'hôtel du Chevreuil a servi quatre repas au lieu de deux, et plus fastueux.

Il s'est bu deux grandes bouteilles de plus.

Et même s'il n'y avait aucun rapport matériel d'aucune sorte, doit-on compter pour rien le plaisir de parler enfin de ce qu'on aime : du vin ?

Une telle association n'aurait ni président, ni bureau. Elle ne coûterait rien, ne gênerait personne, ferait plaisir à quelques-uns. La publicité paierait l'annuaire. Les restaurateurs qui accepteraient le fructueux panonceau B.S. recevraient des clients apportant leur vin. C'est beaucoup trop beau. Personne n'en veut. Ce doit être une bonne idée.

Le vin français est-il invincible ?

Comme les civilisations, les vins sont mortels. Il ne nous arrive plus une bouteille de l'ancienne Égypte et nous n'accordons plus guère qu'un salut, souvent assez distant, aux vins grecs, italiens et espagnols qui ont pourtant régné sur l'Europe beaucoup plus longtemps que les nôtres.

Si les origines du vin en France paraissent fort ancien-

nes (le vignoble de la Côte-Rôtie daterait de l'an 600
avant J.-C.), sa réputation est relativement récente. Sans
doute, les vins d'Alsace et de Bordeaux étaient-ils appréciés dès le Moyen Age, les vins d'Anjou se firent connaître sous la Renaissance, mais le Bourgogne ne s'est guère
révélé qu'à la fin du xviie siècle, le Bordeaux et le Champagne tels que nous les connaissons au milieu du xviiie.
Ce fut à peu près vers la même époque que le Muscadet
et le Beaujolais, jusqu'alors inexistants, prirent timide-
ment le départ. Le Sauternes n'a guère plus de cent ans.
(On doit encore pouvoir trouver la première « vraie »
bouteille de Château-d'Yquem.) Après des siècles d'effa-
cement, le vin d'Alsace a commencé à réapparaître vers
1920.

Cette prise de pouvoir, si récente, devrait avoir au
moins les vertus de la jeunesse. Or nous voyons au contraire apparaître les signes de la décrépitude, voire de la
sénilité. La décrépitude atteint une part importante de
nos vins blancs, la sénilité est le fait des vins blancs que
beaucoup d'amateurs considèrent comme les meilleurs :
les vins blancs doux et liquoreux, du type des Sauternes.
Sur les rives de la Garonne, une très ancienne région de
vignobles est en train de s'effacer de la carte. Le fait est
d'autant plus significatif qu'il concerne le plus original
et, pourrait-on dire, le plus « spectaculaire » de nos vins.
En effet, si l'on peut confondre, sans déshonneur mortel,
un vin rouge de Bourgogne et un vin rouge de Bordeaux,
un grand Sauternes ne peut se comparer qu'à lui-même.
Or, si aucun redressement n'intervient, il est voué à la
disparition. Aux lecteurs qui m'estimeront pessimiste, je
pose la question : combien de bouteilles de vin blanc
doux ou liquoreux buvez-vous par an ?

La situation de nos autres vins est-elle mieux assise ? Je
n'en suis pas certain pour deux raisons.

Il ne me semble pas impossible de voir apparaître de
par le monde des vins qui égaleront les nôtres. Sur cinq
cent mille kilomètres carrés la France produit trois cents
vins qui ont été jugés dignes d'un classement. Nos grands
vins sont produits dans des régions de caractères très

différents. Le calcul des probabilités doit suffire à nous convaincre qu'il existe dans le monde d'autres régions aptes à produire des vins comparables aux nôtres. Pour un agronome moderne, c'est un jeu que de les désigner. Le travail le plus long (celui qui fut accompli souvent par les moines en France) consistera à déterminer le cépage et le procédé de vinification à employer. Il n'est pas sûr qu'un ordinateur bien conduit ne puisse pas faire gagner quelques siècles...

En deuxième lieu, je rappellerai que la notion de « bon vin » est extrêmement subjective. Habitué au Bordeaux, M. Mauriac passait pour ne pas apprécier le Bourgogne. Qu'attendre alors d'un Chilien dont le palais a été formé par des gros rouges. Même si le goût de ce Chilien s'affirme, ce qui est inévitable, il a de fortes chances de préférer des vins qui seront dans le goût des précédents. Ne vouloir exporter que nos grands crus, c'est peut-être vouloir gagner une guerre avec des généraux et des colonels, mais sans fantassins.

Notons enfin que la vinification scientifique est encore plus récente que le succès de nos vins, puisqu'elle ne date guère que de Pasteur. Elle n'a pas dit son dernier mot et il n'est pas impossible qu'elle permette d'obtenir des goûts nouveaux, de mettre au point le vieillissement artificiel (on conserve déjà la « jeunesse artificielle »), d'inventer un vin qui déclassera le Champagne.

Parfois je me dis que nous sommes à la merci de quelques vignerons de génie, peut-être seulement de talent. Ou de moins encore : d'une entreprise bien organisée. Si quelque patron de quelque Koki-Kola, agacé par nos railleries, décidait un jour : « Ils veulent du vin, eh bien ! on va leur en faire ! » il arriverait, en quelques dizaines d'années à remplacer sur toutes les tables sa Koki-Kola par du vin, mais ce ne serait pas le nôtre.

Plus j'examine la situation de notre vin et plus elle me paraît précaire. Pastichant Mirabeau, j'ai envie de m'écrier : « La Californie est à nos portes et vous délibérez ! » Mais ce serait encore faire preuve d'un grand aveuglement, car la Californie, comme la cinquième colonne,

est entrée chez nous, elle règne sur nos zincs, sur nos
tables : bouteilles prétentieuses caparaçonnées comme
des chevaux de cirques, vins sans caractère (ils l'ont, à la
fois, mou et revêche, expliquez cela comme vous pourrez), qu'il faut d'abord tuer, à la lettre dans le réfrigérateur, « vins de pays » qui n'ont certes aucune raison de
s'en vanter. Tous ces vins n'ont d'autre noblesse que
celle de leurs hauts prix, ainsi voit-on couramment un
rosé, vaguement V.D.Q.S., se vendre plus cher qu'un
Beaune ou un Saint-Émilion, des vins sans nom disputer,
sur la carte, la préséance au Chablis et au Tavel. Emporté
par la publicité (qui entre toujours pour un fort pourcen-
tage dans le prix de ces vins), le public vide verre sur
verre et jamais le bon.

N'y a-t-il pas de quoi désespérer si l'on croit, comme
moi, que l'avenir du bon vin français est en France. Ce
sont les buveurs français qui sont les plus près de la
source et les plus compétents. Un principe de dégustation conseille de ne pas remettre au lendemain la bouteille que l'on peut boire le jour même. Je le compléterai
en disant qu'il ne faut pas laisser boire à d'autres ce que
l'on peut boire soi-même. Mais il semble que cette campagne de promotion de l'intérieur, qui se traduirait par
un nouveau rayonnement à l'extérieur, soit encore bien
timide. La vigne française a eu ses capitaines, ses gro-
gnards, ses savants, ses paladins, ses organisateurs. Elle
aurait besoin aujourd'hui d'un homme d'État.

L'une de ses premières tâches consisterait à offrir au
consommateur le meilleur antidote connu contre les
ravages de la publicité : une information exacte et
claire.

Une telle tâche ne me paraît pouvoir être menée à
bien que si elle commence par la nuit du 4 Août des
étiquettes.

Une nuit du 4 Août pour les étiquettes

N'en doutons pas : la France est le pays du bon sens et
du bon vin. Habitent-ils parfois sous le même toit ? Voici

un produit de leur collaboration, un tableau limité aux grands vins, donc les plus exportés dans le monde.

Région	Désignation du meilleur vin	Vin suivant
Côte-d'Or	Appellation contrôlée	Trois désignations (voir au paragraphe suivant)
Chablis	Grand cru	Premier cru
Mâconnais	Premier cru	Second cru
Sauternais	Premier grand cru (non utilisé)	Premier cru
Médoc	Premier grand cru	Second grand cru
Saint-Émilion	Premier grand cru classé	Grand cru classé
Graves	Cru classé	Cru supérieur non classé
Pomerol	Premier des grands crus	Grand cru, Clos, Château, etc.

Entrer dans le détail, c'est faire un pas de plus dans l'obscurité. Nous avons déjà vu que, dans un grand nombre de cas, le même vin de Bourgogne pouvait être présenté sous trois étiquettes différentes : BEAUNE-GRÈVES ; BEAUNE-GRÈVES, Premier cru ; BEAUNE, Premier cru.

Si l'on prend comme exemple une commune assez typique comme Gevrey-Chambertin, on découvre qu'elle offre trois crus :
— un grand cru : Chambertin,
— un premier cru : Gevrey-Chambertin, Clos-Saint-Jacques,
— un cru : Gevrey-Chambertin.
Encore avons-nous la chance de ne pas rencontrer de vin de deuxième cuvée.

Ces trois crus peuvent être eux-mêmes désignés sous
trois étiquettes différentes (voir p. 116) et encore parlons-nous seulement de la rédaction de l'étiquette ; sa
présentation « artistique », laissée libre, varie à l'infini,
nous arrivons très vite à quelques centaines d'étiquettes
pour la seule commune de Gevrey-Chambertin et entre
six et dix mille pour la Côte-d'Or.

En Bordelais, la situation est plus claire sur un point
important : le même vin porte toujours la même étiquette. Le problème est de le découvrir. Le Médoc nous
offre cinq grands crus, numérotés de un à cinq, suivis de
crus bourgeois supérieurs, de crus bourgeois, de crus
artisans, de crus paysans, soit neuf catégories, auxquelles
s'ajoutent le « Bordeaux Supérieur », le « Bordeaux supérieur claret », « Bordeaux mousseux », toutes appellations
contrôlées. Nous arrivons au total de quatorze vins pour
une seule région où l'on a pensé éclaircir la question en
ajoutant les désignations Haut-Médoc et Médoc.

Devant une bouteille de Saint-Émilion portant la mention « Grand cru », comment l'innocent consommateur
songerait-il qu'il n'est pas en présence du « bon » qui
s'appelle « Grand cru classé ». Jusqu'alors il avait cru que
la mention « grand » supposait un classement. Et s'il a
pris l'habitude de vivre dans le royaume du vin où tout
ce qui n'est pas défendu est obligatoire, il tombe à Pomerol, l'un de nos plus fameux terroirs, où chacun appelle
son vin comme il l'entend, aucune classification n'ayant
jamais été faite.

Comment faire savoir que tel « cru paysan » est supérieur à tel « château » ? Comment faire comprendre
qu'un Montrachet qui traîne une vague appellation
contrôlée est au-dessus d'un Puligny-Montrachet premier
cru qui paraît présenter deux ou trois garanties supplémentaires ? Quelle est la place d'un Beaune à côté d'un
Hautes-Côtes-de-Beaune ? Quel expert est capable de
réciter la liste des trente-cinq appellations contrôlées du
Bordelais ?

Les désignations actuelles des vins font penser à ces
institutions pour jeunes filles de la bonne société où l'on

décerne du premier grand prix d'excellence au troisième
prix d'honneur, et quand on annonce premier prix, c'est
la dernière de la classe qui se lève.

Cette incohérence fait contraste avec la perfection du
service de la répression des fraudes chargé de veiller sur
le bon usage de ces appellations. Alors, on ne songe plus
aux jeunes filles, mais à une armée irréprochable chargée de la défense d'une ville livrée à l'anarchie.

Passe encore pour la France dont tous les habitants,
hommes de qualité, savent le vin sans l'avoir appris, mais
je ne pense pas sans tristesse à la perplexité du berger
australien qui rêve de fêter son premier milliard avec
quelques bouteilles bien de chez nous. S'il a eu la sagesse
de se limiter à la récolte d'une seule année, il aura reçu
quelque dix mille échantillons d'appellations contrôlées.
A raison d'une dégustation par demi-heure, il en aura
pour son année... Il retournera à ses moutons et à son
whisky.

Jusqu'à présent, on tend à remédier à une telle situation par une réforme des appellations, c'est-à-dire en
réduisant le nombre de crus. Ce projet est surtout sou-
tenu par un certain nombre de négociants dont il simplifierait la tâche, mais il rencontre l'opposition de beaucoup de producteurs et d'amateurs de vin pour lesquels il
n'est pas de raffinement sans diversité. Souhaitable ou
non, cette tentative ne me paraît pas proche d'aboutir,
car on ne modifie pas en quelques années un ordre établi
en deux millénaires par cinquante générations de vignerons. Il n'en faut pas tant pour rendre notre vin buvable
au berger australien.

Le vin est sacré, mais pas l'étiquette.

Pour y penser, il fallait être un peu illettré et mal-
honnête, et rêver de piller à coup sûr les meilleures bouteilles dans la cave la plus mal éclairée.

Prenons pour base les neuf catégories de vins du
Médoc. On désignerait la première sous le nom de « Premier vin de France » et l'on irait jusqu'à neuf. Cette
« bande », analogue par son usage à celle qui indique
« Prix Goncourt » dans les vitrines des libraires, pren-

drait la place de la vieille appellation contrôlée et laisserait intacte l'étiquette actuelle, comme une couverture
de livre.

Il serait néanmoins souhaitable de « normaliser » les
étiquettes dans toutes les régions de vignobles et à l'intérieur de ces régions elles-mêmes.

Ainsi pourrait-on lire en établissant d'abord des cartes
par région ce qui constituerait une première étape.

Premier vin de France	Premier vin de France
Château-Ausone	Romanée-Conti
Bordeaux-Saint-Émilion	Bourgogne
1955	1955
ou	
Deuxième vin de France	Deuxième vin de France
Cos d'Estournel	Beaune-Grèves
Bordeaux-Saint-Estèphe	Bourgogne
1955	1955

Un dernier pas et nous arriverions à l'étiquette unique
pour chaque catégorie : rouge pour la première, verte
pour la seconde, etc. Ainsi, même illettré le berger australien pourrait choisir son vin et le retrouver dans sa
cave.

(Si le classement arithmétique paraît brutal, on peut en
établir un autre : Grand vin de France, vin de Province,
de Pays, de Campagne, de Bourgade, de Village, de Clos,
de Hameau, de Maison...)

Quelles difficultés risqueraient de soulever cette simplification aussi facile dans la pratique que riche de conséquences heureuses ?

L'établissement des « correspondances » entre les différents crus, surtout d'une région à l'autre ? On le ferait
facilement à l'aide de la classification actuelle, et plus
aisément encore en se référant aux prix pratiqués, le
classement du consommateur se révélant en définitive le
seul indiscutable.

Perte de l'originalité ? Neuf étiquettes standards (il
pourrait d'ailleurs y avoir un certain jeu, à l'intérieur, de
règles précises) en remplaceraient des dizaines de mil-

liers. Dans beaucoup de cas, l'art n'y perdrait pas beaucoup.

Moins encore le commerce. A ce sujet, l'exemple d'un autre instrument de culture peut nous être utile. Vers les années 1935, au temps où tout était en crise y compris le vin, Henri Béraud mena une très violente campagne contre les éditions de *La Nouvelle Revue française,* coupables de si bien se vendre à l'étranger qu'elles apparaissaient souvent comme la seule maison française. Le cas fut étudié de près et il apparut que l'une des raisons du succès de cette maison n'était pas seulement la valeur de ses auteurs, mais le fait qu'ils étaient tous présentés sous la même couverture, blanche à filets rouges, et d'une sobriété qui aurait dû décourager le client. Cet anonymat apparent n'avait pas rebuté des auteurs aussi originaux que Gide et Valéry, qui acceptaient de porter le même habit que des débutants destinés à rester inconnus.

Il est à remarquer que les propriétaires de la Romanée-Conti et du Château-Ausone ne seraient pas astreints à une pareille modestie. Ils resteraient entre grands.

Pour aller jusqu'au bout de l'histoire de l'édition française à l'étranger, indiquons que les autres éditeurs, d'abord jaloux du succès d'un concurrent, finirent par profiter de sa « trouée » et virent leurs ventes augmenter au lieu de se trouver éliminés.

Mais les exemples les plus probants, nous les trouverons dans le vin lui-même. On a coutume de dire que si un étranger ne connaît qu'un mot de français, c'est « Champagne », s'il y en a un second, c'est « Cognac ». Deux produits qui se caractérisent déjà par la cohérence de leurs étiquettes.

Il y a mieux. Le terme « Hospices-de-Beaune », qui recouvre de très nombreux vins et très différents, est devenu un label de garantie auprès de la clientèle alors qu'il n'en présentait pas à l'origine : les vins sont vendus l'année même de la récolte à des éleveurs qui peuvent n'avoir que la compétence de signer un chèque. On paie cher les vins des Hospices parce que l'on en parle souvent et que le mot est facile à retenir.

N'est-ce pas une tentative du même ordre, mais cons-
ciente et organisée, que celle des châteaux du Bordelais
qui se sont groupés pour une publicité commune sous le
titre : « Les Cinq. Noblesse oblige. » Elle groupe le
Château-d'Yquem, le Château-Cheval-Blanc, le Château-
Haut-Brion, le Château-Margaux, le Château-Petrus. Ce
qui est bon pour cinq peut l'être pour cinquante.

D'ailleurs, les cinquante et même les cinq cents y ont
songé. La confrérie du Tastevin en Bourgogne, la jurade
à Saint-Émilion, la confrérie Saint-Étienne en Alsace
accordent leur sceau à un certain nombre de vins qui
connaissent aussitôt une plus-value parce qu'ils appor-
tent au consommateur la garantie qu'il est incapable de
lire sur l'étiquette, bien qu'elle y figure. Un jour viendra
où l'on demandera n'importe quel vin « tasteviné » plutôt
qu'un cru. Ce ne sera sans doute pas un progrès.

Les contraintes favorisant l'art, je ne crois pas qu'il soit
nécessaire de sacrifier l'originalité des étiquettes. Si
nécessaire, je m'y résignerais cependant pour préserver
celle du vin. Or l'une des deux est condamnée, la
seconde étant de loin la plus menacée. Elle l'est à la fois
par les coopératives qui veulent traiter par grandes
quantités et les négociants gênés par le grand nombre
d'appellations et de millésimes. En favorisant la « com-
mercialisation » du vin, le nouvel étiquetage laisserait
aux professionnels plus de temps pour s'occuper du produit lui-même. Normaliser l'étiquette est donc un moyen
de préserver la diversité du vin.

Enfin, ô divine surprise, cette simple mesure apporte le
moyen, inconnu jusqu'ici, d'assurer à l'étranger la protection du vin français. Un certain nombre de pays,
dont l'Angleterre, refusent notre système d'appellations
contrôlées, beaucoup d'autres trichent. Résultat : un
grand nombre de marchés sont pourris. Tous les recours
légaux ont été épuisés, presque toujours en vain. Or si la
protection du vin lui-même s'est révélée à l'usage irréa-
lisable, celle de neuf étiquettes est automatique. Il suffit
de les déposer et de poursuivre toutes les contrefaçons.

Sans doute, les marchands des pays récalcitrants pour-

ront-ils continuer à vendre des vins français, authentiques ou non, sous leur étiquette propre, mais ils ne pourront jamais user de l'étiquette officielle qui représentera
la seule vraie garantie. En plus de cette assurance morale, on peut penser que tout le commerce français devrait
avoir rapidement raison de quelques francs-tireurs.

Même modeste, toute révolution exige des victimes.
J'en vois deux. La première est le terme appellation
contrôlée, qui n'a déjà plus beaucoup de sens si l'on
songe que c'est la seule inscription officielle qui figure à
la fois sur le plus grand vin de Pomerol et sur le plus
contestable Muscadet. (On pense à l'enseigne d'une maison d'éditions qui publierait aussi bien le *Comique trou-
pier* que Baudelaire.) La seconde est sa sœur cadette et
mal née, l'incroyable V.D.Q.S., vin délimité de qualité
supérieure. Comme c'est appétissant et commode à commander ! On voudrait savoir le dire en japonais. En français, il est imprononçable, parce qu'il est incorrect : un
terrain peut être délimité, un vin peut être défini, mais...
délimité ? L'Institut (national des Appellations d'Origine)
qui veille aux portes de la ville sur la pureté des vins
contrarie l'Institut qui prétend maintenir sur les bords de
la Seine la pureté de la langue française. Pourtant l'une
irait bien avec l'autre.

La compagnie des guides

Nous autres, Français, tenons les statistiques à l'œil. Le
cas de Frantz de Francfort qui se rend en vacances en
Espagne et parcourt douze cents kilomètres de nos routes en consommant un demi de bière et deux saucisses
natales n'a pas échappé à notre commissaire au Tourisme qui a soupiré : « Je ne comprends rien, non plus, à
ces Allemands. »

Au départ, Frantz était bien disposé. Son grand-père lui
avait souvent parlé de la Bourgogne et il se souvenait de
quelques bouteilles portant le nom magique d'Hospices
de Beaune. Il avait acheté le guide Michelin et prévu sa
première escale à Dijon.

Arrivé à midi, il s'était présenté à la seule « étoile » de la ville. Renvoyé au troisième service, à quatorze heures, il a préféré gagner Beaune où brillait un restaurant à deux étoiles. Mais à treize heures, en pleine saison... Il est parti pour Chagny et il a fini par se trouver à trois heures de l'après-midi dans un « restoroute » au sud de Lyon où il ne restait plus que deux saucisses de Francfort. Il les a jugées infectes, en connaisseur. Et avec elles, toute la cuisine française, dont il ne connaîtrait jamais rien. Quant aux vins des Hospices, ils avaient regagné définitivement le monde des chimères enfantines.

La journée de Frantz de Francfort aurait pris un autre aspect si un astucieux réseau de flèches l'avait conduit droit sur quelque hôtesse souriante ou sur un jeune homme de confiance qui l'aurait fait monter dans un car, après avoir garé sa voiture.

Un bref trajet au bord des vignes et Frantz était arrivé au château du Clos-de-Vougeot. Il y avait découvert l'ancienneté de la vigne et la fraîcheur du vin blanc-cassis. Le déjeuner avait eu lieu dans une auberge de la côte avec un coq au Chambertin et. les vins qui convenaient.

Ensuite le car semblait s'être égaré dans de mauvais chemins et s'était arrêté le long d'une vigne, pas très belle, mais où travaillait un vigneron bien typique. Frantz avait appris que ce « climat » était l'un des premiers de Chambertin et qu'il valait aussi cher au mètre carré que le quartier des banques à Francfort ; depuis le défrichement fait par les moines vers l'an 1000, on n'avait pas pu l'agrandir d'un centimètre.

Le vigneron est monté dans le car et il a continué dans sa cave les explications à l'aide de cinq ou six vins présentés dans un ordre si parfait que Frantz a été, du premier coup, sensible à la progression.

A Beaune, Frantz a visité le musée du vin, l'Hospice de Beaune (où l'on ne vend pas de vin), puis, dans les remparts, un « bastion » de négociant où, entre deux dégustations, il a enfin pu acheter du vin des Hospices, livrable à Francfort.

Le lendemain Frantz demanda un guide pour lui seul et prit une journée de leçons particulières. Il finit par avoir une très bonne cave à Francfort et de très bons amis en Bourgogne.

Ce conte d'anticipation est-il pure chimère ? Notre époque est celle des guides. Il y en a pour tout, sauf pour le vin où le malheureux débutant se trouve dans la situation du voyageur qu'on abandonne tout nu sur la route dans un pays inconnu et par une nuit sans lune. On ne peut guère espérer le voir rentrer chez lui avec un bon souvenir.

J'ai connu le temps où l'enseignement du ski se trouvait dans la même misère. On a créé les écoles françaises de ski et elles ont fait la fortune des stations. Pareille initiative pourrait venir soit d'organismes officiels, soit de confréries vineuses, soit de particuliers. Le vin est aussi une affaire.

A quand la compagnie des guides du vin de Beaune ou de Saint-Émilion ?

Enfin étalées :
les vacances gastronomiques

L'institution de compagnies de guides gastronomiques faciliterait l'ouverture de centres de vacances du même nom. On va à la mer pour se baigner, à la montagne pour marcher, à la campagne pour se reposer... et manger.

Cette dernière activité compte déjà un certain nombre de fervents, plus ou moins avoués. Il serait possible d'accroître leur nombre et leur donner à tous bonne conscience. La vie dans les régions de vacances classiques comme la Côte d'Azur est devenue si épuisante que beaucoup de touristes souhaitent des endroits plus calmes, mais ils craignent de tomber d'un excès à l'autre et de s'ennuyer.

Que faire pour eux ? D'abord bien les loger et bien les nourrir. Mais l'on ne mange tout de même que deux fois par jour ! Il n'empêche que, sous la conduite d'un guide avisé, on peut s'en occuper une bonne partie de la journée. A la visite des caves, il ajouterait celle d'une ferme à escargots, d'un élevage de truites, d'une fromagerie, d'un centre de jardinage, d'une usine de conserves, d'une vieille cuisine, d'un musée curieux, comme celui du flottage à Clamecy ou celui de la chasse à Gien, sans négliger les beautés classées de la région. Il organiserait des séances de pêche dans le lac ou la rivière, le ratissage des bois et des prés à champignons. Il révélerait à tous les herbes, les légumes et les fruits sauvages qui ont tant de saveurs et de vertus et que personne ne sait plus cueillir. Il n'oublierait ni les arbres, ni les fleurs, ni les oiseaux.

Hasard heureux : pour cette reprise en main de la nature dans sa totalité, les meilleurs mois sont aujourd'hui vides de touristes. Mai et juin sont l'époque des plus délicates primeurs, des morilles, des asperges sauvages, des poissons de rivière, des agneaux de lait, des poulets tendres, de la viande de bœuf « persillée ». Les vins sont à la fois frais et mûrs. Septembre et octobre sont la saison des centaines de champignons, du gibier de terre et d'eau, des pintades succulentes, des châtaignes des bois, des viandes à goût d'herbe fraîche et des premiers froids et brouillards qui donnent toute leur saveur aux vins nouveaux et toute leur gravité aux anciens. C'est aussi le temps du feu dans la cheminée et de la cuisine au feu de bois.

Pour éviter tout risque de monotonie, le guide conduirait sa caravane d'un hôtel à l'autre. On voyagerait comme au temps des diligences (vous savez bien... celui qu'on regrette tant), trente kilomètres par jour, et pourtant ce serait toujours au prix de pension, et le plus bas. Quelle affaire pour un hôtelier qu'une clientèle régulière hors saison ! Il serait assuré du nombre et de la docilité de sa clientèle et il aurait le temps de la satisfaire.

Est-ce que nous ne nous trouverions pas dans les meilleures conditions pour entreprendre le renouvellement si nécessaire de la cuisine française ? Est-elle plus variée qu'autrefois ? Je l'ignore. Il me semble seulement qu'elle ne l'est pas assez et qu'elle le devient de moins en moins.

La faute en revient, en partie, à ses meilleurs défenseurs. Ils ont réclamé avec tant d'énergie le rétablissement de la cuisine régionale qu'ils ont fini par être entendus, parfois de fort loin. Aujourd'hui, tous les restaurants de Bourg-en-Bresse, et tous les jours, proposent du poulet à la crème. Le malheur, c'est qu'il en est à peu près de même pour Lille ou Brest. Ce poulet devient une tarte à la crème ! On mange partout de l'entrecôte bordelaise, partout du tripoux, partout de la sole normande. On n'a pas su jusqu'où il fallait aller.

Que faire ? D'abord ne pas oublier que la cuisine est un art et non pas un artisanat. Elle a donc une fonction créatrice. Or si chaque année, de la haute couture au théâtre, nous assistons à un certain nombre de « créations », nous n'entendons guère parler de celles de la gastronomie. On rejette la responsabilité sur le public, mais je crois précisément que celui des « communautés gastronomiques » aurait du talent.

On arriverait au renouvellement de certains plats en les « repensant » en fonction des possibilités modernes. Toutes les inventions ne sont pas funestes. Il faut savoir les exploiter. A l'époque de la cocotte-minute, de l'infrarouge, de la cuisson « par transparence », des thermomètres qui indiquent la température intérieure du rôti, on peut concevoir une cuisine différente de celle qui est exécutée sur un fourneau Napoléon III.

Le blason des vins

On boit du vin au 14 Juillet et cependant pour lui il n'y a pas eu de prise de la Bastille. Il reste d'Ancien Régime et tout son vocabulaire est d'un ci-devant. « Vin noble » est tout proche de la roture, il faut parler de rois, de princes, de seigneurs... On peut donc s'étonner que personne n'ait jamais songé à remplacer la banale étiquette par un blason qui, par définition, aurait eu de la « race », et beaucoup d'autres vertus que nous allons découvrir.

L'étiquette étant composée comme nous l'avons dit précédemment, il resterait en son centre une place

suffisante pour y faire figurer un blason qui serait différent pour chaque vin. Ainsi aurions-nous déjà unité et
variété.

Comme l'on sait, un blason n'est pas une figure improvisée dont la beauté serait la raison d'être. Il est, au
contraire, composé d'après des règles très strictes qui
permettent à qui les connaît de le lire comme un livre
quelquefois très copieux. Pour un héraldiste, ce serait un
jeu que de composer un *Art du blason* destiné au vin et
qui permettrait de retrouver toutes les indications récla-
mées à propos du livre d'étiquettes et même bien davantage.

Si l'étiquette peut être considérée comme l'état civil du
vin, le blason serait son portrait et son histoire. On y
lirait la nature du sol, les différents cépages et leur proportion, la manière de vendanger et de vinifier. On saurait si le vin est léger, corsé, s'il se plaît avec le gibier, s'il
voyage bien. On saurait à quelle époque le vignoble a été
planté, s'il a appartenu au roi de France ou au duc de
Richelieu et depuis quand il est dans la même famille.
On découvrirait son millésime et s'il est d'une bonne
année sans utiliser un chiffre.

Il serait tout à fait possible d'arriver ainsi à une étiquette aussi pure et nette qu'un dessin abstrait et où ne
serait pas imprimé un seul mot. Elle serait pourtant aussi
lisible et indiscutable que la plus claire des étiquettes
actuelles et elle aurait sur elle l'avantage de pouvoir être
comprise par un Australien qui ne connaîtrait pas un mot
de français mais qui aurait étudié dans sa langue les
règles de ce blason.

Ainsi pourrait s'établir dans le monde cette société
secrète que le vin aurait dû inspirer et qui ne s'est pas
constituée faute d'un langage commun. Là où le profane
ne verrait qu'un assemblage de traits et de taches de
couleur, l'initié annoncerait après un rapide coup d'œil :
« Château-Lafite 1878, retour des Indes. »

Même si l'on s'en tient au début à des ambitions plus
modestes, une telle initiative servirait le prestige de nos
vins. Elle serait assurée de durer parce qu'elle ne serait

pas une résurrection artificielle du passé, mais la remise dans le circuit de la vie moderne d'un procédé élégant, ingénieux et plus encore utile.

Il existe au Pays basque deux ou trois vallées où tous les hommes sont nobles comme en témoignent des blasons de pierre sculptés au-dessus de chaque porte. Il me plairait beaucoup de retrouver un blason de vin qui, dans une métairie de la Sarthe comme dans un opulent château bordelais, aurait le même sens : « Ici, l'on pratique la noble culture de la vigne. »

Le vin de la Saint-Jean

Avec ses rois, ses princes, ses maréchaux et sa piétaille, elle serait donc enfin constituée cette grande armée du vin ! Ah ! que l'on m'aille me chercher le dernier peintre de batailles ou le premier élève de Walt Disney ! Comme je la vois par quelque demi-clair matin avec, en éclaireurs, les cavaliers de l'Alsace et de la Loire, avec le vieux régiment d'Anjou sous les ordres du colonel Quart-de-Chaume, les artilleurs des Côtes-du-Rhône sous les ordres des officiers généraux du duché de Bourgogne, la solide infanterie avec tous ses régiments arborant leurs enseignes « Jura », « Auvergne », « Languedoc » un peu bousculée par quelques bandes d'enfants de troupe venus de Provence et tout de rose vêtus. En flancs-gardes, légers, véloces, les Chablis et les Sancerres, et, dans le ciel mousseux, l'aviation de chasse qui cabriole : les Champagnes. Croisant au large, sous la direction de ses amiraux, la flotte bordelaise, avec ses caravelles du Médoc, les vaisseaux de haut-bord de Saint-Émilion, les fins voiliers de Graves et les canons de Pomerol. Un fond de vigne, un air marin veiné des senteurs de la cave, le sourd roulement de tonneaux des légions en marche...

Que faire d'une troupe chargée jusqu'au goulot de tant d'idéal sinon la lancer dans une croisade pour le rétablissement de la joie et de la confiance dans les cinq continents. Il ne me déplairait pas que le jour de l'embarquement, qui marquerait aussi le rétablissement du vin dans la totalité de ses devoirs et privilèges, fût l'occasion d'une grande cérémonie collective, analogue à ces ferventes prières du Moyen Age quand les cloches sonnaient vers Jérusalem.

Aucune date ne me paraît mieux convenir que le solstice d'été, le plus long jour et la plus longue nuit, le temps des herbes et des feux de la Saint-Jean. Alors, dès le matin, dans le plus petit village vigneron de Lorraine comme dans le plus haut lieu du Médoc, on entendrait le mouvement sourd et irrésistible de la levée en masse. Les tonneaux iraient prendre leur place en roulant comme au temps des Gaulois, les hommes feraient des discours dans les divers français d'eux seuls connus, les femmes fourbiraient hanaps et tastevins, tandis que les sirènes des cargos de Port-Vendres et de Nantes feraient écho aux carillons de Savoie et d'Alsace.

Par-dessus les plaines et les montagnes la confrérie Saint-Étienne de Colmar parlerait du bon coup de fourchette des cigognes à la jurade de Saint-Émilion, les Chevaliers du Tastevin trinqueraient de pair à compagnon avec la viguerie de Jurançon, tandis que les Sacavins d'Anjou dotés d'un soleil resplendissant s'esbaudiraient en apprenant que le provençal ordre des Chevaliers de la Méduse venait d'être trempé jusqu'aux os.

Ce jour-là, tous les vins fraterniseraient, comme soldats et généraux au matin d'une déclatation de guerre ou au soir d'une victoire. Et au douzième coup de midi, en tous lieux nobles de France*, un tonneau serait mis en perce à l'usage du peuple. Pour la suite, vigneron est maître chez lui...

Ainsi seraient recréées et réhabilitées, les fameuses bacchanales auxquelles nous devons le meilleur de notre civilisation.

A titre exceptionnel, on recommencerait cette fête tous les ans.

---

* La fête « du petit vin blanc » de Nogent-sur-Marne se flatte de recevoir 400 000 visiteurs. Il n'y a pourtant pas beaucoup de vin à Nogent.

La cave dans la caverne

Le 11 novembre de cette année 1966, alors que j'écrivais ce livre, je me suis rendu en auto à la foire de Pontoise. Non seulement elle est l'une des plus anciennes de France (près de neuf siècles), mais elle organise le concours des vins d'Ile-de-France que je me devais de ne pas manquer. Elle a une autre spécialité à laquelle je n'accordais pas une importance excessive : il est de tradition d'y manger des harengs frais grillés en plein air.

De chez moi à Pontoise, il n'y a guère qu'une vingtaine de kilomètres. Puisqu'il y avait quelque chose quelque part, la circulation n'était plus « fluide », mais atroce. A regarder les figures des conducteurs : crispées, rageuses, ennuyées..., mais jamais sereines, à les voir prendre des risques criminels, à les entendre échanger de si pauvres injures et apercevant de temps en temps un panneau de la ligue antialcoolique, je me pris à songer : « Il vaudrait peut-être mieux qu'ils soient soûls... Ils ne conduiraient pas plus mal et ça durerait moins longtemps. »

Sur le champ de foire m'attendait un étrange spectacle, une scène de pillage comme peut-être il ne s'en était pas vu en un tel lieu depuis le Moyen Age. Quelques milliers de personnes qui n'avaient pas eu la patience d'attendre leur tour passaient sur la boutique aux harengs avec la force d'un rouleau compresseur. La bâche s'écroulait, tables et chaises étaient emportées, les foyers étaient dispersés, les grils tordus et, sur les pavés, luisants, les harengs perdaient leurs tripes. Il y eut des coups, des corps piétinés, des enfants à demi étouffés. Deux ou trois cars de police arrivèrent. Je parlais alors à un vigneron dont la sagesse valait mieux que le vin : « Tout ça, me dit-il, pour un hareng dont « ils » ne voudraient pas chez eux. »

Sur le moment, écœuré, je n'en pensai pas plus long que lui. Plus tard je me souvins qu'il y avait plus de profit à comprendre l'homme qu'à le mépriser. L'homme a toujours vécu sous la contrainte et il n'a inventé que deux manières de s'en échapper : la guerre et la fête. (Un de

mes amis me disait : « La cuite ou la bagarre ! Ou les
deux ! Mais c'est du gaspillage. »)

N'insistons pas sur la guerre. La fête aujourd'hui se
meurt, peut-être parce qu'elle s'est entièrement civilisée
et que l'auto lui a fait perdre tout exotisme. On ne se bat
plus entre garçons de villages voisins, on n'enlève plus
les filles au bal. Dans ce climat amolli, on n'a même plus
envie de casser une pipe et la femme à barbe nous rase.
Rien ne permet aux forces ténébreuses de s'épuiser en se
déployant.

Pourtant, elles se contentent de peu. Que leur faut-il ?
Du boire et du manger. Mais pas n'importe lequel et
surtout pas le meilleur. Le plus sauvage, le plus près de
l'homme des cavernes. La foire aux pains d'épice se
meurt, mais on se bat à Pontoise pour d'affreux harengs
grillés à la diable (trois tonnes en trois jours...), servis
dans un papier journal et où l'on doit piocher avec ses
doigts, mais on ajoute chaque année quelques baraques à
la fête des Loges de Saint-Germain-en-Laye parce que
l'on y débite des milliers de poulets rôtis en plein vent.
La foire aux andouilles n'en manque jamais. Et pour le
prochain mois de novembre je compte me rendre à
Boën-sur-Lignon manger du boudin d'herbes et boire du
vin des « côtes du Forez ».

Il est difficile de prétendre que la gastronomie actuelle
se préoccupe de satisfaire les besoins préhistoriques de
ses clients. Nous vivons sous le régime des banquets honteux, des salles réservées, des dîners aux chandelles où
règne la joyeuse exubérance des conseils d'administration. Rideaux bonne femme, rose unique dans son vase
de cristal, lampe festonnée, tous nos repas, mijotés, feu-
trés, chuchotés, sont des repas d'amoureux. Ah ! je n'ai
rien contre l'amour, mais deux fois par jour, toute la
vie !... Il y a des nuits où j'ai envie de bouder le boudoir.

Le boudoir, mais c'est maintenant toute notre vie
depuis que la télévision a réussi le paradoxe d'y introduire les plus « défoulants » des spectacles collectifs : la
boxe dans le cabinet, le catch chez la marquise et le

rugby chez la grand-mère... Quand pourra-t-on se retrouver entre hommes ? — même s'il y a des femmes.

La vie moderne tend à un affadissement malsain de
l'agressivité qui se manifeste même à table. N'est-ce pas
curieux de constater que la plupart des gastronomes
modernes sont incapables d'absorber un de ces repas
comme en font les paysans ? Au temps où l'homme descendait d'un seul cheval, il mangeait une dinde ; maintenant il sort d'une quarante chevaux et il grignote une
caille. Ils finissent par me paraître suspects ces quarante
millions de Français qui mangent comme quatre sans
cesser d'en faire un plat.

Ce que les hommes aiment dans la guerre, c'est tout
d'un coup l'excès, le débordement, la ripaille. Ils
oublient qu'ils se sont serrés la ceinture pendant un mois
s'ils cravatent un sanglier ou un cerf. Nous autres civils,
appelons mesure la mesquinerie. Toujours la demi-bouteille et jamais le quartaut, toujours la côte de porc et
jamais le saint-antoine, toujours la tranche et jamais le
thon ! A nous, cuisinier des cavernes ! prépare-nous le
bison et l'auroch, le bœuf entier et le cochon dans sa
braise ! Et toi, échanson qui fis à Solutré tes premières
armes, mets le foudre en perce et remplit les bouteilles
de l'escouade : jéroboam, salmanazar, nabuchodonosor,
sans oublier pour le caporal le vieux pot d'Auvergne,
quinze litres à ras bord.

Pour sortir de soi, il faut d'abord sortir de chez soi et
aller vers la grandeur, même si elle ne paraît que matérielle. Ces grands rassemblements gastronomiques,
j'aimerais qu'ils aient lieu dans des sites grandioses, dans
les grottes, dans les granges au bord des vignes, dans les
caves et dans les forêts.

Par-dessus tout, j'aimerais qu'ils fussent l'occasion de
ces grands plats qui furent ceux des pionniers de toutes
les nations et que ne pratiquent plus guère que les
armées victorieuses. Le modèle en est donné par la
cuisine américaine, elle-même héritière de la cuisine
indienne. Je me déclare prêt à faire cinquante kilomètres
pour goûter du porcelet en fosse (cinquante kilo-

grammes) et cent pour le boucan de cochon (cent kilogrammes) et trois cents pour le bœuf entier rôti dans sa
peau à la mode argentine (trois cents kilogrammes).
Dans quelle calanque de Cassis découvrirai-je le clambake qui, pour trente personnes, demande : trente langoustes, dix kilos de palourdes, quinze poulets et une
corbeille d'algues ? Enfin une bouillabaisse pour Marius !
Vous avez le droit de lui préférer le luau hawaiien qui,
autour du porcelet entier, se contente de vingt kilos de
langoustines, dix de loups, le tout bien encadré de nouilles chinoises, d'ananas, de bananes, de noix de coco, de
coings confits, le tout bien arrosé de curry*.

Vous me dites que ce serait mauvais, ou brûlé ou pas
cuit. Je l'espère bien. Ce serait joyeusement effroyable.
Mais cela n'aurait aucune importance : 1° on s'amuse-
rait ; 2° comme à l'ordinaire la moitié des convives serait
plutôt pour et l'autre moitié plutôt contre ; 3° le repas de
vins serait impeccable ; 4° cela finirait par devenir bon,
autant par l'adaptation des cuisiniers que par l'accoutumance des convives.

Enfin, cette démarche toute matérielle d'apparence
aurait une haute valeur morale. N'y a-t-il pas quelque
illogisme à vouloir vendre nos *bons* vins et à refuser de
goûter leur *mauvaise* cuisine, nous-mêmes restant seuls
juges dans les deux cas.

La publicité même y trouverait son compte. Je suis sûr
que, sans aucune manœuvre, les habitants du Massachusetts et du Maine, où fut inventé le clambake, sauraient
qu'il s'en est préparé un à Cassis et que la vente de ce vin
monterait aussitôt aux États-Unis. Une sorte de réversibi-
lité des grâces.

Le plus réconfortant resterait cependant l'état d'esprit
des convives après de tels festins. Je crois qu'il serait
très loin de celui des mangeurs de hors-d'œuvre froids et
corrects des pays du Nord, sans guerre et sans vin, et
qui vont chercher dans l'alcool un délirant équilibre.
Parmi toutes les boissons du monde, le vin est l'une des

---

* Voir les recettes de ces plats page 380.

plus aptes à réaliser au plus juste cette « décompression » exigée par notre mode de vie.

Moins intransigeant que Rabelais, je ne prétends pas que le mot boire soit le dernier de la philosophie. A tous ces affamés, que l'on serve du théâtre, du sport, de la musique... Mais qu'on leur montre d'abord les harengs de Pontoise !

Alors ce ne serait plus une histoire de fous que cette conversation de deux gendarmes surveillant une « rentrée » un peu chargée.

« Ils ont l'air moins soûls au retour qu'à l'aller.

— Oui, depuis, ils ont bu. »

Les bacchanales

On parle parfois, et il est peu d'expressions aussi exactes, de « civilisation du vin ». Ayant dit, dans le meilleur des cas, on va boire un coup entre amis. C'est oublier qu'un plaisir, si grand soit-il, n'est pas une civilisation. Sur ce point, nous n'avons qu'un recours, le modèle grec. Par chance, il est parfait.

Il est un petit passage de l'histoire de la Révolution française qui me fit longtemps venir les larmes aux yeux, c'est la proclamation de la « Patrie en danger » : « Les hommes porteront les armes, les femmes fileront, les enfants feront de la charpie... » J'en souhaiterais une pareille pour la « Vin en gloire » : « Les chanteurs chanteront, les danseurs danseront, les poètes rimeront, les sportifs, etc. »

Il me semble que, hors les fêtes où le vin serait source de plaisir, de gaieté, de joie, un sage art de vivre devrait prévoir de véritables cérémonies où le vin ne donnerait que son arôme et où le « corps » serait fourni par l'art sous ses formes les plus variées et qui pourraient d'ailleurs différer selon les provinces.

Les fêtes de la vigne qu'organise en septembre le comité Bourgogne et qui rassemblent des groupes folkloriques venus de tous les pays de vin d'Europe montrent ce que peut l'énergie d'une poignée d'hommes. Il serait souhaitable d'enrichir un tel programme de manifestations théâtrales, musicales, sportives, etc. Qu'en une province vineuse, le vin soit vraiment le père de toute vie.

L'occasion me semble belle aussi pour remettre dans la course quelques hauts lieux délaissés et décongestionner du même coup des villages surpeuplés. Actuellement, on installe des supermarchés en rase campagne et des fêtes foraines dans les rues. Ces endroits inspirés et arrosés existent dans toutes nos provinces vineuses. En voici quelques-uns, cités presque au hasard :

Bourgogne : les prairies de la Saône, l'arrière-côte, l'abbaye de Fontenay, le théâtre romain d'Autun, les champs de foire de Cluny...

Côtes du Rhône : le théâtre antique d'Orange.

Provence : les Antiques de Saint-Rémy-de-Provence.

Languedoc : l'oppidum d'Ensérune.

Bordelais : cent parcs de châteaux.

Val de Loire : les prairies et plages de la Loire.

Champagne : combien de plateaux, combien de châteaux...

Conte de fées : la bouteille qui vient seule sur la table, fraîche ou chambrée

Beaucoup de maisons ont une cave placée sous la salle à manger ou la cuisine. Cette cave se trouve en général divisée en deux parties, l'une occupée par le vin, l'autre par la chaudière du chauffage central.

En ouvrant la communication directe à travers le plancher, on crée une bouche d'Ésope qui souffle le froid et le chaud. Dans la colonne fraîche on installe un monte-charge assez ingénieux pour amener les bouteilles pleines et descendre les vides. La recharge peut se faire par en haut si bien qu'un amateur pourrait profiter de la fraîcheur de sa cave sans jamais y descendre. Un garde-manger placé au-dessus de l'élévateur et aéré vers l'extérieur conserverait aliments, fruits et légumes au frais sans donner de faux goût aux bouteilles rangées au fond de la cave.

La colonne tiède permettrait de tenir assiettes et plats au chaud et de chambrer les vins rouges assez vite mais sans les choquer.

Ces deux colonnes, établies de part et d'autre d'une paroi qui s'étend jusqu'au fond de la cave, sont coiffées d'un meuble à parois isolantes, genre glacière. L'installation de cet « ascenseur gastronomique » sur plusieurs étages est facile.

Curieux architectes qui se soucient de faire descendre les ordures et pas de faire monter le vin !

ANTHOLOGIE

On fait toujours plaisir aux gens en venant les voir : si ce n'est pas en entrant, c'est en sortant.

Proverbe du Bugey.

Les agronomes anciens reconnaissaient la valeur et la fertilité d'une terre à la saveur de l'eau dans laquelle elle avait macéré — ce qu'on fait encore aujourd'hui pour s'assurer de l'affranchissement d'un tonneau.

P. POUPON.

Seule, dans le règne végétal, la vigne nous rend intelligible ce qu'est la véritable saveur de la terre. Quelle fidélité dans la traduction ! Elle ressent, exprime par la grappe les secrets du sol. Le silex, par elle, nous fait connaître qu'il est vivant, fusible, nourricier. La craie ingrate pleure, en vin, des larmes d'or...

COLETTE.

On sent à travers le vin de Bourgogne tout le pays : la richesse des coteaux, le ciel doré, la gaieté pensive de ses habitants. Il est clair que, quiconque le boit, est en quelque sorte pris dans son reflet, et doit, la durée d'un instant, regarder en soi et méditer.

F. SIEBURG.

... Mais quand d'un passé ancien rien ne subsiste, après la mort des êtres, après la destruction des choses, seules, plus frêles mais plus vivaces, plus immatérielles, plus persistantes, plus fidèles, l'odeur et la saveur restent encore

longtemps comme des âmes, à se rappeler, à attendre, à espérer sur la ruine de tout le reste, à porter sans fléchir, sur leur gouttelette presque impalpable, l'édifice du souvenir.

M. PROUST.

Travaille, vieux soleil, pour le pain et le vin.
Nourris l'homme du lait de la terre et lui donne l'honnête verre où rit un peu d'oubli divin.
Moissonneurs, vendangeurs, là-bas, votre heure est bonne.

VERLAINE.

J'aurai un Dies irae *aux truffes.*

Dernière parole de MONSELET,
mort la veille de Noël.

Quand les gourmands sont devenus sobres, ils vivent cent ans.

VOLTAIRE.

Quand le vin est pur, il fait voir Dieu.

LÉON BLOY.

Jamais homme noble ne hait le bon vin.

RABELAIS.

Je ne connais de sérieux ici-bas que la culture de la vigne.

VOLTAIRE.

L'univers tout entier concentré dans ce vin.

APOLLINAIRE.

Rappelle-toi cet excellent homme ! Il descendait, en soufflant un peu, les escaliers de la cave, et, toi, enfant, tu le suivais en tenant le vieux chandelier de fer et le tastevin d'argent. Il faisait le tour des casiers ; il souriait en passant à ce subtil Meursault, limpide et brillant d'une belle teinte d'or vert ; à ce sublime Montrachet dont la grappe a la couleur de l'ambre ; à ce Chambertin dont la pourpre rappelle les plus magnifiques soleils couchants.

Dans la pénombre du caveau, il caressait du regard un Clos-Vougeot, ce vin sombre et pur qui semble avoir réalisé son bouquet de toutes les violettes de la terre ; dans un casier voisin, un Musigny, le plus fin et le plus tendre de nos grands Bourgognes ; une grâce rose et légère qui embaume comme un réséda ; une Romanée, grande dame au cœur ardent et généreux et aux grâces exquises ; un peu plus loin, ce Pommard qui est le roi des bons vivants, ce Volnay qui est une volupté chaude ; ce Corton royal et

Le Bourguignon en Jouissance

*coloré qui triomphe de tous les démons de la tristesse et
de l'ennui.*

*Enfin, côte à côte, deux frères jumeaux reposant dans
leur berceau de pierre : le Beaune et le Nuits-Saint-
Georges, émerveillement du regard et du goût, dont la
double gloire est historique et qui, depuis des siècles, font
trinquer le monde à la santé de la France...*

*Ton excellent père souriait à toutes ces bouteilles et tu
pensais : Comme il aime sa cave ! — Hé, non ! c'était toi
qu'il aimait. Ces vins rares, choisis pour qu'ils atteignent
une robuste vieillesse que tu admires en eux, il savait
bien, le cher homme, qu'il ne les boirait pas.*

Anonyme bourguignon du xxᵉ siècle.

*Il avait le tort de faire des livres, c'est ce qui l'a
perdu.*

Jugement de la cuisinière
d'Alexandre Dumas
sur son Maître.

L'HOMME DANS SA CAVE

J'appartiens à une famille de paysans qui a toujours fait du mauvais vin. Mon grand-père venait d'un coin de Bourgogne où il n'y avait guère de bonnes vignes et aucune pour lui, ma grand-mère était née en Bresse où il n'y en avait point. Le premier vin qui toucha mes lèvres dut être le degré zéro, le Noah meurtrier.

Vers les années 30, je l'ai vendangé ce raisin dégingandé maintenant mis hors la loi. Pour un enfant la vendange n'est pas toujours la fête qu'on croit. Elles me paraissent longues encore, ces rangées de vignes le long desquelles j'avançais à genoux dans la terre mouillée comme à une procession moyenâgeuse avec la bise qui dispersait les grumes dans les feuilles mortes. Et les doigts gourds crevés d'engelures, et les jours qui n'en finissaient pas et qui recommençaient toujours.

Si encore il y avait eu quelque espoir de profit. Mais, à trente francs la barrique de deux cent vingt-cinq litres, le Noah ne payait pas même la location du terrain. On travaillait, à la lettre, pour moins que rien. Les jeunes paysans du village l'avaient compris, qui disaient à mon grand-père : « Faites comme nous. Plantez des topinambours. Au moins, ça engraisse les cochons ! » Lui, il approuvait, mais il continuait à soigner sa vigne avec une sérénité somnambulique. Il était comme ces nobles à qui une ancienne loi interdit le commerce et les affaires d'argent. Entre le plus mauvais raisin et le meilleur topinambour, il y avait un écart qu'aucun bénéfice ne comblerait. Quand les prix montèrent, on vota une loi qui obligeait mon grand-père à arracher ses vignes.

Ces affreux vins, leurs producteurs les appréciaient. Ils se les faisaient goûter, les comparaient. Ils étaient comme ces parents qu'on croirait affligés par un enfant anormal et qui lui trouvent du génie.

Aujourd'hui, je me dis qu'il est plus logique d'avoir fait mon apprentissage de cette façon, comme on étudie la santé à partir des malades, mais pendant longtemps je me suis méfié du vin. Même lorsque j'ai commencé à le connaître et à l'aimer, je lui gardais un reste de méfiance, comme s'il allait se produire tout d'un coup un retour offensif de la bise ou si mon verre allait se remplir de vitriol. Cette hostilité amoureuse ne disparut tout à fait que le jour de ma première mise en bouteilles.

J'avais choisi une feuillette de Mâcon-Viré qui avait mûri, à vol d'oiseau, à quinze kilomètres de mes vignes de Noah. Tout s'était bien passé et je ne me souviens même pas d'avoir cassé une bouteille. J'étais comme certaines vierges au matin de leurs noces : « C'est pas la peine de faire tant d'histoires. » Différent de presque tous les débutants que j'ai connus, je n'étais pas pressé de goûter à ma première bouteille et je continuais à me fournir chez l'épicier. Mon vin, j'aurais voulu ne jamais le boire, pourtant je m'aperçus que sa pensée ne me quittait guère, je commençais à prendre des renseignements sur lui, à lui rendre visite.

Ce n'est que dans la cave que se révèle le fécond mystère du vin. La dernière bouteille posée dans le dernier casier, le vin prend la mer. Même les vignerons disent « faire vieillir un vin ». Pour une fois, ils usent d'une expression inexacte. Ce jeune vin à peine sorti de ses baves, de ses turbulences, de ses maladies d'enfance, que l'on précipite dans une prison de verre, l'idée ne lui vient pas de commencer aussitôt à vieillir. Là où nous ne voyons qu'un solitaire voyage au bout de la nuit se développent une rêverie et une action fécondes. Par le seul effort de sa volonté le vin se dégage des troubles de l'adolescence, mûrit, s'épanouit. C'est seulement lorsqu'il a atteint le sommet de la courbe que, comme un homme, il se laisse vieillir et meurt.

Mais avant d'en arriver à cette passivité et à cette décadence, quelle vitalité et quelle mémoire ! Peut-être ne

peut-on mieux expliquer l'œuvre d'art constituée par la
maturité d'un grand vin qu'en le comparant à une autre
plus à notre portée, à la recherche du temps perdu de
Proust. Ce temps perdu qui, pour le vin comme pour
l'écrivain, fut en réalité du temps bien employé.

Au fond de sa bouteille ténébreuse, comme Proust
dans sa chambre de liège, le vin se forme en se souve-
nant. Je n'emploie pas là une « image littéraire », c'est-
à-dire approximative, j'exprime une réalité saisissante et
maintes fois constatée. Où qu'il soit, sur les frontières
polaires comme dans les déserts australiens, le vin reste
fidèle à son village et célèbre chacune des trois fêtes de
l'année : la formation du bourgeon, la naissance du fruit,
la vendange. Si l'on prétend le boire au cours d'une de
ces périodes, il apparaît pétillant, trouble. Il « travaille ».
Les vignerons disent avec tendresse qu'il « sent sa
mère ». Ce souvenir ne dure en général que quelques
jours, mais j'ai connu un Chiroubles exagérément senti-
mental chez lequel il persistait plusieurs mois, si bien
que je ne trouvai jamais le bon moment pour le
boire.

Cette mémoire du vin se maintient pendant une quinzaine d'années et il n'y a aucune raison pour qu'elle se
limite aux trois grandes manifestations annuelles. La vie
n'est pas faite que de 14 Juillet. Dans son gîte, le vin
songe. S'il remâche la blessure d'une grêle de septembre,
le pincement scandaleux d'une gelée de mai, la paresse
d'un vigneron qui sulfata un jour trop tard, la brutalité
d'un maître de chai qui violenta une fermentation, alors
il se laissera aller à l'ennui, à la rancœur, à la certitude
d'une vie gâchée : il se piquera, se cassera, se dessé-
chera, mettra le chapeau sur l'oreille, tombera dans ses
bottes et on le ramassera en dentelles.

. Mais si l'emporte le souvenir des matinées de printemps baignées par le miel des jeunes soleils, ou celui
des chaudes averses de juillet qui font comme une
grande lessive au-dessus des collines, ou la gloire des
journées dorées de septembre, ou le visage de la jeune
fille penchée sur la grappe pour en trier les grains, alors

le vin se dépouille de toutes ses amertumes, il se fait clair et brillant, il connaît la force de l'âge et va vers la bouche de l'homme comme à son avenir éternel.

A ces mystères, je ne suis pas encore tout à fait habitué. Bien des vendanges ont passé depuis ma première feuillette et je ne suis toujours pas à mon aise dans ma cave, gardant toujours un œil vers la sortie. Toutes ces bouteilles couchées dans l'ombre, tel un grand peuple espagnol, m'effraient. Je ne serais pas surpris de les voir se lever et faire front. Alors je me retourne vers l'homme qui me donna mon premier tastevin, comme à un chevalier ses éperons. Il m'attend sur la première marche.

Moitié dans les vignes, moitié dans la cave, ce vigneron est une sorte de centaure. Il tient donc facilement deux langages, sans être double. Au soleil, le mien est un Alceste dont le rôle aurait été écrit par Piron. Ne respectant rien, ni Bacchus ni l'Académie, il a coiffé amis et ennemis de vieux culs de bouteilles. D'un enfant du Beaujolais, jeune et bavard, il dit : « Il gouleye comme un Brouilly » ; d'un négociant de Bordeaux, fin, gourmé, un peu dur à la détente : « Un Château-Margaux, avant qu'on l'ait chambré ». Rouge et bien enveloppé, son curé porte sans faiblesse le surnom de Châteauneuf-du-Pape. Château-Chalon s'applique à son médecin qu'aucune urgence ne parvient à émouvoir. Ainsi démontre-t-il que le vocabulaire du dégustateur suffit à tout, même pour se consoler d'une mésaventure sentimentale : « Un petit rosé de Provence qui se prenait pour la Romanée-Conti. » Un jour, je vis mon ami à l'œuvre avec un marchand d'orviétan. Il le renifla, le mâchouilla et le recracha, très loin : « Ce quidam n'a aucune origine, me dit-il, à peine une provenance... Il doit peser dans les huit degrés. » Contre toute arithmétique, ce chiffre descendit alors au-dessous de zéro.

L'étude de ces cas particuliers a conduit le vigneron à des règles générales :

« On ne peut savoir si un vin sera bon avant de l'avoir bu, de même il faut bien connaître un homme avant d'en dire du bien. Attendre le bouquet tertiaire. Jeunes, ils ont un peu de fruit, en vieillissant ils prennent du mou et l'aigre. Vous, par exemple, vous m'avez déçu.

— Je m'y attendais. Le Noah...

— Peuh... Le Noah ne manque pas dans certaines grandes familles. Je parle de votre livre.

— Aurais-je manqué de prudence ? Mes remarques sur l'incohérence des appellations vous choquent.

— Balivernes, d'ailleurs très au-dessous de la réalité. Elles feront moins de bruit qu'une tempête dans un verre d'eau, ce qui, chez nous... Justement, je vous reproche vos lâches complaisances. Certaines de vos citations gêneront tous les hommes qui ont pris l'habitude de parler d'égal à égal avec leur vin. En quel mauvais lieu êtes-vous allé chercher ce Bossuet, ce Pasteur qui reconnaissent pour leur égal le premier ivrogne venu ? Quant à Baudelaire, vous avez juré de lui faire décerner le titre de philosophe du gros rouge : « L'on boit du génie... Le vin change la taupe en aigle ! » Ah ! j'oserai prétendre que vous êtes sur le point de prouver le contraire. Vous n'étiez sans doute pas un aigle, mais vous voilà taupe, sans aucun génie. »

Dans ce que dit mon ami en plein air, il y a plus à manger qu'à boire. Le siècle lui irrite la peau et il m'en fait supporter les conséquences.

« Croyez que le côté excessif de certaines louanges décernées au vin ne m'a pas échappé, lui dis-je. Mais il a toujours favorisé le lyrisme.

— Vous me la bâillez belle avec votre lyrisme puéril et honnête. A vous entendre, mon meilleur Volnay ne serait qu'une sorte de pion chargé de redresser les esprits tordus. Je corrige les mœurs par le vin ! Rayez cette sottise de vos papiers. Telle la lumière du jour, le vin donne du relief à tout ce qu'il touche. D'un avare, il fait un grigou, d'un libertin une crapule, d'un rien-du-tout un pochard. Voilà qui est net et sain. Dans ce sens, on peut prétendre qu'une certaine vérité sort du vin. De grâce, n'allons pas plus loin. Accepteriez-vous de voir votre cave fonctionner comme une boutique de farces et attrapes à l'usage des enfants de Marie mal mariées : « Frottez chaque soir

votre ours avec notre nectarifique bouteille et, au matin,
vous retrouverez sur votre oreiller un agneau qui jouera
de la flûte. » Alors quoi, le Clos-de-Vougeot, une savonnette ?

— Oui, une savonnette pour l'esprit. Tout le monde
convient que dans les pays de vin la population est plus
gaie, plus accueillante...

— Moi, j'ai connu des buveurs d'eau gais, généreux,
spirituels. Oui, j'en ai connu... j'espère que vous l'écri-
rez.

— C'est promis. »

Un peu décontenancé par une victoire aussi rapide,
mon ami perdit toute méfiance et s'abandonna à son
naturel : il s'engagea dans l'escalier. Non moins sûrement, il commença à descendre une autre pente. A mi-
course, il fit halte, dans la position qu'il appréciait entre
toutes chez les vins : dans un parfait état d'équilibre. Son
langage le traduisit aussitôt.

« Le vin, dit-il, fut à l'origine d'une civilisation, il n'en
est pas la fin pour autant. Pour l'honnête homme, il doit
demeurer le loyal serviteur, le bon compagnon. A l'hôte
généreux, il fournit d'inépuisables motifs de prodigalité,
au convive spirituel, il donne la certitude d'être écouté.
Avec lui, l'amitié est plus chaleureuse, la gaieté plus gaie.
Il apporte ce supplément d'âme qui fait qu'il y a soudain
un peu trop de tout, ce trop qui est juste assez. Le vin ne
bonifie que l'homme bon, mais alors il le conduit à la
fine fleur de lui-même. »

Tout à son monologue, mon ami descendait une marche après l'autre et il suivait tout naturellement la
courbe de ses grands vins, qui passent d'une « mâche »
terrible à la souplesse de la soie.

« Curieux, dit-il, mes buveurs d'eau, je les apprécie toujours, mais je les vois de moins en moins. Même pour
parler de Picasso ou d'un match de rugby, j'en suis venu
à préférer quelqu'un capable de faire une différence
entre mes Échezeaux et un rosé de Tunisie. On peut trinquer en esprit, sans verre et sans vin. Les adjudants cor-
ses ne croient pas qu'une histoire puisse être vraiment

bonne si elle ne parle pas d'amour. Ainsi du vin. Même
un peu bête et grossier, un buveur de bonne volonté
m'apparaît toujours comme recouvert d'une rosée aussi
fraîche et impalpable que la *pruine*, cette peau spirituelle
qui recouvre celle du raisin, négligée pendant des siècles,
et dont on vient de s'apercevoir qu'elle se fait velours
dans le vin. »

Mon ami était arrivé à la porte de la cave et il marqua
un temps d'arrêt, comme s'il hésitait à abandonner une
liberté de fronder qui déjà ne lui importait plus. Enfin, il
se décida et abjura ses dernières hérésies avant de péné-
trer dans le temple.

« Après tout, il n'a peut-être pas tort votre Baudelaire.
Chez nous, même la pourriture est noble. »

Je ne me hâtais cependant pas de le remercier de son
indulgence. L'homme du bouquet tertiaire ne devait pas
avoir dit son dernier mot. Il le lâcha enfin, en franchis-
sant le seuil :

« Un homme civilisé, c'est un homme qui comprend
ceux qui ne le comprennent pas. »

Un vigneron se prenant assez facilement pour Nostradamus, je ne cherchai pas aussitôt à saisir le sens de cette
phrase sibylline. D'ailleurs, j'entendais d'autres voix.

Ce livre a été pour moi une surprise. Je l'ai commencé
par hasard, avec une sorte de plaisir du dimanche,
comme le football. On ne me demandait pas de prendre
parti, mais d'être commode, clair, détaché. Détaché...
Pour aller où ? Je ne tardai pas à le savoir. Tout au long
de ces pages, j'ai eu la sensation d'être happé par mon
sujet, tiré par lui jusqu'à des profondeurs inconnues dans
ma cave où pourtant je pris l'habitude d'aller souvent. Un
soir enfin, je commençai à entendre. La langue unique
était-elle enfin retrouvée, ou bien avait-on dissimulé dans
un tonneau un de ces merveilleux appareils qui absorbent du bantou et rendent du La Fontaine, toujours est-il
que je me trouvais comprendre l'hébreu, le grec et cent
autres dialectes. Autour de moi, on ne parlait plus que le
vigneron. Ce ne fut d'abord qu'un chuchotement, tout
pareil au pétillement étouffé des cuveries au moment de

la fermentation, mais peu à peu je commençai à distinguer des voix.

La première s'éleva d'un lot de bouteilles, tout droit venu du prix littéraire du Tastevin. C'était celle de Camille Rodier, grand chancelier de la confrérie. Pour la première fois, il me tutoyait, avec cette urbanité des grands morts qui tiennent à rassurer les vivants.

« Nous sommes plus proches l'un de l'autre que tu ne le crois, me dit le plus illustre des vignerons de Bourgogne. Tandis que la culture du Noah maintenait ton grand-père dans la pauvreté, celle des grands crus nous conduisait à la misère. Cette confrérie, que tu ne connus jamais que joyeuse et sereine, dans la basilique du Clos-de-Vougeot, elle est née sur la paille, entre le bœuf et l'âne. Elle a été un coup d'arrêt au Destin qui menaçait d'emporter la vigne. Plaise au Ciel que ce soit le dernier.

— Ce ne fut, en tout cas, pas le premier, reprit une autre voix, plus ancienne. Moi, j'ai connu le phylloxéra. Près de cinquante ans de famine et guère d'espoir.

— Nous avons eu pire, en ce temps qu'on appela la Renaissance et qui ne fut pas celle de la vigne. Un siècle de *maladie noire*, la peste du cep. Notre bon pasteur l'évêque d'Autun constitua un tribunal qui condamna la vermine à déguerpir du vignoble et à se réfugier au fond des bois. Moi je préférai m'engager sur un bateau qui voguait vers la Crimée d'où je rapportai des plants pour repeupler mon vignoble de Pommard. C'était en l'an 1500.

— Moi, dit l'autre, j'ai eu le Romain. On a eu l'ordre d'arracher toutes les vignes de Gaule en l'an 92 et on n'a recommencé à planter qu'en 281. Deux siècles... Heureusement, j'avais attendu le contre-ordre.

— Je m'appelle Cham. Moi, c'était le Déluge, avec mon père... »

Bon fils de Noé ! Il croyait son aventure unique, alors que l'histoire du vin n'est qu'une suite de déluges dont le premier, si court, a surtout une valeur publicitaire.

A eux tous, ils ne m'en ont pas épargné un seul : le gel,

la grêle, la pluie, la sécheresse, les renards, les chiens, les
loups, les merles, les étourneaux, les grives, les enfants,
les clochards, les Parisiens, les urebères, les hannetons,
les écrivains, la pyrale, l'altise, la cochylis, l'eudémis,
l'oïdium, le mildiou, cent parasites, dix maladies de la
vigne auxquelles il faut ajouter les faiblesses du vin, presque toutes mortelles : la fleur, la piqûre, la tourne, la
graisse, le croupi, la casse, toutes les casses, brunes, blanches, bleues, cuivrées... Quand tout est fini tout est à
recommencer, car il reste la loi, le fisc et le client : sur-
production, mévente, contingentement, distillation,
importation, arrachage, blocage, interdiction, colère et
récrimination...

Dans ce profond murmure, il m'arrive de reconnaître
une voix. Sancho m'a dit : « Merci de m'avoir rendu mon
histoire. Ils me la prennent tous, surtout les Français qui
se croient encore sous Louis XIV. » « Ne m'oubliez pas,
m'a dit Lamartine. Le vin m'a ruiné, mais je ne le
regrette pas. Les vignes dureront plus longtemps que mes
vers. On dira de moi : il fut un vigneron malheureux,
comme tous les vignerons. » « Songez à moi, m'a dit
Montesquieu. Le vin m'a enrichi et permis de rester un
homme libre, comme mes descendants à qui ma vigne
est restée fidèle. » Dans un coin, un petit homme noir
bougonnait. « Moi, je ne te fais pas mon compliment.
Quelle idée de vouloir contenter même les Bordelais ! Tu
connais Mauriac, alors imagine-le en négociant ! »

Je reconnus Joseph Petasse, l'économe des Hospices
de Beaune, qui relança en 1851 la fameuse vente des
vins. Homme de charité, certes, mais de charité bien
ordonnée.

Une autre voix, celle du cabaretier d'Avignon qui avait
servi à Pétrarque le premier verre d'un clos qui allait
faire le bonheur du Pape. Contre toutes les lois de l'histoire, elle avait précédé celle du berger grec qui avait
tendu sa gourde à Homère un soir qu'il était à court
d'inspiration.

Tous, à l'origine, ils avaient dit comme Lamartine :
« On a été bien malheureux ! » Mais, comme ils avaient

l'habitude, ils sont passés à l'examen de mon livre, comme s'il avait été le premier à leur être consacré. Ils tremblaient, plus de crainte que d'espoir.

« C'est sûr, tu vas encore tout oublier... Pas un mot sur la vinification, les sols...

— Et la place de la cannelle dans le tonneau ?

— L'âne de Saint-Martin, qui a inventé la taille de la vigne, tu crois qu'il va être content ?

— Tu as bien tout dit, au moins, pour la longueur du bouchon, le papier journal s'il s'agit du vin d'Alsace, sinon, qu'est-ce que tu retrouveras ? Dans le vin, tant qu'on n'a pas tout fait, on n'a rien fait. »

Sur ce dernier point, tous sont d'accord. On ne s'étonne pas de l'entendre faire écho à la plus généreuse parole jamais prononcée : « Tant qu'on n'a pas tout

donné, on n'a rien donné. » Le vin est la rigueur même :
que le bouchon soit trop court, et l'avenir de la bouteille
est changé.

Le vin aussi, il faut le donner, c'est le dernier geste
de la geste du vin, mais il doit être accompli, sans quoi
c'est l'homme qui sera emporté par le Déluge. Une fois
encore, le produit a fait le producteur. Le vin a pu connaître bien des vicissitudes, le vigneron est resté le
même, et toujours plus lui-même, puisque pour lui tout
accroissement de science se traduit par une connaissance plus profonde de la nature. Des savants, assez justement agacés par les critiques ignorants, n'ont pas manqué de faire remarquer que le vin naturel est une illusion, que la destination naturelle du jus de raisin est le
vinaigre, et encore, mauvais ! Les vignerons, pourtant, ne
les suivent pas dans ce paradoxe. Ils savent que leur rôle
est de préserver la « nature » de leur vin contre la nature
elle-même. Qu'une tâche aussi délicate les conduise à
une subtilité presque excessive, je n'en veux pour preuve
que cette anecdocte. Certain vigneron me fit un jour
goûter sa nouvelle récolte : « Celui-là, vous pouvez le
boire sans crainte. Il n'a pas été sucré, comme chez certains de mes voisins.

— Mais, lui dis-je, lors de ma dernière visite, je vous ai
vu verser quelques kilos dans la cuve.

— Ah ! oui !... C'était la dose légale... Ça ne compte
pas. »

Un marin n'aurait pas été plus surpris si je lui avais
reproché d'utiliser son gouvernail alors qu'il prétendait
ne se servir que du vent. Il me semble d'ailleurs que,
depuis la disparition de la marine à voile, la vigne reste la
seule communication vraiment intime de l'homme avec
la nature : tout se calcule et tout reste risque.

Aussi chaque cave est-elle les Champs-Élysées des
vignerons. Ils sont tous dans toutes. Dans le mienne, je
suis le dernier venu, le « bleu ». Aussi suis-je bon pour les
corvées. On m'envoie à l'extérieur faire les commissions,
astiquer un tastevin, écrire un livre, chercher un document sur Benoît Raclet.

« Tu parleras de Benoît Raclet, m'a dit sa veuve. On l'oublie toujours. »

J'en parle. Il était temps.

Une veuve dans l'autre monde... J'allume la lumière. Pas une bougie, une grosse ampoule très forte contre les esprits. Je suis seul dans ma cave : une brève avenue entre deux rangées de casiers, les vins jeunes d'un côté, les vieux de l'autre. Il me semble me tenir au faîte de ma vie, une main sur le passé, une autre sur l'avenir. Même s'il m'échappe, il ne sera peut-être pas perdu pour tout le monde. Alors la mort même m'apparaît comme un acte de vigneron, à la fois naturel et délicat, assez semblable à une mise en bouteilles.

Laisserai-je une bonne cave qui longtemps encore fera fleurir mon nom sur la bouche de mes petits-enfants, ou bien au contraire, bouclant la boucle, reviendrai-je à l'affreux Noah de mon enfance ? Que le sort alors me conserve une seule bouteille honorable. Au dernier moment, je trouverai assez de force pour descendre encore une fois dans ma cave et, mon vin sous le bras, comme à la Paulée-de-Meursault, je me présenterai à la Porte.

Pourvu qu'Il le trouve bon.

L'AVENIR

Les vins délimités de qualité supérieure

Les V.D.Q.S. sont l'échelon de reconnaissance du vin. Ils éclairent et protègent le groupe des appellations d'origine contrôlée dans lequel, presque chaque année, quelques-uns d'entre eux commenceront une autre carrière. Il arrive d'ailleurs que la ligne de démarcation soit bien imprécise. Parfois, plus que de différences de qualité, il s'agit seulement de malchances administratives que le temps peu à peu répare.

Ce groupe renferme dans ses rangs de glorieuses obscurités parmi lesquelles l'amateur raffiné va recruter les vedettes qui dérouteront ses invités. Ainsi j'ai toujours sur la langue un certain domaine de l'Isolette auquel j'accordai les plus hautes origines, mais aussi comment aurais-je pu prêter trente ans d'heureuse vie à un Côtes-du-Luberon !

Autre élément de surprise, la rareté. Lorsque l'on sait qu'il se produit *un* hectolitre de vin blanc des Côtes-d'Auvergne, *trente* de vin d'Estaing, *cent* des Coteaux-des-Baux, on se dit qu'il y a de quoi jouer. Aussi avons-nous indiqué les volumes de production.

Languedoc-Roussillon

Cabrières	7 000 R	
Cabardès	14 000 R	
Corbières	800 000 R	10 000 B

R : vin rouge et vin rosé ; B : vin blanc.

Corbières Supérieur		
Costières du Gard	200 000 R	5 000 B
Coteaux du Languedoc	140 000 R	
Coteaux du Languedoc accompagné d'une appellation		
Coteaux de la Méjanelle	8 000 R	et B
Coteaux de Saint-Christol	7 000 R	
Coteaux de Vérargues	22 000 R	
Côtes du Cabardès et de l'Orbiel	— R	
Côtes de la Malepère	— R	
La Clape	24 000 R	3 000 B
Minervois	260 000 R	3 000 B
Montpeyroux	12 000 R	
Picpoul-de-Pinet	10 000 B	
Pic-Saint-Loup	40 000 R	
Quatourze	4 000 R	
Saint-Drezery	3 000 R	
Saint-Georges-d'Orques	16 000 R	
Saint-Saturnin	13 000 R	
Vin noble du Minervois	—	

Lorraine

Côtes de Toul	R	et B
Vins de Moselle	R	et B

Provence et Côtes-du-Rhône

Coteaux d'Aix-en-Provence	130 000 R	8 000 B
Coteaux des Baux-de-Provence	12 000 R	100 B
Coteaux de Pierrevert	17 000 R	1 000 B
Côtes du Luberon	100 000 R	15 000 B
Côtes du Vivarais		
Côtes du Vivarais suivi d'un nom de cru : Orgnac, Saint-Montant, Saint-Remèze.		
Total Vivarais	35 000 R	

R : vin rouge et vin rosé ; B : vin blanc.

Sud-Ouest

Côte du Marmandais	40 000 R	2 000 B
Tursan	10 000 R	5 000 B
Vin d'Entraygues et du Fel	150 R	1 100 B
Vin d'Estaing	200 R	30 B
Vin de Lavilledieu	700 R	
Vin de Marcillac	6 000 R	

Savoie - Bugey - Bourgogne

Coteaux du Lyonnais ou vin du Lyonnais	12 000 R	500 B
Mousseux du Bugey		
Pétillant du Bugey		
Roussette du Bugey		
Roussette du Bugey suivi d'un nom de cru : Anglefort, Arbignieu, Chanay, Lagnieu, Montagnieu, Virieu-le-Grand		
Vin du Bugey		
Vin du Bugey suivi d'un nom de cru : Virieu-le-Grand, Montagnieu, Manicle, Machuraz, Cerdon		
Vin du Bugey Cerdon pétillant		
Vin du Bugey Cerdon mousseux		
Vin du Bugey mousseux		
Vin du Bugey pétillant		
Total Bugey	17 000 R	et B
Sauvignon de Saint-Bris		5 000 B

Val de Loire

Châteaumeillant	4 000 R	
Cheverny	10 000 R	10.000 B

R : vin rouge et vin rosé ; B : vin blanc.

Coteaux d'Ancenis suivi obligatoirement d'un nom de cépage : Pineau de la Loire, Chaninblanc, Malvoisie, Pinot, Beurot, Gamay, Cabernet	25 000 R	500 B
Coteaux du Vendômois	12 000 R	2 000 B
Côte Roannaise	5 000 R	
Côtes d'Auvergne	20 000 R	1 B
Côtes d'Auvergne suivi d'un nom de cru : Boudes, Chanturgue, Corent Châteaugay, Mendargues Côtes du Forez	9 000 R	
Vins des Coteaux du Giennois ou Côtes de Gien	4 000 R	500 B
Gros-Plant ou Gros-Plant du Pays nantais		25 000 B
Valençay	6 000 R	1 500 B
Vins du Haut-Poitou	30 000 R	16 000 B
Vins de l'Orléanais	10 000 R	700 B
Vins de Saint-Pourçain	24 000 R	6 000 B
Vins du Thouarsis	500 R	800 B

Les vins de pays

On n'arrête pas la hiérarchie, il suffit de commencer par la différence. Les Vins de Pays apparaissent comme la première élite qui se dégage de l'énorme armée du vin où personne ne supporte longtemps l'anonymat. Sous-officiers aujourd'hui, officiers demain, et qui sait ?... Tout caporal n'a-t-il pas dans sa giberne son bâton de maréchal ? Il est à la portée du dégustateur rustique de réaliser un rêve plus modeste, choisir les Vins de Pays comme guide est l'une des meilleures manières de voir du pays.

R : vin rouge et vin rosé ; B : vin blanc.

Vins de pays
à dénomination de zone

ARDÈCHE : Coteaux-de-l'Ardèche, Collines Rhodaniennes*.

AUDE : Haute Vallée de l'Aude, Coteaux du Littoral Audois, Côtes de Prouilhe, Cucugnan, Côtes de Pérignan, Coteaux-de-la-Cabrerisse, Hauts-de-Badens, Coteaux-de-Narbonne, Coteau-du-Lézignanais, Coteaux-de-Peyriac, Côtes-de-Lastours, Coteaux Cathares, Val-de-Cesse, Coteaux de la Cité de Carcassonne, Coteaux-du-Termenès, Vallée-du-Paradis, Coteau-de-Miramont, Hauterive en Pays d'Aude, Val d'Orbieu, Côtes-de-la-Malepère, Val-de-Dagne.

AVEYRON : Gorges et Côtes-de-Millau.

BOUCHES-DU-RHÔNE : Sables du golfe du Lion, Petit Crau.

CHARENTE et CHARENTE-MARITIME : Charentais.

CHER : Coteaux-du-Cher et de l'Arnon*.

CORSE (Haute-Corse et Corse-du-Sud) : Ile-de-Beauté.

DRÔME : Collines Rhodaniennes*, Comté de Grignan, Coteau-de-Baronnies.

GARD : Mont Bouquet, Coteaux Flaviens, Uzège, Serre de Coiran, Coteaux de Cèze, Coteaux Cévenols, Côtes-du-Salavès, Coteaux-du-Pont-du-Gard, Vaunage, Coteaux-du-Vidourle, Sables du golfe du Lion*, Vistrenque.

HAUTE-GARONNE : Saint Sardos*.

GERS : Côtes-de-Gascogne, Côtes-du-Brulhois, Montestruc, Condomois.

HÉRAULT : Côtes-de-Thau, Bérange, Bessan, Coteaux-de-Fontcaude, Caux, Coteaux-du-Libron, Coteaux-d'Ensérune, Collines-de-la-Moure, Vicomté-d'Aumelas, Coteaux-du-Salagou, Mont-Baudile, Côtes-de-Céressou, Monts-de-la-Grage, Pézenas, Cessenon, Côtes-du-Brian,

---

* Les zones marquées d'un astérisque s'étendent sur plusieurs départements.

Sables-du-Golfe-du-Lion*, Val-de-Montferrand, Littoral Orb-Hérault, Gorges-de-l'Hérault, Haute-Vallée de l'Orb, Cassan, Bénovie, Côtes-de-Thongue, Coteaux-de-Laurens, Coteaux-de-Murviel.

INDRE : Coteaux-du-Cher et de l'Arnon*.

ISÈRE : Balmes Dauphinoises, Coteaux du Grésivaudan, Collines Rhodaniennes*.

JURA : Franche-Comté*.

LOIRE : Collines Rhodaniennes*, Urfé.

LOIRE-ATLANTIQUE : Retz*, Marches de Bretagne*.

LOT : Coteaux-de-Glanes, Coteaux-du-Quercy*.

LOT-ET-GARONNE : Côtes-du-Brulhois*, Agenais.

MAINE-ET-LOIRE : Marches-de-Bretagne*.

PYRÉNÉES-ORIENTALES : Val-d'Agly, Coteaux-des-Fenouil-lèdes, Catalan, Côtes Catalanes.

HAUTES-SAÔNE : Franche-Comté*.

SAVOIE ET HAUTE-SAVOIE : Allobrogie, Coteaux-du-Grésivau-dan (Savoie).

TARN : Côtes-du-Tarn.

TARN-ET-GARONNE : Côtes-du-Brulhois*, Coteaux-du-Quercy*, Saint-Sardos*, Coteaux et Terrasses de Montauban.

VAR : Mont-Caume, Argens, Maures, Coteaux-Varois.

VAUCLUSE : Principauté d'Orange.

VENDÉE : Fiefs vendéens, Marches-de-Bretagne*, Retz*.

VINS DE PAYS « RÉGIONAUX »

Vin de Pays, d'Oc, Jardin de la France, Comté Tolosan.

---

* Les zones marquées d'un astérisque s'étendent sur plusieurs départements.

ADRESSES DES CENTRES DE L'INSTITUT NATIONAL DES APPELLATIONS D'ORIGINE

En France, il est de plus en plus facile d'obtenir des renseignements sur les vins : S.I., Comités interprofessionnels, mairies, etc. Aussi les Français sont-ils de plus en plus éclairés. Dans les cas difficiles, ils doivent s'adresser à l'I.N.A.O.

ANGERS (Les Ponts de Cé)
6, passage du Doyenné
49000 Angers
Tél. : (41) 60-39-24

AVIGNON
12, rue de l'Oriflamme
84000 Avignon
Tél. : (90) 86-57-15

BASTIA
Le Murat
Rue de l'Annonciade
20200 Bastia
Tél. : (95) 32-25-37

BERGERAC
2, pl. du Docteur-Cayla
24100 Bergerac
Tél. : (53) 57-37-64

BORDEAUX
1, cours du 30-Juillet
33000 Bordeaux
Tél. : (56) 44-13-57

CAEN
6, r. Fresnel, 14000 Caen
Tél. : (31) 93-72-28

CHAMBÉRY
11, rue Métropole
73000 Chambéry
Tél. : (79) 33-36-34

COGNAC (Royan)
L'Oustalet Médis
17600 Saujon
Tél. : (46) 05-16-24

COLMAR
12, avenue de la Foire-aux-Vins
68000 Colmar
Tél. : (89) 41-66-85

COSNE-SUR-LOIRE
38, rue du Maréchal-Leclerc
58200 Cosne-sur-Loire
Tél. : (86) 28-48-22

DIJON
Maison de l'Agriculture
42, rue de Mulhouse
21000 Dijon
Tél. : (80) 66-81-25

EAUZE
36, avenue des Pyrénées
32800 Eauze
Tél. : (62) 09-87-66

ÉPERNAY
4, rue des Huguenots
51200 Épernay
Tél. : (26) 54-48-86

GAILLAC
8, rue du Père-Gibrat
81600 Gaillac
Tél. : (63) 57-14-82

MÂCON
Maison de l'Agriculture
Boulevard Henri-
Dunant
71000 Mâcon
Tél. : (85) 38-50-66

MONTPELLIER
Maison de l'Agriculture
Place Chaptal - Bât. E
34076 Montpellier
Cedex
Tél. : (67) 92-75-44

NANTES
46 *bis*, rue des Hauts-
Pavés
B.P. nº 11-41
44024 Nantes Cedex
Tél. : (40) 76-39-90

PARIS
138, avenue des
Champs-Élysées
75008 Paris
Tél. : (1) 562-54-75

PAU
Maison de l'Agriculture
124, boulevard
Tourasse
64000 Pau
Tél. : (59) 02-86-62

PERPIGNAN
19, avenue de Grande-
Bretagne
66025 Perpignan Cedex
Tél. : (68) 34-53-38

TOURS
12, place Anatole-
France
37000 Tours
Tél. : (47) 20-54-98
20-58-38

VALENCE
8, boulevard du Cire
B.P. 731
26007 Valence Cedex
Tél. : (75) 43-19-74

VILLEFRANCHE
612, rue du Collège
69400 Villefranche-sur-
Saône
Tél. : (74) 65-42-32

LES MILLÉSIMES

Alsace.

Bonnes années : 1964, 1969, 1975, 1978.
Grandes années : 1961, 1966, 1967, 1970, 1973, 1976, 1978, 1979.
Années exceptionnelles : 1959, 1971, 1975, 1976.

Bourgogne.

Rouges :
Bonnes années : 1937, 1962, 1967, 1970, 1972, 1979.
Grandes années : 1945, 1947, 1955, 1964, 1969, 1971, 1973, 1976, 1978.
Années exceptionnelles : 1929, 1934, 1949, 1959, 1961, 1978.

Blancs :
Bonnes années : 1955, 1959, 1962, 1964, 1966, 1967, 1974, 1975, 1979.
Grandes années : 1961, 1969, 1971, 1973, 1976, 1978.
Année exceptionnelle : 1970.

Côtes-du-Rhône.

Bonnes années : 1959, 1962, 1964, 1969, 1971, 1972, 1975, 1979.
Grandes années : 1945, 1947, 1949, 1955, 1961, 1966, 1967, 1976, 1978, 1979, 1980.
Année exceptionnelle : 1970.

Bordeaux.

Rouges :
Bonnes années : 1937, 1959, 1964, 1974.
Grandes années : 1929, 1934, 1955, 1962, 1966, 1967, 1971, 1976, 1978, 1979.
Années exceptionnelles : 1945, 1947, 1949, 1970, 1975, 1981.

Blancs :
Bonnes années : 1934, 1966, 1970, 1974, 1976, 1978, 1979.
Années exceptionnelles : 1929, 1937, 1945, 1947, 1961, 1967, 1981.

ANJOU, TOURAINE, MUSCADET.

Bonnes années : 1961, 1962, 1969, 1970, 1971, 1975, 1976, 1979, 1980.
Grandes années : 1949, 1955, 1978, 1981.
Années exceptionnelles : 1947, 1959.

POUILLY-SUR-LOIRE, SANCERRE.

Bonnes années : 1974, 1975, 1979, 1980.
Grandes années : 1973, 1976, 1978, 1981.

1982 : Dans toutes les régions, l'année 1982 est célébrée comme l'année du siècle, voire du millénaire. La sagesse du vigneron conseille la modération, envers et contre tout.

FOURNISSEURS

Il se produit en France des milliers de bons vins, voire des dizaines de milliers. Plus aujourd'hui qu'hier et bien moins que demain... Il y en a pour tous les goûts et pourtant l'on peut se demander s'il y en a pour tout le monde. On s'en aperçoit dès que l'on tente de dresser une liste de fournisseurs. Il y a ceux dont toute la production est retenue, ceux qui produisent trop peu, ceux qui n'aiment pas faire les expéditions, ceux qui croient avoir inventé le vin et ceux dont les bouteilles sont meilleures que les humeurs. De quoi dramatiser le problème sur le grand théâtre de la nature !

Nous n'irons pas jusqu'à cette extrémité. « Peu et paix » a toujours été l'une de nos devises, aussi notre choix sera-t-il restreint. Il ne nous a pas paru utile de multiplier les perplexités des novices. Par la suite, ils voleront d'eux-mêmes de vignoble en vignoble. Pour être brève, notre liste n'en obéit pas moins à deux principes considérables : l'universel et le particulier.

Pour l'universel, nous avons cité quelques grandes maisons qui proposent une gamme représentative de leur région. Pour le particulier, étant donné la place dont nous disposions et notre manque d'usage des vérités révélées, nous avons parfois laissé parler notre cœur sans trahir notre palais. La sympathie a joué. Nous avons cité des vignerons parce qu'ils s'étaient révélés aussi agréables à fréquenter que leurs vins bons à boire.

L'amateur de vins est un homme comme un autre, donc un tissu de contradictions. Il nous est donc arrivé d'élire des producteurs parce qu'ils nous paraissaient victimes d'une injuste obscurité et de célébrer des noms très connus parce qu'il nous a paru qu'ils ne l'étaient pas encore assez.

Notre classement personnel est donc aussi injuste que la vie, mais pas plus. Notre tribunal restant ouvert nuit et jour, il y a toujours possibilité de faire appel. Les prochaines éditions témoigneront que la partialité, même peu éclairée, reste la voie naturelle de la justice.

Alsace

BEYER Léon, 68420 Éguisheim. Tél. : (89) 41-41-05.

BREITAL Ernest, 68590 Saint-Hippolyte.

DIRRINGER Jean-Louis, 67650 Dambach-la-Ville.

HUGEL et Fils, 68340 Riquewihr. Tél. : (89) 47-90-16.

HUNOLD Édouard et Fils, 68250 Rouffach.

MITTNACH Paul, 68150 Hunawihr.

SACHAFFER Robert, 67650 Dambach-la-Ville.

SPARR, 2 rue de la Ire-Armée,
68240 Kaysersberg Sigolsheim. Tél. : (89) 78-24-22.

STINTZI Auguste et Fils, 68420 Husseren-les-Châteaux.

TRIMBACH, 68150 Ribeauvillé. Tél. : (89) 73-60-30.

Bourgogne

BARRAUD Jean-Philippe, Les Laverts, 69820 Fleurie.

BENOIT Roger, Bergiron, 69220 Saint-Lager.

BOUCHARD Père et Fils, Château, 21201 Beaune.
Tél. : (80) 22-14-41.

CACHAT Ocquidant et Fils, 21150 Ladoix-Serrigny.

CHAMPAGNON Patrick, Chassignol 69840 Chenas.

CHANUT Frères, Domaine de la Teppe,
71570 Romanèche-Thorins.

CHATEAU LASSAGNE, 69 Lassagne.

CHOFFLET Jean, Russilly, 71640 Givry.

CLAIR-DAU, 21160 Marsannay-la-Côte.

COLIN Marc, 21190 Saint-Aubin. Tél. : (80) 21-30-43.

COSSON Henri, 21220 Morey-Saint-Denis.

DOMAINE LAROCHE, Henri Laroche, 10, rue Auxerroise, 89800 Chablis. Tél. : (86) 42-14-30.

DOMAINE SAVOYE, La Côte du Py, 69910 Villié-Morgon.
   Tél. : (74) 24-21-24.
DROUHIN Joseph, 7, rue d'Enfer, 21201 Beaune Cedex.
   Tél. : (80) 22-06-80.
DUBŒUF Georges, 71200 Romanèche-Thorins.
   Tél. : (85) 35-51-13.
DURAND Raymond, 71570 Saint-Amour-Bellevue.
DURUP Jean, 4, Grande-Rue, 89800 Maligny.
   Tél. : (86) 53-44-49.
FAIVELEY J., Rue Tribourg, 21700 Nuits-Saint-Georges.
   Tél. : (80) 61-04-55.
GÉLIN Pierre, 62, route des Grands, 21220 Fixin.
JACQUESON H. et P., place Sainte-Marie, 71150 Rully.
JANIN Michel, Bois de la Salle, 69840 Juliénas.
JAYER Henri, 21700 Vosne-Romanée.
JUILLOT Michel, Grande-Rue, 71640 Mercurey.
LAFONT Comte, 5, rue Pierre-Joigneaux,
   21190 Meursault. Tél. : (80) 21-22-17.
LEROY AUXEY-DURESSES, 21120 Meursault.
   Tél. : (80) 21-21-10.
MANIN Aline, 69910 Villié-Morgon.
MICHELOT Bernard, 31, rue de la Velle, 21190 Meursault.
   Tél. : (80) 21-23-17.
MICHELOT Alain, 21700 Nuits-Saint-Georges.
MONMESSIN, La Grange Saint-Pierre,
   71000 Charnay-lès-Mâcon. Tél. : (85) 66-11-09.
PASSOT Alain, 69115 Chiroubles.
PATRIARCHE, 7, rue du Collège, 21200 Beaune.
   Tél. : (80) 22-23-20.
QUILLARDET Charles, 21220 Gevrey-Chambertin.
ROPITEAU Frères, 13, rue du 11-Novembre,
   21190 Meursault. Tél. : (80) 21-23-94.
THORIN J., Pontanevaux, 71570 La Chapelle-de-Guinchay.
VAUCHER Père et Fils, 15, cours Général-de-Gaulle,
   21000 Dijon. Tél. : (80) 66-11-09.
VILLAINE A. et P. (de), Bouzeron, 71150 Chagny.
VINCENT-SOURICE Jean-Jacques, Château-Fuissé, Fuissé,
   71960 Pierreclos. Tél. : (85) 35-61-44.

Jura

Aviet Lucien, La Boutière, 39600 Montigny-lès-Arsures.
Maire Henri, Château-Montfort, 39600 Arbois.
Tél. : (84) 66-12-45.
Perron Marius, Château-Chalon, 39210 Voiteur.

Savoie

Cavaillé, 88, avenue du Petit-Port, 73100 Aix-les-Bains.
Tél. : (79) 61-04-90.
Masson Jean, 73190 Apremont.
Mercier et Fils, 74140 Douvaine. Tél. : (50) 94-00-01.
Vullien Marcel, 73250 Freterive.

Bugey

Miraillet Gabriel, 01100 Cheigneu-la-Balme.

Côtes-du-Rhône

Assemat J.-C., 30150 Roquemaure. Tél. : (66) 50-15-52.
Brotte Jean-Pierre, 84230 Châteauneuf-du-Pape.
Tél. : (90) 39-70-07.
Canet, Château Grillet, 69420 Condrieu.
Cave Les Coteaux Visan, 84820 Visan.
Tél. : (90) 30-91-12.
Chapoutier, B.P. 38, 26600 Tain-l'Hermitage.
Tél. : (75) 08-28-65.
Chave Jean-Louis (Ermitage), Mauves, 07300 Tournon-
sur-Rhône. Tél. : (75) 08-24-63.
Clape Auguste, Route nationale 86, Cornas,
07130 Saint-Peray.
Courbis Maurice, Route nationale 86, Châteaubourg,
07130 Saint-Peray.
Delas Frères, 07300 Tournon-sur-Rhône.
Tél. : (75) 08-04-65.
Dervieux A., 69420 Ampuis.
Desmeure Père et Fils, 26600 Mercurol.

Domaine de Castel-Oualou (Marie Pons-Mure),
  30150 Roquemaure. Tél. : (66) 50-12-64.
Domaine de Saint-Estève, Uchaux, 84100 Orange.
  Tél. : (90) 34-34-04.
Faurie Bernard, 27, avenue H.-de-Tournon,
  07300 Tournon-sur-Rhône.
Gérin A., Verenay Ampuis, 69420 Condrieu.
  Tél. : (74) 53-40-03.
Guigal E., 69420 Condrieu. Tél. : (74) 56-10-22.
Klein François, Domaine Réméjeanne, Cadignac,
  30200 Sabran.
Lamour Philippe (Mme), Mas de la Perdrix,
  30127 Bellegarde.
Méjean André, Les Cayrades, 30126 Tavel.
Rocher Claudius, 30126 Tavel.
Rousseau Louis, 30290 Laudun.
Steinmayer, Sainte-Anne-les-Cellettes,
  30200 Saint-Gervais.
Vernay Georges, 69420 Condrieu.
Verset Noël, Route Couleure, Cornas,
  07130 Saint-Péray.
Vidal-Fleury J., 69420 Ampuis. Tél. : (74) 56-10-18.

Châteauneuf-du-Pape

Château Fortia (Baron Leroy de Boiseaumarié),
  84230 Châteauneuf-du-Pape. Tél. : (90) 39-72-25.
Château de la Gardinne (Brunel et Fils),
  84230 Châteauneuf-du-Pape. Tél. : (90) 39-73-20.
Château-Maucoil (Domaines Quiot),
  84230 Châteauneuf-du-Pape.
Château Rayas (Louis Reynaud),
  84230 Châteauneuf-du-Pape. Tél. : (90) 39-73-09.
Domaine de Beaurenard (Paul Coulon),
  84230 Châteauneuf-du-Pape. Tél. : (90) 39-71-79.
Domaine de la Solitude (Pierre Lançon),
  84230 Châteauneuf-du-Pape. Tél. : (90) 39-71-45.

Vins de Provence

(La liste des principaux producteurs figure dans notre étude générale sur les vins de Provence à l'intérieur du volume.)

CHANCEL Jean-Louis, 84120 Pertuis.

CHÂTEAU DE BELLET (R. de Bellet de Charnacé), Saint-Roman-de-Bellet, 06200 Nice. Tél. : (93) 86-89-03.

CHÂTEAU-SIMONE (R. Rougier) 13590 Meyreuil.
Tél. : (90) 28-92-58.

CHÂTEAU VGNELAURE (Georges Brunet), 83560 Rians.
Tél. : (94) 80-31-93.

DOMAINE DE L'ISOLETTE (Luc Pinatel), 84400 Apt.
Tél. : (90) 74-16-70.

DOMAINES OTT, 22 boulevard d'Aiguillon, 06600 Antibes.
Tél. : (93) 34-38-91.

Corse

BIANCHETTI Frères et Fils, Domaine de Capitoro Pisciella, 20166 Porticcio. Tél. : (95) 22-27-60.

CLOS DE BERNARDI, Patrimonio, 20217 Saint-Florent.
Tél. : (95) 37-01-09.

CLOS LANDRY (Fabien Paolini), 20260 Calvi.

CLOS MARFISI, Patrimonio, 20217 Saint-Florent.
Tél. : (95) 37-01-54.

DOMAINE MARTINI, Le Pont de la Pierre, Ocana, 20117 Caure. Tél. : (95) 20-00-82.

DOMAINE DE TORRACCIA (Christian Imbert), 20137 Lecchi-Porto-Vecchio. Tél. : (95) 71-43-50.

DOMAINE « U CULOMBU » (Paul Suzzoni), 20225 Lumio.
Tél. : (95) 60-70-68.

DOMAINE Vico, 20218 Ponte-Lecchia.
Tél. : (95) 47-61-35.

GENTILE Dominique, 20217 Saint-Florent.
Tél. : (95) 37-01-54.

THADÉE Guiseppi, 20114 Figari. Tél. : (95) 71-01-43.

Cahors

CLOS DE GAMOT, Jean Jouffreau, 46220 Prayssac.
Tél. : (65) 36-40-26.
CLOS TRIGUEDEINA, Baldes et Fils, 46700 Puy-l'Évêque.
Tél. : (65) 36-30-81.
DOMAINE DE LA CAMINADE, Léonce Resses, 46140 Parnac
Luzech. Tél. : (65) 30-73-05.
DOMAINE DE LA COUSTARELLE, Michel Cassot,
46220 Prayssac.

Jurançon

CLOS CANCAILLAU, Barrère, Lahourcade,
64150 Mourenx. Tél. : (59) 60-08-15.
CRU LAMOUROUX, Jean Chigé, La Chapelle de Rousse, 64110
Jurançon.
DOMAINE BRU-BACHÉ, Rue de Barada, 64360 Monein.
Tél. : (59) 33-36-34.
MONDINAT Alexis, Chemin Labarre, 64290 Gan.

Madiran

ACHILLI Jacques, 32400 Cannet.
CAVE COOPÉRATIVE DE SAINT-MONT, 32400 Saint-Mont.
DOMAINE BARRÉJAT, Capmartin, 32400 Riscle.
Tél. : (62) 69-74-92.
DOMAINE BOUSCASSÉ, Alain Brumont, 32400 Maumusson.
Tél. : (62) 69-74-67.

Bordeaux

Ils sont bien nombreux... Il faudrait un volume (il
existe...) pour dresser la liste des bons vignerons. Après
une sélection féroce, nous en étions encore à près de
deux cents ! Aussi, en ce qui concerne cette édition au
moins, avons-nous songé à parer au plus pressé. Nous
avons signalé quelques domaines en hausse et d'un bon

rapport qualité-prix : Fourcas Dupré et Patache d'Aux en Médoc et Soutard à Saint-Émilion.

Les amateurs pourront néanmoins se faire une religion. Le classement des vins du Bordelais ayant été très bien fait et le négoce vigilant et honnête, nous indiquons le nom de quelques grandes maisons qui peuvent satisfaire toutes les exigences, parfois mieux que les producteurs eux-mêmes, car nombre de propriétaires, comme le merveilleux Château-Figeac à Saint-Émilion, ne pratiquent pas la vente directe.

CHÂTEAU FOURCAS DUPRÉ (Guy Pagès), Listrac,
  33480 Listrac. Tél. : (56) 28-21-07.
CHÂTEAU PATACHE D'AUX (Claude Lapalu), Médoc Bégadan,
  33000 Lesparre. Tél. : (56) 41-50-18.
CHÂTEAU SOUTARD (M. de Ligneris), Saint-Émilion,
  33330 Saint-Émilion. Tél. : (57) 24-72-23.

  Négociants :

CERCLE D'ESTOURNEL SAINT-ESTÈPHE, 33250 Pauillac.
  Tél. : (56) 44-11-37.
COSTE Edmond et Fils, 8, rue de la Poste, 33210 Langon.
  Tél. : (56) 63-50-52.
FORNER Henri, 33112 Saint-Laurent-du-Médoc.
LICHINE Alexis, 109, rue Achard, 33300 Bordeaux.
  Tél. : (56) 50-84-85.
QUERRE Daniel, 33500 Libourne. Tél. : (56) 51-00-28.

Val de loire, Muscadet

DOMAINE DU BEAU-SITE (Xavier Dabin),
  44330 La Regrippière. Tél. : (40) 78-18-09.
MARQUIS DE GOULAINE, 44115 Haute Goulaine.
  Tél. : (40) 54-91-02.
SAUTEJEAU Marcel, Domaine de l'Hyvernière,
  44330 Le Pallet. Tél. : (40) 78-23-24.

Anjou

Leblanc Jean-Claude, Les Closerons,
    49380 Faye-d'Anjou.
Roussier François, 49170 Savennières.

Bourgueil

Druet Pierre, « Grand Mont », 37140 Bourgueil.
Lamé, B.P. 1, 37140 Ingrandes-de-Touraine.
    Tél. : (47) 55-98-54.
Maitre Paul, Le Machet, Benais, 37140 Bourgueil.

Chinon

Couly-Dutheil, B.P. 34, 12, rue Diderot, 37500 Chinon.
    Tél. : (47) 93-05-84.
Mureau Yves, 37420 Savigny-en-Véron.

Saumur-Champigny

Boulay-Cartier Mme, 72250 Mansigne
    Saint-Cyr-en-Bourg.
Bouvet-Ladubet, 49400 Saint-Hillaire-Saint-Florent.

Vouvray

Brédif Marc, 87, quai de la Loire-Rochecorbon,
    37210 Vouvray. Tél. : (47) 52-50-07.

Jasnières
Coteaux-du-Loir

Gigou Joël, 4, rue des Caves,
    72340 La Chartre-sur-le-Loir. Tél. : (43) 44-48-72.
Legréau R., 16, rue Carnot,
    72340 La Chartre-sur-le-Loir. Tél. : (43) 44-51-52.
Pinon Lhomme J.B., 72340 La Chartre-sur-le-Loir.

Pouilly-Fumé

Rocassel Roger, 18300 Chavignol. Tél. : (6) 429-57-42.

Sancerre

Auchère Jacques, « Clos du Désert », 18300 Bué.
Établissement Denis, 18300 Chavignol.
  Tél. à Paris : 579-11-02.

Menetou-Salon

Cœur Jacques, 18510 Menetou-Salon. Tél. : (48) 55-80-91.

Quincy

Rapin Maurice, 18120 Quincy. Tél. : (48) 51-30-65.

Reuilly

Beurdin Henri, Le Carroir, 18120 Preuilly.

Vins du Haut-Poitou

Cave coopérative du Haut-Poitou,
  86170 Neuville-de-Poitou. Tél. : (49) 51-21-65.

Champagne

  Grandes maisons :
Bollinger, 51160 Ay. Tél. : (26) 50-12-34.
Castellane (de), 51321 Épernay. Tél. : (26) 53-15-33.
Deutz, B.P. 9, 51160 Ay. Tél. : (26) 40-42-11.
Krug, 5, rue Coquebert, 51100 Reims.
  Tél. : (26) 88-24-24.
Laurent-Perrier, B.P. 3, 51150 Tours-sur-Marne.
  Tél. : (26) 59-92-22.

Veuve Clicquot Ponsardin, 12, rue du Temple, B.P. 102, 51054 Reims Cedex. Tél. : (26) 40-25-42.

Producteurs :

Beaufort Herbert, 32, rue de Tours, B.P. 7, Bouzy, 51150 Tours-sur-Marne. Tél. : (26) 59-01-34.

Rapeneau Ernest, 51200 Épernay.

Gué René, 51200 Épernay.

Vazart-Coquart Gfa, 6, rue des Partelaines, 51200 Chouilly.

INDEX DES VINS CITÉS

Abréviations

Alsace : Als
Bourgogne : Bg
Jura : Jura
Savoie : Sav
Côtes-du-Rhône : C.R.
Région Provençale : Pr
Languedoc : Lg
Roussillon : Rs
Jurançon : Ju
Madiran : Mad
Bordeaux : Bx
Monbazillac : Mon
Muscadet : Mus

Anjou : Anj
Touraine : Tour
Coteaux du Loir : C.L.
Sancerre : San
Menetou-Salon : Men
Quincy : Qu
Reuilly : Reu
Pouilly-s-Loire : P.sL.
Champagne : Ch
Vins délimités de Qualité
    Supérieure : V.D.Q.S.
Cépages : Cép

A

Abbaye-de-Morgeot : Bg, 119.
Abymes : Sav, 146, 349, 359.
Adissan : Lg, 170, 398.
Aigrefeuille-sur-Marne : Mus, 216.
Aigrots (Les) : Bg, 115.
A l'Écu : Bg, 115.
Aloxe-Corton : Bg, 114.
Alsace (Vins d') : Als, 95 à 103, 280, 290 à 292, 300, 302, 309, 314-315, 327-328, 331, 333, 398, 412, 419, 441.
Altesse : Cép, 145.
Amboise : Tour, 233, 355.

Ambonnay : Ch, 256, 258.
Amigny : San, 240.
Amoureuses (Les) : Bg, 113.
Ampuis : C.R., 151.
Ancenis : Mus, 216.
Anché : Tour, 231.
Angélus (Château l') : Bx, 193.
Angles (Les) : Bg, 117.
Anjou : Anj, 219 à 226, 291, 302, 335, 343, 351, 360, 363, 366, 369, 398, 404, 419-420.
Anjou-Coteaux-de-la-Loire : Anj, 222.
Anjou-Gamay : Anj, 222.

B

H

I

J

M

TABLE DES MATIÈRES

ALSACE

BOURGOGNE

LES VINS DE SAVOIE

LES VINS DES CÔTES-DU-RHÔNE

LES VINS DE PROVENCE ET DE CORSE

LES VINS DE CORSE

LES VINS DU LANGUEDOC

LES VINS DU ROUSSILLON

LES VINS DU JURANÇON — BÉARN, IROULEGUY, DES SABLES

LES VINS DE MADIRAN
ET PACHERENC DU VIC-BILH

LES VINS DU HAUT-LANGUEDOC

Appellations contrôlées :
    Cahors, Gaillac, Gaillac-Premières-Côtes, Gaillac doux,
    Gaillac mousseux, Côtes-du-Frontonnais, Côtes-de-Bu-
    zet, Côtes-de-Duras

LES VINS DE BORDEAUX

LES VINS DE MONBAZILLAC, BERGERAC, MONTRAVEL

LE MUSCADET

LES VINS D'ANJOU ET DE SAUMUR

LES VINS DE TOURAINE

LES VINS DES COTEAUX DU LOIR
ET JASNIÈRES

LES VINS DE SANCERRE

LISTE DES APPELLATIONS CLASSÉES
EN V.D.Q.S.

L'usage du vin

L'ÉCOLE DES DÉGUSTATEURS

A. Éléments de dégustation

B. Apprendre à déguster

LA CAVE ET LA TONNELLE

TRANSPORT ET MISE EN BOUTEILLES

LE CONTENU DE LA CAVE

COMMENT CHOISIR ET ACHETER SON VIN

A CHACUN SA CAVE

LE VIN SUR LA TABLE

LES VINS ET LEURS PLATS

LE SERVICE DES VINS

LES VINS ET LES FROMAGES

LES PLATS DES VIGNERONS, PRÉCÉDÉS DE LA CAVE DE LA CUISINIÈRE

LES PLATS DES VIGNERONS

Bouteilles à la mer

Méditation sur le vin : l'homme
dans sa cave

L'avenir

Composition réalisée par C.M.L. - MONTROUGE

IMPRIMÉ EN FRANCE PAR BRODARD ET TAUPIN
58, rue Jean Bleuzen - Vanves - Usine de La Flèche.
LIBRAIRIE GÉNÉRALE FRANÇAISE - 14, rue de l'Ancienne-Comédie - Paris.

ISBN : 2 - 253 - 03578 - 5   ✦ 30/7886/2